탄탄대로

꾸니 잉글리시

·토익편·

꾸니 잉글리시 · 토익편 ·

초판1쇄 인쇄 2013년 4월 10일
초판1쇄 발행 2013년 4월 15일

지은이 장 시 혁
펴낸이 임 순 재

펴낸곳 **한올출판사**
등 록 제11-403호
주 소 서울특별시 마포구 성산동 133-3 한올빌딩 3층
전 화 (02)376-4298(대표)
팩 스 (02)302-8073
홈페이지 www.hanol.co.kr
e-메일 hanol@hanol.co.kr

값 15,000원   ISBN 978-89-94948-23-4

탄탄대로

꾸미  잉글리시

·토익편·

Preface_머리글

실전 비즈니스 영어인 탄탄대로 영어 시리즈 「탄탄대로 대기업 영어」, 「탄탄대로 TOEIC 비즈니스 영어 5000」, 「탄탄대로 실전 비즈니스 영어 이메일 패턴집」을 출간하고 보니 저자의 아들처럼 국방의 의무를 수행하느라 학업에 공백에 생겨 잠시 영어에 대한 끈을 놓고 있는 꾸니들의 영어 실력 향상에 도움을 줄 수 있는 방법을 고민하다가 「꾸니 잉글리시」를 출간하게 되었다.

이 책은 지금 이 시간 국방의 의무에 매진하고 있는 대한민국의 멋진 젊은이들을 위하여 군대 생활의 짜투리 시간을 활용, 잠시 접어 두었던 영어에 대한 연결 고리를 이어주고 더 나아가 TOEIC 시험 및 전역 후 취업에 도움이 되는 실질적인 영어 책을 제공하고자, 세계 유수 건자재 회사인 미국 USG(United States Gypsum Company) 동북아지역 총괄 윤석운 지사장과 함께 일상생활 및 회사 업무에서 실제적으로 가장 많이 사용되는 단어/숙어/문장만을 엄선하여 「꾸니 잉글리시」를 펴내게 되었다.

병영 생활 중 시간이 날 때마다 「꾸니 잉글리시」를 틈틈이 공부한다면 영어 실력 향상은 물론 TOEIC 시험도 대비하고 취업 시 회사에서 사용하는 영어도 쉽게 적용할 수 있는 길을 열어줄 것으로 믿는다. 따라서 비록 바쁜 꾸니 생활이지만 이 책을 나의 미래를 위한 투자재로 삼아 열심히 공부한다면 내일을 준비하는 꾸니, 실력 있는 꾸니가 되어 우리 꾸니들의 영어 실력이 탄탄대로처럼 펼쳐질 것임을 믿어 의심치 않는다.

일부 편집의 경우, 띄워 쓰기를 지키지 않은 것도 있다. 왜냐하면 한정된 지면에 보다 많은 내용을 싣고, 꾸니들의 영어 공부 편의를 위해 단어 사이에 2~3칸을 띄운 경우도 있다. 예를 들면, 사업/경제적/사회적/가정 환경: business/economic/social/home environment에서 가정 및 home 다음에 2~3칸을 띄운 것이다.

이 「꾸니 잉글리시」의 특징은

첫째, TOEIC 시험과 해외 거래선과의 관계를 비롯한 회사 업무에 필요한 가장 현실적이고 사용 빈도가 높은 단어 숙어만을 엄선하였으며, 그 단어 숙어를 사용하여 필자의 30년 경험을 접목한 현실적인 문장으로 구성하였다.

둘째, 그 단어 숙어들을 활용한 일상생활 문장과 회사 업무용 영어 예문들을 풍부하게 제시하여 취업 후 회사의 실전 영어에 즉시 대응할 수 있도록 하였다.

셋째, 모든 예문들은 한글로 번역되어 있는 바, 한글을 보고 영어 작문을 연습하면 실력이 배가될 수 있도록 하였다.

이 책에 있는 문장들은 대부분 단문 위주로 되어 있다. 따라서 이를 자유자재로 활용할 수 있다면 취업 시 면접에 큰 도움이 될 것이며, 취업 후 해외 거래선 상담, 계약서 작성 및 Protocol에 크게 유용할 것으로 믿는다. 영어가 모국어가 아닌 전 세계 국가를 상대로 하는 글로벌 비즈니스의 경우 문어체 영어가 가장 효율적이며, 문법에 맞는 영어를 구사하면 확실한 의미 전달을 할 수 있다. 이는 필자가 그동안 글로벌 비즈니스를 수십 년 간 경험하면서 느낀 가장 소중한 결론이다.

끝으로 「탄탄대로 대기업 영어」, 「탄탄대로 TOEIC 비즈니스 영어 5000」, 「탄탄대로 실전 비즈니스 영어 이메일 패턴집」에 이어 「꾸니 잉글리시」 출간을 흔쾌히 수락하여 주신 한올출판사 임순재 사장님과 바쁜 일정에도 불구하고 본 서적 출간을 위해 수고하신 최혜숙 편집장과 이순연 과장 및 단어 숙어 문장 엄선에 큰 도움을 준 미국 USG 동북아지역 총괄 윤석운 지사장께 감사의 말씀을 드린다.

2013년 4월
오륜동에서
저자 장시혁

A big fish 거물/큰 인물/영향력 있는 사람   ㈜ a big noise/shot/wheel

He is a big fish in the business circle, while his wife is a big noise in the political world.
그는 재계의 실력자이고 그의 아내는 정계의 거물이다.

a big frog in a small pond 작은 조직/집단 속의 큰 인물

He wanted to be a big frog in a small pond. That's why he entered the school.
그는 작은 조직속의 큰 인물이 되기를 원했다. 그래서 그 학교에 입학했다.

a bird's eye view 조감도

At the tower we can get a bird's eye view of the whole city.
그 타워에 올라가면 도시 전체를 잘 볼 수 있다.

a businessman's businessman 사업가중의 사업가

Manager Kim is a salesman's salesman. He is a man's man.
김과장은 세일맨중의 세일즈맨이다. 그는 남자중의 남자다.

☞ "~중의 ~다"는 a/an 단수 명사's 단수 명사 로 표현하면 되나, 그 대상이 흔한지 않은 상황은 "단수 명사 of 복수 명사"를 사용한다.
   예를 들어 왕 중 왕 이라는 말을 보면 왕은 흔한 것이 아닌 바 a king's king이 아니라 king of kings라고 한다.
   친구나 직장 동료들 사이에 인기좋은 사람은 guys' guy라는 말을 많이 사용한다.

a far cry 원거리(a long way), 큰 격차(a big gap)

It's a far cry to Orlando.   올란도까지는 한참 남았다.
The company reached the sales revenue of US$100 million last year. That's a far cry, as its sales
amount was only US$1 million three years ago.
그 회사의 작년 매출액은 1억불이 되었다. 3년 전 매출이 일백만 불에 불과하였는 바, 장족의 발전이다.

a high volume of business 큰 비즈니스

It's amazing that he generated a high volume business such a short time after his promotion to
manager.   과장 승진 후 그렇게 단기간에 큰 비즈니스를 창출한 것은 놀라운 일이다.

a loaf of bread 빵 한 조각

When I make an overseas business trip, I usually take a loaf of bread and a glass of orange juice
at breakfast, reading newspapers.
해외 출장 시 아침 식사로는 신문을 보면서 빵 한조각과 오렌지 주스 한 잔을 마신다.

a matter of course 당연한 일

It's a matter of course that the company raised the price of touch screen, as the price of silver
particle went up tremendously for the recent months.
최근 몇 개월 동안 은(銀) 가격이 많이 올랐기 때문에 그 회사가 터치 스크린 가격을 인상 한 것은 당연한 일이다.

a number of 다수의, 몇몇의

A number of ladies applied for the tough position of sales manager.
힘든 판매 과장직에 지원한 여자가 다수였다.

a piece of cake 식은 죽 먹기
It's a piece of cake. It's a breeze/cinch.　　　　　　　　　　　그것은 식은 죽 먹기다.

a rush of domestic orders 내수 주문의 쇄도(avalanche)
The company has been receiving a rush of domestic orders since its production capacity increase.　　　　　　　　　　　생산능력 증설 후 내수 주문이 쇄도하고 있다.

a series of 일련의, 연속적인
We're going to have a series of meetings for publication of Business English book.
비즈니스 영어책 출판을 위한 일련의 미팅을 가질 예정이다.

a shining example 빛나는 실례/예증/본보기
The economic cooperation between China and Korea is a shining example in Asian countries.
중국과 한국의 경제 협력은 아시아 국가들 사이에 경제 협력의 빛나는 본보기이다.

abandon 버리다/단념하다　명 abandonment 포기/자포자기
Don't abandon technology development in any case. Only the technology-oriented company can survive eventually.
어떠한 경우에도 기술 개발을 포기해서는 안 된다. 결국에는 기술지향적인 기업만이 생존할 수 있다.

abbreviate 약자로 쓰다/단축하다　형 생략한　명 abbreviation 생략/약어
When you writes a business letter to the potential customers, please never abbreviate/
shorten any word.　　　　　　　　　잠재 고객들에게 서한 작성 시 약자를 사용하지 마라.

abide by 약속/규칙을 지키다, 규정을 따르다
The president of the company abided by his promise to its employees by paying 200% bonus to them in July.　　　　사장은 7월에 직원들에게 200% 보너스를 지급하겠다는 약속을 지켰다.

able 능력/재능 있는, 유능한/할 수 있는　명 ability　유 capable, capability
↔ unable/incapable, inability/incapability
an able guy 수완가/능력자　　　　　　able speech 훌륭한 연설
I am able to swim. I am capable of swimming. I can swim.　　　　　　　수영 할 수 있다.
↔ I am unable to swim. I am incapable of swimming. I can't swim.　　　　수영 못한다.

abolish 폐지/철폐하다　명 abolition 폐지/철폐
The company has decided to abolish the principle that only the persons who have driver's license are allowed to apply for the Sales Department.
그 회사는 운전 면허증 소지자만이 영업부서 지원이 가능하다는 원칙을 철폐했다.

abound in/with 많이 있다/풍부하다
The young people with English proficiency are abound in the company nowadays.
요즘에는 영어 잘하는 젊은이들이 회사에 많이 있다.

above-mentioned

above-mentioned; mentioned above 위에서 말한, 상술한
below-mentioned; mentioned below 아래에서 말한   aforementioned 전술한

abreast 나란히/병행하여

keep/be abreast of 시세에 뒤지지 않고 따라가다
Moreover, our series will give you the opportunity to be abreast of the developments of your colleagues in the United States.
게다가 귀 연구소는 우리의 연재물을 통해 미국 동종 업계의 개발 상황을 놓치지 않고 알 수 있을 것임

abrupt 돌연한/퉁명스러운

an abrupt death 급사   in an abrupt manner 퉁명스럽게

absolute 절대의/확실한   🔵 absolutely

an absolute rule/denial/lie 절대 규정/단호한 부정/새빨간 거짓말 (red lie)
The customer refused our request for price hike absolutely. Are you sure of our securing a new order? Absolutely.
그 고객은 우리의 가격 인상 요청을 단호히 거절했다. 당신은 우리의 신규 오더 수주를 확신하는지요? 확실합니다.

absorb 흡수하다, 빨아들이다   🔵 absorption 흡수/전념   🔵 absorbent 흡수하는

The small, promising company was absorbed into a big American company.
그 유망한 작은 기업이 미국계 대 기업에 흡수/병합되었다.

abstain 그만두다/삼가다

All the employees at the company abstained from smoking as of yesterday.
어제 날짜로 모든 직원이 금연했다.

abstract 추상/요약   🔵 추상적인(↔ concrete)   🔵 추상하다

make an abstract of   (논문 · 책)을 요약하다
Manger Kim made a two-page abstract of 100 pages market analysis report in order to report to the president.   김 과장은 사장님에게 보고하기 위해 100쪽 시장 분석 리포트를 2쪽으로 요약했다.

abundance 풍부/많음/부유   🔵 abundant 풍부한/많은

a year of abundance 풍년   in abundance 많이, 풍부히
The mountain is abundant in the copper concentrate from which the copper is extracted.
그 산에는 동(銅)의 원료인 동(銅)정광이 풍부하다.

accelerate 가속/촉진하다 ↔ decelerate   🔵 acceleration

Please accelerate the production this weekend. Otherwise we will be most/highly likely to receive a claim for the late shipment.
이번 주말에 생산에 박차를 가해라. 그렇지 않으면 선적 지연 클레임을 받을 가능성이 아주 크다.

accentuate 강조하다　　**명 accentuation** 억양/강조/역설

The president of the company　accentuated/stressed/emphasized　the increasingly worsening world economy to the employees, asking for their voluntary cost-down.
그 회사의 사장은 점점 더 악화되고 있는 세계 경제에 대해 직원들에게 설명하고 그들의 자발적인 원가 절감을 요구했다.

accept 받다/수용하다　　**명 acceptance**　　**형 acceptable ↔ unacceptable**

The company had no option but to accept the customer's drastic price cut.
그 회사는 고객의 급격한 가격 인하를 수용할 수밖에 없었다.

access 접근/출입　　**형 accessible** 접근/가까이 하기 쉬운

be easy/difficult of access　　　　　　　　　　　　　　　　　가까이하기 쉽다/어렵다
Only two mangers have access to the design room. If we work a little harder, our sales plan is accessible, as the market is turning in favor of us.
디자인 실에는 과장 2명만 출입 허가됨. 시장 상황이 호전되고 있어 조금만 더 열심히 한다면 우리의 목표 달성이 쉽다.

accident 사고/재난　　**형 accidental**　　**부 accidentally**

without accident 무사히　　　　　accidental death 불의의 죽음　　　　　an accidental fire 실화
Accidents will happen.　　　　　　　　　　　　　　　　　　　　　　　(속담) 사고란 으레 나는 법.
by accident (아주) 우연히, 우연한 일로 ↔ on purpose 고의로
Manager Kim encountered a traffic accident on the highway from Beijing to Shanghai during his business trip to China.
김 과장은 중국 출장 중 북경에서 상해 가는 고속도로에서 교통사고를 당했다.

accommodate 편의를 도모하다/숙박시키다/조절하다　　**명 accommodation**

The new hotel, which our company built recently, is well accommodated.
우리 회사가 최근에 지은 새 호텔은 시설이 좋다.

Five persons will fly to Paris from Hong Kong next Mon. We need hotel accommodation for six persons including me. I will fly there directly from Seoul.
내주 월요일 홍콩에서 5명이 파리로 갈 것임. 나를 포함 6명의 숙박 시설이 필요함. 나는 서울에서 파리로 바로 갈 것임.

accompany 동반/수반하다　　**명 accompaniment** 따르는 것/부수물/반주(부)

The president was accompanied by Sales Manager when he made a trip to India last month.
지난 달 사장이 인도 방문 시 판매과장이 동행했다.

Manager Kim sang a song to Miss Kim's piano accompaniment at the conference.
김 과장은 회의에서 미스 김의 피아노 반주에 맞춰 노래를 불렀다.

accomplish 이루다/성취하다　　**명 accomplishment** 성취/달성
　　　　　　　　　　　　　　　　　유 attain/attainment, achieve/achievement

Manager Kim accomplished his sales target two months earlier than original schedule. His accomplishment of US$10 Mil for such a short time is really amazing.
김 과장은 판매 목표를 당초 일정보다 2개월 앞서 달성했다. 짧은 시간에 천만 불 판매 달성은 진짜 경이로운 일이다.

accord 일치/조화하다　　명 일치/조화(accordance) ↔ discord

Mr. Kim's words and actions do not accord.　　　　　　　　언행이 일치하지 않는다.

in accord/accordance with　~와 조화/일치하다

↔ *be out of accord with; be in discord with*　~와 일치하지 않다

I am in full accordance/accord with your pricing strategy.
당신의 가격 전략에 전적으로 찬성합니다.

according to 구, according as 절, accordingly

~에 따라서, ~에 응해서/일치하여, ~에 준하여

According to today's paper, there was an earthquake in Japan yesterday night, which will surely affect today's stock market.
신문에 의하면 어제 밤 일본에 지진이 있었다고 하는 바, 금일 주식 시장에 영향을 끼칠 것이다.

The salespersons generating good sales should be treated accordingly.
실적이 좋은 판매원들은 거기에 상응하는 보상을 받아야한다.

account 계산/계정/보고/고객/단골/이유/근거/가치/중요성
동 생각하다/설명하다(for)/책임을 지다

☞ 명사로 사용할 경우 이메일이나 핸드폰 SMS/MMS 교신 시 명사로 사용되는 경우, a/c로 줄여서 사용하는 경우가 많음.
　사용 빈도가 큰 바, 여러 경우를 살펴보자.

accountant 회계원/회계사	account manager 회계 과장
Accounting Department 회계부/경리부	Finance Department 자금부
charge to a person's account 아무의 계정에 달다	give an account of ~을 설명/기술하다
open/start an account with ~와 거래를 시작하다 ↔ close an account with	
of much/great account 중요한 ↔ of no/little account 중요치 않은, 하찮은	
on all accounts, on every account 모든 점에서, 꼭, 무슨 일이 있어도	

take account of ~을 고려/참작하다　유 *consider, take into consideration*
We should take account of all possibilities when we proceed any project with foreign companies.
외국회사와 프로젝트 추진 시 모든 가능성을 고려하야야 한다.

make much account of ~을 중시하다 ↔ *make little/no account of*
He makes much account of his only son, who makes little of his father.
그는 독자 아들을 중시하나, 아들은 아버지를 경시한다.

account for 설명하다(explain), 책임지다(be responsible for)
I account the company to be a company of business ethics. This fact accounts for the company's attitude toward consumers.
사업 윤리가 있는 기업이라 생각한다. 이 사실로 그 회사의 소비자에 대한 태도가 설명된다.

We will account for the shortage if any.　　　　　　부족분이 있으면 책임을 지겠습니다.

accumulate 모으다/축적하다　　명 accumulation　　형 accumulative
accumulation of investment money 투자금 축적

The company kept accumulating lots of information on the new items and investment amount.
그 회사는 새로운 품목에 대한 많은 정보와 투자액을 계속 축적했다.

accurate 정확한/정밀한/빈틈없는　**명 accuracy**　**부 accurately**
accurate computer/accountant 정확한 기계/회계사
The company made the machine with accuracy.　　　기계를 정확히 만들었다.

accustom 익숙케 하다, 습관이 들게 하다(to)　**형 accustomed**
get/become accustomed to ~ing;　accustomed oneself to ~ing　~에 익숙해지다

be accustomed to　~에 익숙한, 항상 ~하는
He is accustomed to going to his office very early in the morning.
그는 아침 일찍 회사 출근하는 습관이 있다.

acquaint 숙지시키다/알려주다　**명 acquaintance** 지식/면식
be acquainted with ~를 알다/알게 되다, 와 아는 사이다. 교제하다, ~에 정통하다
He is acquainted with the assembly method of cellular phone. He is acquainted with the
production manager. He has a wide acquaintance.
그는 핸드폰 조립 방법에 익숙하다. 생산 과장을 잘 알고 있다. 그는 발이 넓다.

have (no) acquaintance with ~와 면식이 있다(없다)

acquire 획득/취득/습득하다　**명 acquisition** 취득/획득/습득
The company acquired a good reputation by helping its vendors. The company's acquisition of
the chemical company means its business diversification.
협력 업체들을 도움으로써 호평을 받았다. 그 회사의 화학 회사 인수는 사업 다각화를 의미한다.

act of God 불가항력(force majeure)
전쟁이나 천재지변 등 계약당사자의 의도와는 관계없이 통제할 수 없는 사유로 인해 계약을 이행할 수 없거나 지연될 때
계약당사자의 책임을 면하게 되는 것을 말함. 이처럼 불가항력으로 인해 계약을 이행하지 못했거나 지연시켰을 경우
면책이 가능하나, 계약을 이행하지 못한 경우 입증의 의무가 있다. 물론, 최근의 일본 원전 사고처럼 누구나 다 아는
사고/사건일 경우는 그렇지 않으나, 예를 들어 일부 지역의 정전이 며칠간 지속되어 선적 지연이 되는 것 등은 입증의
의무가 있다.

act 소행/행위/행동/법령/조례　**유 action/behaviour/deed**
동 하다/행하다/행동하다/연기를 하다/상연하다
Manger Kim acted as guide/simultaneous interpreter at the global marketing seminar.
김 과장은 세계 마케팅 세미나에서 안내인/동시 통역사 역할을 했다.
in the (very) act of ~의 현행 중에, ~을 하는 현장에서
He was caught in the very act of stealing the confidential recipe for a new medicine.
The new medicine acted/worked well on the patients.
극비인 신약 제조법을 훔치다 현장에서 붙잡혔다. 새로운 약이 환자들에게 큰 효과가 있었다.

act against ~에 반(反)하다, ~에 불리한 일[짓]을 하다
He acted against company policy and formed an in-house political circle.
그는 회사 규정을 어기고 사내 정치 모임을 결성했다.

act a part 한 역할을 하다; 연극을 하다(나쁜 뜻으로)
All the factory workers acted their part and so the company could keep its delivery promise.
모든 공장 직공들이 자기 본분을 다해 납기 약속을 지킬 수 있었다.

act up to (주의 · 이상 · 약속 따위)에 따라 행동하다, (주의 · 이상 등)을 실천하다
The company always acted up to the company policy of 'Customer first!'
그 회사는 '고객 우선' 이라는 회사 정책을 항상 실천했다.

active 활동적인/적극적인/능동적인 ↔ inactive, passive
명 activity   통 activate   유 energetic, vigorous
active life 바쁜/활기찬 생활   cf) hectic life/day 활기찬 인생/아주 바쁜 하루
active/extinct/dormant volcano 활화산/사화산/휴화산
The semiconductor market is not active. The company took active measures to cope with increasingly worsening market situation.
반도체 시장이 활발하지 않다. 그 회사로 날로 악화되고 있는 시장 상황에 대처하기 위해 적극적인 방책을 펼쳤다.

acute 날카로운/민감한/빈틈없는/혜안의/모진/심각한/급성의
↔ chronic 만성의   명 acuity, acuteness   부 acutely
an acute market analysis 예리한 시장 분석   acute pain 격통
The situation is acute. He seems to have an acute disease.
사태가 급하다. 그의 병이 급성인 거 같다.

adapt 적합/적응시키다(adjust), 개작/각색하다   명 adaptation
adapt oneself to 익숙해지다, 순응하다
The company adapted itself to the oversupply market by coming down the price of solar glass.
그 회사는 공급 과잉 시장에 순응, 태양광 유리 가격을 인하했다.

add 더하다/부언하다/증가하다 명 addition 추가/덧셈 ↔ subtract, subtraction
in addition 게다가, 그 위에   in addition to; besides ~에 더하여, ~위에 또
This cost-down will add to our profit. He added that he would come to Korea again soon in order to select a vendor.
이 원가 절감으로 우리의 이익이 증대될 것이다. 협력 업체 선정을 위해 곧 다시 한국에 오겠다고 부언했다.

add up to; amount to 총계 ~이 되다, (구어) 결국 ~의 뜻이 되다
add up to sixty dollars; amount to sixty dollars 60달러가 되다
The company's suggested price adds up to asking for our giving up the production of solar glass.
그 회사에서 제시한 가격은 우리보고 태양광 유리 생산을 포기하라는 것과 같다.
These conditions amount to refusal.   이 조건이라면 거절하는 것과 매한가지다.

add fuel to the fire/flame 불난 집에 부채질 하다, 걱정을 부추기다
If you call her now, it's to add fuel to the fire. Just leave her alone for the time being.
지금 그녀에게 전화하는 것은 불난 집에 부채질이다. 당분간은 가만 놔두어라.

address 주소/성명/인사말/연설/제언, 골프에서 타구전의 자세
동 연설/인사하다, 제출하다, 공을 칠 자세를 취하다
a person of no address 주소 불명인 사람 　　　　an address of thanks/welcome 치사/환영사
opening/closing address 개회사/폐회사 　　　　deliver/give an address 연설/강연하다
She put the golf ball on the tee and addressed the ball. He called her as Queen of Golf. She delivered a closing address.
그녀는 티에 올려놓고 공 칠 자세를 취했다. 김 과장은 그녀를 골프의 여왕으로 호칭하였다. 그녀는 폐회사를 했다.

adequate 어울리는/적당한/충분한, (직무를 다할) 능력이 있는, 적임의
↔ **inadequate** 부적당한/부적합한　　부 **adequately** ↔ **inadequately**
He is adequate to the position of sales manager. 　　　　그는 판매과장 직에 적합하다.

adhere 점착/부착/고수하다　　명 **adherence, adhesion**　　형 **adherent**
She adhered to the original development plan. 　　　　그녀는 당초의 개발 계획을 고수했다.

adjourn 휴회/연기/이월하다　　유 연기하다　☞ **postpone**
The meeting was adjourned until next Tuesday. 　　　　회의는 다음 주 화요일까지 연기되었다.
His visit to Korea adjourned without day. 　　　　그의 한국 방문은 무기 연기되었다.

adjust 맞추다, 조정/정산/순응하다　　명 **adjustment**　　형 **adjustable**
adjustment board 조정 위원회　　　　adjust oneself 옷차림을 단정히 하다, (환경 따위에) 순응하다
The company adjusted the LTE phone to an American standard.
그 회사는 LTE 핸드폰을 미국 표준에 맞추었다.

adapt 적합/적응시키다, 개작/번안/각색/편곡하다　　명 **adaptation**
All the employees adapted themselves to the rapidly changing market by voluntarily coming down their salary. 　　모든 직원들이 급변하는 시장에 적응하기 위해 급여를 자발적으로 삭감했다.

administer 관리/지배/통치/경영하다, 베풀다　　명 **administration**
He was the most powerful guy during the Clington Administration,
클린턴 정부시절에 가장 유력한 인사였다.

adopt 채용/채택하다, 양자/양녀로 삼다　　명 **adoption**
Manger Park adopted her idea of cost-down. 　　　　그녀의 원가 절감 아이디어를 채택했다.

advance 전진/진척/촉진/진급시키다, 제출/선불/승진하다
명 진전/진출/진행/승급/선불　　　형 전진한, 전의, 미리 미리의

advance notice/sale/ticket   사전 통지/예매/예매권
advance payment 선불 ↔ deferred/later payment 후불
He advanced the project actively. Let's advance the time of marketing strategy meeting from 5 o'clock to 4 o'clock.
그는 그 프로젝트를 적극적으로 진척시켰다. 마케팅 전략 회의 시간을 5시에서 4시로 앞당깁시다.

There is an advance on coffee. Can you advance me 100 dollars till the payday?
커피 값이 올랐다. 월급날까지 100달러 가불해 주실 수 있겠습니까?

in advance 미리, 앞당겨, 사전에, 선두에 서서, 선불로, 선금으로
The company paid 30% to the supplier in advance.   공급업자에게 30%를 선불했다.

advantage 유리/이익/편의/우세/우월/이점/장점   형 **advantageous** ↔ **disadvantage**   형 **disadvantageous**

advantages and disadvantages 이해득실   sell to disadvantage 밑지고 팔다
be of great advantage to ~에게 크게 유리하다 ↔ be of no advantage to
take advantage of ~을 이용하다, ~에 편승하다, 속이다
at a disadvantage 불리한 입장에(서)   to one's disadvantage 아무에게 불리한, 불리하도록

to advantage 유리하게, 형편 좋게
The solar energy market turned out to the company's advantage.   태양광 시장이 그 회사에 유리해졌다.

advent 도래/출현
The company's development of the new material means the advent of a new age.
그 회사의 신 물질 개발은 새로운 시대의 도래를 의미한다.

adverse 역(逆)의/거스르는/반대의/반대하는/불리한
an adverse wind 앞바람, 역풍   adverse comment/criticism 비난/악평

be adverse to ~에 불리하다
The present market situation is adverse to the companies who recently increased production capacity.   현 시장 상황은 최근에 생산 설비를 증설한 업체들에게 불리하다.

advertize/advertise 광고/선전/공시하다   명 **advertizement**
an advertisement column 광고란   put/insert an advertisement in 광고를 내다
The recent price cut of the company advertises its intention to kill its competitors.
그 회사의 최근 가격 인하는 경쟁업체를 죽이려는 의도를 보여준다.
It pays to advertize.   광고는 보상이 있다.

advice 충고/조언/권고/통지   통 **advise**
ask advice for ~에 대해 조언을 구하다   ask for advice 의견을 구하다
as per advice; as we advised 통지(한)대로
My advice to you is that you should work hard in order to get promotion.
내 충고는 승진하려면 열심히 일을 하라는 것이다.

advise/inform/notify A of B; advise/inform/notify A that B

A에게 B를 통보/통지하다

Please advise us of your email address for our reference. We are pleased to inform you that the following goods for the contract are ready for inspection.

이메일 주소를 알려주십시오. 계약관련 다음 제품들이 검사받을 준비가 되어 있음을 알려드립니다.

affect ~에게 영향을 주다   몡 **affection** 애정/호의/영향

~인 체하다(pretend)   몡 **affectation** ~인 체함, 꾸미는 태도

filial affection 효심   a deep affection for parents 부모에 대한 깊은 사랑

He was affected with a bad cold, but tried to affect OK. Manager Kim was affected at the news that Mr. Park secured US$10 Mil order in China. This will favorably affect our future business.

그는 독감에 걸렸으나, 괜찮은 척 노력했다. 김 과장은 Mr. Park이 중국에서 천만 불 오더를 수주했다는 소식을 듣고 감동되었다. 이것은 향후 장사에 유리하게 작용할 것이다.

affluence 풍부함/풍요/유복/유입   혱 **affluent** 풍부한/유복한

live in affluence 유복하게 살다   affluent society 풍요로운 사회

afford ~할 여유가/돈이/능력이 있다   혱 **affordable** 줄 수 있는

I cannot afford the trip expense.   I can't afford to be generous.

그 여행비용을 감당할 수 없다.   선심 쓸 여유가 없다.

I cannot afford to let a chance of US$10 Mil business transaction disappear.

천만 불의 거래 기회를 그냥 놓칠 수는 없다.

afloat (물 · 하늘에) 떠, 소문이 퍼져, (어음/수표) 유통하여, 빚 안지고

There are many rumors afloat that the company is going bankrupt soon.

그 회사가 곧 파산할 것이라는 소문이 널리 퍼져 있다.

after hours/days/weeks/months/years 수 시간/일/주/개월/년 후

He made a phone call to the office to check up the inspection results after hours.

그는 수 시간 후 검사 결과를 알기위해 사무실로 전화를 걸었다.

after many twists and turns 우여곡절을 거쳐, 우여곡절 후에

The company finally developed a new, innovative product after many twists and turns.

그 회사는 우여 곡절을 거쳐 혁신적인 신제품을 개발했다.

aftermarket 수리용 부품 시장, 애프터서비스 시장

aftermath 여파/영향/결과   윤 **aftershock**

The aftermath of the earthquake made the price of electricity skyrocket.

지진의 여파로 전기 값이 급등했다.

aftersale service(A/S) 애프터 서비스
When you buy any kind of consumer electronics, please check whether there are A/S centers nationwide or not.
전자제품 구매 시 전국적인 A/S 망 여부를 확인하세요.

agenda 예정표/안건/의사일정/의제
Manager Kim asked us to read the agenda carefully in advance before attending the meeting. The agenda was how to streamline company operation.
김 과장은 우리에게 회의 참석 전 미리 안건을 읽어보라고 했다. 안건은 회사 운영 합리화였다.

age 나이/연령/연대/수명/시대 동 나이 들다, 노화하다
a man of my age 내 나이 또래의 남자
for an age; for ages 오랫동안
aging society/building 노령화 사회/노후 빌딩

be/act one's age 나이에 걸맞게 행동하다
the green energy age 그린 에너지 시대
It's ages since I saw you. 본지 정말 오래간만이군요.

for one's age 나이에 비해서
She looks young/old for her age by 5 years. She is my age. They are the same age.
나이에 비해 5년 늙어/젊어 보인다. 그녀는 나와 동갑이다. 그들은 한 동갑이다.

aging test 노화/가혹 시험
The aging test of PV module is to check how the PV module would be twenty years after installation outside. The warranty of PV module is 20 years.
태양광 패널의 노화 테스트는 태양광 패널이 외부 설치 20년 후에 어떻게 되는 지를 보는 것이다. 태양광패널의 제품 보증 기간은 20년이다.

agony 고민/고통
in agony 고민하여

agree 동의/찬성/승인/합의하다 명 agreement
be willing to agree/approve/consent/acquiesce
기꺼이 동의/승인/허락/묵인하다

agree to/with A A에 동의하다
We agreed to your offer to supply your model No.2 at US$2.00/PCS.
귀사 model No.2를 개당 2불에 공급하겠다는 귀사의 offer에 동의합니다. (* PCS: pieces)
We agreed with Doona Electronics with regard to the change of clause II in the contract.
당사는 계약 관련 조항을 변경하기로 두나전자와 합의했다.

agriculture 농업/농학 형 agricultural
My father works in agriculture.
나의 부친은 농업에 종사하고 있다.

ahead 전방에/앞에/앞서서, 능가하여
ahead of schedule 일정 전에/일정보다 빨리
be ahead of ~보다 앞에 서 있다, ~보다 앞서 있다

ahead of time 시간 전에/시간보다 빨리

go ahead 전진/진보/추진하다
Go ahead! (구어) 자 먼저 하세요. 좋아, 하시오.

aid 원조하다, 돕다, 조성/촉진하다, 도움이 되다　　**명** 원조/조력
give/lend/render aid to ～을 돕다　　　　　　　　by/with the aid of ～의 도움으로, ～의 도움을 빌려
come/go to one's aid 아무를 원조하러 오다/가다
first aid 응급조치/치료　　　　　　　　　　　　　　　　　　　　a hearing aid 보청기
He aided/helped me to make a report.　　　　　　　　He aided me in the business.
그는 보고서 만드는 것을 도와주었다.　　　　　　　　　　그는 나의 사업을 원조했다.

ail 괴롭히다, 고통을 주다　　**형** **ailing**　　**명** **ailment**　불쾌/우환/병
a financially ailing corporation　　　　　　　　　　　　　재정적으로 문제 있는 기업
What ails you?　　　　　　　　　　　　　　　　　　　　　　어찌된 거냐?

aircraft　항공기
I would especially like to thank you for the enclosed articles on aircraft leasing and the business
plan. As I have reviewed the materials, I realized the future attractiveness of the aircraft leasing
business.　　　　　　　　　　　　　　　　　　　　　　　특히 동봉하여 주신 항공기
리스에 대한 기사와 사업 계획서 감사드림. 동봉 자료를 검토하고 나서, 항공기 리스 사업 기회의 향후 매력을 인지하게 됨.

airfare　항공 운임
The airfare skyrocketed recently because oil price went up a lot.
유가의 대폭 인상으로 항공 운임 급등함.

airtight, airproof　밀폐한, 공기가 통하지 않는
~tight; ~proof　☞　**watertight; waterproof**　방수　☞　**resist**

alert　방심 않는/정신을 바짝 차린/기민한　**명** 경계(체제), 경보(**alarm**)
　　　　　동 ～에게 경계시키다, ～에게 경보를 발하다
on the alert　(방심 않고) 경계하여　　　　　　　　alert a person to a danger　아무에게 위험을 경고하다
alert a person to watch out　　　　　　　　　　　　　　　　　아무에게 조심하도록 충고하다

alien　외국의, 외국인　　　　**동** 양도하다

align, aline　한 줄로 하다, 일렬로 세우다, 정렬시키다, 일직선으로 맞추다
　　　　　　　명 **alignment**　일렬/정렬/배열
aligned nations　제휴 국가들　　　　　　　　　　　align oneself with　～와 제휴/동조하다, ～에게 편들다
in alignment with　～와 일직선이 되어, 일직선상에

all at once 갑자기(**suddenly**), 모두 동시에
She bursted into tears all at once while she was watching the soap opera.
TV 드라마를 보는 도중 눈물을 터뜨렸다.

all but ~을 제외한 전부, 거의, 거반(**nearly, almost**)
The visitors were well treated all but Tom. 방문자들은 탐을 빼고는 전부 잘 접대 받았다.
His mother is all but dead. 그의 어머니는 죽은 거나 마찬가지다. 살아 있다는 것은 명색뿐.

all ears 열심히 귀를 기울이다
When the chairman started making a speech, all the people became all ears.
의장이 연설을 시작하자 모든 사람이 귀를 기울였다.

all eyes 눈을 똑바로 뜨고 보다, 온 정신을 집중하여 주시하다
All the cooks were all eyes while the chief chef was making a special dish.
수석 주방장이 특별한 요리를 만드는 동안 모든 요리사들이 열심히 보았다.

all in all 전부하여, 총계해서, 대체로, 소중한 것
100 dollars all in all 합계 100달러
Cash is all in all to the operation of a company. It's fortunate that all in all, the new product is a success. 회사 운영에는 현금이 무엇보다도 소중. 신제품이 대체로 성공작인 것이 다행이다.

allergic 알레르기(체질)의, 알레르기에 걸린, 질색인, 신경과민의
He is allergic to meeting foreigners. He shows an allergic reaction to noodle whenever he has dinner with foreigners.
외국인을 만나는 것을 싫어한다. 외국인과 저녁 식사 시 매번 국수에 대해 알레르기 반응을 보인다.

alliance 동맹, 맹약, 협력, 제휴, 협조　　　　유 **ally**
a dual/triple/quadruple   alliance 2국/3국/4국　동맹
have alliance with　~와 연합/협력하다
Our two countries have formed strong alliances with each other on many levels, such as in the political, economic, social, and cultural spheres. 양국 간의 우호적인 관계는
여러 분야에서 지속적으로 강화되고 있음. 정치 경제 사회 문화 같은 여러 분야에서 강력한 유대 관계를 형성하고 있음.

allocate 할당/배분/배치하다　　　　명 **allocation**
Doona Electronics was requested to allocate the budget on marketing sector.
두나전자는 마케팅 영역에 더 많은 예산을 할당하라고 요청받았다.

allot 할당/분배/충당하다　　　　명 **allotment**
The owner of the company alloted his shares to the salespersons whose sales amount exceeded US$10 Mil last year.
그 회사의 오너는 작년 판매액이 천만 불이 넘은 판매원들에게 주식을 분배하였다.

allow 허락/고려하다, 여지를 남기다　　명 **allowance** 수당/급여/용돈

a family/retiring allowance 가족/퇴직 수당　　free baggage allowance 무료 수화물 허용량

time allowance 시간제한　　at no allowance 마음껏, 아낌없이, 충분히

make allowances for ～을 고려/참작하다 ↔ make no allowance for

allowing for ～을 참작한다면　　allowing that ～이라고 하더라도

Smoking is not allowed/permitted. 금연.

Please allow/permit me to 동사 원형　　실례지만 ～하겠습니다.

Please allow us to introduce a new product to your preeminent firm. We can allow 10% for cash payment. 귀사에 신제품 소개드릴 기회를 주십시오. 현금이면 10% 할인해드릴 수 있음.

My manager allows his section members to make an overseas trip only once a year because of budget. Whenever you transfer flights, please allow at least three hours for changing airplanes if you have baggage check. 과장은 예산 때문에 과원들 해외 출장을 일 년에 한 번으로 제한한다. 비행기 수화물로 부치는 짐이 있을 경우 비행기 갈아타는 시간을 최소 3시간을 확보하여야 한다.

all-time 전 시간(근무)의**(full-time)**, 공전의/전례 없는

an all-time high/low 최고/최저 기록　　an all-time team 사상 최고의 팀

alone 홀로/고독한/혼자 힘으로 나가는/살아가는　　유 **solitary, lonely, lonesome**

all alone 완전히 혼자/홀로, 누구 힘도 빌리지 않고

leave/let alone ～을 홀로 놔두다, ～을 내버려두다, ～은 말할 것도 없고, ～은 고사하고

Leave me alone. 나 좀 내버려두시게.　　Man shall not live by bread alone. (성경)사람은 빵만으로 사는 것이 아니다.

To make a golf course in the desert takes up too much time, let alone the expenses. 사막에 골프장을 조성하는 것은 비용은 말할 것도 없고 시간도 많이 걸린다.

You cannot proceed the project alone. 혼자 힘으론 프로젝트 추진 불가하다.

alter 바꾸다/변경하다/개조하다　　명 **alternation**

alter one's course 방침을 바꾸다　　alter for the better/worse 좋아지다/나빠지다

The company's giving up the production of PV module alters the present market. 그 회사의 태양광 모듈 생산 포기로 시장이 변경되고 있다.

That alters the case. 그러면 이야기가 달라진다.

alternative 하나를 택할 여지/대안/다른 방도

형 양자/삼자 택일의, 대신의, 선택적인　　부 **alternatively** 양자택일로, 대신으로

an alternative plan 대안　　alternative courses (좌냐 우냐·죽느냐 사느냐 따위의) 두 갈림길

You have the alternative of fruit or juice. 과일이든 주스든 하나는 선택할 수 있다.

The alternative to studying English is Chinese. 영어 공부가 싫으면 중국어 공부해라.

I have no alternative courses. 달리 수단이 없다.

have no alternative/option/solution/way/choice but to 동사 원형　　～하는 수밖에 없다

We have no alternative but to give up the project. 프로젝트를 포기하는 수밖에 딴 도리가 없다.

altitude 높이/고도
latitude 위도　　　　longitude 경도

alumnus 학생/졸업생/동창생/교우/(학교)선배　　**pl.) alumni**
an alumni association 동창회　　　　　　　　　　　　alma mater 모교, 출신교

amateur 아마추어, 직업적인 아닌 사람, 애호가(of) ↔ professional
beginner, tyro, novice, newcomer 초심자/신참자　　　　　an amateur of the cinema 영화 팬
an amateur at golf; an amateur golfer: 아마추어 골퍼

ambassador 대사　　minister 공사　　consul 영사
envoy 외교 사절, 특사　　　attache (대사관의 특정분야) 담당관

ambiguous 애매모호한, 분명치 않는　명 ambiguity
↔ unambiguous/clear/crystal-clear/self-evident　명 unambiguity
The general manager of the company gave us an ambiguous comment on our request for price.
가격 인상 요청에 대해 애매모호한 말을 했다.

In closing, I would like to express the unambiguous pleasure it has been to have you all in Korea, and I hope your stay here has been both rewarding and memorable.
마지막으로 귀빈 여러분들을 한국에 모셔 너무나 기쁘며, 한국 체류가 보람 있고 기억할 만한 것이 되기를 바람.

amend 개정/수정/정정하다(modify)　명 amendment(modification)
In the meantime, we would like to amend a few stipulations of the original memorandum in order to facilitate the practical execution of the contract, as has already been discussed with you.
기 협의한 바와 같이 계약의 실질적인 실행을 촉진하기 위해 MOU의 몇 가지 내용 수정하고 싶음.

amenity (장소 · 기후의) 기분 좋음, 쾌적함　pl.) 쾌적한 설비/시설
Hotel Lotte is one of deluxe five star hotels with all the amenities.
롯데 호텔은 모든 설비가 다 갖춰져 있는 호화 5성급 호텔중의 하나이다.

amiable 호감을 주는, 붙임성 있는, 상냥한　부 amiably
유 amicable, amicably　　註) 상거래에서는 amicable을 보다 많이 사용함.
Because you have been involved in this business from the very beginning, you are under an obligation to make this unsettled case come to an amicable settlement. The two companies finally reached an amicable settlement
귀하가 처음부터 본 거래에 개입되어 온 바, 귀하는 본 미결 사안을 우호적으로 해결할 의무가 있음. 마침내 우호적 해결책을 찾음.

ample 광대한, 넓은, 충분한, 넉넉한, 풍부한, 다량의 ↔ scanty
ample opportunity/time/cash　충분한 기회/시간/현금
The company had ample cash to pursue the US$10 billion project.
100억불 프로젝트를 추진할만한 충분한 현금을 비축하고 있었다.

amuse 즐겁게 하다, 재미나게 하다　　**명 amusement** 즐거움, 위안, 재미
amusement park　놀이 공원
I am amused at playing the piano.　　　　　　　　　피아노 치는 것이 즐겁다.

analyze 분석/분해/검토하다　　　　**명 analysis**
in the last/final analysis　결국, 요컨대
It turned out that the company analyzed the market situation accurately two years ago. He analyzed the political situation very well.
2년 전 시장 상황 분석이 정확한 것으로 판명되었다. 정세 분석을 아주 잘했다.
Water can be analyzed into oxygen and hydrogen.　　　　　물은 산소와 수소로 분해할 수 있다.

anarchy 무정부/무질서 (상태), 무정부론
anarchism　무정부주의, (폭력 · 테러 행위에 의한) 체제 타파

anguish 고통/괴로움/고민/번민　　　　**동** 심히 괴로워하다/괴롭히다

animate 살리다, 생명을 불어넣다, 생기를 주다, 격려/고무하다
　　　　명 animation 생기/활기/발랄　　　**형** 활기찬, 생명의
things animate and inanimate　생물과 무생물　　　　　　with animation　활발히, 힘차게
His success in making a working mock-up sample animated all the members of R&D to more efforts toward the development of new, innovative products.
연구소의 모든 직원들이 그의 작동 견본 제작 성공에 고무되어 혁신적인 신제품 개발을 위해 더욱 노력했다.
She should be a sparkplug at her class. Her joining any meeting always animates the conversation.
그녀는 학급에서 핵심적인/주동적인 인물임에 틀림없다. 어떤 모임이든 그녀만 나타나면 대화가 활기를 띤다.

anniversary 기념일, 기일(忌日)
a wedding anniversary　결혼기념일
This is to express my sincere thanks to you for the elegant commemorative coin, honoring the 100th anniversary of the first arrival of your country person in Korea.
한국에 처음 온 귀국 사람의 한국 방문 100주년을 기념키 위해 만든 주화를 선물로 주셔서 진심으로 감사드림.

announce 알리다, 고지/발표/공고/공표/예고하다　**명 announcement** 알림/공고/고시/
　　　　발표/공표/성명　　**announcer** 아나운서, 방송인
a newspaper announcement　신문의 발표　　　　　　make an announcement of　~을 발표하다
Mr. Kim has announced his marriage to his friends.　His appearance and dress announce him to be a salesman.
친구들에게 결혼한다고 발표했다. 외모와 복장을 보아 그가 세일즈맨이라는 것을 알 수 있다.
He announced for president. The company announced my statement to be a lie. The firm announced that my statement was a lie.
대통령 선거에 입후보할 뜻을 표명했다. 회사는 나의 진술이 거짓이라고 공표하였다.

annoy 괴롭히다/귀찮게 굴다/속 태우다　　**명 annoyance** 성가심/골칫거리

be/get annoyed 귀찮다, 애먹다, 화가 나다　　　　　　　　to one's annoyance 곤란하게도

That annoys me. I am annoyed with my son about that.
저게 나를 귀찮게 해. 그 일에는 아들 녀석이 골칫거리다.

annual shareholders' meeting 연차 주주 총회

answer 대답/답변　　**통** 답하다/응하다/소용되다/책임지다

find an answer to ~을 해결하다　　　　　　　　answer/serve the purpose 목적에 부합되다

What's the answer?　　　　　　　　　　　　　　　어떻게 해야지?

I, however, regret to advise you that we are not in a position to give/make a positive answer to your suggestion.
귀하의 제안에 대해 긍정적인 회신을 드릴 입장이 아님을 통보 드리게 되어 유감임.

I hope this message will give you a greater understanding of our objectives and will answer fully your questions.
본 서신이 귀하가 당사의 목적에 대해 확실히 이해하도록 하고 귀사의 질문 사항에 대해 충분한 회신이 되기 바람.

answer for ~의 책임을 지다, 보증하다, ~에 대한 벌을 받다, 대신 대답하다

Please rest assured of doing business with the company. I will answer for the business manner and on-time payment of the company.　　그 회사와의 거래는 걱정하지마라. 거래 매너와 적기 결제는 내가 보증한다.

answer to ~에 부합하다, ~에 일치하다　　**유** *correspond to, coincide with*

It is surprising that the company does not answer to the people's belief at all.
그 회사가 사람들이 믿고 있는 것과 전혀 일치되지 않는 것은 놀라운 일이다.

antagonist 적수, 적대자　　　　**유 opponent, rival, competitor**

arctic 북극의 ↔ **ant**(반:反) + **arctic** ➡ **antarctic** 남극의

arctic temperature 극한　　　　an antarctic expedition 남극탐험(대)

antenna shop 안테나 숍
일종의 파일럿 숍(pilot shop)으로 실제 매장을 오픈하기 전에 시장 및 수요 조사를 위해 만드는 매장.
명품 기업들은 안테나 숍을 통해 소비자들의 선호도를 테스트해보고 시장의 흐름을 분석한 후 판매 매장을 오픈.

anticipate 예상/예감/기대하다　　**명 anticipation**

We anticipate that the company will release the order soon. We anticipate the company's releasing the order soon. We anticipate the company's order soon.　　곧 주문 받을 것으로 기대함.

The company is financially strong even in this slow economy. Fortunately the company was prudent enough to anticipate the worst when the economy was bullish last year, and so it saved lots of cash.
그 회사는 이런 불황에서도 재무 상태가 튼튼하다. 작년에 경제 호황일 때 최악의 경우를 예견하여 현금 비축을 많이 한 것은 다행한 일이다.

in anticipation of ~을 기대하여, ~을 예기하고

We will proceed the project actively in anticipation of your consent on capital increase. I anticipated as much.　　자본금 증자에 대해 승낙하실 것으로 믿고 그 프로젝트를 활발히 진행하겠습니다. 그렇게 될 줄 알았다.

antique　오래된, 고색, 낡음, 골동품의　　　명 골동품

anything but　~외에는 무엇이든, ~말고는 아무 것도, 조금도 ~아닌
He is anything but a salesman. He is too shy. I can give him anything but this house.
그는 도저히 세일즈맨이랄 수가 없다. 너무 수줍어한다. 이 집 말고는 무엇이든 그에게 줄 수 있다.

apart/aside from　~은 별문제로 하고, ~은 그렇다 하고
Aside from the data accumulated so far, the new chief of R&D kept conducting
experimental tests in order to collect new data from his own experiences.
여태까지 축적된 데이터는 차치하고 자기 경험에 의거한 데이터를 수집하기 위해 실험을 지속적으로 반복했다.

apology　사죄/사과/변명/해명　　동 **apologize**
accept/reject　an apology　사과를 받아들이다/거절하다
If I have offended you, I apologize.　　　　　　　　　　　　기분 안 좋으시면 사과하겠습니다.
apologize to A for　~에 대해 A에게 사과하다
We would like to　offer/give/convey/render　our deep apology for the delay in the shipment of
your ordered goods.　　　　　　　　　　주문하신 물품의 선적 지연에 대해 깊은 사과를 드립니다.
in apology for　~에 대한 사과로, ~을 변명/해명하여
He invited her to a nice dinner in apology for his absence at her party.
그녀의 파티에 불참 한 것에 대한 사과로 멋진 저녁 식사를 초대했다.
make an apology for　~을 사과하다
I would like to make an apology for being unable to accept your invitation because of previous
engagement.　　　　　　　　　　　　　　　선약으로 초대 응하지 못해 죄송합니다.

apparent　또렷한/보이는/명백한, 외견(만)의, 겉치레의
apparent to the naked eye　육안으로 보이는
His suggested solution to the quality problem was apparent to all.
그가 제안한 품질 문제 해결 방법은 누가 봐도 명백했다.
His reluctance was only apparent. He was eager to be transferred to Cairo branch, as it was the
only way to get promotion to manager.　　　　　　　　　　그가 싫어하는 것은
겉치레에 불과했다. 카이로 지사로 발령 나는 길만이 과장 승진할 수 있기에 사실은 카이로 지사 발령을 간절히 바랐다.
It is more apparent than real.　　　　　　　　　　겉보기만 그렇지 실제는 그렇지도 않다.

appeal　호소/간청/간원/항의하다　　　명 호소/간청/간원/매력
　　　　형 **appealing**　호소하는 듯한, 애원적인, 매력적인, 흥미를 끄는
appeal to the public/law　여론/법에 호소하다　　　　　　　　　　　sex appeal　성적 매력
be of little appeal to a person　아무에게 대한 호소력이 약하다
make an appeal for　~을 구하다　　　　　　　make an appeal to　~에 호소하다, ~을 매혹하다

The employees were confident they could appeal to the owner of the company by working hard, but the bad cash flow of the company did not allow them to get the salary last month. The company has appealed for emergency cash infusion.
직원들은 열심히 일함으로써 회사 오너에게 호소할 수 있으리라고 확신하였으나, 회사의 현금 흐름이 좋지 않아 지난 달 급여를 받지 못했다. 그 회사는 긴급 현금 투입을 간청하였다.

appear 나타나다, 보이게 되다, 출현/출두하다, 명백하게 되다
명 appearance 출현/출두/출연/발표/출판/기색/징조/현상

appear in court/print/newspaper 법정에 출두하다/책이 되어 나오다/신문에 나다
for reasons that do not appear 뚜렷하지 않은 이유로   at first appearance 언뜻 보기에는
It appears as if/though ~인 것처럼 생각되다
There appears to have been some problem at the assembly line. 조립 라인에서 무언가 문제가 발생된 거 같다.
There is no appearance of rain.   비가 내릴 것 같지는 않다.

It appears (to me) that ~~인 것 같다, 명백하게 되다, 뚜렷해지다
She appears (to be) rich. It appears that she is rich.   부자인 것 같다.
It appears that the market has already started to turn around. 시장이 이미 돌아 서기 시작한 것 같다.

applaud 박수갈채/성원/칭찬하다   **명 applause**
a storm/thunder of applause 우레와 같은 박수갈채
We applauded him for his product development.   제품 개발을 칭찬했다.

apply 적용/응용/지원/충당하다   **명 application** 적용/응용/신청/지원
applicant 신청자/지원자
a rule of general application 일반적으로 적용되는 규칙/통칙
an application form 신청용지   application for admission to a school 입학지원
make an application for ~을 신청하다, 출원하다   an applicant for a position 구직자
His proposed way does not apply to this case. His suggested way has no application to this case.
그가 제안한 방법은 이 경우에는 맞지 않는다.
She applied for a job at chemical company.   화학 회사에 지원하다.

appoint 지명/임명/명령/지시/약속하다, 정하다
명 appointment 임명/지명/임용/약속
keep/break one's appointment 약속을 지키다/어기다   take up an appointment 취임하다
make/fix an appointment 약속 일시/장소를 정하다
The president of the company appointed him as CFO. The president appointed him to find out the solution to cut down the company expenses by 30%. May 10 was appointed as the day for the marketing strategy meeting.
그를 재무 담당 총책으로 임명했다. 회사 경비 30% 감축 방안을 모색하라고 지시했다. 마케팅 전략 회의 일자는 5월 10일로 정해졌다. (• CFO: chief financial officer 재무 담당 총책)

appreciate 감사/평가/감정/판단하다, 가격이 오르다, 평가 절상하다
명 appreciation 감사/판단/이해/감상/등귀/증가/평가절상

a letter of appreciation 감사장　　　　　　　　　　　　　　　　with appreciation 감사히
in appreciation of ~을 인정하여, ~에 감사하여
The government authority appreciated the possibility of an earthquake one month ago.
정부 당국은 지진 발생 가능성을 한 달 전에 알아챘다.

Real estate has rapidly appreciated.　　　　　　　　　　　　　　부동산 시세가 급등했다.
We would　heartily/greatly/much　appreciate it if ~ : ~해주시면 크게 감사하겠습니다.
We would like to offer our　hearty/heart-felt/heartful/sincere　appreciation for~ :
~에 대해 깊은 감사를 드립니다.
appreciation/revaluation (경제 · 외환) 평가절상 ↔ depreciation/devaluation 평가절하
☞ depreciation이 회계 용어로 사용되면 감가상각이 되는 바, 통역/번역 시 전체 내용을 보고 어떤 의미로 사용 된지 판단하여야 한다.
　감가상각에는 depletion, amortization 등의 단어가 더 있으며 회계상 사용되는 상황이 상이하다.

approach 접근하다/교섭을 시작하다/다가가다　　　명 접근/입구/길
a new approach to English 영어의 새 학습법
a potential customer difficult/easy of approach 가까이하기 어려운/쉬운 잠재 고객
Manger Kim is easy/difficult to approach.　　　　　　　　　　가까이하기 쉽다/어렵다.
She approached the government official with bribes.　　　　뇌물을 써서 공무원에게 접근했다.
• bribe/under-the-table money/backhander 뇌물
Let's approach the company's pricing policy strategically. And then we can draw out the right
price that we have to offer to the company.
그 회사의 가격 정책에 전략적으로 접근해봅시다. 그러면 그 회사에 제시하여야 되는 적정 가격을 인출할 수 있다.

appropriate 충당/사유/전유/횡령/착복하다　　　형 적합한, 적절/적당한, 특유의, 고유한
명 appropriation 전유/착복/충당
an appropriate　example/time 적절한 예/시간　　　　　　　be appropriate for ~에 어울리다
a speech appropriate for/to the occasion 그 자리에 어울리는 연설
appropriate/suitable/proper/adequate 적절한 ↔ inappropriate 부적절한
The president kept an inappropriate relationship with his secretary.　사장은 비서와 부적절한 관계를 유지했다.
The company appropriated money for the construction of a new office building.
He appropriated the company money for himself during that construction.
돈을 사옥 건설에 충당했다. 건설 진행되는 동안 회사 돈을 횡령하였다.
Don't appropriate others' ideas.　　　　　　　　　　　　　　남의 아이디어를 도용하지 마라.

approve 승인/찬성/허가/인가/증명하다　　명 **approval**
with the full approval of ~의 전면적인 찬동을 얻어
The test result approved his theory was right. The chairman finally approved a big investment in
the biotechnology business. The approval from the board of directors is expected this week.
실험 결과는 그의 이론이 옳음을 입증했다.　회장께서 마침내 생물 공학 사업에 대규모 투자를 승인했다. 이사회 승인
을 금주에 얻을 전망이다.

approximate 근접/접근하다, 가깝다, 비슷하다, 어림 견적하다
　　　　　　　　 형 근사한, 대체의, 대략의　　　　부 **approximately**
approximate cost 대략의 비용　　　　　　　　　approximate value; rough estimate 개산 가격
approximately; around; in the ball-park figure; roughly 대략, 대강, 얼추

aquarium 수족관, 유리 수조

arbitrary 임의의/멋대로의/독단적인/방자한
arbitration 중재/조정/재정　　　　　**arbitrator** 중재인, 심판자
It's not a good way to resort to the law. Let's go to arbitration. Please submit a dispute to a court
of arbitration
법에 호소하는 것은 좋은 방법이 아니다. 중재를 의뢰하자. (쟁의가) 중재에 부쳐지다. 쟁의를 중재 재판소에 부쳐라.

architecture 건축술/건축학/건축 양식　　　**architectural** 건축학의
architect 건축가
the architecture of one's own fortunes 자기 운명의

ardent 열렬한/불타는/격렬한　　　　명 **ardor, ardour**
ardent passion 열정　　　　　an ardent admirer 열렬한 찬미자　　　　　with ardor 열심히

argue 논하다, 논의/주장/설득하다　　　명 **argument** 논의/논증/논거/논법
He argued about/over the way of assembly with his customer. At the other meeting room, his
boss got into an argument over the quality issue with the suppliers.
그는 고객과 조립 방법에 대해 논의했다. 다른 방에서는 그의 상사가 납품업체들과 품질 문제에 대한 논의를 시작했다.
argue a person into doing 아무를 설득해 ~시키다
　↔ *argue a person out of doing* 아무를 설득해 ~를 단념시키다
The production manager argued the factory workers into working on Sunday, and so his company could
effect shipment on time.
생산과장이 공장 직공들을 설득, 일요일에 일하게 함으로써 적기 선적이 가능하였다.
I argued him out of smoking.　　　　　　　　　　　　　　　그를 설득하여 담배를 끊게 했다.

arise from 일어나다/나타나다, (문제·사건·곤란·기회)발생하다/생기다
Quality problem, in general, arises from the carelessness of the workers at the assembly line.
일반적으로 품질 문제는 조립 라인 직공들의 부주의에서 일어난다.
He arises from his chair.　　　　　　　　　　　　　　　　그는 의자에서 일어난다.

arm in arm 서로 팔을 끼고

armaments 장비, 무기, 병기, 군사력, 군비
nuclear/atomic armaments 핵무장　　　　　　　　　　an armaments race 군비 경쟁
the limitation/reduction of armaments 군비 제한/축소

armistice 휴전, (일시적인) 정전(停戰)(truce, cease-fire)
a separate armistice 단독 휴전   make an armistice 휴전하다

around the clock 24시간 내내, 쉬지 않고
around-the-clock 만 하루/24시간 계속해서의, 주야겸행의(all day and all night), 무휴의
an around-the-clock air raid 하루 내내 공습   (in) around-the-clock operation 무휴 조업(중)

around the corner 임박하여, 곧 ～이다, 길모퉁이를 돈 곳에
Christmas is just around the corner. A new year is ahead of us. Summer is upon us again.
이제 곧 크리스마스이다. 새해가 곧 다가 온다. 다시 여름이 다가 온다.

array 배열/열거/소집하다, 열석(列席)시키다   명 정렬/배열/소집
array oneself in ～을 차려 입다, ～으로 꾸미다
an array of flags 쭉 줄지은 ～의 행렬   make an array 정렬하다

arrest 체포/구속/저지하다, (사람 눈·주의 등을) 끌다   명 체포/억류/저지/정지
arrest a person for theft 아무를 도둑 혐의로 체포하다   an arrest warrant 구속 영장
make an arrest of ～을 체포하다   arrest cancer 암의 확산을 억제하다
The company's development of a new chip arrested competitors' attention. An arrest of the
person who tried to steal the drawings of the chip had already been made.
새로운 칩 개발은 경쟁업체들의 주의를 끌었다. 도면을 훔치려고 한 사람이 이미 체포되었다.

under arrest 구금 중인
He is under house arrest.   자택연금 중이다.

arrogant 거드럭거리는/거만한/오만한/건방진   유 haughty, cocky
    명 **arrogance**, **arrogancy**
assume an arrogant attitude 오만한 태도를 취하다
You should not be arrogant when your company is going well. And think about the worst.
회사가 잘 될 때 일수록 건방지지 않도록 노력하고, 최악의 경우를 생각해야 된다.

article 한 품목/한 개, 물품/물건, 기사/논설/조항/조목
    동 조목별로 쓰다, 의 죄상을 열거하다, 고발하다
toilet articles 화장품   domestic articles 가정용품
article 1 제 1조   an article on Korea 한국에 관한 논문
an editorial/leading article (신문의) 사설   article by article 조목조목

artificial 인공의/인위적인/인조의/모조의/부자연한, 일부러 꾸민 ↔ **natural** 부 모조물, 조화
    명 **artificially** 인위적/인공적으로, 부자연스럽게 ↔ **naturally**
artificial snow/rain/organs/flowers/pearls/diamond/smile/tears/vanilla flavoring/intelligence
인공 눈/인공 비/인공 장기/조화/모조 진주/인조 다이아몬드/억지웃음/거짓 눈물/바닐라 맛이 나는/인공 지능

artwork 수공예품(의 제작), 예술적 제작 활동

as a (general) rule 대개, 일반적으로

as a first step 첫 단계로

as a result 그 결과로써
He put all of his eggs in one basket. Unfortunately, however, the company in which he invested went into bankruptcy. As a result, he became penniless.
그는 한 곳에 그의 돈 전부를 투자했다. 하지만 불행히도 그가 투자한 회사는 부도가 났고, 그 결과로 그는 무일푼이 되었다.

as a trial 시험 삼아**(by way of trial)**
The company placed an order for 1,000 SM of solar glass as a trial. In case that the test result of 1,000 SM proves OK, it will place orders for 30,000 SM every month.
시험 삼아 천 SM의 태양광 유리를 발주했다. 이 천 SM 테스트 결과가 좋으면 매달 삼만 SM 유리를 발주할 예정이다.

as/so far as (어떤 장소)까지, ~하는 한(에서는), ~하는 한 멀리까지
the authorities/parties concerned 당국자/관계자
He went as far as Orlando. As far as I know, he is very rich.
올란도까지 갔다. 내가 아는 한에서는 그는 큰 부자다.
Let's walk as far as we can. As far as I am concerned, only success is ahead of us.
가능한 한 멀리까지 걸어가자. 내가 관여되는 한, 우리 앞길엔 성공만이 있을 뿐이다.

as follows 다음과 같이
The rule which you are required to observe at the company dormitory is as follows.
회사 기숙사에서 준수하여야 되는 규칙은 다음과 같다.
The relevant technical specifications for a quotation are as follows.
견적을 위한 기술적인 사양은 다음과 같습니다.

as it stands 현 상태로는
As it stands, the machines does not look perfect. 현 상태로는 그 기계가 완전한 것으로는 보이지 않습니다.

as of/as at ~일 현재   **as from** ~일 부터
notice of relocation 사무실 이전 안내
As of May 10, 2010, the company will be relocated at the address below.
2010년 5월 10일자로 사무실이 아래 주소로 이전됩니다.

ascent 상승, 등반, 향상, 승진 동 **ascend** ↔ **descent, descend**
a rapid ascent 급경사   an ascent to managing director 상무 승진

ascertain 확인/조사하다, 알아내다   형 **ascertainable** 확인/조사할 수 있는
명 **ascertainment** 확인, 탐지

The company tried to ascertain whether the rumor about its competitor's financial crisis is true.
경쟁사의 재정 위기에 대한 소문이 사실인지를 확인하려고 노력했다.

ascribe A to B A를 B의 덕분/덕택으로 돌리다, A를 B의 탓으로 하다
명 ascription　　　**유 attribute, attribution**

be ascribed/attributed to ~에 기인하다, ~의 덕분으로 생각하다 ~에 속하다

The company ascribed/attributed its continued success to all the employees, especially to R&D engineers. As a token of appreciation, the company decided to give a big bonus at the end of year.
회사는 지속적인 성공을 모든 직원들, 특히 연구소 기술자들 덕택으로 돌렸다. 감사의 표시로 연말에 큰 보너스를 지급하기로 했다.

The manager ascribed/attributed the accident to her imprudence at the company picnic.
그 사고는 회사 피크닉 때 그녀가 경솔해서 일어 난 것으로 돌리다.

The play seems to be attributed to Shakespeare.　　　　　　　세익스피어 작품으로 추정된다.

ask/look for trouble 사서 고생을 하다, 경솔한 짓을 하다
It's asking for trouble to part with parents for trivial matters.
사소한 일들로 부모와 관계를 끊는 것은 스스로 고생을 자초하는 것이다.

It's looking for trouble to leave the company under this kind of depression.
이런 경기 불황에 회사를 그만 둔다는 것은 스스로 고생을 자초하는 것이다.

aspect 양상/모습/외관/국면/정세/견해/(집의) 방향/전망
the aspect of affairs 국면(phase)　　　　　　　　　in all aspects 모든 각도/면에서
take on/assume a new aspect　　　　　　　　　새 국면에 접어들다, 면목을 일신하다
The house which has a southeastern aspect is the best to receive sunshine.
남동향 집이 햇빛 받기에는 최고다.

aspirations 열망/포부/대망/동경/염원/흡기　　　**동 aspire, aspirate**
intellectual/fame aspirations 지식욕/명예욕

To become a world-famous movie star is the aspiration to many girls. All the talents aspire after/ to fame. The politicians always aspire to attain to power.
세계 유명 영화 스타 되는 것이 많은 소녀들의 꿈이다. 모든 탤런트들은 명성 얻기를 열망한다.
정치인들은 권력을 잡으려고 열망하다.

ass 당나귀, 바보, 항문
make an ass of ~을 우롱하다

assail 습격/공격/추궁/비난/착수하다, 맞부딪치다　　　**유 attack**
assailant 공격자, 가해자, 적
assail the difficulty 곤란에 과감히 맞서다　　　assail a fort 요새를 공격하다
Several attendants assailed the marketing manager with acute questions at the marketing strategy meeting.

마케팅 전략 회의에서 마케팅 과장을 예리한 질문으로 공격한 참석자가 여러 명이다.

Fears assailed her. She was assailed with/by doubts of having taken a bribe.
두려움이 그녀를 엄습했다. 뇌물 수수 의혹에 시달렸다.

assassinate 암살하다, (명예 등을) 손상시키다　　　**명 assassination,**
　　　　　　　assassinator/assassin 암살자　　　**ninja assassin**

assemble 모으다, 집합시키다, 소집하다, (부품을) 조립하여 만들다**(into)**
　　　　　명 assembly 집회/회합/모임/조립/조립 부속품

assemble a cellular phone 핸드폰을 조립하다　　　　　　　assembly line 조립 라인

assemble parts into a machine 부품을 조립하여 핸드폰을 만들다

an unlawful assembly 불법 집회　　　　　　　　　　freedom of assembly 집회의 자유

the National Assembly (한국 등의) 국회　　　　　　•국회라는 말은 각 나라마다 상이하다.

Diet 덴마크·스웨덴·일본　　　　　Congress 미국　　　　　Parliament 영국

In general, the assembly lines of Korean companies are well-arranged and clean.
일반적으로 한국 업체의 생산 라인은 산만하지 않으며 청결하다.

assert 단언/주장/역설/옹호하다　　　**명 assertion**　　　**유 affirm, affirmation**

assert one's rights/claims 권리/요구를 주장하다

Justice will assert itself.　　　　　　　　　　　　　　　　　사필귀정

I assert that our competitor will come down the price shortly in order to survive the chicken game.
우리 경쟁업체가 치킨 게임에서 살아남기 위해 곧 가격 인하를 단행할 것이라 단언한다.

assign 할당/배당/부여/충당/선임하다　　　**명 assignment**

Manager Kim assigned work to each member.　　　　　　과원 각자에게 일을 할당했다.

The president assigned me to the position heading the new project.
사장님이 나를 신규 프로젝트 총책으로 임명하였다.

He assigned me to make a report by tomorrow.　　　　내일까지 보고서 작성하라고 명했다.

He assigned us the best room of the motel.　　　　　그 모텔의 제일 좋은 방을 할당해 주었다.

assist 원조하다, 돕다, 거들다, 조력하다　**명 assistance**

Our holding company assisted the company to tide over the financial difficulties.
지주회사는 그 회사가 재정상의 위기를 벗어나도록 도와주었다.

The diplomat assisted in effecting a peaceful settlement of a conflict.
그 외교관은 분쟁의 평화적 해결에 조력했다.

associate 연합/참가/관련시키다, 동료로 가입시키다, 연상/결합/교제/제휴하다
　　　　　　명 association 동료, 한패, 친구

in association with ~와 공동/관련하여

We associated the company with us in the project.　　그 프로젝트에 그 회사를 참가시켰다.

I don't want to associate with her.　　　　　　　　그녀와 교제하고 싶지 않다.

assort 분류/정리하다, 구색 맞추다, 조화되다 **assortment** 유별/분류/구색
The flower well assorts with her office. 그 꽃은 그녀의 사무실과 잘 조화된다.
Our store has a great assortment of candy. 여러 가지 캔디를 갖추고 있습니다.

assume 취하다, 떠맡다, 추정하다, ~인 체하다**(pretend/feign/affect)**, 꾸미다
명 assumption 인수/수락/취임/가정
assume office/responsibility 취임하다/책임을 지다 assumption of office/power 취임/권력 장악

assuming that ~; on the assumption that~: ~라고 가정하여
Assuming that our customer collapses down very soon, what should we do with our account receivable of US$10 Mil?
곧 고객이 망할 것으로 가정하면 천만 불의 외상 매출금은 어떻게 하는 게 좋을까?

assure 보증/보장/확신/확인하다, 안심시키다 **명 assurance**
assure oneself of ~; assure oneself that ~: ~을 확인/확신하다
in the assurance of ~확신을 갖고
I am assured of your big success, considering your strenuous efforts. His investment in our company assures the success of our project. I assure you of our quality and delivery.
너의 부단한 노력을 고려 시 큰 성공을 확신한다. 그의 투자로 우리 일은 성공이 확실해졌다.
품질과 납기에 대해 보증한다.
We have full assurance of the results. I (can) assure you. We have no assurance that our dream will come true.
결과에 대해 큰 확신이 있다. 틀림없다. 꿈이 이루어진다는 보장은 없다.

astonish 놀라게 하다, 깜짝 놀라게 하다 **명 astonishment** 놀람/경악
형 astonishing astonished
in/with astonishment (깜짝)놀라서, 소스라쳐서 to one's astonishment 놀랍게도
She was astonished at the news that her son was arrested for drug addiction.
아들이 마약 중독으로 체포되었다는 소식에 깜짝 놀랐다.
* 놀라다/경악하다의 동사는 astonish/surprise/shock/startle/flabbergast 등이 있으며, 그 중 가장 강도가 강한 것은 flabbergast이다.
The president of the company was flabbergasted at the fact that its market share of last month went down by 15%. 지난 달 시장 점유율이 15% 내려갔다는 사실에 사장은 아연 실색했다.

at (the) best 아무리 잘 보아주어도, 기껏해야, 고작
At best we can finish the work only about May 10. 기껏해야 5월 10일경 그 일을 마칠 수 있다.

at no extra charge 추가 (비용) 부담 없이
at no charge/cost; free of charge: 비용 부담 없이, 무료로, 공짜로
Much to my luck, my seat was upgraded from economy class to business class at no extra charge.
나는 아주 운 좋게도, 추가 부담 없이 보통석에서 비즈니스 석으로 승격되었다.

at/in one's disposal 아무의 뜻/마음대로 되는, 마음대로
☯ at one's option, at (one's) will

We are at your disposal.　　　　　　　　　　　　　　　　전적으로 당신 뜻에 따르겠습니다.
The car is mine, and so it is at my disposal.　　　　　그 차는 내 것인 바, 마음대로 해도 된다.

at the drop of a hat 즉시, 지체 없이, 신호가 있으면

We are always ready to make an overseas trip at the drop of a hat. 언제든지 즉시 해외 출장 갈 준비가 되어있다.

☞ 예전에 미국에서는 싸움이나 경주가 있을 때 그 시작을 모자를 이용해서 알렸다고 함. 즉, 모자를 떨어뜨리거나 손에 쥐고 힘차게
　　내리는 것을 시작 신호로 사용했다고 함.

at the lowest price possible 가능한 최고 낮은 가격으로

You are required to approach the potential customer at the lowest price possible, as it has already two vendors
for your part.　　　　그 부품은 이미 납품업체가 2 군데 있는 바, 가능한 최고 낮은 가격을 제시하는 것이 필요하다.

at the moment 지금, 현재는　　　☯ at present; presently; for now; currently

At the moment our market share(M/S) is only 10%. It is our strong belief that our new,
innovative product can elevate our M/S up to 50% within one year.
현재 시장 점유율이 겨우 10%이나, 이번 혁신적인 신제품으로 일 년 이내에 시장점유율이 50%까지 올라 갈 것으로
믿어 의심치 않는다.

at the/a rate of ~의 비율/속도로

He drove to Gumi City at the rate of 150 km/hour.　　　　　시속 150 km로 운전해서 구미로 갔다.

at the soonest possible 가능한 빨리

You are required to ship minimum 20,000 PCS of the part at the soonest possible. We are
running out of the parts. If you can't airfreight 10,000 PCS by May 10, please carry the available
quantity first by yourself immediately, and ship the remaining quantity by May 20.
가능한 빨리 최소한 2만개 선적바람. 현재 당사 재고 바닥나고 있음. 5월 10일까지 1만개 항공 선적 불가하면, 가능한
수량을 휴대하여 즉시 오시고, 나머지 수량은 5월 20일까지 선적바람.

at/on the tip of one's tongue 말이 목구멍까지 나와

I have the title of the movie at the tip of my tongue, but can't exactly recall it for the life me.
그 영화 제목이 혀끝에서 뱅뱅 돌 뿐 아무리 해도 정확히 생각이 안 납니다.

athletic 운동의/체육의/경기의/운동가의/운동을 잘하는/강건한
athletics 운동경기　　　　　　## athlete 운동가/경기자/강건한 사람
an athletic meeting 운동회, 경기　　　athletic equipment 경기용 기재(器材)
athletic sports 운동 경기

atmosphere 분위기, 기분, 대기, 공기, 주위의 상황
amicable/friendly/tense atmosphere 우호적인/친밀한/긴장된 분위기

attain 이르다, 도달/달성/획득하다　　　명 attainment

attain skill 숙달하다　　　　　　　　　　　　　　　attain to perfection 완벽한 경지에 이르다

He attained his sales target with no difficulty. And so he is expected to get promotion.
아무 어려움 없이 판매 목표를 달성했다. 승진이 예상된다.

attend 출석/수반/동행/동반/왕진하다, 시중들다, 보살피다
명 attendance 출석/참석/시중/간호

attend a meeting/ceremony 모임/식에 참석하다　　　　　　　　　attend school 등교하다
a bad cold attended with/by fever 열이 나는/수반되는 독감
Business success attended his strenuous efforts.　　　　　　부단한 노력으로 사업이 성공하였다.
The nurse attends the patient.　　　　　　　　　　　　　　간호사가 환자를 돌보다.
There will be a large attendance at the solar energy seminar, as solar energy is the most promising
green energy.　　　태양광 에너지가 가장 유망한 그린에너지인 바, 태양광 에너지 세미나에는 참석자가 많을 것이다.

attitude 태도/마음가짐/자세(posture)/몸가짐/거동

attitude of mind 마음가짐
take/assume a strong/weak/warm/cool attitude toward/to/on ~에게 강경한/약한/따뜻한/냉정한 태도를 취하다
What is your attitude to the urgent issue facing your son?　아들이 직면한 그 화급한 사안을 어떻게 하려고 하느냐?

attorney 대리인, 변호사(lawyer), 검사(prosecutor)

a letter/warrant of attorney (소송) 위임장　　　　　power(s) of attorney 위임권/위임장
by attorney (위임장에 의한) 대리인으로써 ↔ in person 본인이 직접, 몸소
corporate attorney 고문 변호사

attract 끌다/매혹하다　　　　　　　명 attraction 끄는 힘/매력/유혹
형 attractive 매력적인, 애교 있는　　명 attractiveness

attract one's attention/notice 아무의 주의를 끌다
be attracted by ~에 끌려　　　　　　　　　an attractive personality 매력 있는 인품
personal attraction 인간적 매력　　　　　　　an attractive price 사고 싶을 정도로 싼 값
The bargain sale price was attractive enough to the office ladies.
바겐 세일 가격은 회사 여직원들을 매혹하기에 충분했다.

Finally, we welcome and appreciate your government's continual measures to make the
investment climate more attractive and to assist in Korea's economic plans.
귀국 정부의 외국인 투자 제한 완화 및 한국 경제 발전계획 도움에 감사드림.

audience 청중/관객, 청취/시청자, 독자(층)
The audience applauded loudly at the end of the opera.　　오페라가 끝나자 관중들은 큰 박수를 보냈다.

audit 회계 감사, (건물·설비 등의) 검사
The company conducted a factory audit of potential supplier.　　잠재 공급 업체의 공장을 실사했다.

auditorium 청중석/관객석/방청석, 강당, 큰 강의실

augment 늘리다, 증대시키다, 증가시키다 ↔ **diminish**
(유) **increase**　　　(명) **augmentation**　　　(형) **augmentative**

authentic, authentical 믿을 만한/확실한/근거가 있는, 진정한/진짜의
(부) **authentically**　　　(동) **authenticate**
an authentic news/report 확실한 뉴스/근거 있는 보고서

authoritative 권위있는/정식의/신뢰할 만한/위압적인　　　(부) **authoritatively**
The authoritative/reliable source says that the company is going to establish a big semiconductor company in China next year.　　믿을만한 소식통에 의하면, 그 회사는 내년 중국에 큰 반도체 공장을 지을 예정이라고 한다.

authorize ~에게 권한을 주다, 위임하다(**empower**), 인가/허가하다
(명) **authority** 권위, 권력, 위신, 권한, 권능
a person in authority 권력자　　　　　　　　　the authorities concerned 관계당국
have the authority to ~할 권한을 갖고 있다
have no authority over/with ~에 대하여 권위가 없다
with authority 권위를 가지고, 엄연히　　　　　　exceed one's authority 월권행위를 하다
The president authorized him to decide on the investment in a new project. And so he had the authority to decide on the project.
사장은 그에게 신규 프로젝트 투자 결정권을 주었다. 프로젝트에 대한 결정권이 있었다.
It is authorized by usage.　　　　　　　　　　　　　그건 관례로 인정되어 있다.
on one's own authority 독단으로, 자기마음대로
I have made the business plan on my own authority.　　　나는 사업 계획을 내 독단으로 작성했다.

automate 자동화하다　　　　(명) **automation**
an automated factory 자동화 공장　　factory/office automation 공장/사무 자동화

avail 쓸모가 있다, 가치가 있다, 효력이 있다　　　(명) 이익/효력/효용
(형) **available** 이용할 수 있는, 쓸모 있는, 입수/이용 가능한
be of (much) avail (크게) 소용이 되다 쓸모가 있다 ↔ be of no/little avail
The company availed itself of the opportunity and generated lots of sales. He is available for the factory audit.
그 회사는 그 기회를 활용, 큰 판매를 일으켰다. 그는 공장 실사에 투입될 수 있다.

avenge 원수를 갚다, 복수하다, 앙갚음하다(on)　　　(유) **revenge**
The workers decided to avenge themselves upon the president of the company for his mistreatment.
자기들을 학대한 회사 사장에게 복수하기로 결정했다.

average 평균(치), 보통   동 평균 ~하다/~이 되다
average   price/cost/length of stay 평균 가격/평균 원가/평균 체류 기간
above/below the average 보통/평균 이상/이하   on an/the average 평균하여, 대체로
The factory workers average ten hours' work a day for the recent two months because of an avalanche of
orders from overseas.   해외로부터 주문이 쇄도 하고 있어 최근 2달 동안 공장 직공들은 하루 평균 8시간씩 일한다.
The high school students average 175 cm in height.   고등학생의 평균 신장은 175 cm 이다.

avoid 피하다/무효로 하다/취소하다   명 **avoidance** 회피/취소
        형 **avoidable ↔ unavoidable(uncontrollable, unsurmountable)**
As Christmas is just around the corner, he avoided making any promise. He could not avoid
making a trip to Paris next month.
크리스마스가 다가옴에 따라, 그는 아무 약속도 하지 않았다. 다음 달 파리 여행을 피할 수 없다.

await; wait for 기다리다
Time and tide wait for no man.   (속담) 세월은 사람을 기다려 주지 않는다.
We await your positive reply.   긍정적인 회신 기다립니다.

award 수여하다, (상을) 주다, 지급하다   명 상/수상/상품
The company awarded a car to him as a prize for his excellent business performance.
회사는 탁월한 비즈니스 성과에 대한 상으로 차 한 대를 그에게 주었다.

aware 깨닫고, 의식하고, 알고**(of, that)**, 인식이 있는
As far as I am aware, the members at the Department of Finance were already aware that their
company was going into bankruptcy sooner or later.
내가 아는 한, 자금부 직원들은 회사가 조만간 파산할 것을 이미 알고 있었다.

I would appreciate it very much if you could point out any newly minted sources of information
such as books, periodicals, seminars, and university offerings that you are aware of.
이와 관련, 아시고 계시는 서적, 정기간행물, 세미나, 대학에 대한 새로운 정보를 제공해 주시면 감사하겠음.

awkward 섣부른, 서투른, 거북한, 어색한, 곤란한, 어려운
an awkward   excuse/silence/question 서투른 변명/어색한 침묵/거북한 질문
put a person in an awkward position   아무를 곤경으로 몰아넣다
He is awkward at tennis.   그는 테니스가 서투르다.
I am in an awkward situation, as manger's instruction is different from general manager's idea.
과장의 지시 사항이 부장의 생각과 상이하여 곤란한 처지에 있다.

Back out 후퇴/취소하다, (계약/약속을) 파기하다, 손을 떼다

back out of deal/transaction 거래에서 손을 떼다

The company who promised to invest in our new technology backed out suddenly.
우리의 신기술에 투자하기로 한 회사가 갑자기 투자를 철회했다.

back-seat driver 참견/간섭 잘하는 사람

As we get old, we are likely to be a back-seat driver. Our company has too many back-seat drivers when we proceed a new project.
나이가 들수록 남에 일에 간섭하기 싶다. 신규 프로젝트 추진 시 말 많은 사람들이 너무 많다.

backlog 큰 장작, 주문 잔액, 예비 동 예비로 남겨두다, 후일 처리분으로 주문을 받다, (주문 · 상품 등이 미처리인 채) 쌓이다

The company's present backlog of orders does not allow it to receive any new orders unless the delivery is more than 3 months.
그 회사는 수주 잔고가 많아 납기를 3개월 넘게 주지 않으면 신규 오더를 받을지 않는다.

back order (재고가 없어서) 처리 못한/뒤로 미룬 주문, 이월 주문

The company already has a back order of 100,000 SM.
이미 생산을 못해 뒤로 이월된 주문 수량이 십만 평방미터이다.

backward 뒤에/후방에/후방으로/뒤를 향해 ↔ forward(s)
형 역행/퇴보/악화하여, 거꾸로   명 후방/뒤/과거

flow backward 역류하다   go backward 퇴보/타락하다
be backward in ~이 늦다, ~을 태만히 하다   be backward in payment 지불이 지체되다
be backward in duty 의무를 소홀히 하다

backward(s) and forward(s) 앞뒤로, 왔다갔다, 여기저기(에), 완전히

Now the engineers have come to understand the function of the new laser machine backward and forward.
이제 기술자들이 새로운 레이저 기계의 성능을 완전히 이해하게 되었다.

bad news/rumor travel fast 나쁜 소식/소문은 빨리 퍼진다

You know how soon the sex scandal became widespread all over world? It took only twelve hours. Bad news travel fast.
섹스 스캔들이 전 세계에 번져 나가는데 얼마나 걸린지 알어? 단 12시간 걸렸지. 나쁜 소식은 빨리 퍼지지.

baggage, luggage 수화물

baggage check 수화물 물표

bait 미끼/먹이   동 미끼를 달다, 유혹하다

put a bait on a hook 낚시에 미끼를 달다

balance sheet 대차 대조표
income statement(profit & loss statement) 손익계산서   cash flow 현금흐름
financial statement 재무제표

bald 대머리의, 민둥민둥한, 꾸밈없는(unadorned)
a bald man/mountain 대머리/민둥산   as bald as an egg 머리가 훌렁 벗어진
get/go bald 머리가 벗겨지다

ballroom 무도장, 댄스홀

ban 금지/금지령/추방   동 금하다, 금지하다
nuclear test ban (treaty) 핵 실험 금지(조약)
The company has banned the general managers from taking a business class flight as of
September 1, 2010, because of worsening cash flow.
현금 흐름상의 사유로 부장들의 비즈니스 클래스 사용을 2010년 9월 1일자로 금지시켰다.

bandit 산적, 강도   mountain bandit 마적
one armed-bandit 슬롯머신

☞ casino에 있는 slot machine으로 과거에는 당기는 레버가 하나이며, 대부분의 사람이 돈을 잃는다. 여기서 유래된 말이다. 하지만
요즘은 레버가 없는 slot machine도 많다.

bandwagon 악대 차, 우세한 세력, 사람의 눈을 끄는 것, 시류
climb/get/jump on/aboard the bandwagon   승산이 있을 것 같은 후보자/주의/운동을 지지하다, 시류에 영합하다
Which candidate will be on the bandwagon remains to be seen.   어느 후보자가 우세할 지는 두고 봐야 안다.

banish 추방하다, 유형에 처하다, 내쫓다   명 banishment
banish a person from the country 아무를 국외로 추방하다
banish anxiety/fear 걱정/두려움을 떨쳐버리다

bank account 은행 구좌
account name 구좌 이름   account number 구좌 번호

bankrupt 파산/도산/파산자/지급 불능자   형 파산한/지급능력 없는
명 bankruptcy 파산
bankrupt law 파산법   morally bankrupt 도덕적으로 파탄하여
go/become bankrupt; go into bankruptcy 파산하다
The company is not in a position to invest US$10 Mil in increasing production lines, because
its 2nd largest customer went into bankrupt. The one year labor dispute contributed to the
bankruptcy of the company.
그 회사는 생산 라인 증설에 천만 불을 투자할 입장이 아니다. 왜냐하면, 최근 그 회사의 두 번째로 큰 고객이 파산하였기
때문이다. 일 년 간의 노사분규는 그 회사 파산의 (한) 원인이 되었다.

banner 기/국기, 기치, 표지/표제   형 일류의, 뛰어난

banquet 연회   동 연회를 베풀어 대접하다

barbarian 야만인, 교양 없는 사람

bargain 매매, 거래, (매매)계약, 거래 조건, 싸게 산 물건, 떨이
동 (매매)약속을 하다, 계약하다, 흥정을 하다, 매매 교섭을 하다

a bad/good bargain 비싸게/싸게 산 물건 　　　　　　　a bargain sale/price 특매/특가
bargain basement 백화점/대형 상점의 특매장/특매 코너 　　buy at a (good)bargain 싸게 사다
conclude/settle a bargain 계약을 맺다 　　　　　in/into the bargain 게다가, 그 위에, 덤으로
Sometimes we can buy ladies' wear at a very attractive price at a bargain basement if we are
lucky.　　　　　　　　운이 좋을 경우 백화점 특매장에서 아주 매력적인 가격으로 숙녀복을 살 수 있다.
A bargain is a bargain. A promise a promise.　　　　　　　약속은 약속(꼭 지켜야 한다).
That's a bargain. It's a bargain. Done.　　　　　　　　　　이것으로 성립됐다.

barometer 기압계/고도계, 지표

barren 불모의/메마른/열매를 못 맺는/임신을 못하는/ ~이 없는(of)

a barren woman 아이 못 낳는 여자, 석녀 　　　　　　a barren discussion 헛된 토론
be barren of ideas 사상이 빈약하다, 착상이 시시하다

barrier 울타리, 장벽, 장애(물), 방해   동 울타리로 둘러싸다
language/cultural/tariff barrier/obstacle 언어/문화/관세 장벽
put a barrier between 사이를 갈라놓다 　　　　a barrier/an obstacle to promotion 승진의 장애물
First, I would like to express my appreciation for the hospitality and assistance extended to me
during my stay with you. Without you and your staff, I would have faced many insurmountable
language and cultural barriers.
우선 무엇보다도, 제가 거기 있을 때 베풀어 주신 귀하의 호의와 도움에 감사드림. 당신과 당신 직원들의 도움이 없었으면
언어와 문화적인 장벽이 엄청 컸을 것임.

base 기초/토대/주추/근거/기지/초벌칠   유 **basis/foundation/ground**
동 ~에 기초/근거하다, ~의 기지를 두다   형 천한/비열한/야비한
the base of a building 건물의 토대 　　　　　　　　base camp (등산의) 베이스캠프
air/army/naval base 공군/육군/해군 기지 　　　　　　base of operations 작전 기지
at the base of ~의 기슭에, ~의 근저에 　　　　　　　　a base action 비열한 행위
touch base with ~와 연락을 취하다, ~와 접촉하다 　　　　base of taxation 과세표준
base taxation on income 수입을 기초로 과세하다

be based upon ~에 의거/기인하다, ~을 바탕으로 하다
His view of the future market is based on the business experience of 20 years.
향후 시장에 대한 견해는 20년의 사업 경험에 의거해 있다.

The rapid growth of the company is based upon the president's technology-oriented investment.
사장의 기술지향적인 투자를 바탕으로 회사가 급속히 성장했다.

batch 한 벌/한 묶음/한 떼/한 번 구워낸 것, (컴퓨터) 배치

a batch of books 한 묶음의 책　　　　　　　　　　　　　　a batch of men 남성의 한 떼

battle 전투/싸움/전쟁/투쟁/경쟁/승리　　　　　동 싸우다/투쟁하다

the battle of life 생존 투쟁　　　　　　　　　　　　　　a battle of words 논전, 설전
have/gain/win the battle 이기다 ↔ give/lose the battle 지다

half the battle 절반의 성공/승리를 가져오다, 매우 중요하다

In sales, showing business sincerity and ardour to the potential customers is half the battle.
판매 추진 시, 사업에 대한 진실함과 열정을 잠재 고객에게 보여 준다면 절반은 성공한 것이다.

Securing the right guys is half the battle when you pursue a new business.
신규 사업 추진 시, 적격자를 확보하면 절반은 성공한 것이다.

bay 만(灣), 궁지, 짖다, 짖어대다

bay the moon 달을 보고 짖다, 무익한 짓을 기도하다

If you think that you can get a job at other companies, it is to bay the moon. In Korea, no company accepts the person who stole confidential drawings from his company.
타사에 취직할 수 있다고 생각한다면 그건 있을 수 없는 일이다. 한국에는 회사의 극비 도면을 훔친 사람을 고용할 회사는 없다.

be about to 동사 원형 막 ~하려고 하다　동 on the point of ~ing

We were about to start playing tennis, when it rained. We were on the point of playing tennis, when it rained.　　　　　　　　　　　　　　　테니스를 막 치려는데 비가 왔다.

be burned to death 타 죽다

It's so sad that he was burned to death yesterday.　　　　어제 불에 타 죽은 것은 무척 슬픈 일이다.

be fed up with ~에 물리다, 진저리/넌더리나다

I am fed up with his way of working.　　　　　　　　　그의 일 처리 방법에 신물이 난다.

be forced/compelled/obliged to 동사 원형　　강제로 ~하다, ~할 수 밖에 없다

We were forced to stop the game because of heavy rain. He was compelled to give up flying to Taiwan because of typhoon.
비가 많이 와서 게임을 중단할 수 밖에 없었다. 그는 태풍으로 대만 가는 것을 포기하였다.

We were obliged to come down the price because the market is oversaturated.
시장이 과포화 되어 가격 인하를 단행할 수 밖에 없었다.

The increasingly worsening cash flow of the company compelled/forced/obliged the president to decide the curtailment of personnel and salary.
날로 악화되고 있는 현금 흐름으로 인해 사장은 인원 감축 및 급여 인하를 단행하기로 결정할 수 밖에 없었다.

be full of 찬, 충만한, 충분한

He is full of his own affairs.
그는 자신의 일에 몰두하고 있다.

His safety box is full of cash.
그의 금고는 현금으로 가득하다.

be good for nothing 전혀 쓸모가 없다, 아무 짝에도 못쓰는

The parts for 2G cellular phone like rubber keypad are good for nothing at the age of 4G LTE phone.
고무 키 패드와 같은 2세대 핸드폰 부품은 4세대 LTE 핸드폰 시대에는 전혀 쓸모가 없다.

be held in strict confidence 절대 비밀로 ☞ confidence

The fact that our company is going to acquire our competitor should be held in strict confidence.
경쟁회사를 인수 할 것이라는 사실은 절대 비밀로 하여야 한다.

be in a position to 동사 원형 ~할 입장이다, 할 수 있다

We regret to inform you that we are not in a position to accept your invitation because of imminent issues ahead of me. We inform you regrettably that the urgent issues do not allow us to accept your invitation.
화급한 일들로 초청을 수락치 못하게 되어 유감입니다.
Yet, I must seek your understanding that we already have a person working as our advisor in the United Stated and so we are not in a position to seek another advisor at the moment.
하지만 이미 미국에서 당사 고문역을 하고 있는 분이 있어 추가 채용이 어려 운 바, 양해 바람.

be in constant contact with 계속 연락/접촉하고 있다 ☞ contact

He is in constant contact with her even though his mother did not like her.
그는 어머니가 그녀를 싫어하는데도 불구하고 그녀와 계속 연락하고 있다.

be left with 계속 지니다, 맡겨지다

You will be left with nothing if you manage the company like this.
회사를 이처럼 경영하면 아무것도 남지 않을 것이다.

be noted for 저명한, 유명한

Venice is noted/famous/renowned for sightseeing. Especially San Maroc plaza is the best for lovers in the twilight.
베니스는 관광지로 유명하다. 특히 황혼이 질 때의 산마르코 광장은 연인들에게 최고다.
The company is famous for cheap but excellent cellular phone.
싸지만 탁월한 품질의 핸드폰으로 유명하다.

*noted/famous/renowned*는 좋은 쪽으로 유명하다.　　　*notorious for*는 나쁜 쪽으로 유명하다.
The company is notorious for the delay in paying salary.
그 회사는 급여 연체로 악명이 높다.

be on for ~을 원하다, ~할 마음이 있다

Bill and Jane are on for a drink after work.
빌과 제인은 일과 후에 한잔 하고자 한다.

be proud to 동사 원형: be proud of ~ing ~하게 되어 자랑스럽다

We are very proud to announce the development of this innovative product.
이 혁신적인 제품의 개발을 공표하게 되어 아주 자랑스럽습니다.

We take a pride in working at the company which treats all the employees as the family.
모든 직원들을 가족처럼 대해주는 회사에 다니는 것이 자랑스럽다.

bear fruit 열매를 맺다, 효과를 낳다(produce a result)

Board of Directors expects the president's idea to bear fruit. The company kept investing in the development of new materials for years despite the economic depression. The continued investment finally bore fruit. 이사회는 사장의 아이디어가 효과가 있을 것으로 기대한다. 경제 불황에도 불구하고 수년간 신 물질 개발에 지속적인 투자를 하였다. 그 투자가 마침내 결실을 맺었다.

bear in mind 명심하다, 기억하다

You should bear in mind that if your company goes into bankruptcy, you have no way to take care of your family. 회사가 파산하면 가족을 돌 볼 방법이 없다는 것을 명심해라.

beard 턱 수염

mustache 콧수염 whiskers 구레나룻

bearing 태도/거동/관계/관련/취지/의향/베어링/결실/수확

kind bearing 친절한 태도 noble bearing 당당한 거동/태도
be in bearing 열매를 맺고 있다 in all bearings 모든 면/방면에서
have no/some bearing on ~에 관계가 없다/약간 관계가 있다

beat 치다/두드리다/때리다/부수다/뛰다, 줄이다/단축하다

유 strike, knock **명 치기, 영역**

I can't beat him at tennis. He beats me. Our team beat the team by 3 points.
테니스에서 그를 이길 수 없다. 그녀에겐 손들었다. 우리 팀은 3점차이로 그 팀을 이겼다.

Beat it out of here. 썩 꺼져라.

beat about/around the bush 변죽 울리다, 요점을 말하지 않다

Never beat around the bush at the conference call. Just get to the point. Time is money.
전화 회의에서는 절대 변죽 울리지 말고, 요점만 말해라. 시간은 돈이다.

If you beat around the bush when you report to the president, you will not get promotion at all. Rather, chance can't be ruled out that you get demotion. The president wants succinct reports.
사장에게 보고 시 변죽 울리면 승진은 불가할 것이다. 강등될 가능성도 배제 못한다. 사장은 간단 명료한 보고를 원한다.

☞ 어떤 조직이든 보고는 항상 brief, clear 하여야 한다.

beautify 아름답게 하다, 미화하다 **명 beautification** 미화

because of 때문에, 탓에 **유 on account of, owing to, due to**

Yesterday I gave up playing golf because of heavy rain. Owing to the traffic accident on the highway to airport, I could not catch the flight to Paris.
어제 비가 많이 와서 골프를 포기했다. 공항 고속도로에서 차 사고가 발생하여 파리 행 비행기를 탈 수 없었다.

bed-and-breakfast hotel 아침 식사를 제공하는 호텔

beef up 강화/보강하다, 큰돈을 들이다   🈀 strengthen, reinforce
The company beefed up R&D activities by adding experienced engineers in various fields. Please beef up your marketing report by adding many comparison chart.
회사는 경험이 많은 기술자들을 보강함으로써 연구 개발 활동을 강화했다. 비교 차트를 많이 집어넣어 마케팅 보고서를 보완해라.

I expect your further efforts to beefing up marketing in your country for mutual benefit.
상호 이익을 위해 영업 활동 더 강화 기대함.

beg 청하다/빌다/부탁하다   🈀 entreat/implore/request/solicit
beg forgiveness 용서를 빌다   beg for food 음식을 구걸/청하다
I beg your pardon.   미안/실례합니다. (＊ 끝을 올리면 '다시 한 번 말씀해주세요'의 뜻)

beg of a person to do 아무에게 ~해 달라고 청하다
I beg of you not to fire him.   그를 해고하지 마시기를 바랍니다.

beg the question/point 논점을 교묘하게 회피하다
The minister begged the question at the public hearing.   장관은 청문회에서 논점을 교묘하게 회피했다.

go begging 구걸하고 다니다, ~할 사람이 없다
The tough position goes begging.   그 힘든 자리를 맡을 사람이 좀처럼 나타나지 않는다.

behave (예의 바르게) 행동하다, 움직이다/작용하다/반응을 보이다
🈔 behavior, behaviour 행동/행실, 움직임/운전, 작용/반응
be on one's good behavior 근신하고 있다
How did she behave to you? She behaved well towards me. Behave yourself!
그녀가 네게 어떤 태도였나? 나에게 잘 해 주었다. 점잖게 굴어라.

behind 뒤에, 사후에, 지지하여
I am behind his plan 100%. His plan has my full support.   나는 그의 계획에 100% 지지한다.

behind the times/age 시대에 뒤진, 유행에 뒤떨어진(out of fashion)
If you don't get acquainted with internet, you will be behind the times.
인터넷에 친숙해지지 않으면 시대에 뒤진다.

It's funny that she does not know her fashion is behind the times.
그녀가 자기 의상이 유행에 뒤 떨어진 것을 모르는 것은 우스운 일이다.

behind the scenes/curtain/play 막후에서, 비밀리, 남몰래
He was the president & CEO of the company, but actually the owner of the company ran the company by controlling him behind the scenes.
그는 회사의 대표이사 사장이었지만, 회사의 오너가 막후에서 그를 좌지우지함으로써 실질적인 경영은 오너가 하였다.

Many lobbyist acted behind the curtain so that the company can get the order for the next

generation fighters from the Korean government.
그 회사가 한국 정부로부터 차세대 전투기 오더를 수주할 수 있도록 막후에서 로비하는 사람들이 많았다.

behind time 늦게, 지각하여, (집세 등이) 밀린

I was 10 minutes behind time. 나는 10분 늦었다.
The company is behind time with the salary payment. 회사는 급여 지불이 밀려있다.

belated 늦은, 뒤늦은 명 belatedness 부 belatedly

belated efforts 때늦은 노력 a belated birthday present 뒤늦은 생일선물
Please accept my deep apology for the belatedness in getting back to you. Right after I returned to Korea from France, I flied to Brazil in order to conduct the feasibility study of constructing the atomic plant. 일찍 연락드리지
못해 정말 죄송합니다. 프랑스에서 귀국하자마자, 원자력 발전소 건설 타당성을 조사하기 위해 브라질 출장을 갔습니다.

The company's ardour toward the Korea market is belated. It should have come to the Korea market much earlier. The latecomer seldom generates business in Korea, as the market is already saturated with qualified suppliers. 한국 시장에 대한 그 회사의 열정은 때 늦은 감이 있다. 한국 시장에
훨씬 전에 진출했었어야 한다. 한국 시장은 이미 적격업체들로 넘치고 있어 신참업체가 비즈니스를 창출하는 경우는 희박하다.

belief 확신/신념/소신/신뢰/신용 유 faith/trust/confidence

in the belief that ~라고 믿고 to the best of my belief 내가 확신하는 바로는
My belief is that our goal is not impossible. It is my belief that our goal is possible. I am of the belief that our aim is attainable. I believe that our plan is feasible.
우리의 목표가 불가능 하지 않다고 믿고 있다.

It is my belief that this cooperation will prove mutually beneficial to both of us in every field of endeavor. 어떤 분야에서든 서로가 노력하면 양사에 도움이 될 것이라고 믿음.
We are of the strong belief that this opportunity will lead to a long-term, mutually beneficial business relationship between our two companies. We strongly believe that this chance will grow into a long-term, mutually beneficial business relationship between your preeminent company and ours.
이번 기회를 계기로 양사 사이에 장기적이고 상호 호혜적인 관계가 조성될 것으로 굳게 믿습니다.

beyond belief 믿을 수 없는, 놀라운
Extracting nickel from the sea water was beyond belief until 10 years ago.
10년 전 까지만 해도 바닷물에서 니켈을 추출한다는 것은 믿을 수 없는 일이었다.

believe it or not 믿거나 말거나

Believe it or not, I was the best in English at the high school.
믿기 어려울지 모르지만 고등학교 시절 내 영어 실력이 최고였다.

beloved 사랑하는/귀여운/애용하는/소중한

my beloved son and daughter 사랑하는 아들과 딸

below standard　표준 이하로　　　유 below/not up to/under par

The movie was below standard, contrary to our expectation.　　예상과 달리 그 영화는 표준 이하였다.
According to our expectation, his score at English examination was not below par.
우리 예상대로 그의 영어 시험 점수는 표준 이하가 아니었다.

beside the question　문제를 떠나서, 요점에서 벗어난

Your saying is beside the question. Please do find out quickly what caused the quality problem.
너의 말은 요점을 벗어났다. 품질 문제를 야기 시킨 원인을 확실히 찾아라.

bestow A on B　A를 B에게 주다/부여하다/증여하다　　　명 bestowment

The company bestowed most of its time and money on the development of a new product.
회사는 신제품 개발에 거의 모든 시간과 돈을 쏟았다.

betray　배반/배신하다, 팔다, 저버리다, 어기다　　　명 betrayal

He betrayed a corporate secret to the competitor. He betrayed his president's trust, and stole
the recipe for the conductive paste.
회사 기밀을 경쟁업체에 누설했다. 사장의 신뢰를 배반하고 도전성 페이스트의 제조법을 훔쳤다.
Judas betrayed Jesus Christ three times.　　　유다는 예수 그리스도를 세 번 배반하였다.

better　개량/개선/능가하다/향상되다　　　형 good의 비교급
명 betterment　　　유 improve, improvement

The new president is going to better the working conditions by giving more fringe benefits to
R&D engineers.　　새로운 사장은 연구소 기술자들에게 부가 급부를 더 줌으로써 노동 조건을 개선하려고 한다.
• fringe benefit　부가 급부(給付)(월급 외의 성과급, 건강 보험 · 연금 따위)

As you said, I hope to get my better half this year, but this seems a little difficult because of a few
factors beyond my control.　　　말씀하신 바와 같이,
금년 반기의 사정이 호전되기를 바라지만, 제가 어떻게 할 수 없는 몇 가지 요인으로 인해 호전되기는 좀 어려울 것 같음.

better late than never　늦더라도 아니함보다는 낫다

The cheer section came only when 10 minutes are left at the 2nd half, because there was a big car
accident on the way to stadium. Nevertheless, it was better late than never.
경기장으로 오는 길에 큰 차 사고가 발생하여 후반전 10분 남겨 놓고 응원단이 왔지만, 그래도 오지 않은 것 보다는 나았다.

beverage　마실 것, 음료

alcoholic beverages　알코올음료　　　　　　　　　　cooling beverages　청량음료

beware　조심/주의하다, 경계하다

Beware what you do.　행동 조심하시오.　　　　　　Beware of the dog.　개 조심.

bewilder 어리둥절케/당황케 하다　　　　**㈜ confuse, perplex**
　　　　㈜ bewildering　　　　　　　　**㈜ bewilderment**
I was bewildered at her sudden kindness.　　　　　　그녀의 갑작스러운 친절에 당황스러웠다.

beyond one's control 제어/통제할 수 없는　　☞ **inevitable**
The present market situation is beyond our control. The price of solar glass keeps going down
rapidly. No solar glass company can make money nowadays.　　　　　　　　　　　현 시장
상황은 통제 불능이다. 태양광 유리 가격이 계속해서 급격히 떨어지고 있다. 요즘 수익이 나는 태양광 유리 업체는 없다.

We regret to inform you that we can't attend the seminar because of our previous engagement
beyond our control.　　　　　변경할 수 없는 선약으로 세미나 참석 못하게 됨을 통보 드리게 되어 유감입니다.

billboard 광고판, 게시판

bind 묶다/단결시키다, 구속/제본/장정하다, (약속/계약) 구속력이 있다
a book bound in leather 가죽 장정의 책
The contract is binding each party.　　　　　　　　　　　　　　　　계약은 쌍방을 구속한다.
They are bound by a long friendship.　　　　　　　　　　그들은 오래된 우정으로 맺어져 있다.

be bound to 동사 원형 확실히 ~하다, 반드시 ~해야 하다, ~하려고 하다
The company is bound to keep its promise to employees. Otherwise it would be very difficult for
the company to employ excellent persons.
회사는 직원들에게 약속을 지켜야 한다. 그렇지 않으면 우수한 사람들을 채용하기 힘들다.

You are bound to reach the airport by 10 o'clock in order to catch the flight.
비행기를 타기 위해서는 공항에 10시까지 도착해야 한다.

biology 생물학　　　　　　　　　　**biologist** 생물학자

bistro 작은 술집/나이트클럽
a bistro crawler 여러 술집을 돌아다니며 마시는 사람

bit 소량/조금, 잠시/잠깐 (동안), (말의) 재갈, 구속(물)
bit by bit; little by little 조금씩, 점차
not a bit; not at all 천만에요/별말씀을　　　　　　　　　　quite a bit 꽤, 상당한
a bit 약간, 조금　　　　　　　　　　　　　　　　　　**Wait a bit.** 잠깐 기다려.
not a bit 조금도 ~하지 않다　　　　　　　　　**He is not a bit happy.** 조금도 행복하지 않다.

bitter 쓴/모진, 살을 에는, 호된/신랄한　　**㈜ bitterly**
a bitter winter 살을 에는 겨울　　　　　　　　　　bitter criticism/remark 혹평/독설
a bitter sorrow/experience 사무치는 슬픔/쓰라린 경험
be bitter against ~에 대해 극히 비판적이다, ~에 몹시 반대하고 있다

blade 잎, 칼 날, 젊은이

blame 나무라다, 비난하다, 책임/원인으로 돌리다 閏 **censure/condemn** 명 비난, 나무람
I don't blame you for eating pizza.
피자 먹었다고 당신을 비난하는 것은 아니오.
She blamed me for the traffic accident.　I am to blame for that.　No one is to blame.
내가 그 사고의 책임자라고 했다.　그건 내 잘못이다.　아무에게도 죄는 없다.
Blame me if ~; I am blamed if 만일~하면 지옥에 떨어져도 좋다
Blame me, if I miss that kind of opportunity.　그런 기회를 놓치는 일은 절대로 안한다.

blanket 담요, 전면을 덮는 것, 피복
a blanket of snow 사방을 온통 덮은 눈
throw a wet blanket over/on ~의 흥을 깨다/열을 식히다, ~에 찬물을 끼얹었다
One guy who got drunken threw a wet blanket on the party.　술 취한 사람이 파티에 찬물을 끼얹었다.
All the employees worked hard to pull thru the difficulties, but the president's sudden announcement of personnel curtailment threw a wet banket on them.
모든 직원들이 난관을 극복하려고 열심히 일했으나 사장의 갑작스러운 인원 감축 발표는 직원들에게 찬물을 끼얹었다.

blaze 불길/화재, 격앙, 확 타오름, (pl.)도대체 동 타오르다, 격노/격앙하다
What the blazes do you mean?　도대체 무슨 뜻이냐?

bleed 출혈하다, 피를 흘리다 명 **blood**
blood pressure 혈압　bleed to death 출혈하여 죽다
He is bleeding at the leg. His leg is bleeding.　다리에 피를 흘리고 있다.
bleed a person white/dry 착취하다, 짜낼 대로 다 짜내다
The new mayor bled the rich people white by reforming local tax system.
새로운 시장은 지방 조세 제도를 개혁함으로써 부자들의 재산을 착취했다.

blend 섞다/혼합하다/뒤섞이다, 조화되다
Oil and water do not blend.　The decoration does not blend with the new office.
기름과 물은 섞이지 않는다.　장식이 새 사무실과 조화되지 않는다.
blend in 조화/조합/융합하다
If you speak local language, you can blend in quickly and so generating business becomes easier.
현지 언어를 사용하면 현지인들과 빨리 어울릴 수 있어 비즈니스를 만들기 더 쉬워진다.

bless 은총을 내리다, 축복하다,(신을) 찬미하다
God bless you.

blockade 봉쇄(선), 폐색, (교통의) 두절, 방해 동 봉쇄하다

bloom 꽃/꽃의 만발/활짝 핌/개화기, 한창 때/최성기 동 개화하다, 번영하다, 한창때이다
in full bloom 만발하여　out of bloom 꽃철을 지나서

blow 불다, 울리다, 폭파/자랑하다, 허풍떨다   **명** 불기, 때리기

The wind is blowing hard from the south.　　바람이 남쪽에서 세게 불어오고 있다.

She blew about her son's entering Seoul National University.　　아들의 서울대 입학을 자랑했다.

blow away   (불어) 날려버리다, 사살하다, 감동시키다

The sniper blew the enemy away.　　저격수는 적을 날려버렸다.

His success story blows me away.　　그의 성공 이야기는 나를 감동시킨다.

blow one's own trumpet/horn   자화자찬하다, 허풍떨다

It's terrible to blow your own trumpet to your co-workers by the reason that your business performance is better than theirs.　　동료들보다 실적이 좋다고 동료들에게 자화자찬하는 것은 아주 안 좋은 일이다.

board of directors(BOD) 이사회

bodily 신체의/육체상의/육체적인   **유** physical ↔ spiritual/mental

부 육체 그대로, 통째로, 송두리째

bodily/physical pain 신체적 고통 ↔ spiritual/mental pain 정신적 고통

bold 대담한**(daring)**, 담찬, 담력이 있는

a bold act/investment 대담한 행위/투자　　as bold as brass 철면피한

be (so) bold (as) to do 감히~하다

I am so bold to give my firm position on your kind suggestion.
친절한 제안에 대해 제 단호한 입장을 말씀드립니다.

bombard 포격/폭격하다, 몰아세우다, (질문 · 탄원 등을) 퍼붓다

He was bombarded with questions, when he reported next year's business plan at the meeting.
회의에서 내년도 사업 계획 보고 시 질문 공세를 받았다.

book 예약하다   **명** 책, 서적

be booked up 예매가 매진되다, 선약이 있다

I wanted to fly to Paris for my summer vacation, but all the direct flights were booked up.
And so I had no option but to fly to Paris thru Japan.
여름휴가로 파리를 가고 싶었으나 직항편이 모두 예약되어, 일본을 경유해서 가는 수 밖 에 없었다.

All the hotel rooms are booked up until next month. I am booked up for the evening of May 1 already.　　다음 달까지 모든 호텔 방들이 예약되어 있다. 5월 1일 저녁은 이미 선약이 있다.

bookkeeping 부기, 기장

bookkeeper 부기 계원, 장부 계원　　single/double entry 단식/복식 부기

booklet 소책자, 팸플릿

단어 끝에 let라는 접미사가 오면 일반적으로 작은 것을 의미한다.

book*let*, pamph*let*, eag*let*

boom 울리는 소리, 벼락 경기, 붐, (가격의) 폭등

동 울리다, 경기가 좋아지다, 붐을 일으키다, 활기를 띠다

a construction/war boom 건설/군수 경기

Business is booming.

The new song boomed her popularity.

boom price (붐으로) 급등한 가격

갑자기 경기가 좋아지고 있다.

그 신곡으로 갑자기 인기가 올랐다.

bore 지루/따분/싫증나게 하다   명 따분한 사람, 싫증나게 하는 사람/것/일

형 **boring, bored**

The seminar was deadly boring. I am so bored at this work. He bores me by saying the same thing again and again.

세미나는 정말 지루했다. 이 일은 정말 질렸다. 같은 얘기를 반복하니 진저리가 가 난다.

be bored to death/tears 아주 싫증이 나다, 지루해지다

Most of the attendants at the conference became bored to death, as it was too technical. What a bore!

회의 내용이 너무 기술적이라서 참석자들의 대부분은 지루해 죽을 지경이었다. 참 따분하군, 참 따분한 사람이군.

bossy 두목 행세하는, 으스대는

botanic, botanical 식물(학)의, 식물성의, 야생(종)의 ↔ **zoological**

botany 식물학   botanist 식물학자   botanic garden 식물원

bother 괴롭히다, 귀찮게 하다, 조르다, 성가심, 귀찮음, 폐

형 **bothersome** 귀찮은, 성가신

I am sorry to bother you, but ~: 폐를 끼치게 되어 죄송합니다만 ~

She bothers him with continued questions.

My nephew bothers me to lend him money.

조카가 돈을 꾸어 달라고 조른다.

계속된 질문으로 귀찮게 하다.

Don't bother yourself to help him.

그가 어떻게 되든 그냥 내버려 둬요.

bottom 바닥/기초/토대/근본/진상/원인/실질/마음 속

bottom cause/price 근본 원인/최저 가격   to the bottom 밑바닥까지 철저하게

at (the) bottom 마음속은, 실제는, 본질적으로

from/to the bottom of one's heart 마음속으로부터, 진심으로

Bottoms up! 건배, 쭉 들이켜요(cheers 건배, propose a toast 건배 제의하다)

bet one's bottom dollar on 절대 확신/보증 한다

I can bet my bottom dollar that our company will get the order. I can bet my bottom dollar on his promotion.

회사가 수주할 것으로 확신한다. 승진할 것으로 확신한다.

bounce 바운드하다, 되튀다, (어음 따위가) 부도내다/부도가 나 되돌아오다

bounced/returned check 부도 수표   on the bounce 튀어, 바운드하여, 허풍을 떨어

The tennis ball bounced back from the wall.

테니스공이 벽에 맞고 되튀어왔다.

The person who bounces his personal check can't have a bank account.
가계 수표를 부도내면 은행 구좌 개설이 불가하다.

boundless 무한한/끝없는　**유 endless/unending/limitless/unlimited**
We would like to thank you very much for the boundless hospitality which you showered upon me during my stay in your country.
귀국 체류 시 보여주신 끝없는 환대에 깊은 감사를 드립니다.

bountiful/bounteous 아까워하지 않는/후수한/관대한/인정 많은
He is　bountiful/bounteous/generous　enough to help the poor.　　인정이 많아 가난한 사람을 돕다.

boycott 보이콧하다, 불매(不買)동맹을 하다, 배척하다, 참가 거부하다

branch manager 지사장, 점장
office manager 지사장　　　　　　　　　　　　　　　　　　store manager 점장

brand 상표/브랜드　**동 낙인을 찍다, 상표를 붙이다, 기억에 생생하다**
The beautiful scenery is branded on my memory.　　　　　그 광경은 내 기억에 생생하다.

brand-new 신품의, 갓 만들어진, 아주 새로운

brave 용감한, 훌륭한, (위험 따위를) 무릅쓰다　**명 bravery**
None but the brave deserves the fair.　　　　　　　(속담) 용감한 자만이 미인을 얻는다.

breach 깨뜨림/파괴, 어김/위반/불이행, 침해, (법률 · 약속)을 어기다
a breach of the law 위법 (행위)　　　　　　　　　a breach of contract 계약 위반/불이행
a breach of promise 약속 위반　　　　　　　　　　a breach of the peace 치안 방해
A breach of promise undermines your image.　　　　약속을 어기면 이미지가 나빠진다.

break into tears 울음을 터뜨리다　**cf) break into laughter**
She broke into tears when she heard that her son did not pass the exam.
아들이 시험에 떨어 졌다는 얘기들 듣고 울음을 터뜨렸다.

break out 일어나다, 발생하다, 갑자기 ~하기 시작하다, 탈옥하다
A fire broke out last night. Most of the thieves broke out of jail yesterday.
어제 밤 화재가 발생했다. 어제 대다수의 도독들이 탈출했다.

breakage 파손/손상/파괴, 파손량/파손 예상액/파손 배상액

breakdown (기계의) 고장/파손, 쇠약/몰락/붕괴/와해
a nervous breakdown 신경쇠약

break-even　수입액이 지출액과 맞먹는, 이익도 손해도 없는
break-even point　손익 분기점, 채산점
Only after 3 years since establishment, the company reached the brake-even point.
창립 3년 후에 겨우 손익 분기점에 도달했다.

breakthrough　돌파구, 획기적인 약진/진전/발견, 성공, 타결
break through　　　　　　　　　　　　중요한 발견이나 진보를 하다, 성공하다, 돌파하다, 타개하다
The company could break trough the financial crisis, as the employees voluntarily cut their salaries by 50%. The R&D finally broke trough to develop a new, innovative cellular phone after several months' efforts.
직원들이 자발적으로 급여를 50% 삭감함으로써 화사는 재정 위기를 타개했다. 연구소는 수개월 노력 끝에 새롭고, 혁신적인 핸드폰을 개발하는데 성공했다.

breath　숨/호흡/징조/생기/생명/순간/휴식시간　동 **breathe**
　　　　　형 **breathtaking**　움찔 놀랄 만한/아슬아슬한　　**breathless**　숨찬/헐떡이는
as long as one has breath　목숨이 붙어 있는 한, 죽을 때까지
lose one's breath　숨을 헐떡이다　　　　　　　　　　at a breathless speed　숨 막힐 듯한 속도로
breathe one's last (breath)　마지막 숨을 거두다, 죽다
The landscape is breathtakingly magnificent.　　　　　　　　그 풍경은 숨 막힐 정도로 웅장하다.

breeze　산들 바람/미풍 ↔ **gust**, **gale**　돌풍/질풍

brew　양조하다/만들다, (차를) 끓이다, (음모를) 꾸미다　명 **brewage** 양조(법)/음모
brewer　양조자/음모가　　**brewery**　양조장
brew up tea　차를 끓이다
The malt whisky, which is brewed from barley, does not sell well in Korea.
보리로 양조되는 몰트위스키는 한국에서 잘 안 팔린다.

A rumor goes that the company is brewing up some mischief to devour the Korea market.
한국 시장을 독식하려고 뭔가 나쁜 일을 꾸미고 있다는 소문이 있다.

briefcase　서류 가방　　**suitcase**　여행가방

brighten　반짝이게 하다, 빛내다, 밝게 하다, 상쾌/쾌활하게 하다
The president's face brightened (up) at the news of a new order. Her presence brightened up the celebration party.
신규 오더 소식에 사장의 표정이 밝아졌다. 그녀의 참석으로 축하 파티가 빛났다.

brilliant　찬란하게 빛나는, 훌륭한, 두뇌가 날카로운
brilliant ruby　광채가 빛나는 루비　　　　　　　a brilliant achievement　훌륭한 업적

bring about 일으키다, 초래하다   유 **raise, produce, cause**

The production manager emphasized to the workers at the assembly line that even a small mistake at the line could bring about a huge loss to the firm.

조립 라인의 직공들에게 조그만 실수가 회사에 큰 손실을 초래할 수도 있다는 것을 강조했다.

He already brought about lots of improvements in production and quality control in cooperation with QC manager.   품질 관리 과장과 협력하여 생산 및 품질 관리 사항들을 많이 향상시켰다.

bring down (짐을) 내리다 (물가를)하락시키다, 파멸시키다

The increasingly severe competition among solar glass companies brought down the price of solar glass sharply.

날로 치열해지고 있는 태양광 유리 업체 간의 경쟁으로 태양광 유리 가격이 대폭 인하되었다.

The bribe scandal may possibly bring the assemblyman down at the next election.

뇌물 스캔들로 다음 선거에서 낙선할 수도 있다.

bring up 키우다, 교육하다, 중지하다, 끄집어내다

The parents should bring up kids with love.   자식들을 사랑으로 키워야 한다.

The sales manager brought up several precedents in order to settle the claim amicably, when he received a formal claim from his customer.   고객으로부터 정식 클레임을 받자 우호적인 해결을 위해 여러 전례를 끄집어냈다.

brisk 활발한, 기운찬, (장사 따위가) 활기 있는, 활황의 ↔ **dull**

The market is brisk/dull.   시장이 호황/불황이다.

broadcast 방송/방영하다

broadcaster 방송자, 방송장치/시설   broadcasting 방송(의), 방영(의)   a broadcasting station 방송국

broaden 넓어지다, 확장하다   유 **widen**

• 폭/길이/깊이 등은 형용사/명사 + en 하면 동사가 되는 경우가 많다

lengthen/shorten/deepen/heighten   길게 하다/짧게 하다/깊게 하다/높게 하다

brochure 소책자, 팸플릿

broil (고기 따위를) 불에 굽다, 쬐다, 싸움하다   명 굽기/쬐기/싸움

brutal 잔인한(cruel)/사나운/모진 동 **brutalize** 짐승처럼 하다/되다, 잔인하게 하다/되다
brutalization 야만화/야수화

bud 싹/눈/봉오리

come into bud (나무가) 싹을 트다   in the bud 봉오리 싹틀 때에, 초기에
nip in the bud   미연에 방지하다, 초기에 방지하다
We need to nip his bad intention in the bud, as it is so dangerous to him.

그의 나쁜 의도는 그에게 아주 위험한 바, 미연에 방지할 필요가 있다.

budget 예산　 동예산을 세우다
over the budget 예산 초과의　　　　　　　　　　　　　　　　make a budget 예산을 세우다

build castles in the air; build castles in Spain;
build an air castle 공중누각을 쌓다, 공상에 잠기다
air castle 공중누각, 공상, 백일몽
After he happened to meet the chairman of the group, he built castles day and night.
그룹 회장을 우연히 만난 이후, 밤낮으로 공상에 잠겼다.

build on 증축하다, (보통 수동태) 발판으로 삼다
An attic was built upon the house.　　　　　　　　　　　　고미다락을 증설했다.
His intention to study abroad was built upon his father's wealth.
그가 유학 가려는 것은 아버지가 뒷받침해줄 재력이 있기 때문이다.

built-in 내장된

bulk purchase 대량 구매
We can offer you 3% discount on bulk purchase.　　　　　　대량 구매할 경우 3% 깎아줄 수 있다.

bulky 부피가 커진, 턱없이 큰
bulky surcharge 용적 할증(일정 부피부터 추가 비용을 받는 것을 의미함)

bulletin 게시, 공고　　　bulletin board 게시판

bullish 오르는 시세의, 상승하는, 희망적인 ↔ bearish
The stock market is bullish.　　　　　　주식 시장이 활황이다.

bump 부딪치다/충돌하다, 자리에서 밀어내다　　　명충돌
bump a bus 버스에 충돌하다　　　　　　　　　　bump against each other 서로 부딪치다
I bumped into my friend at Eiffel Tower in Paris. 파리 에펠탑에서 친구를 우연히 만났다.

bundle 묶음/꾸러미/무리　　　동다발 짓다/꾸리다/몰아내다/나가다
a bundle of letters 편지의 한 묶음　　　　　　　bundle up 한 묶음으로 만들다, 결말짓다

bunker 연료 창고, (골프) 벙커, (군사) 벙커, 지하 엄폐호
bunker adjustment factor(BAF)/bunker surcharge/fuel surcharge 유류 할증료

buoyant 부력이 있는/뜨기 쉬운/기운을 돋우는　　　명 buoyancy 부력/뜨는 성질
　　　　동 buoy 뜨게 하다/기운을 북돋우다　　　명 부표/부이
buoy up; cheep up; encourage
The company was buoyed up by its early development of an innovative product.

회사는 혁신적인 제품의 조기 개발에 고무되었다.

bureau 사무소, (관청의) 국, 사무국   형 **bureaucratic** 관료의/관료적인

burst 파열하다, 폭발하다, 갑자기~한 상태가 되다, 갑자기 ~하다

명 파열, 폭발(**explosion**), 갈라진 틈, 돌발

The hand grenade/bomb burst.   수류탄/폭탄이 터졌다.
The glass burst into fragments.   유리는 산산조각이 났다.
burst into tears/laughter 와락 울음을/폭소를 터뜨리다   ☞ break into tears

burst in 뛰어들다, 난입하다(*on*), 말을 가로막다, 말참견하다(*upon*)

If you don't have any brilliant idea, don't burst in on the business discussion but just try to learn
how it goes.   번뜩이는 생각이 없으면 상담에 끼어들지 말고, 상담이 어떻게 진행되는지를 배우려고 해라.

burst out/forth 갑자기 ~하기 시작하다

She burst out crying/laughing.   갑자기 울기/웃기 시작하다.

business 실업/상업/장사/거래/매매/직업/직무/사무/영업/사업/용건/일

a place of business 영업소   open/close a business 개업/폐점하다
do business with ~와 거래하다   do good business 장사가 잘 되다
have business with a person ~에게 용무가 있다/말하고 싶은 것이 있다
do one's business 볼일 보다, 배변하다
It's none of your business. That's not my business.   네가 알 바 아니다. 내가 관여할 일이 아니다.
Business is business. Good business!   장사는 장사다, 계산은 계산이다. 잘했다.
That's not (in) my line of business. Everybody's business is nobody's business.
그것은 내 분야가 아니다. (속담) 공동책임은 무책임.
That's not business. 그것은 가외의 일이다.   The best of the business is~. 이 일에 대하여 좋은 점은 ~이다.
What is your business here?   무슨 용건으로 왔느냐?

on business 상용으로, 볼일이 있어

He flied to New York on business.   사업상으로 뉴욕에 갔다.

out of business 파산/폐업하여, 은퇴하여

The company went out of business because of too much investment in the future technology.
미래 기술에 대한 과도한 투자로 파산했다.

business circles/ethics 실업계/사업윤리

political circles 정계

buzz 윙윙거리다, 소란 떨다, 버저로 신호하다   명 울리는 소리, 잡음

buzz off 전화를 끊다, 가버리다   buzz in (벌레가) 윙윙거리며 날아들다, (정보가) 들어오다
Never buzz off first when you talk to the customers.   Give me a buzz.
고객과 통화할 때는 절대 전화를 먼저 끊지 마라.   전화해라.

by a hair's breadth 가까스로, 간발의 차이로, 아슬아슬하게
윤 by the skin of one's teeth, narrowly

The baseball team won the game by a hair's breadth.　　　가까스로 게임을 이겼다.

by all means 꼭, 반드시

Please keep our shipping schedule by all means.　　　꼭 선적일정 지켜주기 바람.

by and by 곧, 가까운 장래에

The economic depression hit the company by and by, and he was fired at the process of downsizing.
곧 불황이 엄습하여 조직 축소화 과정에서 해고되었다.

by and large 전반적으로, 대체적으로　　**윤 in general, usually**

The quality of any product, by and large, is proportional to the carefulness of factory workers at the assembly line.
전반적으로 제품의 품질은 조립 라인에서 일하는 공장 직공의 주의 정도에 비례한다.

☞ 주의를 하면 할수록 양품이 나오고, 주의를 하지 않으면 않을수록 불량품이 나온다는 것임.

by chance 우연히　　**윤 accidentally/by accident/fortuitously**
↔ on purpose 의도적으로　**accidentally on purpose** 우연을 가장하여

I met him on the way to school.　　　학교 가는 길에 우연히 그를 만났다.

by degrees 서서히, 점차　　**윤 step by step, gradually**

The foreign language ability improves by degrees. Never be disappointed at all.
외국어 실력은 서서히 향상된다. 절대 실망하지 마라.

by leaps and bounds 일사천리로, 급속하게, 일취월장하여

My English writing ability improved by leaps and bounds since I started to memorize the good sentences in *Tantandaero English book*.
탄탄대로 영어책에 있는 좋은 영어 문장을 암기하기 시작한 이후 내 영어 실력이 일취월장하였다.

by means/dint of ~에 의하여, ~의 힘으로, ~의 덕택으로

By means of economic development so far, most of the people have their house to live in and enough food to eat.
지금까지의 경제 발전에 의해, 국민 대부분은 살 집이 있고 충분히 먹을 음식이 있다.

The company's success is by dint of the strenuous efforts of all the employees.
회사의 성공은 모든 직원들의 부단한 노력 덕분이다.

by registered mail 등기 우편으로

by words of mouth 구두로, 말로　　**윤 orally, verbally**

The bribe scandal of the assemblyman went around quickly by words of mouth.
국회의원의 뇌물 스캔들은 구두로 빠르게 유포되었다.

Calculate 계산/산정/생각하다   圐 calculation 계산/타산/추정

The profit of our company is tentatively calculated at US$10 Mil.
회사의 이익은 천만 불로 잠정 계산된다.

The part was calculated to serve your purpose.
그 부품은 귀하의 목적에 맞도록 만들어졌습니다.

He calculated to do it.
그는 그것을 할 작정이었다.

call 전화하다, 부르다   圐 전화, 부름

a call of nature 대소변이 마려움

make/pay a call on 방문하다

within call 부르면 들리는 곳에, 전화로 되는 곳에

I am much obliged for your kind invitation to call on you when I am in your vicinity.
귀하 근무지 근처로 가면 방문해달라는 초청에 감사드림.

Call me. Give me a call. 전화해.

Nature calls me. 대소변이 마렵다.

call a person by names 이름을 부르다(call a person's name)

call a person names 욕하다   圙 speak ill of, abuse

The manager has a bad habit of calling us names whenever he gets drunken.
술만 취하면 우리에게 욕을 하는 나쁜 습관이 있다.

call a spade a spade 직언하다, 사실을 사실대로 말하다

No company employee wants to call a spade a spade, when he has a meeting with the president.
사장과 면담 시 직언하는 회사 직원은 없다.

call after 누구의 이름을 따서 이름 짓다

He was called Tom after his grandfather.
할아버지 이름을 따서 Tom으로 이름 지었다.

call at, call on 방문하다(visit, pay a visit to), 부탁하다

I am too busy to call on you today. I am too busy to call at your office today.
오늘 너무 바빠서 방문 불가.

The president called on the professor to explain about the importance of the new technology to his R&D members.
사장은 그 교수에게 신기술의 중요성에 대해 연구소 직원들에게 설명해달라고 요청했다.

• call at 은 장소를 방문하다, call on은 사람을 방문하다.

call in 초청하다, 불러들이다

I had to call in an expert engineer from Japan, as the machine suddenly broke down.
기계가 갑자기 고장 나서 전문 기술자를 불러야 했다.

call it a day (하루) 일을 마치다, 자다   圙 call it quits

Ten minutes are left to call it quits. Let's call it a day, and have a drink.
10분 있으면 끝낼 시간이다. 오늘은 그만 하고 한 잔 하자.

call off 취소하다, 중지하다
Today's picnic was called off because of heavy rain.　　비가 많이 와서 오늘 피크닉은 취소되었다.

call out 부르다, 소집하다
To my bad luck, I was called out for tomorrow's work by manager.
재수 없게도 과장이 내일 일하라고 내 이름을 불렀다.

calm 고요한/조용한/잔잔한　　　圐 고요/평온/잔잔함
　　　　圐 (분노·흥분을) 진정 시키다/하다 **(down)**
Please calm down. Otherwise you will lose the game.　　진정해라. 그렇지 않으면 경기에 질 것이다.

campaign (일련의)군사 행동/선거 운동/유세/캠페인/(조직적인)운동
　　　　圐 종군하다, (선거 등의) 운동을 하다
a sales campaign 판매 촉진 운동　　　　　　　　a fund-raising campaign 모금운동
campaign for world peace 세계 평화 운동　　　　　election campaign 유세
go campaigning 종군하다, 운동하다

can 깡통　　圐 통조림을 만들다　　**canning factory** 통조림 공장

can safely say that ~; it's safe to say that ~라고 말해도 된다
Now you can safely say that Korean soccer team won the game.
이제는 한국 팀이 우승이라고 말해도 된다.
It's safe to say that the stock market will keep bullish for some time.
당분간은 주식 시장이 활황일 것이라고 말해도 된다.

canal 운하, 수로　　　　圐 운하를 만들다

cancel 삭제/취소하다**(annul)**, 무효로 하다　　圐 **cancellation**
The relevant authority cancelled the permission of our LED lighting without any particular reason.
The company cancelled the order for which it placed yesterday. This made our boss much upset.
어제 발주한 것은 오늘 취소하였다. 이 것 때문에 우리 보스가 아주 당황해한다. 관계 당국은 특별한 사유 없이 우리
LED전구의 허가를 취소했다.

cancer 암
get/die of cancer 걸리다/걸려 죽다　　　　　　breast/stomach/lung cancer 유방/위/폐 암

candid 정직한, 솔직한, 공정한　　圐 **candor, candour** 공정/정직/솔직
a candid opinion/person/friend 솔직한 의견/사람/친구
to be candid/frank/honest (with you) 솔직히 말하면　　　with candor 솔직하게, 허심탄회하게
Candor is always better for a long-term business.　　장기적인 거래에는 정직한 것이 항상 좋다.

candidate 후보자/지원자/지망자   **candidacy** 입후보
a candidate for the president 대통령 후보   run candidate at 입후보하다

can't help ~ing; can't help but 동사 원형 ~하지 않을 수 없다
The market is collapsing down. We can't help coming down our price drastically.
시장이 붕괴되기 시작했다. 급격히 가격 인하를 하지 않을 수 없다.

The company has no cash to pay salary. It can't help but borrow money from bank to pay salary
on payday.   회사에 월급 줄 현금이 없다. 월급날 월급을 주기 위해서는 은행 차입이 불가피하다.

canyon 협곡   **the Grand Canyon** 그랜드 캐논

capitalize 대문자로 쓰다, ~을 이용하다, ~에 편승하다
The small company capitalized on its quicker responsiveness to seize the chance of doing
business with foreign companies.
그 작은 회사는 외국 회사들과의 사업 기회를 잡기 위해 고객에 대한 대응 속도가 빠르다는 점을 이용했다.

The company capitalized on the financial crisis of the rival company, and expanded the market share
by coming down the price.
경쟁회사의 재정 상태가 안 좋은 것에 편승, 가격을 인하함으로써 시장 점유율을 늘렸다.

captive audience 싫어도 들어야하는 청중(스피커 틀려 있는 버스의 승객 등)
The passengers were a captive audience even though the airplane was burning out in the air.
공중에서 여객기가 불타고 있었지만 승객은 어찌할 수가 없었다.

capture 포획, 빼앗음, 생포   동 붙잡다, 생포하다, 획득하다

carbon copy 복사지, 묵지
He is a carbon copy of his father.   그는 아버지와 판박이다.

carbon dioxide 이산화탄소

cardboard 마분지, 판지   **cardboard box/carton** 판지 상자

care 걱정/근심/주의/조심/배려/보살핌/보호/간호/관심/바람
　　　형 **careful ↔ careless**   명 **carefulness ↔ carelessness**
Our greatest care is how much bonus we could get at the end of year.
우리 최대 관심사는 연말에 보너스를 얼마 받느냐이다.

I don't care what happens from now. I don't (want to) care.   Who cares?
지금부턴 무슨 일이 일어나든 신경 안 쓴다. 나는 조금도 상관하지 않는다. 알게 뭐야?

Would you care for a cup of coffee?   커피 한잔 하시렵니까?

take care 조심/주의하다
Take care that your son doesn't catch cold.   감기 들지 않도록 조심해라.

take care of ~을 돌보다, ~을 보살피다, ~을 처리/해결/제거하다

I will take care of your agony.
당신의 고민은 내가 해결해줄게.

I will take care of him who harasses you.

I will take care of my mother.
어머니를 돌볼 것이다.

당신을 괴롭히는 놈 없애 버릴 것이다.

with care 조심하여, 신중히

Fragile. Handle with care.

부서지기 쉬움. 취급 주의(화물 따위에 씀).

carefree 근심/걱정이 없는, 태평한, 즐거운

be carefree with ~에 무관심/무책임하다

career 경력/이력/생애/직업/출세/성공

a career soldier/golfer 직업 군인/골프 선수

in/at (the) full career 전속력으로, 파죽지세로

He started his career as a detail man.

take/make a career 출세하다

제약 회사 외판원으로 인생의 첫발을 내딛었다.

caricature, cartoon 만화, 풍자만화

carrier 나르는 사람/것, 운수업자, 보균자(disease carrier)

a carrier's note 화물 상환증

a common carrier 운수업자(철도/항공 회사 등)

carrot and stick 당근과 채찍, 회유와 협박

If you want your son to study harder, you have to use carrot and stick.
아들이 공부를 더 열심히 하기 바란다면 당근과 채찍을 써야한다.

To control employees well requires carrot and stick policy.
종업원들을 잘 부리기 위해서는 당근과 채찍이 필요하다.

carrousel 회전목마   ⊕ merry-go-round

carry out 수행/성취하다 ⊕ perform/execute/achieve/accomplish

Making a plan is one thing, and carrying out the plan is another. The company has newly set up a section to carry out all kinds of financial dealings.
계획 수립과 실행은 별개의 것이다. 모든 종류의 재무 거래를 전담할 부서를 신설했다.

carry-on luggage/baggage 기내 휴대 수화물

carve 새기다, 파다, 조각하다, (진로 · 운명 등을) 타개하다

The lovers carved their names on wood as a token of eternal love. He carved a statue of tiger out of wood. This marble carves well.
영원한 사랑의 징표로 나무에 이름을 새겼다. 나무로 호랑이 상을 조각했다. 대리석은 새기기 쉽다.

case history (환자의) 병력, (사회복지사 관리 대상자의) 사례사

cashier 출납원, 회계원

casing 상자 등에 넣기, 포장, 덮개, 케이스

cast 던지다/치다/(마음 · 생각을) 쏟다, 향하다/(비난 · 모욕을) 퍼붓다

cast a ballot/vote 투표하다

cast a golf club in iron 철로 골프채를 주조하다

The dice is cast. 주사위는 던져졌다.

cast away 물리치다, 버리다

He cast away the headhunter's temptation for a job of annual salary of US$1 mil,
as the company was notorious for firing employees.
그 회사는 직원 해고로 악명이 높았기 때문에, 연봉 백만 불의 자리에 대한 유혹을 거절했다.

cast about/around 두루 찾다, 궁리하다, 연구하다

I am casting about a new business by which I can make money.
돈 을 벌 수 있는 신규 사업을 찾고 있다.

The company is casting around for the experienced engineers to develop more products.
더 많은 제품을 개발하기 위해 숙련된 기술자를 찾고 있다.

cast down 낙담시키다

He was cast down at the news that the company decided to employ other guy.
회사가 다른 사람을 고용하기로 했다는 소식에 낙담했다.

casual attire/wear 평상복

casualty 사고/재난/상해   **pl.)** 사상자 수

big casualties 많은 사상자

total casualties 사상자 총수

catch up with ~을 따라 잡다   유 **keep up with, keep pace with**

We will phase in a new automation system in order to catch up with the recent rush of orders.
최근 쇄도하는 주문을 따라잡기 위해 신규 자동설비를 도입할 것이다.

catching 전염성의, 매력적인

category 범주, 카테고리, 종류, 부류, 부문

cater 음식물을 조달/장만하다, 요구에 응하다**(to)**

cater for a feast 연회용 요리를 장만하다

caterer 출장 음식 공급업자

cater to the company's needs 회사의 필요에 응하다

cause 원인/이유/까닭/근거/동기, 주의/주장, 대의/큰 목적
동 ~의 원인이 되다, 일으키다, ~가 ~하게 하다

a cause for a crime 범죄의 동기

the temperance cause 금주 운동

I hope that they will not cause you any inconvenience on your overseas travels.
그것들이 해외여행 시 불편을 초래하지 않기를 바랍니다.

Her sales performance caused him to work harder. The failure of the business is caused by the insincerity of the employees.
그녀의 실적이 그를 더 열심히 일하게 했다. 그 사업 실패의 원인은 직원들의 불성실함이다.

caution 조심/신중/경고/주의　　　　　통 조심시키다, 경고하다
　　　　　형 **cautious** 주의 깊은, 신중한, 조심하는
The teacher cautioned the students.　　　　　선생은 학생들에게 주의를 주었다.
I cautioned him against squall when he made camp. I cautioned him to avoid squall when he made camp.　　　　　야영할 때 스콜을 피하도록 주의시켰다.
The president was cautious in the investment.　The company was cautious in expanding the factory facilities.　　　　　투자에 신중했다. 회사는 공장 시설 확장에 신중했다.

cavity 구멍, 충치, 틀

cease 그만두다, 멈추다, 그치다, 끝나다　　　명 중지, 정지
without cease 끊임없이　　　　　ceaseless 끊임없는, 부단한(incessant)
call a cease-fire 정전하다　　　　　cease-fire '사격 중지'의 구령, 정전
The performance has ceased. 공연이 끝났다.　　　It has ceased snowing. 비는 그쳤다.
The company has decided to cease investing in PV module.
태양광 모듈 투자를 중단하기로 결정했다.

celebrate 경축/찬양하다　　　**celebration** 축하, 칭찬
in celebration of ~을 축하하여
We celebrated Christmas with presents.　　　　　선물을 하면서 크리스마스를 축하했다.

cellular phone 美) 핸드폰(**handset** 이라고 하기도 함.)　　　영국) **mobile phone**

cement 시멘트, 굳게 하다(**strengthen**)
If this is not possible, we happily would consider a one-year trial period to cement our friendship and business relationship.
여의치 않다면 우리의 우정과 거래 관계를 굳게 하도록 1년 단위의 시험 계약 기간을 가질 수 있음.

cemetery 묘지, 공동묘지

censor 검열관(출판물 · 영화 · 서신 따위의)　　　통 검열하다, 검열하여 삭제하다

central to 중심/중추/핵심이다
Among many issues, the quality is central to business success.
여러 사안 중, 품질이 사업 성공의 중심/핵심이다.

Not surprisingly, these issues were also central to the Annual Meeting, which ended in Seoul just two days ago, attended by over 5,000 leading government officials and business leaders from every corner of the world.

이러한 사안들이 이틀 전 서울에서 끝난 연차 회의의 핵심 사안 이었다는 것은 놀랄 일이 아님. 그 회의에는 세계 각국에서 5천명이 넘는 정부 관료와 경제인들이 참석하였음.

ceramic 요업 제품(의), 세라믹(의), 도기의

the ceramic industry 요업   ceramic manufactures 도깨그릇, 도자기

ceremony 식, 의식, 의례

with ceremony 격식을 차려   without ceremony 격식/허물없이
wedding/matrimonial ceremony 결혼식   funeral ceremony 장례식

certain 확신/자신하는, 반드시 ~하는   명 certainty
부 certainly   유 sure/confident/convinced

for certain 확실히, 확신을 가지고   to a certain extent 어느 정도
It is certain that ~: ~는 확실하다
I am certain of his success. I am certain that he will succeed.   그의 성공을 확신한다.
We are very certain that in the near future, the need for 3-D laser printers will go up tremendously in Far East Asia. The plan is certain to succeed.
조만간 극동지역의 레이저 프린터 수요 대폭 증대할 것으로 확신함. 계획은 꼭 성공하게 되어 있다.

certificate 증명서

birth/health/death certificate 출생/건강/사망 증명서   certificate of inspection 검사증명서
certificate of origin(C/O) 원산지 증명서   certification board 감정 위원회

certified mail 배달증명

I'd like to send this letter by certified mail.   이 서신을 배달증명으로 발송하고자 합니다.

chairman-elect 회장 당선자

직업 + *elect* 직업 당선자
president/assemblyman/governor -elect   대통령/국회의원/주지사 당선자
acting + 직업 권한 대행
acting chairman 회장 권한 대행   acting president 대통령 권한 대행

challenge 도전/해 볼 만한 일/노력의 목표   동 도전/요구/의심/조사하다
형 challenging 도전적인, 매력적인, 해볼 만한

give/issue/offer/send a challenge 싸움을 걸다   accept a challenge 도전에 응하다
He challenged me to fight.   The project is challenging.
그는 내게 싸움을 걸어왔다.   그 프로젝트는 도전해 볼만하다.

chamber of commerce 상공회의소

chance 우연/운/기회/승산/가능성   동 어쩌다가 ~하다, 운에 맡기고 ~하다

take a chance; take chances 성공하든 실패하든 해보다   by any chance 만일, 만약에

by chance 우연히, 공교롭게   as chance/luck would have it 우연히, 공교롭게도

I had a chance to play tennis with my customer when I made a trip to Japan. I chanced to play tennis with my customer when I made a trip to Japan.
일본 방문 시 고객과 테니스 할 기회가 있었다.

He chanced to be in Hong Kong when his customer called him in Shenzen. It chanced that he was in Hong Kong when his customer called him in Shenzen.
고객이 심천에서 그에게 전화했을 때 그는 마침 홍콩에 있었다.

The chances are against the company, as its competitor submitted lower price.
경쟁사가 더 낮은 가격을 제시한 바, 형세는 그 회사에 불리하다.

↔ The chances are in favor of the company, as its competitor submitted higher price.

Chances are good that Korea soccer team gets a medal at London Olympics.
런던 올림픽에서 메달을 딸 가능성이 크다.

even chance 반반의 가망성
Chance is even that we win the game. Chance is fifty-fifty that we win the game.
우리가 이길 확률이 반반이다.

let the chance go 기회를 놓치다
Never let the once-in-a-lifetime chance go.   일생에 단 한 번의 기회를 놓치지 마라.

channel 경로/루트/매개/해협/수로, (방송)채널
direct the conversation to a new channel 화제를 새로운 방향으로 돌리다
The single business communication channel is always better than multiple channels when you want to generate business efficiently and swiftly in a foreign country. This is why we want the position of exclusive agent first.
외국에서 시장 개척을 신속히 효율적으로 하고 싶을 경우, 연락 창구는 다원화보다는 일원화 되는 것이 항상 더 좋음.
이러한 사유로 독점 대리점이 되고 싶음.

chaos (천지 창조 이전의) 혼돈/무질서, 대혼란
　　　↔ **cosmos** 우주/천지 만물, 질서 있는 체계/질서/조화/코스모스

character 특성/특질/성질/인격/성격/품성/글자
　　　유 **individuality, personality, temperament**
a man of character 인격자, 기골이 있는 사람   a public character 공인
When you make a report to the old president, it's always better to make the report in large characters. And the report should be succinct.
나이 든 사장에게 보고할 때는 보고서를 큰 글씨로 작성하는 것이 항상 더 좋다. 그리고 보고서는 간결해야한다.

characteristic 특색을 이루는, 특질의, 독자적인

characteristically 특징으로서, 과연 ~답게

It is characteristic of him to decide on the huge investment at a time.
단번에 그 큰 투자 건을 결정하는 것은 과연 그답다.

Characteristically, he accepted the challenging position.　　과연 그답게 그 도전적인 자리를 수락했다.

charge 짐을 싣다, 충전/장전/명령/고발/청구하다, 탓으로 하다, 부담시키다

명 짐/충전/장전/책임/직무/지시/비난/고발/부담/요금/청구

charge a tax on an real estate　부동산에 세금을 부과하다　　without charge; free of charge　무료로

cash or charge?　　　　　　　　(가게에서) 지불을 현금으로 할 것인지 카드로 할 것 인지요?

Let me propose a toast to our business success. Charge your glasses with beer. Bottoms up!
우리의 성공을 위해 건배 제의 드립니다. 잔을 맥주로 채우시고, 건배!

The president charged him with the big project. I was charged to make a business trip to Paris.
사장이 그에게 큰 프로젝트를 맡겼다. 나는 파리 출장을 명받았다.

The company charged that the competitor had infringed its patent.
경쟁회사가 특허를 침해했다고 고발했다.

How much do you charge for this? The hotel charged me 150 dollars for the single room.
요금이 얼마인지요? 싱글 룸을 150 달러 청구했다.

be charged with ~으로 차 있다, ~의 책임을 지고 있다, ~의 혐의를 받다

He was charged with developing the product. He was charged with stealing the drawing from the
company.　　　　　　　　그 제품 개발 책임을 맡게 되었다. 회사에서 도면을 훔친 혐의를 받고 있었다.

charge to 탓으로 돌리다

The company could not get the order from the construction company. It charged the failure to its
vendors.　　　　　　　회사는 건설 회사로부터 오더 수주하지 못했다. 그 실패를 협력업체 탓으로 돌렸다.

in charge of ~을 담당하다, 맡다, 돌보다

I will be in charge of the most important project next month, and will get a promotion to
executive director.　　　　　가장 중요한 프로젝트를 다음 달에 맡을 것이며, 이사로 승진 할 것이다.

charity 자애/자비/박애/사랑　　　**형 charitable** 자비로운/관대한/자선의

a man of charity　자선가

Although we would like to actively support this charity, we regret to inform you that our company
does not manufacture any children's wear, and therefore cannot make the requested donation.
자선 활동을 적극적으로 후원하고 싶지만, 당사는 아동복을 제조하지 않아 말씀하신 기부는 어려운 걸로 이해 바람.

charm 매혹하다, 호리다　　**명** 미관/요염함/매력　　**형 charming**

He was charmed with her beauty.　　　　　She is charming enough for many men.
그녀의 아름다움에 매혹되다.　　　　　　　많은 남자들이 달려들 만큼 매혹적이다.

chase 쫓다, 추적하다, 추격하다　　**명** 추적/추격/추구

chaser 추적자　　　　　　　　　　　　　　　　　　in chase of ~을 쫓아서

He chased after the suspect who killed her son.　아들의 살인 용의자를 추적했다.
All the hotel rooms were fully booked. And so he chased all over town looking for a hotel.
모든 호텔 방이 예약이 찼다. 호텔을 찾아 온 시내를 뒤집고 다녔다.

chase a rainbow　불가능한 것을 추구하다
I think that the company is not chasing a rainbow. I believe that the company will achieve its goal sooner or later.
불가능한 것을 추구한다고는 생각하지 않는다. 그 회사는 조만간 목표 달성을 할 것이다.

He wants to be a tycoon, but he is so lazy. He chases a rainbow.
그는 재벌이 되고 싶어 하나 게으르기 짝이 없다. 불가능한 것을 추구하는 것이다.

cheat　기만하다, 속이다, 사취하다, 사기하다, 속여서 ~하게 하다　명 속임수/사기/사기꾼
He cheated her (out) of money.　She cheated me into sleeping with her.
그녀를 속여 돈을 사취했다.　그녀는 나를 속여 자기와 자게 했다.

cheat on　바람피우다
He cheated on his wife, and so she decided to get divorced with him.
그가 바람을 피워, 그녀는 이혼하기를 결정했다.

check　수표, 계산서　유 **bill**
Check/bill please.　(식당에서) 계산서 갖다 주세요.

checkin　(호텔에서의) 체크인(투숙)　**checkout**　체크아웃(퇴숙)
Your reservations for one sea-view single room is confirmed. Checkin is May 2 and checkout is May 5.　바닷가 쪽 싱글 룸 예약 확인 드립니다. 체크인은 5월 2일 체크아웃은 5월 5일입니다.

check-up　대조/검사/점검, 건강진단, 분해검사

cheer　갈채를 보내다, 성원/응원/격려/위로하다, 기운이 나다
명 환호/갈채/만세/격려/응원　형 **cheerful**　기분 좋은/기운찬
speak words of cheer　격려의 말을 하다　a cheer section　응원단
The news of a new order cheered up the company.　신규 오더 소식에 고무되었다.
They cheered their team to victory.　팀을 응원하여 이기게 했다.
She cheered her son up.　아들을 격려했다.　Cheer up!　기운을 내라.

chef　주방장　유 **cook**
head/chief chef　수석 주방장

cherish　소중히 하다, 귀여워하다, 소중히 기르다, (소원 등을) 품다
I will long cherish the memory of the delightful dinner we had at the gorgeous restaurant.
멋진 음식점에서의 즐거운 저녁 식사는 오래 기억될 것임.

chic　멋, 스마트함, (독특한) 스타일

chagrin 분함, 유감   **(much) to one's chagrin** (매우) 분하게도
Much to our chagrin, he arranged follow-up meetings with the company with his other Asian country agent, without notifying us whatsoever.
그가 우리에게 일언방구도 없이 다른 아시아 국가 대리점을 끼고 그 회사와 후속 상담을 주선한 것은 정말 유감스러운 일이다.

chain smoker 줄 담배 피우는 사람
serial killer 연쇄 살인범

chicken and egg problem 닭이 먼저냐 달걀이 먼저냐는 문제
☞ 원인과 결과가 확실치 않은 경우에 사용. 닭이 없으면 달걀이 있을 수 없고, 달걀이 없으면 닭이 있을 수 없으니 뭐가 뭔지...

chicken game 상대방이 죽을 때까지 출혈 경쟁을 지속하는 상황
Chicken game has been severely going on in the PV module market since 2011, and many companies involved in solar energy industry are expected to collapse down in a few years.
2011년부터 태양광 패널 시장에서 치킨 게임이 치열하게 진행 중이며 2~3년 이내 도산하는 태양광 관련 기업들이 많을 것으로 예상된다.

childhood 어린 시절의, 유년 시절의
He is in his 2nd childhood. 그는 노망났다.   ☞ 늙으면 어린이로 돌아가는 것은 세상 어디든 같은 모양이다.
2nd childhood는 dote(노망나다)의 의미로도 사용된다.

childish 어린애 같은, 앳된, 유치한, 어른답지 못한, 어리석은
cf. childlike (좋은 뜻으로) 어린애 같은, 어린이다운, 귀여운
childish idea 유치한 생각   childish innocence 어린애 같은 천진난만함

chilly 차가운, 으스스한, 추위를 타는, 냉담한, 쌀쌀한
feel/be chilly 으스스하다

chivalry 기사도, 기사도적 정신(여성에게 상냥하고 약자를 돕는)

choke 질식시키다, 숨 막히게 하다, 저지/억제하다   🔒 **suffocate/smother/stifle**
choke back 억제하다, 참다
The vendor choked down, and worked overnight to produce customer's sudden order.
협력업체는 감정을 억제하고 고객의 갑작스러운 오더를 생산하기 위해 철야했다.

chop 팍팍 찍다, 자르다, 삭감/절감하다

chronic/chronical 만성/고질의 (↔ **acute** 급성의), 오래 끄는, 상습적인
🔒 **chronically** 만성적으로, 오래 끌어, 상습적으로
a chronic disease/patient 만성병/만성 환자
chronic unemployment/depression 만성적 실업/불황

chuck 휙 던지다, 팽개치다, 버리다, 단념/포기/중지하다

The company chucked several employees. The waiter chucked a drunken man out of nightclub.
회사는 직원 여러 명을 감원했다. 그 웨이터는 나이트클럽에서 취객을 들어냈다.

chuck up 그만두다, 단념하다, 내던지다, 게우다, 토하다*(vomit, throw up)*
He chucked up all night after a heavy drink.　　　과음한 후 밤새도록 토했다.

chuck away 내버리다,(기회를) 놓치다
If you chuck away this once-in-a-lifetime chance, you will keep repenting.
이 일생에 단 한번뿐인 기회를 놓친다면 평생 후회할 것이다.

chuck out 쫓아내다, 내버리다
Don't chuck out your old books. You can get some money on them.
오래된 책이라고 그냥 버리지 마라. 돈을 조금은 받을 수 있다.

circuit 순회/회전/우회, 회로, 회선, 배선　　　circuitry 회로(설계)

make a circuit of ~을 일주하다

circulate 돌다, 순환/유통/배부/판매되다　　　명 circulation

the circulation of the blood/currency 혈액 순환/통화 유통
be in circulation 유포/유통되고 있다 ↔ be out of circulation
Blood circulates through the body.　　　　　　　　　　　　피는 체내를 순환한다.
The paper has a large/small circulation.　　　　　　　그 신문은 발행 부수가 많다/적다.
The rumor circulates on the market that the company is going into bankruptcy.
부도날 것이라 소문이 시장에 퍼졌다.

circumstances (보통 복수) 상황, 환경, 주위의 사정, (경제적) 처지

under/in the circumstances 그러한 사정에서는, 현 상황에서

under/in no circumstances 여하한 일이 있어도 ~않다
Under the circumstances, the company has no option but to cut down the salary of employees.
현 상황에서는 직원 급여를 삭감할 수 밖 에 없다.

If circumstances permit, I would like to fly to Venice again.
사정이 허락한다면 다시 베니스로 가고 싶다.

all the whole circumstances; the whole circumstances; every circumstance 자초지종, 상세한 내용
The president wanted to know the whole circumstances why his company lost the deal.
그 거래를 놓친 자초지종을 알고 싶어 했다.

cite 인용하다(quote), 인증하다, 열거하다　　　명 citation

civilize 문명화/교화하다, 세련되게 하다　　　명 civilization

Western/Asian civilization 서양/아시아 문명

claim 요구/청구/주장/공언하다, (주의를) 끌다, 구하다
명 요구, 청구, 지급 요구/청구, 클레임, (기탁물의) 인도 요구

claim against a person 배상을 요구하다   **claim back** 반환을 요구하다, 되찾다
a claim for damages/loss 손해배상 청구

The buyer claimed damages caused by our belated delivery. The quality issue always claims our attention.   납기 지연으로 인한 손해배상을 요구했다. 품질 사안은 항상 주의를 끈다.

He claimed to be the rightful president. He has no claim to president.
정당한 사장임을 주장했다. 그는 사장의 자격이 없다.

claim responsibility 범행 성명을 내다
The gang claimed responsibility for the kidnap.   갱은 자기가 유괴했다고 발표했다.

claim check 보관증/예탁표/번호표
The bellboy gave a claim check to the hotel guest who is checking out
호텔 사환은 체크아웃 수속을 밟고 있는 호텔 고객에게 보관증을 주었다.

※ 호텔의 체크아웃 시간은 호텔마다 상이하나 일반적으로 12-14시 사이이다. 귀국하는 날 시내 관광 후
  공항으로 가려한다. 비행기 출발 시간은 밤 11시이다. 이 경우, 짐을 들고 돌아 다니다 공항으로 갈 수도 없고.
  이럴 경우, 체크아웃 후 호텔에 짐을 맡겨 둘 수 있다. 이 경우 claim check을 받는다. 특급호텔에서는 체크인 시,
  짐이 많을 경우, 벨 보이가 짐을 방으로 갖다 줄 수도 있으며, 이 경우도 claim check을 준다.

clarify 분명/명료하게 하다, 해명/정화하다 **명** clarification
Your clarification of his position on the investment is not good enough.
그의 투자 입장에 관한 설명이 충분치 않다.

We would like to clarify all details for your correct understanding and judgement.
올바른 이해와 판단을 위해 모든 상세 내용을 해명 드리고자 함.

clash 충돌/격돌/불일치 **동** 부조화 충돌하다, 겹치다
a clash of opinions 의견의 불일치
This plan clashes with the goal of company.   이 계획은 회사의 목표와 상충된다.
This color clashes with that. This color does not match with that.   이 색깔은 저 색깔과 맞지 않는다.

clause (조약·법률 등의) 조목, 조항, (문법)절
a penalty clause 벌칙 조항   **a saving clause** 유보 조항, 단서
clause by clause 한 조목 한 조목씩
We would like to delete clause 11, as there is contradiction between clause 5 and clause 11.
11조 항 삭제 원함. 사유는 5조와 11조 사이에 모순이 있다.

clay 점토, 찰흙, 흙

clean up 청소하다, 정화하다
Please clean up your room. It's so dirty.   방 청송해라. 너무 더러워.
To clean up the corruption of political circle is not easy at all.   정계의 부정을 정화하는 것은 결코 쉽지 않다.

clear up 해결하다, 깨끗이 치우다, 날씨가 개다, 병이 낫다

Is it possible for us to clear up the quality problem during the absence of quality control manager? 품질관리 과장 부재중에 우리가 품질 문제를 해결 할 수 있을까?

The weather cleared up after much rain. 비가 많이 온 후 날씨가 개었다.

clearance 제거/정리/재고 정리/출항 허가(서)/통관절차

clearance inwards/outwards 입항/출항 절차　　　　　　　　　clearance notice 출항 통지

make a clearance of ~을 일소하다

client 소송/변호 의뢰인, 고객, 단골손님

clientele (집합적)소송 의뢰인, 고객, (극장 · 술집 등의) 단골손님, (병원의) 환자

cliff 낭떠러지, 벼랑, 절벽

cliffhanging (영화 · 텔레비전 등이) 관객의 손에 땀을 쥐게 할 만큼 모험적인

cliff-hanger 연속 모험물, 스릴 만점의 영화, 끝까지 손에 땀을 쥐게 하는 것

climate 기후/풍토/환경/분위기/기풍/풍조　　형 climatic

an intellectual climate 지적 풍토　　　　climate of opinion; public opinion 여론

climate change 기후 변화　　　　　　　change of the climate of opinion 여론 변화

The climate of opinion is that the assemblyman who received any amount of bribe should go to jail.
금액 상관없이 뇌물을 받은 국회의원은 영창에 가야 한다는 것이 여론이다.

cling 착 달라붙다, 고착/밀착/집착/애착/고수하다　　유 stick/adhere

cling/stick to the last hope 끝까지 희망을 버리지 않다

cling to power 권력에 집착하다　　　　　　cling together (물건이)서로 들러붙다, 단결하다

Don't cling to the president's plan. If you have a better idea, please feel free to propose your detailed idea. 사장의 계획에 집착하지 말고, 더 좋은 생각이 있으면 언제든지 제시해라.

The smell of raw fish still clung to him. 생선회 냄새가 아직 그의 몸에 배어 있었다.

Her silhouette looked so attractive after her wet clothes clung to her.
젖은 옷이 몸에 달라붙은 후 그녀의 실루엣은 무척 매혹적이었다.

clinical 진료소의, 임상(강의)의, 병상의, 객관적인, 분석적인

clinical trial 임상 실험　　　　　　　　　　　　　　　a clinical diary 병상 일지

close call 위기일발, 구사일생

When the tire of my car went flat suddenly on the highway. I had a close call.
고속도로에서 타이어가 펑크 났을 때, 위기일발이었다.

When the earthquake hit Japan and so the company could not produce our required part, it was a close call to us, as we could not make our cellular phone without the part.
일본이 지진이 닥쳐 그 회사가 우리가 필요한 부품을 생산하지 못했을 때 우리 회사는 위기일발이었다. 그 부품 없이는 우리의 핸드폰 생산이 불가하였기 때문이다.

clue 실마리, 단서　　　　　　　동 암시로 보여주다, ~에게 단서를 주다
get a clue 실마리를 얻다, 실정을 잘 보다, 깨닫다, 꾀발라지다

cluster 송이, 한 덩어리, 떼, 집단　　　　　　동 송이를 이루다, 줄줄이 열리다
a cluster of grapes 포도 한 송이　　　　in a cluster 송이를 이루어, 일단이 되어

coarse 조잡한/조악한/열등한, 야비한, 상스러운
coarse food course 조악한 음식 코스　　　　a coarse joke 추잡한 농담

cockroach 바퀴벌레, 소 기업가, 자잘한 일로 몹시 바쁜 사람

code 법전/규약/규칙/암호/약호　　동 법전으로 작성하다, 암호로 하다
break the enemy's codes 적의 암호를 해독하다　　　　　　code of honor 신사도/결투의 예법
civil/criminal code 민법/형법　　　　　　　　　　the Code of Hammurabi 함무라비 법전
code/vow of silence 침묵의 서약(잡혀도 입을 열지 않겠다는)

coerce 강요/강제/구속/지배하다　　　　형 **coercible**
coerce obedience 복종을 강요하다
The manager is terrible. He coerced Mr. Kim to drink continuously at the welcoming party of yesterday.
He coerced Mr. Kim into drinking continuously at the welcoming party of yesterday.
과장이 최악이다. 어제 Mr. Kim 환영회에서 술을 강제로 계속해서 먹게 했다.

cohere 밀착/응집/시종일관하다　　　형 **coherent**　　　명 **coherence**
You may rest assured of doing business with him. He is a coherent businessman.
그와의 거래는 안심해도 좋다. 그는 시종 일관하니 믿을 수 있다.

coincide 일치하다, 동시에 일어나다, (의견/취미/행동이) 맞다, 의견을 같이 하다
　　　　　　명 **coincidence**
The two accidents coincided with each other. The two accidents occurred at the same time.
두 사건이 동시에 발생했다.
My idea coincide with yours. The two parties finally coincide in opinions, and signed the contract.
네 생각과 일치한다. 쌍방이 마침내 의견이 일치하여 계약서에 서명했다.

cold call (안면 없는 불특정 고객에게 거는) 세일즈 전화
Don't make cold calls to any company in the morning of Monday, as every one is busy. If you make a cold call at that time, it would terribly affect your sales.
월요일 오전에는 모든 사람이 바쁜 바, 세일즈 전화는 금물. 그 때 전화하면 역효과가 날 것이다.

collaborate 협력/협동/합작하다　　　형 **collaboration**
We are looking for a strong, reliable business partner in the industrial tool field with whom we can collaborate for our mutual benefits.
당사는 산업용 공구분야에서 상호 이익을 위해 협력할 수 있는 역량 있고 신뢰할만한 사업파트너를 찾고 있음.

colleague 동료, 동업자　　　유 companion, co-worker

I hope you and all your colleagues whom I had the pleasure of meeting are well. Thanks to your concern, I have returned safely back to Seoul after my long business trip around Europe.
귀하와 상담 시 제가 만난 귀하의 동료들 모두 잘 지내고 있기 바람. 유럽 장기간 여행 후 한국에 무사 귀국함.

collect 모으다, 수집/수금/정리하다, 받으러 가다　　　명 collection

collect old coins 옛날 동전을 수집하다　　　　collect a bill 대금/요금을 징수하다

collect up 모으다, 다 수거하다

My son collected all the coins scattered at home, and went out for ice cream.
집에 흩어져 있는 모든 동전을 주어서 아이스크림 사먹으러 나갔다.

collective 집합적, 집합의, 집단적　　　부 collectively

collective property 공유 재산　　　　collective ownership 공동 소유권

collector 수집자/수집가/채집자, 수금원/징세원

collector's item 수집가용의 일품

I found an old coin at my grandfather's house last month. Much to my surprise, it turned out a collector's item.
지난 달 할아버지 집에서 오래된 동전을 하나 발견했는데, 놀랍게도 그것은 수집가용의 일품으로 밝혀졌다.

collide 충돌하다/일치하지 않다/상충되다　　　명 collision

The car collided with a bus.　　　　그 차는 버스와 충돌하였다.

combat 전투/격투/싸움/논쟁　　　동 싸우다, 격투하다

a single combat 일대 일의 싸움, 결투
The newsman alone combatted for freedom of speech for years.
그 기자는 수년간 홀로 언론의 자유를 위해 싸우다.

combine 결합/연합/합병/합동시키다, 협력하게 하다, (색 따위를) 배합하다
명 combination

All the circumstances combined against the company. If you want to become the president of your company, always combine work with pleasure.
모든 여건이 회사를 곤경에 빠뜨렸다. 회사 사장이 되고 싶다면 항상 일을 즐겁게 해라.

The two firms combined to attain better management.　그 두 회사는 경영의 합리화를 위하여 합병하였다.
Hydrogen combines with oxygen to form water.　　　　수소는 산소와 화합하여 물을 만든다.

come 오다, 도착/도래하다, 이르다/미치다/(일이) 생기다/
～으로 말미암다/출신이다/～하게 되다/요컨대 ～이 되다

come to a conclusion 결론에 도달하다　　　come into use/play 사용할 수 있게 되다/활동하기 시작하다
in the years/months/weeks/days to come 미래에(앞으로 다가 올 년/월/주/날에)

Can you come to seminar next Monday?   I'm coming to see you. My turn has come.
다음 주 월요일 세미나 오실래요?   당신 보러 지금 곧 가겠다. 내 차례가 왔다.

Easy come, easy go.   (속담) 쉽게 얻는 것은 쉽게 잃는다.

How come? I came to give up playing golf as my mother failed her business.
어떻게 된 것이니? 엄마의 사업 실패로 골프를 포기하게 되었다.

Where do you come from? I come from Seoul. His sickness comes of smoking too much.
고향이 어딘지요? 서울 출신이다. 그의 병은 과다한 흡연이 원인이다.

How did you come to know that?   His cherished dream came true finally.
어떻게 그것을 알게 되었느냐? 마침내 그의 염원이 현실이 되었다.

Your cost comes to US$50. The cost-down idea came across my mind. That kind of idea did not come to me.
비용이 50 달러입니다. 원가절감 묘안이 문득 머리에 떠올랐다. 그런 생각이 떠오르지 않았다.

come about 일어나다, 생기다

We have no idea how the problem came about.   그 문제가 어떻게 발생된 것인지 모르겠다.

come across (사람 · 물건을) 뜻밖에 만나다, 우연히 발견하다, 이해되다

His knowledge is immense, but his lesson does not come across. Knowing is one thing, and teaching is another.   그의 지식은 방대하나, 그의 수업은 잘 이해가 되지 않는다. 아는 것과 가르치는 것은 별개다.
The politicians have a technique to take care of the persons they come across.
정치인들은 자기들이 우연히 만나는 사람들을 잘 다룬다.

come after 뒤를 쫓다, 뒤에 오다

The policeman came after the thief.   도둑을 추적했다.

come and go 오가다, 잠시 들르다   **Money will come and go.** 돈이란 돌고 도는 것.

come between ~의 사이에 끼다, ~의 사이를 이간하다

She tried to come between her only son and his wife.   그녀는 독자 아들과 며느리 사이를 이간질 하려고 노력했다.

come by 들르다, ~을 손에 넣다

Please come by to my office any time. I could hardly come by the limited edition.
언제든지 사무실 들러. 한정판을 쉽사리 구할 수 없었다.

come close to ~ing 거의 ~하게 되다, 자칫 ~할 뻔하다

He came close to missing the flight as there was a car accident on the highway to Incheon Airport.
인천 공항 고속도로에 차 사고가 있어 비행기를 놓칠 뻔 했다.

comfort 위로/위안/위문품   동 위로/위문하다   형 comfortable

words of comfort 위로의 말   live in comfort 안락하게 지내다
be a comfort to ~의 위안이 되다   give comfort to ~을 위로하다
He comforted me for my business failure.   He is a comfortable man to go with.
나의 사업 실패를 위로해 주었다.   그는 사귀기 편한 사람이다.

We ourselves are comforted to know that the relationship between our two companies will be ever further strengthened through our trials together.
이 시련을 통해 양사 사이의 관계가 보다 강화될 것을 알게 되어 위로가 됨.

command 명령/요구/지휘/소유/전망하다, 마음대로 하다
명 명령/호령/지령/분부/지휘/지배/통제/구사력/조망

under (the) command of ~의 지휘 하에 　　　　　　　　　　chain of command 지휘 계통
He commanded his army to attack. He commanded (that) his army (should) attack.
공격하라고 명령하였다.
The sea-view room commands a fine view.　I cannot command the money whose amount is
above US$100.　　　　　　　바다가 쪽 방은 전망이 참 좋다.　백 불이 넘는 돈은 내 마음대로 쓸 수 없다.
I have his command to do so.　　　　　　　　　　　　그렇게 하라는 명령을 받고 있다.
He has a (good) command of English.　　　　　　　　　영어를 자유자재로 구사할 수 있다.

commemorate 기념/축하하다　**형** commemorative　**명** commemoration
The Post Office issued a variety of stamps commemorative of Seoul Olympic Games.
우체국은 여러 종류의 서울 올림픽 기념우표를 발행했다.

commercial enterprise 민간 기업 ↔ state enterprise 국영기업

commission 임무/직권/부탁/명령/위탁/위원회/임관/수수료/구전/커미션
동 위탁/위임/위촉하다, 장교에 임명하다

allow/get commission of five percent　　　　　　　　　5%의 수수료를 내다/받다
return commission 환불 수수료　　　　　　　　sell on commission 위탁 판매하다
work on a 10% commission　　　　　　　　　　　　　　수수료 10%를 받고 일하다
I have a few commissions for you.　　　　　　　당신에게 부탁할 일이 두세 가지 있습니다.

commit 위임/위탁/회부/구속/공약/약속하다, 언질을 주다
명 commitment 범행/실행/수행/위임/공약/약속/언질/의무/책임

commit an error/a crime 잘못을 저지르다/죄를 범하다　　commit suicide/murder 자살/살인하다
without committing myself 분명히 약속할 수는 없으나, 책임은 못 지지만
She was committed to prison/a mental hospital.　　　Do not commit yourself.
영창에 투옥되었다/정신 병원에 수용되었다.　　　　　확언하지 마라.

He refused to commit himself on the investment in a new project. He was committed to the
development of a new product.
그는 신규 프로젝트 투자 건에 대하여 분명한 태도를 나타내려 하지 않았다.　그는 신제품 개발에 전념하였다.

The company did not commit itself to place an order within two months. Thus for the time
being, establishing such a joint venture business would require a careful review prior to any form
of solid commitment.
그 회사는 2달 이내 발주한다고 확약하지는 않았다. 그러므로 당분간 합작 투자 사업을 추진하는 것은 어떠한 형태로든
쌍방의 확약이 이루어지기 전에는 신중한 검토 필요함.

make a commitment 노력/헌신/확언하다
I have already made a commitment to participate in that.　　　이미 참가하기로 약속을 했다.

commodity　(일반적으로 복수) 일용품/필수품, 물자/상품
prices of commodities 물가　　　　staple commodities 중요 상품

common interest　공동 이익, 공동의 이해(관심)

community　사회/공동 사회/공동체, 일치, 유사, 친교/친목
the financial/political　community　재계/정계

commute　교환/변환/통근하다　　명 통근/통근거리
commuter　(교외) 통근자, 정기권 사용자
He commuted to the office by bus.　　　　사무실까지 버스로 출퇴근하다.
She commuted an annuity into a lump sum payment, as her son needs some money to start business with.　　　아들이 사업 자금이 필요해 그녀는 연금제를 일시불로 전환했다.

company-wide organization change　전사적 조직 개편
company-wide personnel change　전사적 인사이동　　　company-wide picnic 전사적 야유회

compare　비교/대조/비유하다, 비기다　　명 **comparison**
　　　　형 **comparable** 비교되는(with)/필적하는(to)
　　　　comparative 비교의/비교에 의한/상당한　　부 **comparatively** 꽤, 상당히, 다소라도
in comparison with/to ～와 비교하여 보면　　　comparatively speaking 비교해 말하면
No one can compare with him in English composition. No book can compare with the Bible.
영어 작문에서 그를 능가할 사람이 없다.　성서에 필적하는 책은 없다.

There is no comparison between the two.　　　양자는 비교가 안 된다, 하늘과 땅 차이다.
Life is compared to a voyage.　　　　　　인생은 항해에 비유된다.

(as) compared with ～와 비교하여
The sales amount of this year went up a lot (as) compared with last year.
작년에 비해 금년 매출액이 많이 증가했다.

beyond/past/out of/without　comparison 비할 바 없이, 비교거리가 안 되는
His sales performance is beyond comparison. That's why he got promotion such a short time.
판매 실적이 다른 사람과 비교가 안 된다. 그래서 그 짧은 시간에 승진한 것이다.

compass　나침반, 한계, 범위/둘레/주위
beyond one's compass; beyond the compass of one's powers 힘이 미치지 않는

compatible　양립하는/모순되지 않는/조화되는/적합한　　부 **compatibly**

compelling　～하지 않을 수 없는, 강제적인, 강력한

compensate 에게 보상/변상하다, 별충/보상하다　　명 **compensation**

The company should compensate him for his loss. The company compensated to him with money.
그에게 손해를 배상해야 한다. 그에게 돈으로 보상했다.

compete 겨루다/경쟁하다/서로 맞서다　　명 **competition**

In order for you to compete with him, you should study harder.
그와 경쟁하려면 더 열심히 공부해야 한다.

There is no golf ball that can compete with this.
이것과 견줄 만한 골프공은 없다.

The two companies are in a severe competition for the construction order from the government.
The company competed with its competitor in price/quality/function.
양사는 정부로부터의 건설 오더를 수주키 위해 치열한 경쟁을 벌이고 있다. 그 회사는 경쟁업체와 값/품질/성능에서
경쟁하였다.

competent 적임의/유능한/적당한/충분한/상당한
　　　　　　명 **competence, competency** 적성/자격

a competent player; an able player 유능한 선수
He is competent (enough) to become the president of the company.　　　사장이 될 만큼 역량이 있다.

compile 편집/편찬/수집하다
The salesman compiled many materials into a marketing strategy report.
많은 자료를 모아 마케팅 전략 보고서를 작성했다.

complain 불평/한탄/하소연하다　　명 **complaint** 불평/병/고소

complain against; make/lodge/file/lay　a complaint against　　　～에 관하여 하소연하다, ～을 고소하다
They complained to their manager that they have too much work to do.
할 일이 너무 많다고 불평했다.

He complained to his mother that his allowance was not good enough.
엄마에게 용돈이 충분치 않다고 투덜거렸다.

complete 완전한/완벽한/흠잡을 데 없는/완비된　　동 완성하다/마무르다
　　　　　　부 **completely**　　　　　　명 **completion** 성취/완성/완결/달성

a complete success/failure　　　　　　　　　　　　완벽한 성공/완전한 실패
The Department completed its sales target.　　　판매 목표액을 달성했다.

complex 복잡한/착잡한/어려운　　명 복합체/합성물/종합 빌딩
　　　　　　동 복잡하게 하다, 합성하다　　명 **complexity** 복잡성, 착잡함

an apartment complex 아파트 단지　　　　　　a housing complex 주택 단지
His relationship with ladies is complex.　　그의 여자관계는 복잡하다.

compliance, compliancy 승낙/응낙/굴종/추종   **동 comply** 동의/승낙하다
She asked him to stay with her and he complied.   그녀가 그에게 있어 달라고 해서 그는 응했다.

comply with 따르다, 준수하다(*abide by*)
The employees should comply with the company rules. He complied with Manager's request.
직원들은 회사 규정을 지켜야 한다. 그는 과장의 요구에 응했다.

complicated 복잡한, 까다로운, 번거로운, 알기 어려운
complicated math problem 복잡한 수학 문제

compose 조립/조직/구성/수습하다   **명 composition**

be composed of ~으로 이루어지다, 형성/구성되다 (be formed of; be made up of)
Water is composed of hydrogen and oxygen.   물은 수소와 산소로 이루어져있다.
The task force was composed of several experts in each area.
타스크 포스는 각 분야의 여러 전문가로 이루어져 있다.

compound 합성/조합/혼합/조성/타협/화해하다   **형 합성의, 복합의**   **명 합성, 혼합물**
The newly developed material is a compound of several chemicals, but we don't know what the
combination is.   새로이 개발된 물질은 여러 가지의 화학품 합성체이나, 우리는 배합 비율을 모른다.
The company compounded with its rival companies for market share.
경쟁 회사들과 시장 점유율을 놓고 타협했다.

comprehend 이해/파악/포함하다, 깨닫다   **명 comprehension**

compromise 타협/화해/양보/타협안/절충안   **동 타협/절충/화해하다**
They reached a compromise after heated discussion.   열띤 토론 끝에 타협에 이르렀다.
The company made a compromise with those who filed a lawsuit.   소송을 건 사람들과 타협했다.

concave 옴폭한, 오목한
concave lens 오목렌즈 ↔ convex lens 볼록 렌즈

conceal 숨기다, 비밀로 하다
conceal oneself 숨다, 잠복하다
The king concealed his identity, and looked around the old castle.   신분을 숨기고 고성을 둘러보았다.

conceit 자부심/자만/자기 과대평가 ↔ **humility** 겸손/겸양/비하   **동 우쭐/상상/생각하다**
He is full of conceit after securing the customer.   고객 확보 후 한껏 자만에 빠져 있다.

in one's own conceit 제 딴에는
He conceited oneself over his business success. He is a big shot in his own conceit.
사업 성공에 우쭐해있었다. 제 딴에는 자기가 거물인 줄로 알고 있다.

concentrate 집중/경주/전념/농축/응집/선광하다   명 농축물/정광(精鑛)
형 concentrated 집중한/농축된/응축된   명 concentration

I recall that, at our meeting, I found the copper concentrate mine development project
particularly interesting.   상담 시 동(銅) 정광 광산 개발 프로젝트가 특히 관심을 끈 것으로 기억함.

concentrate on 집중하다, 전력을 기울이다(focus on; centralize on)

You should concentrate your time and money on the business so that you can succeed.
성공하기 위해서는 사업에 시간과 돈을 집중해야 한다.

He could not concentrate his energy on the business since he parted from her.
그녀와 결별 후 사업에 전념할 수 없었다.

concise 간결한, 간명한
a concise statement/report 간결한 진술/보고서

conclude 마치다, 끝내다, 종결/추단/추정하다, 체결하다/맺다
명 conclusion 결말/끝/결론/종국/최종적 해결/결론

(and) to conclude (그리고) 마지막으로, 결론으로 말하면   to be concluded '다음 회 완결' (연재물 따위에서)

The president concluded that his company should invest in the project proposed by its business
partner.   사업 파트너가가 제시한 프로젝트에 투자하여야 된다고 결정했다.

From what you say, I conclude that the rumor is true. The company concluded an agreement
with the overseas vendor.
네 말로 미루어 그 소문이 사실이라고 추측한다. 해외 공급업체와 협정/계약을 체결했다.

The letter concluded as follows.   The jury concluded to set the accused free.
편지는 이렇게 끝맺고 있었다.   배심원들은 피고를 석방키로 결론을 내렸다.

come to/reach the conclusion that ~라는 결론에 달하다
Mutual inspection of the defective products makes both of us reach the conclusion that the
quality problem was caused by the supplying side.
불량품을 상호 검사한 결과, 품질 문제는 공급업체의 책임이라고 우리 모두 결론지었다.

in conclusion; to conclude; finally 결론적으로, 최후로
In conclusion, further discussion about the quality problem and your commission can be made
only after the company's remitting US$3,000.
결론적으로 품질 문제와 귀하의 커미션은 그 회사가 US$3,000을 송금한 다음에 더 논의 할 수 있음.

jump/rush at/to a conclusion 속단하다, 지레짐작하다
Don't jump to a conclusion. Don't reach a hasty conclusion.   성급한 결론 내리지 마라.

concord 일치/화합/조화/협조/협정   동 일치/조화시키다 ↔ discord
in concord 화합/조화하여, 사이좋게

condemn 비난/힐난/나무라다, 유죄 판결을 내리다   명 condemnation 비난/유죄 판결/선고
The murderer was condemned to death.   살인자는 사형 선고를 받았다.

The manager condemned his members for smoking. 그 과장은 과원들의 흡연을 꾸짖었다.

condense 응축/압축/농축하다 **명 condensation**

The manager condensed the president's one hour speech into one paper.
과장은 사장의 한 시간 연설을 한 장으로 요약했다.

condole 조상/조위/위로하다 **명 condolence, condolement**
condoler 애도자/조위자

Manger Kim's mother died yesterday. Many colleagues came to condole with him.
Once again, we express our deepest condolences.
김 과장의 어머니가 돌아 가셔서 많은 동료들이 그를 위로해주려 왔다. 다시 한 번 조의를 표합니다.

conductive 전도성이 있는 **명 conductivity** 도전율

The conductivity of the metals such as gold, silver and copper is proportional to the price of
metal. The higher conductivity, the higher price.
금/은/동과 같은 금속의 전도성은 금속의 가격에 비례한다. 전도성이 높을수록 가격이 높다.

conduct 행위/행동/품행/지도/지휘/경영/조처/관리 **동 지도/지휘하다**

under the conduct of ~의 안내/지도로   a conducted tour 안내원이 딸린 관광여행
conduct a campaign/an orchestra 캠페인/악단을 지휘하다   conduct business 사무를 처리하다
The bellboy conducts a guest to his room. He conducts her home every day.
벨보이는 손님을 방으로 안내한다. 그녀를 매일 집까지 바라다 준다.

conduct away 연행하다

The policeman caught the burglar and conducted away him to police station.
경찰관은 강도를 잡아 경찰서로 연행했다.

confer 수여하다, 증여하다/베풀다, 의논하다, 협의하다

confer on 주다/수여하다

The company conferred on him a big prize for his development of a new product.
We would like to confer upon your prestigious company an exclusive authorization to represent
us in the U.S.   신제품 개발에 대해 큰 상을 그에게 주었다. 귀사에게 미국 독점권을 줄 것임.

confer with 어떤 일을 아무와 의논하다

He has my instruction to visit your company in early 2011 to confer with you. We conferred with
him on the pending matter.
2011년 초 귀사 방문, 당신과 협의하라고 지시하였습니다. 우리와 그와 미해결 건에 대해 의논했다.

conference 회담/협의/의논/회의

disarmament/international/general conference 군축 회의/국제회의/총회
be in conference 협의/회의 중이다   hold a conference 회의/협의회를 열다

confess　(과실 · 죄를) 고백/자백/실토/인정/자인하다　　명 **confession**
auricular/sacramental confession　(성직자에게 하는) 비밀 고해
public confession　공중 앞에서의 고백
He confessed to me that she had stolen a purse at the department store. The man confessed himself (to be) guilty.　　그는 백화점에서 지갑을 훔쳤다고 고백했다. 그는 죄가 있음을 인정했다.

confident　확신하는, 자신 있는　　명 **confidence**　　부 **confidently**
We are confident that both your company and our customer can reap off many benefits from working together.　귀사와 당사의 고객이 함께 일함으로서 상호 큰 이익을 시현할 것임을 확신함.
The president's confidence in him is firm. The manager proceeded the project with confidence.
그에 대한 사장의 신뢰는 확고하다. 과장은 자신을 갖고 프로젝트를 진행시켰다.

Tomorrow is the examination day. He is full of confidence. I am confident of his big success.
내일이 시험일인데 그는 자신만만하다. 그의 대 성공을 확신하고 있다.

confidential　은밀한, 내밀한, 기밀의, 신뢰할 수 있는
strictly confidential; for your eyes only　극비　　　　confidential papers/documents　기밀 서류

confine　제한하다/한하다/감금하다, 들어박히게 하다　　명 경계, 국경, 한계, 범위
Meeting with him is confined to five minutes.　Confine the number of participants to ten persons.　그와의 면담은 5분으로 제한되어 있다. 참가자를 10명으로 제한해라.

confirm　확실히/확증/확인/증명하다　　명 **confirmation**
It is with great pleasure that we notify you of our confirmed decision to establish a piano manufacturing company and its subsidiary facilities in Korea, as we have already discussed with you.
이미 논의한 바와 같이, 피아노 제조 회사와 부대시설을 한국에 설립하고자 하는 결정을 통보 드리게 되어 기쁨.

This confirms your reservation. This report confirms his guess.
예약을 확인합니다. 이 보고로 그의 추측이 확실했음을 알았다.

conflict　투쟁/전투/충돌/불일치/쟁의　　동 충돌/모순되다　　명 **confliction**　싸움, 충돌
conflict of interest　이해 상충

in conflict with　～와 충돌/상충하여
Your market analysis report conflicts with the reality.　　시장 분석 보고서와 현실이 상충된다.

conform　적합/순응시키다, 따르게 하다　　명 **conformity**
We conform to our company regulations as far as summer vacation goes.
여름휴가는 회사 규정을 준수한다.

In conformity with air transportation law, we run our flights.
항공운송 규정을 준수하여 비행기를 운영한다.

confuse 혼동하다, 헷갈리게 하다, 잘못 알다, 혼란시키다, 어지럽히다
유 disconnect, embarrass　　　**명 confusion**

The company was so confused at the drastic price cut of its competitor.
경쟁사의 급격한 가격 인하에 당황했다.

The General Manager confused the manager by asking too many questions at a time.
부장은 과장에게 한 번에 너무 많은 질문을 하여 혼란케 했다.

congest 충만 시키다, 넘치게 하다, 출혈하다　　　**명 congestion**
The traffic is congested.　　　교통이 혼잡하다.

conglomerate 모아서 굳히다, 결합시키다　　　**명 거대 복합 기업**
As a conglomerate group consisting of 24 affiliated companies and spanning 28 branches in 25 countries, KFS Group already has an existing network of advertising arrangements; however, we would like to convey that we are always open to new ideas and methods in all spheres.
KFS 그룹은 24개 자매사와 25개 국가에 28개 지사가 있어 이미 광고 준비를 위한 네트워크는 기 구축이 되어 있는 상태이나 우리는 모든 분야에서 항상 새로운 생각 및 제안에 문을 열어 두고 있다는 말씀을 전해 드림.

connect 연결/접속/연상하다　　　**명 connection**
be connected with ~와 관계가/연락이 있다　　　connect oneself with ~와 관계하다
Please connect me with your manager.　　　You are connected/through.
관리자 대 주시오. (상대가) 나왔습니다.

I am distantly connected with the family.　　　그 집안과는 먼 일가가 된다.
We have excellent connections with leading paper manufacturers in Korea.
당사는 한국에 선도적인 제지 제조업체와 돈독한 관계 유지하고 있음.

in connection with ~와 관련하여, ~에 관한
I will be in Seoul at the Hyatt Hotel the week of September 10 in connection with an assignment we are conducting for one of our U.S. clients to recruit a Managing Director for Korea market.
미국의 한 고객의 요청으로 한국 시장을 담당할 임원을 찾기 위해 서울 방문 예정임.

connecting flight 연결 항공편

conscience 양심/도의심/도덕관념/의식/자각　　　**형 conscientious**
qualms of conscience 양심의 가책　　　for conscience's sake 양심에 걸려, 양심 때문에
the freedom of conscience 양심의 자유

conscious 의식/자각하고 있는, 알고 있는 ↔ **unconscious**
a conscious liar 나쁜 줄 알면서 거짓말하는 사람
be/become conscious of ~을 의식하다, ~을 알아채다
Everyone is conscious of the aftermath of the earthquake.　　　모든 사람들이 지진의 여파를 알아채고 있다.

consecutive 연속적인, 잇따른　　　**🔊 consecutively**

consecutive holidays; holidays in a row　연휴

It snowed five consecutive days. It snowed five days in a row. It snowed five days consecutively.
5일 계속해서 눈이 왔다.

I, however, am afraid that our reply will be delayed due to the consecutive national holidays in the beginning of October.
유감스럽게도 10월초 국가 공휴일 연휴로 인해 회신이 지연될 것 같음.

consensus (의견/증언 따위의) 일치

a consensus of opinion　의견의 일치

I know that each of our respective governments will be briefed on the contents of the meeting at a later stage. I hope their policies will reflect the basic consensus reached during our deliberations.
각각의 정부는 나중에 본 회의의 내용에 대해 브리핑 받을 것임. 우리의 토의 기간에 합의에 이른 내용이 각 국의 정책에 반영되기를 희망함.

consequence 결과/결말, 영향력/중대성/중요함

as a consequence (of); in consequence (of)　~의 결과, ~때문에

of (great) consequence (매우) 중대/중요한 ↔ of little/no consequence 거의/전혀 대수롭지 않은

The consequence is that ~: 그 결과는/결론은 ~이다.

consider 숙고/고찰/간주/참작/고려하다　　　**명 consideration**

all things considered　만사를 고려하여, 결국

I always consider any business matter in all respects. You are required to consider whether your investment is worthwhile. I am considering playing golf next week.
나는 항상 어떤 사업상의 일이라도 모든 면에서 생각한다. 투자가 가치가 있는지를 생각해야 한다.
내주에 골프 칠 까 생각중이다.

This is the statement for your consideration of my visa application to the United States of America.　미국 비자 신청을 위해 본 진술서를 제출 드립니다.

When you select temporary workers, you should consider their ages as the law of employing the minor is strict.
미성년자 고용법은 엄격하기 때문에 임시직직원을 구할 때는 대상자들의 나이를 고려하여야 한다.

considerate 동정심 많은, 인정이 있는, 사려 깊은

It is very considerate of you to help the company. The success of our business in Korea stems from your considerate help and hands-on cooperation.
그 회사를 도와 주셔서 정말 고맙습니다. 한국에서 우리 사업의 성공은 귀사의 사려 깊은 도움과 깊은 협조 덕분이다.

consign 건네주다, 인도/충당/할당하다　　　**명 consignation**
명 consignment 위탁 (판매), 탁송, 적송품, 위탁 판매품

on consignment; on a consignment basis　위탁 판매로　　　consign money to a bank　은행에 예금하다

consist 이루어져 있다, ~에 존재하다, ~와 양립하다, 일치하다

consist of ~으로 되어있다
Water consists of hydrogen and oxygen.　　　　　　　　　　　물은 수소와 산소로 되어 있다.

consist in ~에 있다, ~에 존재하다
Happiness consists in contentment.　　　　　　　　　　　행복은 족함을 아는 데 있다.

consistent ~일치/조화/양립하는, 불변한, 시종일관된, 모순이 없는
🔳 consistently 시종일관하게, 조리 있게, 모순 없이
act consistently with one's principles　　　　　　　　자기의 소신에 따라서 행동하다
His action is consistent with his words.　　　　　　　그의 행동은 말과 일치하고 있다.
Pricing policy should be consistent.　　　　　　　　가격 정책은 시종일관해야 한다.
I appreciate your consideration of our two modifications. I am sure you will find them to be
logical and consistent with our mutual interests.
2가지 조정 내용을 고려하여 주시면 감사. 저희가 제안 드린 사항은 논리적이며 우리 양사의 이해관계에도 부합되는
것으로 확신함.

console 위로하다, 위문하다　　　　　🔳 consolation

conspicuous 눈에 띠는, 똑똑히 보이는, 특징적인, 사람 눈에 띄는
He is conspicuous by his beard.　　　　　　　　　　　그는 수염이 특징이다.

conspiracy 공모/모의/음모/모반/음모단　　　　🔳 conspire
in conspiracy 공무(작당)하여　　　　　　　　take part in conspiracy 한패에 가담하다
They conspired to drive him out of the company.　　그를 회사에서 쫓아 내려고 공모했다.

constant 변치 않는, 일정한, 항구적인, 부단한 ⟷ variable　　🔳 불변의 것, 상수
constant attention/temperature 부단한 주의/항온(恒溫)
Of paramount concern to me and my company is the constant expansion of mutually beneficial
business between the United States and Korea.
저와 저희 회사에 가장 중요한 관심사는 양국의 상호 호혜적인 관계를 지속적으로 확장하는 것임.

constellation 별자리, 멋진 차림의 신사 숙녀들의 무리, 기라성

constitute 구성/조직/선정/임명/제정/설립하다 🔳 constitution 체질

constrain 강제/강요하다　　🔳 constraint 강제/압박/구속/억제
by constraint 억지로, 무리하게　　　　　　　without constraint 스스럼없이, 기탄없이
He was constrained to work overnight to make a formal report to submit to the president
tomorrow morning.　　　내일 아침 사장에게 제출할 공식 보고서를 작성하기 위해 밤새기 할 수 밖에 없었다.

construct 조립/건설하다, 세우다 [형] **constructive** 건설적인/저극적인
[명] **construction** ↔ **destroy**, **destructive**, **destruction**

construction engineer 건축 기사
construction work 건설 공사
under construction 건설 중
constructive criticism 건설적/적극적 비평

We are now closing the very constructive and productive 10th Joint Meeting.
이제 우리는 매우 건설적이고 생산적인 10차 합동 회의를 마감하려 함.

consul 영사, 집정관

an acting consul 대리 영사
an honorary consul 명예 영사

consult ~의 의견을 듣다, ~의 충고를 구하다, 진찰을 받다, 참고하다 [명] **consultation**

consult a lawyer 변호사의 의견을 구하다
consult a dictionary 사전을 찾다

consume 다 써버리다, 소비/소모하다, 소멸하다 [명] **consumption**
[형] **consumable** 소비/소모할 수 있는 pl.) 소모품

be consumed by fire 몽땅 불타버리다

consummate 성취/완성하다, 극점에 달하게 하다 [형] 완성된, 완전한
[명] **consummation**

I trust you are fully acquainted with the results of these meetings. We agreed on the most critical issues of price, offtake quantity, sales territory, and trading company's marketing fee, in order to be able to immediately consummate the agreement, and consequently to reap the benefits of our project.
이 회의들의 내용에 대해 잘 알고 있을 것으로 믿음. 즉시 계약서를 완성하고 결과적으로는 프로젝트의 혜택을 누릴 수 있도록 대부분의 주요 사안(가격, 생산물 인수 수량, 판매 영역, 마케팅 수수료)에 대해 합의함.

contact 접근/교제/연락/연결 [동] 접촉/연락/교제하다

establish one's contact with ~와 접촉/연락을 취하다
lose contact with ~와의 접촉/연락이 두절되다
I will contact you by e-mail.
이메일로 연락하리다.
He has many contacts in various fields.
여러 분야에서 교제가 넓다.

contagion 접촉/전염/감염 [유] **infection**
The disease which spreads by contagion is very risky.
접촉으로 전염되는 병은 아주 위험하다.

contaminate 더럽히다, 오염하다 [명] **contamination** [유] **pollute, pollution**
air/water contamination 대기/수질 오염
The city was contaminated by radioactivity after earthquake.
지진 후 방사능에 오염되다.

contemplate 잘 생각하다, 심사숙고하다 [명] **contemplation**
We could not contemplate such a terrible consequence. I contemplate flying to Venice on vacation.
그런 참담한 결과는 예견할 수 없었다. 휴가로 베니스 갈까 생각하고 있다.

contemporary 동시대의, 동연대의(with)　　　🔸 **contemporarily**
contemporary opinion/literature　시론(時論)/현대 문학

contempt 경멸/모욕/치욕, 체면 손상　　　🔸 **contemptuous**
in contempt of　~을 경멸하여, ~을 무시하여　　　　　　　　show contempt　경멸하다
a contemptuous smile　남을 얕보는 웃음

continent 대륙, 육지, 본토
the Dark/New/Old Continent　암흑대륙/신대륙/구대륙

contingency 우연/우발/가능성/부수적인 사태　　🔸 **contingent**
the contingencies of economic depression　경제 불황에 수반되어 일어나는 사건
Such payment risks are contingent to the international trade. 국제 무역에는 그런 대금 결제 위험이 수반된다.

continue 계속/지속하다　　　　🔸 **continuity**
The sales meeting continued an hour.　　　　　　　　　판매 회의는 한 시간 계속되었다.
The opera continued after 20 minutes intermission.　　　20분 휴식한 후 프로그램은 계속되었다.
To be continued.　　　　　　　　　　　　　　　　　　　다음 호에 계속.
I really want to continue a close relationship with you and your company. I look forward to
having an opportunity to meet you in the near future.
귀하 및 귀사와 깊은 유대 관계를 지속하고 싶음. 가까운 장래 다시 뵙기 희망.

continuous 연속/계속적인, 끊이지 않는, 부단한
　　　　　🔸 **ceaseless, incessant, continued, continual**
I sincerely hope that my visit to your great country has further strengthened the already existing
close friendship and cooperation between our two companies, and that we may keep looking
forward to your continuous assistance and support.
귀국 방문으로 양사의 가까운 관계가 더욱 더 깊어졌기를 바라며, 지속적인 도움과 후원을 기대함.

contract 계약/약정/계약서　　🔸 계약하다, 줄다, 좁아지다, 수축하다
a breach of contract　계약 위반, 위약　　　　　　　　sign/a contract　계약서에 서명하다
a verbal/an oral contract　구두계약　　　　　　　　a void/written contract　무효/서면 계약
as contracted; as contract says　계약대로
make a contract/an exclusive contract with　~와 계약을 맺다, ~와 독점 계약을 맺다

contraction 수축, 수렴, 회수, 축소

contradict 모순되다, 반하는 행동을 하다　　🔸 **contradictory**
　　　🔸 **contradiction** 모순, 자가 당착
The two guys' reports contradict each other.　　　　　　　　보고가 서로 어긋난다.
Such measures contradict the spirit of free markets and the entrepreneurial success we all strive

to achieve.   그러한 조처는 자유무역 정신에 위배되며 우리의 기업가 정신에도 위배됨.

contrary 반대의, 반하는, 반대 방향의, 서로 용납 치 않는

on the contrary 반대로, 도리어
I thought that our soccer team would lose the game, but on the contrary the team won the game.
축구팀이 게임에 질 것으로 생각했으나 게임에 이겼다.

to the contrary 그와 반대로, 그렇지 않다는
She had nothing to say to the contrary.   반대로 말할 것이 없었다.
Unless I hear to the contrary until tomorrow, I will make a trip to Mexico.
내일까지 이견이 없으면 멕시코 출장 갈 것이다.

contrary to 에 반하여
Contrary to his expectation, our company did not give any bonus.
그의 예상과는 달리 우리 회사는 보너스를 지급치 않았다.

contrast 대조/대비/현저한 차이　　통 대조를 이루다, 차이를 보이다

by/in contrast with　~와의 대조/대비에 의해, ~와 대비하여
The new manager is a contrast to the old one.　　Her clothes contrasted well her body.
새로운 과장은 전 과장과 아주 딴판이다.　　　　　그녀의 옷은 그녀의 몸과 잘 어울린다.
The president's act contrasts with his saying.　　　　　행동이 말과 딴 판이다.

contribute 기부/기증/기고/공헌하다　　명 contribution

He contributed lots of money to the salvation army.　　구세군에 많은 돈을 기부했다.
She contributed an article to a newspaper/magazine.　　신문/잡지에 논문을 기고했다.
Gambling contributed to his ruin.　　　　도박이 파산의 원인이 되었다.
Your proposed way does not contribute to the solution of the pending issues between us.
귀하가 제시한 방법은 미결 사안 해결에 도움이 안 됨.
We sincerely hope that the friendly ties between our two companies will continue to contribute to our mutual and wholehearted cooperation in realizing this export promotion.
상호 우호적인 관계로 전폭적인 협력이 이루어져 양사의 수출 증진이 실현되기를 진심으로 희망함.

control 지배/관리/통제/억제/제어　　통 지배/통제/관리하다

control of foreign exchange 외국환 관리　　　　　　inflation control 인플레 억제
traffic control 교통정리　　　　　　birth/light control 산아제한/등화관제
without control 제멋대로　　　　　　under the control of 지배/관리를 받고
get/gain control over 제어하게 되다 ↔ lose control over　　be in control of 관리하고 있다

beyond control; inevitable; unavoidable; uncontrollable; unmanageable
The economic depression is beyond our control.　　경제 불황은 우리가 어찌할 수 없는 것이다.
Strict quality control is the cornerstone of a growth company. The importance of quality control can't be too much emphasized.
엄격한 품질 관리는 성장 기업의 초석이다. 품질관리의 중요성은 아무리 강조해도 지나치지 않다.

convenience 편리/편의/형편   형 **convenient** 편리한, 형편 좋은
부 **conveniently** ↔ **inconvenience, inconvenient, inconveniently**

a marriage of convenience 정략결혼
as a matter of convenience 편의상
an express bus terminal conveniently placed/located
If it suits your convenience; If it is convenient to you
Please advise us if a meeting is possible, and if so, please comment when would be convenient for the meeting.

for convenience of explanation 설명의 편의상
public convenience 공중의 편의, 공중 화장실
편리한 곳에 있는 고속버스 정류장
지장이 없으시다면
미팅이 가능한지, 미팅이 가능하다면 언제가 편할지 통보 바람.

conversation 회화/대담/대화/좌담   동 **converse** 담화하다

be in conversation with ~와 회담 중
change the conversation 화제를 바꾸다

convert 전환/전화시키다, 바꾸다, 화학 변화시키다
She converted her son's room to a bookshelf after he joined the army.
아들 군대 입대 후 아들 방을 서재로 개조했다.

convey 나르다, 운반/운송하다, 전달하다
I convey my sincere appreciation to you for your warm hospitality extended to me and my associates during my stay in Paris. I would like to convey my wishes for a happy and prosperous new year.
파리에서의 환대에 대해 감사의 마음을 전함. 새해 인사드림.

convince 납득시키다/깨닫게 하다/확신시키다   명 **convincement**
형 **convincible**

convince one of/that ~에게 ~을 납득시키다

be convinced of/that 확신하다

As I am more convinced that our Spanish-Korean ties are firmly and permanently established in a mutual sense of cooperation, I believe that a big prosperity lies ahead of both of us in the future.
스페인-한국 간의 유대관계는 상호 협력의 기치아래 영원히 그리고 굳건하게 구축될 것임. 우리들 앞길에 큰 번영이 기다리고 있다고 확신함.

I am convinced/confident/sure/certain that the future of our company is bright.
회사의 장래가 밝다고 확신한다.

cool-headed 냉정한

coordinate 조직화(편성)하다, 조정하다   명 **coordination**
Mr. Kim is a competent manager who can coordinate the task between team members.
Mr. Kim은 유능한 과장으로 멤버들 간의 업무를 잘 조정한다.

cope with 대처하다, 극복하다, 대항하다, 맞서다
The company coped with financial difficulties.   재정 위기를 극복했다.

copy 사본/부본/복사/부/권/원고　　　圄 광고문 베끼다, 복사/모사/표절하다
a copy of Tantandaero English book　탄탄대로 영어 책 한 권
copy after a good precedent　좋은 선례를 따르다
I am attaching a copy of the meeting agenda, subjects to be discussed and an envelope to reserve
your place.　　　　　　　　　　　　　　　회의 안건, 토론 주제들, 귀하 좌석 예약 봉투 첨부드림.
He is a carbon copy of his father.　　　　　　　　　　　　　그는 아버지 판박이다.
Never copy your colleagues' idea.　　　　　　　　　　동료 아이디어를 절대 도용하지 마라.

copyright 판권, 저작권　　　　**copyrighter** 판권 소유자

cordial 충심으로부터의, 따뜻한, 성심성의의, 친절한, 간곡한
a cordial reception/welcome　　진심어린 환대/환영

cornerstone 초석/토대/기초, 초석
It is my sincerest hope that, in the years to come, our committees will continue to be the cornerstone in further
strengthening the economic cooperation between our countries, mutual understanding, and prosperity.
장래에는 우리 위원회가 양국 간 경제 협력, 상호 이해와 번영을 강화하는 초석의 역할을 지속하기를 앙망함.
Science is the cornerstone of modern civilization.　　　　　　　　과학은 근대 문명의 토대임.

corporation 법인, 회사　　　　　圏 **corporate** 법인의, 회사의
corporate culture　기업 문화　　　　　　　　　　corporate financing　(기업의) 자금 조달

corps 군단, 병단, 단체, 집단

correspond 같다, 상당/대응/해당하다　　　　圐 **correspondence**
His words and actions do not correspond.　　　　　　　그의 언행은 일치하지 않는다.
correspond to 상당/부합/상응하다
The internal development progress does not correspond to what the company announced in the
newspaper. Still there has been no particular progress.
내부 개발 진행 상황은 신문에 공표한 것과는 다르다. 아직까지 구체적으로 진행된 것이 없다,
correspond with 통신/교신/일치하다
I am dying to correspond with her.　　　　　　　　　그녀와 서신 왕래를 간절히 바란다.

corridor 복도, 회랑, 항공기 전용로

corrode 부식/침식하다, 좀먹다　　圏 **corrodible**　　　圐 **corrosion**
The repeated fat shot corroded his self-confidence.
반복된 뒤땅 샷으로 점차 자신을 잃었다. (• fat shot: 골프에서 뒤 땅 치는 것)

cosmos 우주　　圏 **cosmic** 우주의, 우주론의, 질서 있는 ↔ **chaotic**

cosmopolitan 세계인/국제인/세계주의자   **형** 세계주의의/전 세계적인

cost 가격/원가/대가/비용/지출/경비/희생/손실   **동** 비용이 들다, 걸리다, 요하다
형 **costly** 값이 비싼/희생이 큰

at all costs; at any cost 어떤 희생을 치르더라도   cost-down 비용/경비 절감, 원가 인하
cost-conscious 비용 의식이 있는   at/below cost 원가로/원가 이하로
a costly mistake/enterprise 희생이 큰 실수/비용이 상당히 드는 사업
It costs us much time and money to reach this stage. Our low cost and high quality allows you to
secure competitive advantage. Let's share the cost.
여기까지 오는데 많은 시간과 자금이 소요되었다. 가격은 저가이면서 고품질인 당사의 제품을 귀사에서 판매 시 귀사는
경쟁 우위를 갖게 될 것임. 비용을 공동 부담 합시다.

cost a bomb; cost much; cost a pretty penny 돈이 많이 들다
His overseas trip costs a bomb, as he takes first class and stays at deluxe hotels.
그의 해외여행은 돈이 많이 든다. 왜냐하면 일등석을 타고 호화 호텔에 체류하기 때문이다.

cough 기침, 헛기침, (헛)기침을 하다

council 회의, 심의회, 평의회

counterfeit 모조의, 가짜의, 겉치레의, 허위의   **명** 가짜/모조품/위작
a counterfeit note 위조지폐   a counterfeit signature 가짜 서명

counterpart 부본, 사본, 짝의 한 쪽, 상대방, 상대물, 대응물
The Korean foreign minister met his Chinese counterpart.
한국 외무 장관이 중국 외무 장관과 회담했다.

counter-productive 의도와는 반대된, 역효과의, 비생산적인

courteous 예의바른, 정중한   **유** polite   **명** courtesy
by courtesy; as a matter of courtesy   예의상, 호의로, 무료로, 관례에 따라
through/by (the) courtesy of 소개로   to return the courtesy 답례로서

cover 덮다/씌우다/싸다, 보험을 들다, (손실을) 메우다,(경비를) 부담하다
명 덮개/뚜껑/책의 표지/은신처/잠복처
Snow covered the highway. The highway was covered by snow.   고속도로는 눈으로 덮였다.
He wanted someone to cover his work while he is on an overseas trip.
출장동안 자기 일을 맡아 줄 사람을 원했다.
Our business line covers not only our own products described in our catalogues, but also
products supplied on an OEM basis.
당사는 카탈로그에 나와 있는 당사 자체 제품을 공급할 뿐만 아니라 OEM 방식으로도 제품을 공급함.

cover up 숨기다, 감추다
The president wanted to cover up his sexual harassment of his secretary, but many employees were already aware that she was sexually harassed by him.
성적 추행을 감추려고 했으나, 성추행 사실은 이미 많은 직원들에게 알려졌다.

coverage 적용/통용/보증 범위, 보도/취재의 규모

coward 겁쟁이/비겁한 자, 비겁한, 두려워하는

cozy 아늑한/포근한/아담한/안락한

CPI(consumer price index) 소비자 물가 지수

crack 부수다, 깨뜨리다, 금가다   명 날카로운 소리, 갈라진 금
crack down (on) 단호한 조처를 취하다, 호되게 혼내다
The police cracked down those who violates the traffic regulation.
경찰은 교통 규정 위반자들에게 단호한 조처를 취했다.

crack up 칭찬하다, 대파하다
The bus cracked up right after leaving from the bus terminal.   버스 터미널 출발 후 버스가 대파되었다.

cracked 금이 간, 깨진, (인격 · 신용 따위가) 손상된

cramp 꺾쇠/죔쇠/속박(물)   형 답답한, 비좁은   명 경련, 쥐
동 경련하다, 쥐가 나다
a cramp in the calf 종아리에 나는 쥐   bather's cramp 수영 중에 나는 쥐

crash 요란한 소리, 충돌, 추락   동 추락/실패/파산하다
유 **crush/crack/smash**   형 전력을 기울인, 응급적인
a train/bus/car crash 열차/버스/자동차 충돌   crash against 에 충돌하다
a crash plan to house typhoon/earthquake/flood victims 태풍/지진/홍수 이재민 수용을 위한 응급 계획

crawl 네발로 기다, 포복하다, 천천히 가다, 서행하다, 굽실거리다
His son still can't walk but crawls.   아직 걷지 못하고 기어 다닌다.
The Executive Vice-president always crawls to the president.   부사장은 항상 사장에게 굽실 거린다.
Contrary to our expectation, the project crawled because of our president's indecision.
우리의 기대와는 달리 사장의 우유부단으로 프로젝트가 지지 부진하였다.

credible 신용/신뢰할 수 있는, 확실한

credit 신용/신망/세력/영향력/명성/명예/칭찬/영예/학점
대변(↔ **debit** 차변)   동 신용하다, 신뢰하다, 믿다, 명예가 되다

on credit 외상으로, 신용 대부로

with credit 훌륭하게

He is a credit to the school.

open credit with ~와 신용 거래를 트다

No credit. 외상 사절.

그는 학교의 자랑이다.

to the credit of a person; to a person's credit 아무의 명예가 되게, 자기 이름으로

He already has three pizza restaurants to his credit. 그는 자기 이름으로 피자 식당을 이미 3곳이나 갖고 있다.

We are now sure that we can place an initial order by not later than the end of October 2010, opening a letter of credit to you at the same time.

10월말 이전 L/C 개설 방식으로 첫 주문 확신함.

creep 기다, 포복하다, 포복, 서행

creep in/out 몰래 기어들다/나가다

creep on all fours 네발로 기다

criminal 범죄의, 죄 있는, 죄 되는, 범인, 범죄자

cripple 불구자, 지체 장애자, 다리병신, 절뚝발이

동 불구/절름발이가 되게 하다, 무능케 하다

a mental cripple 정신 장애자

a crippled soldier 상이군인

The storm crippled the airplane service.

폭풍우로 항공기 운항이 중단되었다.

criterion (비판·판단의) 표준, 기준, 특징

critical 비평의/평론의/비판적인/혹평적인, 위기의/위험기의/위급한/위독한/ 결정적인/중대한

명 criticism 비평, crisis 위기

critical wound/moment/condition/situation

중상/위기/위험한 상태/중대한 국면

Therefore, we would like to stress that the cancellation of our agreement at this critical time would be extremely inappropriate in view of the business potential in Korea.

따라서, 이 중대한 시기에 대리점 계약을 취소하는 것은 한국에서의 잠재 가능성을 고려 시 매우 부적절한 것임을 강조드림.

cross 십자형/열십자 기호, 수난/고난/시련, 혼혈 형 교차된/비스듬한/ 가로지르는/반대의/역의

동 교차하다, 서로 엇갈리다

No cross, no crown.

(속담) 고난 없이는 영광도 없다.

cross/pass the Rubicon 단호한 결단을 내리다

The dice is cast.

☞ 시저가 폼페이우스를 치기 위해 루비콘 강을 건너면서

주사위는 던져졌다 라고 한 것에 유래.

The top management decided to cross the Rubicon, and cut down salary by 30% in order to keep the present employees. 현 직원들을 그대로 유지하기 위해 30% 봉급 삭감을 단호히 결정했다.

cross one's fingers 행운을 빌다

I will keep my fingers crossed when you fly to New York for a new contract.

신규 계약을 위해 뉴욕에 갈 때 행운을 빌 것이다.

crowd 군중, 붐빔, 관객/구경꾼/청중, 출석자

동 빽빽이 들어차다, 밀어닥치다, 떼 지어 모이다, 붐비다

People crowded the small school because of earthquake. The small house was crowded with people because of earthquake. 지진으로 작은 학교에 사람들이 꽉 찼다.

crowd on (생각이) 자꾸 떠오르다, ~에 쇄도하다
Many ideas of my staff were crowding on me, but no idea seemed feasible.
직원들의 아이디어가 많았지만 실현 가능성 있는 것은 없어 보였다.

crowd out 밀쳐내다, 밀어 내다
The gigantic discount mart chain has been crowding out the small shops at the road.
대형 할인 매점 체인이 동네 작은 가게들을 밀쳐내고 있다.

crowded 붐비는, 혼잡한, 꽉 찬, 만원의, (일 따위로) 꽉 짜인
a crowded train 만원 기차   a crowded schedule 바쁜 일정
a year crowded with events 다사다난했던 일 년

crucial 결정적인, 중대한, 엄격한, (시기 · 문제 등이) 어려운
As you know well, the first business transaction is very crucial because of its great effects on our future business in Korea. I sincerely hope and believe that our first business will be successful.
잘 알고 있듯이 첫 거래는 향후 거래에 큰 영향을 끼치는 바, 첫 거래의 성사는 매우 중요함. 우리의 첫 거래가
성공적이기를 기대하고 그리 된다고 믿고 있음.

cruel 잔혹/잔인한, 무자비한, 참혹한, 비참한   **명 cruelty**
cruelties to animals 동물 학대

crush 짓밟다/으깨다/가루로 만들다/분쇄하다   **명 분쇄/진압/압도**

cry 소리치다/외치다, 구하다/요구하다, 애원하다   **명 고함/환성, 우는 소리, 짖는 소리**
She cried after me to return. I cried out for my brother.
뒤에서 나에게 돌아오라고 외쳤다. 큰소리로 형을 불렀다.

cry for the moon 불가능 한 것을 바라다
It is to cry for the moon if you expect 100% bonus at the end of year.
연말에 100% 보너스를 바란다면 불가능 한 것을 바라는 것이다.

cry for 간청하다, 필요로 하다
The company cries for cash infusion. 회사는 현금이 필요하다.

cry oneself to sleep 울다가 잠들다
The baby cried himself to sleep. 아기는 울다가 잠이 들었다.

cry out 불평하다, 크게 외치다
He cried out for help, but no one listened to him. 도와 달라고 외쳤으나 아무도 그를 듣지 않았다.

cultivate 갈다, 경작/재배하다   **명 cultivation**
Before the next Joint Meeting, I would like to have an opportunity to see you again in Seoul to further cultivate our personal friendship and to explore possible business opportunities for mutual benefit.
합동회의 전에 서울에서 다시 뵙고, 개인적인 친분을 돈독히 하며 양사 간에 유익한 사업 기회를 발굴했으면 함.

culture 문화, 교양, 세련, 재배, 양식
a man of culture 교양 있는 사람   silk culture 양잠
You are required to study the corporate culture difference between China and Korea, if you want to generate business tremendously. 큰 장사를 만들려면 중국과 한국의 기업 문화 차이에 대한 조사를 할 필요가 있다.

curl 곱슬곱슬하게 하다, 꼬다, 비틀다   **명** 고수머리, 곱슬머리
curl up 몸을 뒤틀다, 몸을 움츠리다, 비틀리다
The dried squid curls up when it is burned.   오징어는 불에 데워지면 몸이 오그라든다.

currency 통화, 통용/유통/유포, 유통 기간
acquire/attain/gain/obtain currency 통용/유포되다, 널리 퍼지다
As you may know, the terminal has greatly contributed to our daily FX operations, especially in the areas of won/dollar transactions and third currency transactions.
알다시피 그 터미널은 당사의 일상 외환거래, 특히 원 · 달러 거래 및 3국 통화 거래에 크게 도움이 되고 있음.

current 통용하고 있는, 현행의, 유행/유포되고 있는, 널리 알려진
명 흐름/해류/조류/경향/추세
go/pass/run current   일반적으로 통용되다, 세간에 인정되고 있다, 널리 행해지다
air currents 기류   the current of time/the times 시류, 세상 풍조
go/swim with/against the current   시류(時流)에 따르다/거스르다
I am interested in pursuing additional sources of current information on counter-trade.
연계무역에 대한 추가 정보원에 관심.

curse 저주/악담/모독하다   **명** 저주/악담/욕설
be cursed with ~을 가지고 있다
Unfortunately she is cursed with a foolish son.   불행하게도 바보 아들이 있다.

curtail 간략하게 하다, 삭감하다   **명 curtailment** 줄임/단축/삭감
curtailment of expenditure/personnel 경비 절감/인원 감축
Curtailment of expenditure is not always good for business, as it prevents the salespersons from entertaining customers.   경비 절감이 항상 좋은 것은 아니다. 왜냐하면 고객 접대를 할 수 없기 때문이다.

customary 습관적인, 재래의, 통례의
It's customary for the newcomer to drink heavily at his welcoming party.
신입생은 환영회 때 술을 많이 마시는 것이 관례이다.

cutback (생산 · 주문 · 인원 등의) 삭감, 축소, 중지

cutting-edge 최첨단의(**most advanced**), 가장 현대적인
The product was developed by cutting-edge technology.   제품은 최첨단 기술로 개발되었다.

cynical 냉소적인, 비꼬는

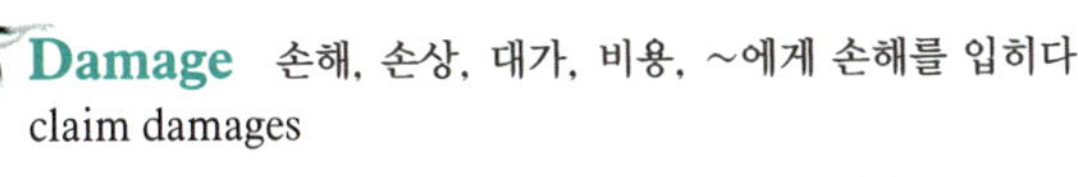

Damage 손해, 손상, 대가, 비용, ~에게 손해를 입히다
claim damages   손해 배상금을 요구하다

do/cause damage to ~에게 손해를 입히다, ~을 파괴하다
The typhoon did tremendous damage to the crops this summer.
이번 여름에 태풍은 농작물에 상당한 피해를 주었다.

darken 어둡게 하다, 어두워지다, (빛깔이) 거뭇해지다

daunt 으르다, 주춤/움찔하게 하다, ~의 기세를 꺾다
He was so brave that he alone went into the haunted house. Nothing could not daunt him.
귀신이 나오는 집에 혼자 들어갈 정도로 용감하였다. 그의 기세를 꺾을 것이 없었다.

dawn 새벽, 동틀 녘, 여명   동 날이 새다, 밝아지다

day after day 매일, 날마다   **day and night** 밤낮으로

day by day 나날이
After operation, he was getting better day by day.   수술 후 나날이 좋아지고 있었다.

daydream 백일몽, 공상, 공상에 잠기다

deadline 경계선, 마감 시간, 최종 기한
Please remind the production manager of the production deadline. You should keep the
deadline. Otherwise, we will receive a claim from our customer.
생산과장에게 생산을 끝내야 되는 최종 일자를 상기시켜라. 납기를 준수하지 않으면 고객으로부터 클레임을 받을 것이다.

deadly 죽음의/생명에 관계되는/치명적인   유 **deathly/mortal/fatal**
a deadly poison 맹독   a deadly silence 죽음과 같은 고요

deaf 귀머거리의, 귀먹은, 귀를 기울이지 않는, 무관심한   동 **deafen** 귀머거리를 만들다
She is deaf of/in one ear.   한 쪽 귀가 안 들린다.

turn a deaf ear to ~에 귀를 기울이지 않다
The president turned a deaf ear to the faithful report, but he bet all of the company money on
the new business.   사장은 진심어린 보고서에 귀를 기울이지 않고 신규 사업에 회사 자금을 모두 걸었다.

deal 분배하다, 장사하다, 취급하다/다루다, 상대/교제하다   명 거래, 관계, 타협, 협정
open/close a deal 거래를 트다/끝내다

deal in 취급하다, 관계하다
The company deals in all kinds of chemicals.   모든 종류의 화학품을 취급한다.
Many businessmen want to deal in politics, as the connection with the political circle is very
important to business.   정치에 관여하고 싶어 하는 사업가들이 많다. 정계와의 커넥션이 사업에 중요하기 때문이다.

deal with 취급하다, 다루다
I don't know how to deal with this unexpected problem. The customer is not a tough guy to deal with. 이 예기치 못한 문제를 어떻게 다루어야 될지 모르겠다. 고객이 까다로운 사람은 아니다.
Let's call it a deal. That's a deal. 좋아 알았다, 계약하자, 결정짓자, (거래 등에서) 일이 성사된 것으로 치다.

dealer 상인, 사업을 크게 하는 사람, 딜러
dealership 판매권/허가권이 있는 상인, 판매 대리점, 특약점

dealing 취급, 태도, 조치, **pl.)** (거래)관계, 장사, 교제

debate 토론, 논쟁, 토의, 숙고 동 토론/논쟁/숙고하다
They debated heatedly/hotly on the marketing strategy. They exchanged a heated debate about the marketing strategy. 마케팅 전략에 대해 열띤 토론을 했다.

debit note 청구서

debris 부스러기, 파편(의 더미)

debut 무대/사교계에 첫발 디디기, 첫 무대 출연 동 데뷔하다
make one's debut 첫 무대를 밟다, 사교계에 처음으로 나서다

decade 10년간, 열 개, 한 벌

decadence 쇠미, 타락, (문예상의) 데카당 운동

decay 썩다, 부패/부식하다, 쇠하다 명 부패, 부식, 썩음
the decay of civilization 문명의 쇠퇴 mental decay 지력 감퇴
be in decay 쇠퇴하고 있다 go to decay; fall into decay 썩다, 부패하다

decent 예의 바른, 버젓한, 알맞은, 품위 있는, 점잖은, 어지간한
He lives at a decent house. His manner is decent.
괜찮은 집에서 산다. 태도가 단정하다.

decentralize (권한을) 분산시키다/집중을 배제하다 명 **decentralization**

decide 해결/결정/판결하다 유 **resolve, determine**
명 **decision** 형 **decisive**
decisive evidence/proof 확증 a decisive manner 확고한 태도
He could not decide which way to adopt. Mother's advice decided me to enter the university.
어는 방법을 택할 것인지를 결정할 수 없었다. 엄마의 충고로 그 대학에 들어가기로 결심했다.

The court decided the case against the plaintiff.
법원은 원고에게 불리한 판결을 했다.

We expect to receive pressures from British and Swedish suppliers once we commence business with you, but ultimate marketing decisions are in our hands.
당사가 귀사와 거래를 개시하면 영국/스웨덴 업체로부터 압력이 있을 것이나 궁극적인 마케팅 결정은 당사에 의해 결정됨.

declare 선언/언명/발표/단언하다   유 **announce/proclaim**

The company declared its position on the claim. 클레임에 대한 입장을 분명히 했다.
I have nothing to declare. 신고할 과세품이 없습니다.
The president declared himself against a new project. 신규 프로젝트를 반대했다.

decline 기울다, 내리막이 되다, 쇠하다, 감퇴/거절/사절하다
명 경사/쇠약/타락   형 **declining** 기우는, 쇠약해지는

He has declined in health and wealth both. 건강이 쇠약해졌고 재산도 줄었다.
My previous engagement declines your invitation to a dinner. 선약으로 저녁 초대에 응하지 못해 죄송합니다.
The sun declines toward the west from the east. 해가 동쪽에서 서쪽으로 기운다.

decoration 장식(법), 장식물, 훈장   동 **decorate**   형 **decorative**

decoration display (상점의) 장식 진열   interior decoration 실내 장식

decrease 감소/축소/감퇴   동 감소/저하하다/감소시키다 ↔ **increase**

be on the decrease 줄어가다, 점감하다
His influence slowly decreased. His influence was on the decrease. 그의 영향력은 서서히 줄었다.
We are very certain that the need for 3-D laser printers will not decrease for the time being.
당분간 3-D 레이저 프린터 수요가 줄지 않을 것으로 확신한다.

dedicate 바치다, 헌납하다   명 **dedication**

He dedicated himself to business all the time. As a result, he was kicked off by his wife.
그는 항상 사업에 전념했다. 그 결과 부인에게 쫓겨났다.

deed 행위/소위/실행/공훈/공적

a good/bad deed 선행/악행   Deeds are needed, not words. 말이 아니라 행동이 필요하다.

deem ~으로 생각/간주하다

We deem it our duty to work overnight when there comes up an imminent matter.
화급한 일이 발생 시 밤새기 하는 것은 우리의 의무로 생각한다.

deepen 깊게 하다, 깊어지다, 진하게 하다

It is out of doubt that the economic cooperation between your country and ours will be expanded and deepened through your newspaper. 귀 신문을 통해 귀국과 아국의 경제 협력이 심화될 것으로 확신함.

default 불이행/태만/채무 불이행/결핍/부족/결여
동 이행하지 않다, 태만히 하다, 결석하다

go into default 채무 불이행에 빠지다

judgment by default 결석 재판

Our soccer team won the game by default.
부전승으로 승리했다.

defect 결점/결함, 단점/약점/흠, 부족/결손　형 **defective** 결함/결점/하자가 있는, 불완전한
The company's goal is to make 'no defect' 3-D LCD TV. This very low defective ratio
represents the company's excellent QC.
그 회사의 목표는 '무결점' 3–D LCD TV를 만드는 것이다. 이 낮은 불량률은 그 회사의 탁월한 품질 관리를 대변하고 있다.

The company is striving to find out what causes the defective ratio so high.
그 회사는 불량률이 왜 그렇게 높은지를 찾기 위해 애쓰고 있다.

defense 방위/방어/수비　동 **defend**

legal defense 정당방위

national defense 국방

defend one's country from/against the enemy
적으로부터 나라를 지키다

The best defense is offense.
공격은 최선의 방어이다.

defer 늦추다, 물리다, 연기하다, 경의를 표하다, (남의 의견에) 따르다
defer departure/investment/payment 출발/투자/지급을 연기하다

defer to 양보하다, 따르다
The general manager deferred to manager on the quality issue.
부장은 품질 사안에 대해 과장 의견을 따라 갔다.

defiance 도전/저항/반항/무시　동 **defy**

in defiance of ~을 무시하여, ~에 상관치 않고
in defiance of the requests from customers　　　　　　　　고객의 요청 사항을 무시하고
The company defied competition on the market and stuck to its original price, as it was quite
sure that its product was superior to the other companies' ones.
품질에서 타 사 제품보다 우위에 있다고 판단, 시장에서의 경쟁을 문제시 하지 않고 당초 가격을 고수했다.

deficient 모자라는, 불충분한, 결함이 있는　유 **insufficient ↔ sufficient**
The time we had to renew our friendship was regrettably too deficient; I hope that we can soon
create an opportunity when we will have the sufficient time to further strengthen our personal as
well as official ties.
만남의 시간이 너무 짧아 유감이었음. 우리의 우정을 돈독히 하고 사업을 결속할 수 있는 시간을 충분히 가질 수 있는
기회를 조만간 마련하겠음.

deficit 부족(액), 결손, 적자 ↔ **surplus**
trade deficits 무역 적자 ↔ trade surplus 무역 흑자

definite 뚜렷한/명확한, 한정된/일정한/한정하는 ↔ **indefinite**
definitely; certainly 확실히, 명확히

The buyer did not give a definite answer to its supplier's request for price increase.
가격 인상 여청에 대해 확답을 주지 않았다.

With regard to acquiring your assistance in our business with China, Eastern Europe, and Russia, I still take a definite interest in pursuing a cooperative relationship.
중국, 동유럽, 러시아와의 거래에 있어 귀하와의 협력에 관심.

delay 미루다/연기하다/지체하다　　　**명** 지연/지체/연기/유예
without (any) delay　지체 없이, 곧
The typhoon is expected to come to Korea tomorrow. You had better delay your departure.
내일 태풍이 온다고 하니 출발을 연기하는 쪽이 좋다.
The shipment was delayed by heavy snow.　　　　　　　　　폭설로 인해 선적이 지연되었다.
We are terribly sorry for our delayed shipment. If this delay causes your customer to lodge a claim to you, we will take the full responsibility for the claim.
선적 지연되어 정말 죄송합니다. 만약 본건으로 클레임을 받는다면 저희가 전적으로 책임지겠습니다.

delegate 대표자, 대리(인), 파견 위원, 대리/대표로 보내다/파견하다 (권한 등을) 위임하다
delegation (집합적) 대표단, 파견 위원단
The president delegated general manager to solve the pending issues with the customer.
The president delegated authority on pricing to him.
고객과 미결 사안들을 해결하기 위하여 부장을 파견했다. 그에게 가격 결정권을 주었다.

delete 삭제하다, 지우다　　　　　**명 deletion**

deliberate 계획적인, 생각이 깊은, 신중한　**동** 잘 생각하다, 숙고하다
명 deliberation 숙고/협의
I personally met with working-level people of the company to deliberate over the same issue.
동일 사안을 협의키 위해 실무진들을 개인적으로 만났다.
He always takes deliberate action when he proceeds any project. 어떤 프로젝트라도 그는 신중하게 행동하다.

delicious 맛있는, 맛좋은, 향기로운, 유쾌한, 즐거운

delight 기쁨, 즐거움　**동** 매우 기쁘게 하다, (귀·눈을) 즐겁게 하다

delineate (선으로) ~의 윤곽을/약도를 그리다, (말로) 묘사/기술하다　**명 delineation**
The best way for us to proceed at this point will be for your company to delineate your detailed interests to my company.　현시점에서 사업 추진의 가장 좋은 방법은 귀사가 구체적인 관심사항을 자세히 설명하는 것임.

delinquency 의무 불이행/직무 태만/과실/범죄/체납/연체

deliver 인도/교부/배달/송달하다　**명 delivery**
deliver the goods 인도하다, 약속/계약을 이행하다

In order for you to succeed at a company, you should do your utmost to deliver the goods.
회사에서 성공하려면 기대에 부합되도록 최선을 다해야 한다.

deliver over 양도하다
General Manager Kim was ordered to deliver over the project to other Department.
다른 부서로 프로젝트 이관하라고 명령 받음.

If something unexpected comes up with the production, we will airfreight the goods at our own cost in order to keep our delivery promise.
생산에 예기치 못한 문제들이 일어난다면, 납기 준수를 위해 화물을 우리 비용으로 항공 운송시키겠습니다.

deluxe 딜럭스한, 호화로운
a hotel deluxe 고급 호텔   articles deluxe 사치품

demand 요구/청구/소환하다   명 요구/청구/문의
형 **demanding** 너무 많은, 지나친 요구를 하는, 주문이 벅찬
laws of supply and demand 수요 공급의 법칙   meet public demand 대중의 수요에 부응하다
be in demand 수요가 있다, 잘 팔린다, 인기가 있다   on demand 요구/수요가 있는 대로
This business demands lots of time and money. I have many demands upon my time.
시간과 자금 투자가 크다. 여러 모로 시간을 빼앗기는 일이 많다.

The prospects of a high demand for your product in our domestic market are bright, and we would like to work together with you as a reliable business partner to realize these prospects.
한국시장에서 귀사 제품의 시장 전망은 밝음. 이러한 시장 전망을 실제 비즈니스로 구체화시키는 신뢰할만한 비즈니스 파트너로서 귀사와 협력하기를 원함.

demean 품위를/신분을 떨어뜨리다, 천하게 하다
Don't demean yourself by eating at a lousy restaurant.
불결한 식당에서 식사함으로써 네 품위를 떨어뜨리지 마라.

demolish 부수다, 폭파/분쇄하다, 뒤엎다   명 **demolition**

demonstration 증명/논증/증거/시범/실연   동 **demonstrate**
This demonstrates our business sincerity and integrity.
이것이 우리의 사업에 대한 성실함과 정직함을 증명한다.
We need one set of machine to demonstrate at the exhibition.   박람회에서 실연할 기계 한 대 필요함.

demote 지위를/계급을 떨어뜨리다, 강등시키다   명 **demotion**
↔ **promote**, **promotion**
He was demoted to manager because he was too much entertained by vendors.
협력업체로부터 너무 많은 향응을 접대 받아 과장으로 강등 당했다.

denote 나타내다, 표시하다 ↔ **connote** 언외의 뜻을 갖다, 내포하다
명 **denotation** ↔ **connotation**

denounce 비난/공격/탄핵하다　　　　　　　　몡 **denunciation**
Manager denounced her as a coward.　　　　　　　그녀를 비겁하다고 비난했다.

density 밀집 상태/조밀도, 농도/밀도/비중　　　　몧 **dense**
traffic density　교통량　　　　　　　　population density　인구 밀도

dent 움푹 팬 곳/들어간 곳/눌린 자국　　　　몽 움푹 들어가게 하다
a dent in a helmet　헬멧의 들어간 곳　　　make a dent in　~에 충격을 주다

dental 이의, 치과의
dentist　치과 의사　　　　　　　　　dentistry　치과학, 치의학

depart 출발하다/떠나다/벗어나다　　　　　몡 **departure**
He had already departed from Incheon airprot for Paris, when she reached there.
그녀가 공항에 도착했을 때, 그는 이미 인천 공항을 출발 파리로 향했다.

The departure/arrival time is 13:10.　　　　　　　출발/도착 시간은 13시 10분이다.

☞ 비행기가 공항에 착륙 하는 것은 land 이며, 착륙시간이 landing time이다. arrival time 이란 비행기가 공항에 landing 한 후,
　터미널에 접안되는 시간을 말한다. 따라서, 공항이 복잡할 경우, landing time과 arrival time에는 큰 차이가 있을 수 있다.
　공항에서 electronic board를 보면 landed, arrived 로 표시되는 것을 볼 수 있다. 이륙은 take off 라고 한다.

depend 나름이다, 달려있다, 좌우되다, 의지하다　　　몧 **dependent**
His success at the company totally depends upon his sales performance.
회사에서의 성공은 전적으로 영업 실적에 달려있다.

You may depend upon his coming.　　　　　The news can't be depended upon.
그가 올 것으로 기대해도 좋다.　　　　　　　　그 뉴스는 믿을 수 없다.

The company is going to locate another supplier as the company thinks that it would be too risky
to wholly depend upon your company only.
그 회사는 귀사에 전적으로 의존하는 것은 위험이 크다고 판단, 다른 공급 업체를 찾으려 하고 있음.

That depends. It all depends.　　　　　　　Depend upon it! Rely upon it!
그건 때와 형편에 달렸다. 사정 나름이다.　　　　　　　틀림없이.

deposit 침전/퇴적시키다, 가라앉히다, 예금/공탁하다　몡 예금, 공탁금, 보증금, 계약금, 침전물
a current/fixed deposit　당좌/정기 예금　　　　　　oil deposits　석유 매장량
He deposits lots of money in the bank.　　　　　　은행에 많은 돈을 예금하다.
To run the washing machine, deposit a quarter and push the button.
세탁기를 사용하려면 25센트를 넣고 단추를 누르시오.

depot 정거장/정류소, 공항, 저장소/보관소

depreciation 가치 저하, 평가 절하, 감가상각　　몽 **depreciate**
↔ **appreciation** 평가 절상　　몽 **appreciate**

deprive 빼앗다, 박탈하다, 해임/해직시키다,
The car accident deprived him of his father.　　　　　차 사고로 아버지를 잃었다.

derail 계획을 틀어지게 하다, 탈선/일탈하다　　명 **derailment** 탈선

derelict 유기된/방치된/버려진/직무 태만의/무책임한　　명 유기물, 사회/인생의 낙오자, 부랑자

derive 끌어내다, 획득/도출/유래/파생하다
He derives pocket money from working at CVS in the night.
그는 밤에 편의점에서 일해서 용돈을 번다.

descend 내리다, 내려가다 ↔ **ascend**
descend from　~에서 유래하다, 태생이다
The cutting-edge technology was descended from the engineers of two decades ago.
현재의 첨단 기술이 20년 전 기술자들로부터 유래되었다.

describe 묘사/기술/설명하다　형 **descriptive**　명 **description**
How can I identify you? Could you please describe yourself to me? Do you wear glasses? How
tall?　　　　　　　당신인지 어떻게 알 수 있나요? 당신을 묘사해주세요. 안경은 낀지? 키는 얼마인지?
☞ 과거 인터넷이 없던 시절에, 생면부지의 외국인을 호텔에서 처음 픽업할 경우, 호텔 방에 전화해서 묻는 전형적인 표현들이다.
　　요즘이야 이메일로 사진을 받아 확인하니 세상이 얼마나 편리한지.

describe as　~로 평하다, 묘사하다
He is described as the best salesman up to now.　　　현재까지 가장 유능한 세일즈맨으로 평해지고 있다.

desert 사막, 황무지　형 사막의/불모의/황량한　　동 버리다
the Sahara Desert 사하라 사막　　　　　　　　　a deserted street 사람의 왕래가 없는 거리
a desert island 무인도　　　　　　　　　　His courage deserted him. 그는 용기를 잃었다.

deserve ~할 만하다, 받을 가치가 있다, ~할 가치가 있다
You more than deserve the position of general manager. I knew your promotion was just a matter
of time.　　　　　　　　　　　부장 자리를 맡고 남습니다. 승진은 시간 문제였지요.
His decision deserves attention.　　　　　　　　　　　결정이 주목할 만하다.
The problem deserves solving. The problem deserves to be solved. 그 문제는 풀어 볼 만한 가치가 있다.
He deserves helping. He deserves to have us help him. He deserves that we should help him.
그는 도움을 받을 자격이 있다.
None but the brave deserves the fair.　　　　　　　　　용자만이 미인을 얻을 자격이 있다.

designate 가리키다, 지시/지적/지명하다, 표시/명시하다, 나타내다
　　　　　명 **designation** 지시/지적/지명/임명/선임/지정
We have designated the company as our negotiator. Your designating us as your exclusive agent

will surely make you happy months later.
그 회사를 우리의 협상자로 지명함.   당사를 독점 대리인으로 지정하시면 수개월 후 행복 할 것임.

desire 바라다/욕구하다/구하다/요망하다/원하다/희망하다　　　명 욕구, 원망, 욕망, 식욕, 정욕
sexual desire 성욕　　　　　　　　　　　　　　　　　　at one's desire 희망에 따라/바라는 대로
It's everybody's right to desire to be happy. I desire that my trip be postponed, as next Monday is my wife's birthday.
누구나 행복을 원할 권리가 있다. 다음 월요일이 아내의 생일인 바, 출장이 연기되기를 바란다.

It is desired that our company should reconsider the investment.
투자를 재고하는 것이 바람직하다.

leave much/something/nothing to be desired 유감스러운 점이 많다/조금 있다/더할 나위 없다
The board of directors was happy as the investment plan leaves nothing to be desired.
투자 계획이 더할 나위 없이 좋아 이사회는 행복했다.

despite ～에도 불구하고　　　　유 in spite of; in the teeth of; notwithstanding
In spite of his efforts to stop smoking, he could not do so, as most of his friends smoked
금연 노력에도 불구, 대부분의 친구들이 담배를 피워, 담배를 끊지 못했다.

We would like to apologize to you for not having been able to confirm any orders up to now, despite your continuous backing and faith in our marketing capability and sales activities in the Korean market.
마케팅 역량과 영업활동에 대한 지속적인 지원과 신뢰에도 불구하고 이제까지 발주를 하지 못한 점 사과드림.

destination 목적지/행선지/도착지, 목적/용도
Upon your perusal of our specifications, please inform us of your detailed requirements including quantity, delivery and destination so that we can quote our best price.
당사가 송부한 사양서 정독하시고 수량, 납기, 목적지 등 자세한 요구사항 알려주면 최상의 가격 제시하겠음.

destine 운명으로 정해지다, 운명 지어지다, ～행이다, 예정하다
a ship destined for Brazil 브라질행의 배
He was destined to be a tycoon from birth.　　　　　　그는 태어날 때부터 재벌이 될 운명이었다.
They were destined never to meet again.　　　　　　　　두 번 다시 못 만날 운명이었다.

destiny 운명, 숙명, 운

destroy 파괴하다, 부수다, 분쇄하다, 파기하다　　　명 destruction
The city was destroyed by fire.　　　　　　　　　　　　　　　화재로 도시가 파괴했다.
The accident destroyed all his hopes for success.　　　불의의 사고로 그의 성공에의 희망은 깨지고 말았다.

detach 떼다, 떨어지게 하다, 분리하다, 파견/분견하다 ↔ attach
detach a ship from a fleet　　　　　　　　　　　　　　함대로부터 배 한 척을 파견하다

detach oneself from ～로부터 이탈하다, 떨어지다
Some of them detached themselves from the party.　　　그들 중에는 당을 떠나는 사람도 있었다.

deter (공포 · 의혹 따위로) 제지/만류하다, 단념시키다, 방해하다
She tried to deter him from smoking and drinking.　　　　　　흡연과 음주를 막으려고 노력했다.

detour 우회, 우회로　　　　　　동 돌아가게 하다
make a detour 우회하다

detrimental 유해한/손해되는　　　명 이롭지 못한/달갑지 않은 사람/물건
Smoking is detrimental to health.　　　　　　흡연은 건강을 해친다.

develop 발전/진전/발달시키다, 개발/전개하다　　명 **development**
　　　　　　형 **developmental**
The company tremendously developed/expanded its business since its establishment.
설립 후 사업을 크게 확장했다.

The company developed that wild area into an industrial center.
황폐한 지역을 개발하여 공업 중심지로 만들었다.

The situation developed rapidly in favor of us.　　　　국면은 우리에게 유리하게 급속히 진전했다.
It developed that he was a serial killer who the police has been chasing for five years.
경찰이 5년간 추적한 연쇄살인범임이 그로 밝혀졌다.

The economic development of Korea for the past decades is unbelievable.
과거 수십 년 간의 한국의 경제 발전은 진짜 경이롭다.

deviation 벗어남, 탈선, 일탈　　　　동 **deviate**

devil 악마, 악귀, 악령 (의문사의 힘줌말) 도대체, 어째서
Talk of the devil, and he is sure to appear.　　　　　　호랑이도 제 말하면 온다.
What the devil are you doing?　　　　　　도대체 무슨 일이야?

devoid ~이 전혀 없는, ~이 결여된
a soap opera devoid of interest 전혀 흥미를 끌지 않는 TV 드라마

devote ~에 바치다, 내맡기다, 전념하다　　명 **devotion** 헌신/전념
He devoted himself to development of a new material.　　　　신소재 개발에 전념 했다.

dexterous 솜씨 좋은/능란한/기민한/빈틈없는　　명 **dexterity**

diamond 다이아몬드
rough diamond 미가공의 다이아몬드, 세련미는 없으나 우수한 (소질의) 사람
※ 다이아몬드는 보석 중 가장 고가로써 유채색 보석(emerald, ruby, sapphire등)과는 달리 확실한 감정 기준이
　 세분화 되어 있어 구매가 어렵지 않다. 감정은 4C(color, clarity, cutting, carat)로 하는데, 무색일수록, 흠집이
　 없을수록, cut이 잘되어 있을수록, 크기가 클수록 가치가 있다. 일반적으로 64 brilliant cut 한다. 한 때 36 cut된
　 저질의 물방울 다이아 파동이 일어 저질의 다이아가 더 인기를 끈 적이 있다.

diarrhea 설사

dictation 구술/명령/지령/지시   圖 **dictate**
I don't like my colleague as he speaks to me in a tone as if he dictates to me.
그는 나에게 명령조로 말해서 그가 싫다.

die 죽다. (식물이) 말라 죽다. (불이) 꺼지다   圖 주사위
die of illness/hunger   병사/아사하다
He died young.   그는 젊어서 죽었다.
Never say die!   죽는 소리 마라, 비관하지 마라, 힘을 내라.
Don't let the fire die.   불을 꺼뜨리지 마라.
The die is cast/thrown.   (속담) 주사위는 이미 던져졌다.

be dying to 동사 원형 ~하고 싶어 죽겠다
I am dying to fly to Venice.   베니스 가고 싶어 죽겠다.

diet 식품/음식물, 규정식/식이 요법, 음식 조리
She has been on a diet for 3 years.   다이어트 한 지 3년 되었다.

digest 소화하다. 요약하다
This noodle digests well.   이 국수는 소화가 잘된다.

digital 손가락의, 손가락이 있는, 손가락 모양의, 숫자의, 숫자로 표시하는
圖 손(발)가락, 디지털시계(온도계), 디지털(식) 계기

dignity 존엄/위엄/존엄성/품위/기품
a man of dignity 관록/위엄 있는 사람   with dignity 위엄 있게

dilute 물을 타다, 묽게 하다, 약하게 하다   圖 묽게 한, 희석한
The drinking bar cheated the customers by diluting whiskey with water.
위스키를 물로 희석해서 팔았다.

dimension 치수/차원/용적/면적/부피   圖 **dimensional** 치수/차원의

diminish 줄이다. 감소시키다. 작게 하다 ↔ **increase**
The city diminished in population after the government decided to move the capital.
수도 이전 결정 후 그 도시는 인구가 줄었다.

dine 정찬을 들다, 식사를 하다
dine in 집에서 식사하다 ↔ dine out 외식하다(eat out)

dip 담그다, 적시다, 살짝 담그다　　　　명 담그기
She dipped the cookie into the coffee and ate it.　　　쿠키를 커피에 적셔 먹었다.
Don't dip your pen into the company ink so that inappropriate relation does not occur during your tenure at the company.
회사 재직 시 부적절한 관계가 발생되지 않도록 회사 직원과는 깊은 관계로 사귀지 말라.

diploma 졸업 증서, 학위 수여증

diplomat 외교관　　　　　　　　**diplomatic** 외교의, 외교 관계의, 외교 수완이 있는
diplomatic break　외교 단절　　　　　　diplomatic relationship　외교 관계

direct 향하게 하다/길을 가리키다, 지도/관리/명령/감독하다
　　　　형 똑바른, 직접의, 솔직한 ↔ **indirect**　　　　부 똑바로, 직행으로
a direct train/flight　직행 열차/비행기　　　　　　　a direct hit/shot　직격탄
Be sure to direct the staff's attention to the bad cash flow of company.
직원들에게 회사의 안 좋은 자금 흐름을 인지시켜라.
Could you direct/guide me to the station?　　　정거장으로 가려면 어디로 갑니까?

disable 쓸모없게 만들다, 무능/무력하게 하다, 불구로 만들다
　　　　명 **disablement** 무력화, 무능　　　형 **disabled** 불구가 된
a disabled soldier　상이병　　　　　　　　a disabled car　고장 차, 폐차
The labor dispute disabled the company from producing the order on time.
↔ The head of workers enabled the company to produce the order on time.
노사 분규로 오더를 적기에 생산하지 못했다. ↔ 노동자들의 대장이 적기 생산토록 했다.

disaster 천재/재해/재난/참사　　유 **catastrophe/calamity**
　　　　형 **disastrous**

discharge (짐·승객을)내리다, (책임·의무를)면제하다, 이행/실행하다
　　　　명 양륙, 짐 풀기, 발사, 발포, 방전
She was discharged from her company as incompetent.　　무능하다고 해고당했다.
The company discharged him of the obligation to upgrade the English ability of new-comers.
신참자의 영어 실력을 향상시키는 의무를 면하게 해주었다.
He discharged from hospital yesterday.　　　　그는 어제 퇴원했다.

disciple 제자, 문하생, 신봉자, 12사도(**Apostles**)의 한 사람

discipline 훈련, 훈육, 규율, 풍기　　동 훈련/단련/훈계/징벌하다
military/school discipline　군기/학교 규율
She disciplined her son for his watching TV for 5 hours. 5시간이나 TV를 시청하고 있어 아이를 벌주었다.

disclose 드러내다, 폭로/적발하다　　　　**명 disclosure** 발각, 드러남, 폭로
He disclosed her secret to his friend.　　　　그는 친구에게 그녀의 비밀을 밝혔다.

discord 불화, 불일치, 내분, 알력, 불협화음 ↔ **accord**, **harmony**
　　　　동 일치하지 않다, 사이가 나쁘다
He is in serious discord with his colleagues.　　　　동료들과 사이가 아주 안 좋다.

discount 할인/선불 이자/참작　　　**동** 할인하다, 에누리해서 듣다
He always bluffs. And so take some discounts when you listen to his saying.
그는 허풍쟁이니 그의 말은 에누리해서 들어라.

The company decided to sell its best-seller at a discount of 10%. They are discounting beverages at the store.
베스트셀러 상품을 10% 할인해서 팔기로 했다. 그 가게에서는 음료수를 싸게 팔고 있다.

The company discounted bills at ten percents, as it urgently needed cash.
급히 현금이 필요해서 어음을 10% 할인했다.　　　　☞ 어음을 10% 할인했다.
이게 무슨 말일까요? 어음에는 만기일이 있다. 어음 금액이 1억이고 만기일이 2012/12/31일일 경우, 이 날짜가 되면
어음 금액을 어음 발행인이 지불하여야 한다. 어음 만기일전에 어음 금액보다 10% 적은 금액을 받고 어음을 넘기는 것이다.
그럼 이 어음을 매입한 사람은 어음 만기일에 어음에 기재된 금액을 어음 발행인으로부터 받는 것이다.

discover 발견하다, 깨닫다　　　　**명 discovery**
His sales report was discovered to be false, after the company paid 300% bonus to him.
회사에서 300% 보너스 지급 후, 그의 판매 보고서가 허위임이 드러났다.

discreet 분별 있는, 생각이 깊은, 신중한(태도·행동 따위)
　　　　명 discretion 신중, 판단, 자유재량
You decide it. We are at your discretion.　　　　당신이 결정하면 따르겠습니다.
Take any English course at your discretion.　　　　원하는 영어 과정을 선택하세요.

discriminate 구별/판별/식별하다, 차별하다　　　**형** 식별력/판단력이 있는
　　　　명 discrimination 구별/식별/차별
racial discrimination 인종 차별　　　　without discrimination 차별 없이, 평등하게
discriminate against 차별하다
Nowadays there is no company in Korea who discriminates against women employees.
요즘에는 여성 근로자를 차별하는 회사는 없다.
discriminate between 식별하다
Naturally no child has the ability to discriminate between the good and the bad.
어린이가 선·악 구분 능력이 없는 것은 당연하다.

discuss 토론/논의/의논하다　　　**유 argue/debate/dispute**　　　**명 discussion**
beyond discussion 논할 여지도 없는　　　　under discussion 심의중인 (문제)

To take advantage of this opportunity, we very much would like to meet you and discuss the possibility of working with you in the satellite receiver equipment business.
이 기회를 빌려 당사는 귀하와 만나 위성 수신 장비 사업 분야에서 협력 가능성을 논의하고 싶음.

A heated discussion resolved itself into an argument.　　　　　　　　열띤 토론이 논쟁으로 되었다.

disgrace 창피/불명예/치욕/망신거리　　　유 **discredit/dishonor/shame**
동 망신시키다, 면목을 잃게 하다, 총애를 잃게 하다
The grandson is a disgrace to our family.　　　　　　　　　손자 놈이 집안의 망신이다.
To his disgrace, the lost the semi-final game.　　　　　　　망신스럽게도 준결승에서 졌다.

disgust 싫증, 혐오, 구역질　　　동 정떨어지게, 넌더리나게 하다
to one's disgust （정말) 불쾌한 것은, 유감스럽게도
The public opinion is that the Seoulites are disgusted at the assemblymen's fighting and abusing with other at the National Assembly.
서울사람들은 국회에서 국회의원들이 싸우고 욕질 하는데 넌더리가 나있다는 여론이다.
It's disgusting to see the news that the burglar raped a child.　　어린이 강간 뉴스를 보는 것은 구역질난다.

dismiss 해산시키다, 해고/면직하다　　　형 **dismissive** 퇴거시키는,
그만두게 하는, 거부하는　　　명 **dismissal** 면직/해고/해고 통지
He was dismissed as he reported for coming to work late every day.　　　매일 지각해서 해고당했다.
She dismissed the dream of studying abroad as her father was dismissed.
아버지가 해고되어 유학의 꿈을 접었다.

disorder 무질서, 어지러움, 혼란　　　동 어지럽히다, 혼란시키다
fall/throw into disorder 혼란에 빠지(게 하)다　　　　　　　　　　　in disorder 혼란하여, 난잡하게

disorganize ～의 조직을 파괴하다, 질서를 문란케 하다, 혼란시키다

disorganized 무질서한, 지리멸렬의　　**disorganization** 무질서, 혼란
↔ **organize, organized, organization**
I think we can proceed further if it is possible for you to release relevant specifications and to allow me to dispatch my staff to China. By looking around your China factory's production line, my staff can find out the optimal way for us to organize production.
귀사가 관련 사양을 보내주고 당사 직원의 귀사 홍콩 공장 견학을 허락한다면 우리 나름대로 일을 더 진행할 수 있음.
당사 직원이 귀사 중국 공장 생산 라인을 견학함으로써 최적의 생산 방안을 모색할 수 있을 것임.

I admire your ability to arrange and organize two conferences in one month; it must have been very difficult.
한 달에 2건의 회의를 준비/개최한 능력에 탄복함. 매우 어려웠을 것임.

dispatch 급송/급파/특파/파병하다　　　명 급파/특파/급송
We will make the goods ready for your inspection by March 20. Please dispatch your QC guy to

inspect our goods by March 15. We have to effect the shipment by May 30.
3월 20일까지 검사 준비 완료하겠음. 품질 담당자 보내주시기 바람. 3월 30일까지 선적하여야 됨.

disperse 흩어지게 하다, 뿔뿔이 헤어지게 하다, 해산시키다
It's not easy to pursue the business of coating materials, as the customers of coating material are dispersed/scattered nation-wide and each customer's buying amount is small.
고객들이 전국에 흩어져 있고, 각 고객들의 구매 금액이 적기 때문에 코팅 재료 장사는 쉽지 않다.

dispense 분배하다, 나누어 주다, 베풀다, 조제/시약/투약하다
The rich man dispensed food and clothing to the poor.　　　　빈민에게 의복과 식량을 베풀다.

dispense with ~을 필요 없게 하다, ~할 수고/절차를 덜다, ~없이 때우다
I can't dispense with this car.　　　　이 차 없이는 아무 것도 못한다.
The factory automation dispenses with much labor, and so lots of workers are dismissed.
공장 자동화로 일손이 크게 덜어지며, 많은 직공들이 해고된다.
dispenser 디스펜서(종이컵 · 휴지 · 향수 · 정제 등을 필요량만큼 내는 용기)

dispose 배치/배열/충당/처리하다　　　명 **disposal** 처분/처리/양도
Her beauty disposed me to accost her.　　　　그녀의 미모로 인해 그녀에게 다가가서 말을 걸었다.

dispose of ~을 처분/양도하다, ~을 해결/처리하다, ~을 패배시키다, ~을 죽이다
I want to dispose of my old car.　　　　중고차를 처분하고 싶다.
He tried in vain to dispose of his chaser.　　　　그는 추적자를 죽이려고 했으나 무위로 끝났다.

at one's disposal 아무의 뜻/마음대로 되는
I am always at your disposal.　　　　항상 당신 뜻에 따르겠습니다.

disprove ~의 반증을 들다, ~이 잘못되었음을 증명하다, 논박하다

dispute 논쟁/논의/논박/반론하다　　　명 토론/논의/논박/반론
The board of directors disputed whether the company would proceed the project or not.
이사회는 프로젝트 진행 여부에 대해 논의했다.

The rumor cannot be disputed.　　　　그 소문은 의심할 여지가 없다.
in dispute 논쟁 중의, 미해결로　　　　a point in dispute 논쟁점
beyond/out of/past/without dispute　　　~ 의론할 여지없이, 분명히, 최종결정을 본, 해결된

disregard 무시/경시하다, 문제시하지 않다　　유 ignore, neglect
　　　　명 무시, 등한, 경시

disrupt 째다, 부수다, 붕괴/분열시키다, 분쇄하다　　　형 분열한, 분쇄된
　　　　명 **disruption** 분열/붕괴/와해/혼란/방해
The current government is being disrupted because of bribe and sex scandal.
현 정권은 뇌물과 섹스 스캔들로 붕괴되고 있다.

dissatisfaction 불만(족), 불평, 불만의 원인 ↔ **satisfaction**
unsatisfied ↔ **satisfied**
Your failure is a great dissatisfaction to all of us. It is our dissatisfaction to know that you failed.
너의 실패는 우리 모두에게 불만족스럽다.

dissect 해부/절개/분석/비평하다　　　명 **dissection**
To dissect a frog was disgusting to me when I was at elementary school.
초등시절에 개구리 해부는 구역질이 났다.

dissident 의견을 달리하는, 동의/일치하지 않는　　　명 불찬성자

dissipate 흩뜨리다/(의심 · 공포 따위를) 일소하다/(열 따위를)방산하다
명 **dissipation** 소실/낭비/방탕/기분 전환

distant second 2등이나 1등과 격차가 큰, 의미 없는 2등
KFS Corporation's dominance over the global supply chain is increasing, fast enough that no one is even close. The company's buying power relegates its competitor to distant second.
KFS사의 전 세계 공급망 장악 속도는 워낙 빨라 근접할 수 있는 업체가 없다. KFS사의 왕성한 구매력으로 인해 경쟁 업체는 2등은 유지하지만 KFS와는 격차가 크게 벌어지게 되었다.
• 1등과 막상막하(neck and neck)인 2등은 close second라고 한다.

distinct 별개의/다른/독특한/뚜렷한/명백한/명확한

be distinct from ～와는 다르다
The two companies are distinct from each other in corporate culture.
그 두 회사는 기업 문화 차이가 크다.

As your exclusive agent, we have acted as a liaison between you and KFS Mobile, who is our sister company - affiliated company but distinct corporate entities.　　당사는 귀사의 독점 대리점으로서 귀사와 KFS Mobile간의 연락책 역할을 하고 있음. KFS Mobile은 당사의 자매 회사로 별도의 법인임.

distinguish 구별/분별/식별/분류하다　　　명 **distinction**
Our responsive, dependable, and unsurpassed service distinguishes our company from other companies.
타 사와 구별 짓는 점은 당사가 신뢰할 수 있는 최고의 서비스를 대응이 빠르게 제공하는 것이다.
I could distinguish them by their dialects.　　사투리로 그들을 식별할 수 있었다.

distort 찡그리다, 비틀다, 왜곡하다, 일그러뜨리다
The story which you heard is somewhat distorted. The true story is like this.
당신이 들은 얘기는 약간 왜곡되어 잇다. 진상은 이렇다.

distract (마음 · 주의 등을) 빗가게 하다, 흩뜨리다, (딴 데로) 돌리다
명 **distraction** ↔ **attract**, **attraction**

His promotion distracted his wife from grief over father's death.
그의 승진으로 그의 아내는 아버지에 죽음에 대한 슬픔이 잊혀졌다.

He was distracted between the morality of employee and bribe from the vendor.
월급쟁이의 도덕성과 협력업체의 뇌물 사이에서 갈피를 못 잡았다.

district 지역, 지구, 선거구

disturb 방해하다, ~에게 폐를 끼치다, 불안하게 하다, 혼란시키다
I hope I'm not disturbing you. Don't disturb/bother yourself.
폐가 안 되기를 바랍니다. 그대로 계십시오. 신경 쓰지 마세요.

His son disturbed him in his work at home. 집에서 일하는데 아들이 방해했다.
Don't disturb. 출입 금지, 면회 사절, 귀찮게 하지 마시오(호텔 방)

ditto 상동, 위와(앞과) 같음 🔠 ame as the above
same as the left/right 좌동/우동

diversify 다양화하다, (사업을) 다각화하다 📖 diversification
business diversification 사업 다각화
I have well received your message of March 25, 2010 which expressed your deep concern for active trading between your country and ours in relation to our government's involvement in its import diversification program.
아국(我國) 정부의 수입 다변화 계획과 관련, 귀국과 아국 간 무역에 대한 관심을 표명하신 서한에 감사드림.

divert (딴 데로) 돌리다, 전환하다, 전용/유용하다
📖 diversion 딴 데로 돌림, 전환, (자금의) 유용, 기분 전환
The construction company diverted Han River from its original course.
건설회사는 한강의 물줄기를 돌렸다.

The president directed company money to his personal stock investment.
사장은 회사 돈을 유용, 주식 투자를 했다.

divide 나누다, 분할/분류하다, 쪼개다, 분열시키다 📖 division
divided highway 중앙분리대가 있는 고속도로 division of powers 삼권 분립
division of labor 분업 Thirty divided by 6 is five. 30 나누기 6은 5.
The list of the materials which we import is divided into two main groups.
수입품은 2 종류로 대별됨.
What's the principle to divide up the profits? 이익 분할 원칙이 무엇인지?
The lady intentionally divided the friends. 그녀는 의도적으로 친구들 사이를 갈라놓았다.

do one's best/utmost 최선을 다하다
Always try to do your utmost when you pursue any business. We trust that you will do your best for mutually beneficial business between us in the near future.

사업을 추진할 때는 항상 최선을 다해라.   상호 호혜적인 거래 지속을 위해 귀사에서 최선을 다할 것으로 믿음.

We will do our very best to serve you.   최선을 다해 모시겠습니다.

do well to   하는 것이 좋다, 하는 것이 현명하다   윤 had better

The company does well to cut down the price in order to cope with rapidly changing market situation.   급격히 변동되는 시장 상황에 대처하기 위해 가격 인하를 하는 것이 좋다.

dock   독, 선창/선착장/부두, 안벽, 잔교, 짐 부리는 장소, 조선소

documents   문서, 서류, 기록

After my return to Korea, we held an in-depth survey on the market situation and the suitability of our project, with reference to your documents and technical descriptions.
한국 귀국 후 귀사에서 제공 하여 주신 서류와 기술 자료에 의거, 공장 설립에 대해 심도 있게 조사하였음.

Our shipping documents(invoice, packing list, certificate of origin, and bill of lading) are (as) attached.   선적 서류(송장, 포장 명세서, 원산지 증명서, 선화 증권)첨부와 같이 송부드림.

domestic   가정의/길든(tame ↔ wild)/국내의, 국산의(↔ foreign)
문 domestically   가정적으로, 국내적으로, 국내(실정)에 알맞게

domestic affairs/industry/dramas/animals   가사/가내공업/가정극/가축
We handle the import of all kinds of construction materials from all over the world, not only for our Group, but also for stock sales in the domestic market.
당사는 세계 각지로부터 다양한 건축 자재 수입, 우리 그룹과 국내 시장에 판매하고 있음.

domain   영토, 영역, 세력 범위, 판도, 분야
be out of one's domain   전문 밖이다   in the domain of   ~의 영역에서

donate   (자선 사업 등에) 기증/기부하다, 주다   명 donation

doom   운명/숙명/불운/파멸/죽음/최후의 심판
동 ~의 운명을 정하다, 운명 짓다, 판결을 내리다
the day of doom; doomsday   운명의 날
He was doomed to death.   그는 사형을 선고받았다.

dormitory   (대학 따위의) 기숙사, 큰 공동 침실

double-check   재확인하다, 다시 확인하다   윤 recheck
cf) cross-check   다른 관점에서 체크하다

doubt   의심/의혹/회의/불신   윤 suspect, distrust
동 의심하다, 의혹을 품다, 미심쩍게 여기다
There is some doubt whether he will pass the exam or not.   시험에 붙을지 좀 의문이다.

I have no doubt that his business will become successful sooner or later. I will invest in the project without doubt.　조만간 사업이 성공할 것으로 믿어 의심치 않는다. 틀림없이 투자할 것이다.
We doubt whether he deserves the promotion.　그가 승진한 것이 합당한지 의심스럽다.
He doubted his own eyes, when he found his lover walking with a handsome gentleman intimately.　애인이 멋진 신사와 친밀하게 걷고 있는 것을 보고, 그의 눈을 의심하지 않을 수 없었다.

dough　굽지 않는 빵, 가루 반죽, 돈/현금
My cake is dough.　계획은 실패다.

down payment　(할부금의) 첫 지불액

downfall　(비 · 눈 따위가) 쏟아짐, 낙하/추락, 몰락/멸망/붕괴

downsize　~을 축소하다, (차 따위를) 소형화하다
Our company is going to downsize the organization. Then many employees are likely to be dismissed.　회사는 조직을 축소하려고 한다. 조직이 축소가 된다면 많은 인원이 해고되기 쉽다.

downturn　(경기 등의) 내림세, 하락/후퇴/침체

draft　도안, 밑그림, 초안, 초고, 징병, 징모, 환어음수표
have a draft of beer　맥주를 한 잔 하다　　　　at a draft　단숨에
Enclosed is a bank draft.　은행 수표를 동봉함.

dramatic　극의, 연극의, 희극의, 무대상의, 무대용의, 흥행의
　　　　　뙤 **dramatically**　극적으로, 눈부시게
dramatic performance　연예　　　　a dramatic event　극적인 사건

drastic　격렬한, 맹렬한, 강렬한, 과감한, 철저한　　　뙤 **drastically**
a drastic measure　발본적 조치　　　　drastic remedies　무지스런 치료
Not only KFS Aluminum but also Nena Aluminum cut down the price drastically in order to survive after increasingly worsening world economy.　KFS알루미늄뿐만 아니라 네나알루미늄도 날로 악화되고 있는 세계 경제 속에서 살아남기 위해 대폭적인 가격 인하를 단행했다.

dress　옷을 입히다/정장시키다/옷을 만들어 주다/꾸미다/정돈하다　　명 의복, 복장, 정장
dress code　복장 규정/지침　　　　dress affair　예복을 필요로 하는 모임
dress oneself　옷을 입다　　　　No dress.　초대장) 정장 불요(不要)
Get dressed. All are dressed up. They are all dressed alike. She is dressed to kill.　몸단장을 해라.
모두 옷을 잘 차려 입고 있다. 그들은 모두 비슷하게 옷을 입고 있다. 그녀는 홀딱 반할만한 옷차림을 하고 있다.

drip　(액체가) 듣다, 똑똑 떨어지다, 물방울이 떨어지다, 흠뻑 젖다　　명 물방울, 방울져 떨어짐
His hat is dripping with rain.　비에 흠뻑 젖어 모자에서 비가 흘러내리고 있다.

driving force 추진력

As far as driving force goes, Manager Kim is the best. But the problem is that he is not well-organized.
추진력에 관한한, 김 과장이 최고이나, 문제는 김 과장은 조직적이지 못하다는 것이다.

drop 방울, 미량/소량, 똑똑 떨어짐/낙하, 영락/몰락
통 떨어뜨리다, 흘리다, 하락시키다, 버리다, 그만두다/중지하다

a drop in price 물가의 하락 　　　　　　　a drop of rain/fever 비 방울/미열

drop in 잠깐 들르다, 불시에 방문하다 　　　　drop behind 처지다, 낙오하다

drop out 탈락하다, 생략되다, 없어지다 　　　Drop me (off) at the hotel. 호텔에 내려 주시오.

a drop in a bucket/the ocean 바다의 물 한 방울, 구우일모(九牛一毛), 새 발의 피

You are a drop in the ocean once you join a gigantic company after graduation from university. Don't be depressed at this situation.
졸업 후 대기업 입사하면 너의 존재 가치를 알아 줄 사람은 없다. 이러한 일로 낙담해서는 안 된다.

drop/send a line 몇 줄 적어 보내다

Drop me a line after you reach New York. Drop a line to me after you get to NY.
뉴욕 도착 후 한 자 써 보내 주십시오.

drop a bombshelf 폭탄선언을 하다

The witness dropped a bombshelf at the public hearing.　　　증인은 청문회에서 폭탄선언을 했다.

drop/come across 우연히 만나다/발견하다

He dropped across her old lover at the 5th Avenue in Manhattan.
맨하탄 5번가에서 옛 애인을 우연히 만나다.

drop around/by 불시에 들르다

The president dropped by the factory in Daegu City.　　　사장은 대구에 있는 공장에 불시에 들렀다.

drop the ball 실수하다

Don't depend upon him 100%. He sometimes drops the ball.
그를 100% 믿지는 마라. 그는 가끔 실수한다.

drought 가뭄/한발, 부족/결핍, 갈증

The price of vegetable is expected to skyrocket because of drought.
가뭄으로 채소 값이 급등할 것으로 예상된다.

due 지급 기일이 된/만기가 된/도착 예정인/할 예정인　　　명 정당한 보수
pl.) 지급금/부과금/회비/요금/수수료　　　부 duly 정식으로, 정당하게

membership/club dues 회비 　　　　　　　　　harbor dues 입항세

The payment is due tomorrow. 　　　　　　　　This bill is due today.
지급 만기일이 내일이다. 　　　　　　　　　　　이 어음은 만기가 되었다.

The bus is due at five. He is due to make a trip to Hong Kong today.
버스는 5시에 도착할 예정이다. 오늘 홍콩 갈 예정이다.

The failure is due to quality problem. 　　　　　　그 실패는 품질 탓이다.

in due course/in due time/in the course of time/in time 순서를 밟아서, 때가 되면
I will proceed the project in due course. Your developed product will sell like a hot/pan cake in due time.
순서를 밟아 프로젝트 진행시킬 것이다. 개발품이 때가 되면 불티나게 팔릴 것이다.

dull 무딘/둔한/지루한/부진한　　　동 둔하게/무디게 하다, 무디어/둔해지다
a dull knife 무딘 칼 ↔ a sharp/keen knife
The party to which I was invited proved dull.
초대 받은 파티는 지루했다.

dumb 벙어리의, 말을 못하는, 잠자코 있는, 무언의(연극 따위)
동 침묵시키다, 침묵하다　　　명 바보, 멍청이
The terrible news stroke him dumb.
그 끔찍한 소식이 그를 깜짝 놀라게 했다.

duplicate 이중의, 중복의, 한 쌍의, 복사의, 두 배의

durable 오래 견디는, 튼튼한, 영속성이 있는, 내구력이 있는　　　명 **durability**
Our painting method is electronic powder painting method, which is more durable than the liquid painting of your presently buying lamps.
당사 램프의 페인팅은 전자 파우더 방식을 사용하고 있어 귀사가 현재 구매하고 수용성 페인트 방식의 램프보다 내구성이 좋습니다.

dust 먼지, 티끌, 시체, 유해, 가루, 분말　　　명 더럽히다, 먼지투성이로 만들다, 청소하다
(as) dry as dust 무미건조한　　　a cloud of dust 자욱한 먼지
He returned to the dust because of cancer.
암으로 흙으로 돌아갔다.(죽었다)
dust and ashes 먼지와 재(실망스러운 것, 하찮은 것)
His cherished hope turned to dust and ashes.
그의 염원이 사라졌다.

duty 조세/관세(**customs duties**)/의무/본분/의리/임무/직무/직책
유 **obligation, responsibility**
off duty 비번 ↔ on duty 당번　　　take one's duty 아무의 일을 대신하다
Some countries levy export duties while some not.
어떤 국가는 수출 관세를 부과하고 어떤 국가는 하지 않는다.
He made a duty call to his old father once a month.
한 달에 한번 노친을 의무상으로 찾아뵈었다.
There is an extra charge for night duty. He performed his duty by working even on Sunday when there came up an imminent issue.
야근을 하면 추가 수당이 있다. 긴급 사안 발생 시 일요일까지 일함으로써 자기의 의무를 다했다.

dwell 살다, 거주하다, 머무르다, 체재하다
He dwells at his father's house.
아버지 집에 산다.
She will dwell in my mind for a long time.
그녀의 추억은 언제까지나 내 마음속에 깃들여 있을 것이다.

dwell on   ~을 곰곰이/깊이 생각하다, ~을 길게 말하다/쓰다

Never dwell on your mistake at the previous game. Even a monkey falls out of tree.
지난번 경기에서의 실수는 깊게 생각하지 하라. 원숭이도 나무에서 떨어진다.

The general manager has a bad habit of dwelling on his business performance to his members too much at the meeting.
회의 있을 때 마다 자기 성과에 대해 너무 많이 얘기하는 나쁜 버릇이 있다.

dynamic   동력의/동적인/역학상의

각종 주류(酒類) – Beer

술은 사람 사이를 가깝게 한다. 몇 쪽에 걸쳐 여러 가지 술에 대해 알아보도록 하자.

맥주는 수천 년간 맥아를 빻아 빵을 만들고, 여기에 물을 부어 반죽해 발효시키는 방법으로 제조했다. 10세기를 전후해 독일에서 맥주에 홉을 넣기시작했다. 세계의 맥주 브랜드를 보면,

- 미국: Budwiser, Bud lite, Miller Lite
- 벨기에; Hoegaarden, Stella Artois
- 멕시코: Corona, Coors
- 독일: Becks, Paulaner
- 필리핀: San Miguel
- 중국: Qingdao
- 네덜란드: Heineken
- 아일랜드: Guinnes
- 브라질: Skol, Brahma
- 일본: Asahi, Sapporo
- 인도: King Fisher

중국 청도에서는 매년 8월 중순 칭따오 맥주 박람회가 개최된다. 세계 유수 맥주 시음과 칭따오 맥주 공장 견학도 가능한 바, 가볼만한 하다.

맥주는 발효 온도에 따라 Ale과 Lager로 분류된다. Ale은 15~21℃에서 효모가 발효되는 상면 발효 맥주이고, Lager는 7~12℃에서 효모가 발효되는 하면 발효 맥주이다. 상면 발효 맥주는 저장 기간이 4~6일이고, 하면 발효 맥주는 8~10일이다. 대부분의 맥주는 하면 발효 맥주이다.

※ 기네스 북(Guiness Book)

아일랜드 맥주 회사인 기네스에서 만든 책으로, 기네스의 임원이 새 사냥 대회에서 유럽에서 어느 새가 가장 빠른지를 논쟁하다, 각 분야의 세계 최고에 대한 기록을 담은 책을 발간하게 되어 오늘날까지 지속되고 있다.

Page 108, 141, 184, 345

Eager 열망하는, 간절히 바라는, 간절히 하고 싶어 하는
㈜ enthusiastic/keen/anxious/earnest　　**㈜ eagerly**

He is eager to study abroad.　　　　　　　　　　　　　　유학가고 싶어 한다.
Thus, we are deeply concerned about your position on this matter and eagerly await your definite attitude concerning future business policy in Korea.
이러한 사항들을 충분히 검토 후 한국 시장에서의 향후 사업에 대한 입장을 말씀해주시기 바람.

earache 귀앓이
toothache/headache 치통/두통

earthquake 지진, (사회적인) 큰 변동, 동란
a slight/weak/strong earthquake 미진/약진/강진

easier said than done 말하기는 쉽다, 말보다 실천이 어렵다
Don't say you will achieve the sale of US$10 Mil next year. That's easier said than done.
내년에 천만 불 매출을 일으킨다고 말하지 마라. 말은 쉬워.

ebb 썰물(↔ **flow** 밀물), 쇠퇴(기), 감퇴　　**㈜** 점점 쇠하다, 약해지다
the ebb and flow 조수의 간만, (사업·인생의) 성쇠

ebb away 약해지다, 희미해지다
His power at the board of directors ebbed away, and so he had no option but to quit from the position of registered director.
이사회에서의 그의 직위가 약해져서 등기 이상의 지위를 그만둘 수밖에 없었다.

eccentric 보통과 다른/괴상한/괴짜인/중심을 벗어난　　**㈜** 괴짜, 기인
an eccentric person 괴짜, 기인

eco-friendly 생태 친화적인, 친환경적인
environment-friendly 환경 친화적인, 친환경적인

economic 경제(상)의, 재정상의, 경제학의, 경제적인
economics 경제학　　　　　**economist** 경제학자
economic development/growth/independence/policy 경제 개발/성장/자립/정책
economic blockade/sanction/crisis/power 경제 봉쇄/제재/위기/대국
(exclusive) economic zone (배타적) 경제 수역　　　　for economic reasons 경제적인 이유로
He gave up studying abroad for economic reasons.
경제적인 이유로 유학을 포기했다.

ecosystem 생태계　　　　　　　　**equilibrium of ecosystem** 생태계의 균형

ecstasy 무아경, 황홀, 희열

edge 끝머리, 테두리, 가장자리, 경계, 위기, 위험한 경지
  동 (칼 따위에) 날을 세우다, 예리하게 하다

on the edge/verge/point of ~ing 막 ~하려는 참에, ~에 임박하여
The company was on the edge of announcing the development of a new, innovative product when the competitor announced the development of a similar product.
그 회사가 혁신적인 신제품 개발을 발표하려고 할 때, 경쟁사가 먼저 유사 제품의 개발을 발표했다.

on the cutting edge 최첨단의, 가장 현대적인
The company's technology is on the cutting edge. As you know, the part suppliers have undermined the competitive edge of American makers.
그 회사의 기술력은 최첨단이다. 아시다시피 부품업체들이 미국 제조업체의 경쟁력을 약화시켰다.

edit 편집을 하다, (원고를) 손질하다   명 편집, 사설, 논설
editor 편집자
edit out (편집 단계에서) 삭제하다   a chief editor; an editor in chief 편집장

edition (초판·재판의) 판(版), 간행
the first edition 초판   a revised/an enlarged edition 개정/증보판
a cheap/popular/pocket edition 염가/보급/포켓판   go through editions 판을 거듭하다
Tantandaero English sells out like a pancake, as it shows how to write down global business English efficiently and how to make business also. It already went thru seven editions.
탄탄대로 영어는 세계에서 생생하게 통하는 비즈니스 영어를 쓰는 방법을 가르쳐 주며 비즈니스 방법도 보여주고 있어 날개 돋친 듯이 팔린다. 이미 7판에 들어갔다.

education 교육, 훈육, 양성, 지식, 학력, 교양
           형 **educational** 교육(상)의, 교육에 관한, 교육적인
moral/intellectual/physical/sex education   도덕 교육/지적 교육/체육/성교육
educational expenses/institution/age   학비/교육 기관/교육 연령
Although belated, allow me to say that I had a very worthwhile experience at the meeting, especially from my discussions with you. Your views and insights were most educational and helpful.   늦은 감이 있지만, 참으로 뜻 깊은 기회를 가졌고,
특히 귀하와의 면담이 더욱 그리했다는 말씀을 전함. 귀하의 견해와 통찰력은 매우 교육적이며 도움이 되었음.

effect 결과/효과/효력/영향/효능/취지/의미 **(purport, meaning)**
        동 실행/성취/완수하다   형 **effective**
cause and effect 원인과 결과, 인과(因果)   an immediate effect 즉효
come/go into effect 실시되다, 발효하다   have an effect on ~에 영향을 미치다, 효과를 나타내다
in effect 사실상, 요컨대, 실시/시행되어, 효력을 가지고
to no/little effect, without effect 무효로, 효험/효과 없이, 무익하게
The new regulation shall be in effect from next week.   새로운 규정은 내주부터 발효된다.

to this/the same/that effect 이런/같은/그러한 취지로
I received a letter to the below effect.   다음 취지의 편지를 받았다.

to the effect that ~ 이라는 뜻/취지(*purport/meaning*)로
The new president made an encouraging speech to the effect that he will better the fringe benefit of employees first.   신임 사장은 우선 종업원의 처우부터 개선시킬 것이라는 고무적인 연설을 했다.

egregious 엄청난, 터무니없는, 언어도단의
an egregious liar 엄청난 거짓말쟁이   an egregious mistake 엄청난 잘못
It is with deep regret that we must bring to your attention the surprisingly unethical and egregious conduct of a company in your country.
귀국 소재 한 업체의 너무나 비윤리적이고 터무니없는 행동에 대해 말씀드리게 되어 유감입니다.

eject 몰아/쫓아내다, 물리치다, 배척/추방하다

elaborate 정성들여 만들다, 잘 다듬다, 상세히 설명하다   형 공들인, 정교한
I hope you are well. It was a great pleasure to meet with you at our office. I would like to elaborate on our previous discussion about pipe and pipe accessories.
당사 사무실에서 귀하를 만나 뵌 것은 큰 기쁨이었음. 지난번 파이프와 파이프 부속품에 대한 상담을 상세히 정리 드립니다.

elapse (때가) 경과하다   명 경과
Twenty days has already passed/elapsed since we met together in New York.
뉴욕에서 만난 지 벌써 20일이 지났다.

elastic 탄력(성)있는, 팽창력 있는, 부드러운, 유연한, 융통성 있는
　　　　　　명 고무줄   부 **elastically** 탄력 있게, 유연하게, 경쾌하게
The demand for the chip is elastic, which allows our pricing easy.
그 칩에 대한 수요가 탄력적이라 우리의 가격 설정이 용이하다.

electronic 전자(학)의, 일렉트론의
electronic industry/engineering 전자 산업/공학   electronics 전자공학

elegant 기품 있는, 품위 있는, 우아한, 세련된   명 **elegance**

elevate (들어) 올리다/높이다/승진시키다/향상시키다/고상하게하다   명 **elevation**
The company conferred with its vendors about the way to elevate production efficiency.
그 회사는 협력업체들과 생산 효율 증대 방안에 대해 협의했다.

eligible 적격의, 적임의, 바람직한   명 적격자, 적임자
He is eligible for the chairman of the committee.   위원회 회장 자격이 있다.

eliminate 제거/배제/무시하다, 없애다   명 **elimination**
She eliminated the possibility that he would come back to her, and started to have a date with the

other guy. 그가 돌아온다는 가능성은 고려치 않고 다른 남자와 데이트 시작했다.

elongate 길게 하다, 늘이다, 연장하다 **명 elongation**

eloquent 웅변의, 능변인, 설득력 있는, 감동적인 **명 eloquence**

embargo (선박의) 입항/출항을 금지하다, 수출/통상을 금지하다
명 입항/출항 금지, 통상/수출 금지, 금지

grain embargo 곡물 수출 금지 under an embargo 수출/출항 금지 중
lay/put/place an embargo on (~의 수출/출항을) 금지하다

embark 승선/탑승/출항하다 **명 embarkation/embarkment**

embarrass 당혹/당황하게 하다, 난처케 하다 **명 embarrassment**
The company was embarrassed at the sudden price hike of the vendor.
The vendor's sudden price hike was embarrassing to the company.
회사는 협력 업체의 갑작스러운 가격 인상에 당혹했다.

embody 구체화/유형화하다, 구현/실현하다
Tantandaero English embodies a wide variety of English sentences very useful for global business.
탄탄대로 영어 책에는 세계 비즈니스에 아주 유용한 문장들이 다양하게 수록되어 있다.

embrace 얼싸안다, 껴안다, 포옹하다, 둘러/에워싸다 **명 포옹/에워쌈/포위**

emerge 나오다, 나타나다, 벗어/헤어나다, 빠져나오다, 알려지다
명 emergence 출현, 탈출, 발생

emerge from 벗어나다, 나타나다
Thanks to development of a new product, the company could emerge from the financial crisis.
신제품 개발 덕분으로 재정 위기에서 벗어 날 수 있었다.

emerge into 끼어들다
Finally the group emerged into top 10 business groups in Korea. 마침내 10대 그룹에 끼어들었다.

eminent 저명한/유명한/신분이 높은 **부 eminently** 뛰어나게, 현저하게

emotional 감정의, 희로애락의, 정서의, 감동시키는 **명 emotion**

emperor 황제, 제왕 **empire** 제국

employ 쓰다, 고용/종사/소비하다 **명 고용/사용/근무** **명 employment**
in employment 취직하여 ↔ out of employment 실직하여
She is employed as secretary. 비서로 근무하고 있다.

Thank you once again for your kind letter. We hope that our present inability to provide employment for you will not deter your enthusiasm concerning either our company or Korea.
다시 한 번 감사드립니다. 현재 우리 사정상 귀하를 채용치 못하더라도 당사와 한국에 대한 귀하의 열정은 지속되기 바람.

emporium 중앙 시장(**mart**), 상업 중심지, 큰 상점, 백화점

empower ~에게 권력/권한을 주다, ~을 할 수 있게 하다 명 **empowerment**
The president empowered/authorized general manager to decide on the project.
사장은 부장에게 그 프로젝트 진행 여부에 대한 결정권을 주었다.

empty 빈/공허한/없는/결여된 동 비우다, 내다, 흘러 들어가다
His room is empty of mirror. He emptied the bookshelf.
그의 방에는 거울이 없다. 서가를 비웠다.
The robber made the students empty out their pockets.
강도는 학생들이 호주머니를 완전히 비우게 했다.

enable ~에게 힘/능력을 주다, ~에게 가능성을 주다
enable A to 동사 원형 A가 ~하게 하다 ↔ disable A from ~ing; A가 ~못하게 하다
Modern technology has enabled space travel. 현대 기술 덕분으로 우주여행이 가능해졌다.
The innovative technology enabled the company to make lots of money.
혁신적인 기술은 그 회사가 큰 돈을 벌게 했다.

enchant 매혹하다, 황홀케 하다, ~의 마음을 호리다 명 **enchantment**

enclose 둘러싸다, 에워싸다, 동봉하다, 봉해 넣다.
명 **enclosure** 울을 함, 봉입(물), 동봉한 것, 울타리
Enclosed herewith, please find our company catalog. 카탈로그 동봉 드립니다.

encounter 만남, 조우 동 ~와 우연히 만나다, 마주치다, 조우하다
I encountered my bosom friend in Venice. 베니스에서 어릴 때 친구를 만났다.

encourage 용기를 돋우다, 격려하다/고무하다/권하다 명 **encouragement**
encourage A to 동사 원형 ~하게 하다 ↔ discourage A from ~ing 못하게 하다
Therefore, if you could kindly accept our sincere proposal to allow more time for us, we would be greatly encouraged to settle this business at a sooner date than scheduled above.
따라서 귀사에서 좀 더 시간을 달라는 우리의 제안을 수락한다면 상기에서 제시 드린 일정보다 더 빨리 진행할 수 있도록 힘을 북돋아 줄 것임.
The president encouraged the employees to work more hard.
직원들이 더 열심히 일하도록 고무시켰다.

endanger 위태롭게 하다, 위험에 빠뜨리다 유 **jeopardize**

endeavor ~하려고 노력하다/애쓰다/~을 시도하다   명 노력/진력/시도

do/make one's best endeavors   갖은 노력을 다하다
He endeavored to secure the order from a new customer.
신규 거래처로부터 오더 수주하려고 노력했다.

endorse 배서하다, 설명·메모 따위를 기입하다, 승인/확인하다

He endorsed the bill to her.   어음에 배서하여 그녀에게 양도했다.

endow (능력·자질 등을) ~에게 주다/부여하다, 기금을 기부/증여하다

The company endowed him with 500% bonus, as his idea of cost-down allowed the company to cut cost by 2%.
그의 원가 절감 아이디어로 회사는 2%의 경비 절감을 이룰 수 있어서, 그에게 500% 상여금을 주었다.

Oblivion is the best gift with which man is endowed by God.
망각은 신이 인간에게 내린 가장 좋은 선물이다.

enforce 실시/시행/집행하다, 강요/강제하다/억지로 시키다   명 **enforcement** 시행, 강제

enforce/compel/oblige/force/press/constrain A to 동사 원형   A에게 강제로 ~ 시키다, ~을 강요하다
Many of the solar glass companies were enforced to shut down their glass furnaces because of glass oversupply.
유리 공급 과잉으로 인해, 태양광 유리 공장의 상당수가 유리 로를 폐쇄시키지 않을 수가 없었다.

The heavy snow enforced him to give up coming to Korea, as the airport was closed.
폭설로 공항이 폐쇄되어 그는 한국 방문을 포기 할 수밖에 없었다.

engage 약속/속박/보증하다, 맡다, 약속/예약이 있다, 약혼시키다
         명 **engagement** 약속/맹세/계약/예약/약혼

He is engaged to her. Nowadays I am fully engaged and so I can hardly meet her.
My previous/prior engagement does not allow me to accept your invitation.
그녀와 약혼 중이다. 요즘은 시간이 꽉 차 그녀를 잘 만나지 못한다. 선약이 있어 초대에 응하지 못합니다.

He engaged himself to achieve the sales target.
판매 목표를 달성하겠다고 약속하였다.

enjoy 즐기다/맛보다/향락하다/재미보다/받다   형 **enjoyable**

enjoy life/meal/discussion/playing tennis   인생/식사/토론/테니스를 즐기다

enlarge 크게 하다, 확대/증대/확장하다, 넓히다   명 **enlargement**

an enlarged edition 증보판   an enlarged photo 확대한 사진
Your item could be introduced to the Korean market as a promotional item complementary to the sales of the company's household appliances and thereby enlarge the consumer awareness of the item.   귀사의 품목은 그 회사의 가전제품
판매 시 판촉품으로 한국 시장에 소개 될 수 있으며, 그리 함으로써 소비자들의 제품 인지도를 넓힐 수 있습니다.

He could enlarge his market view by visiting several countries.
여러 국가를 방문함으로써 시장 견해를 넓힐 수 있었다.

enlighten 계몽하다, 계발/교화하다, 가르치다, 시야를 넓히다　　형 **enlightening**
Having the opportunity to discuss business with you was simultaneously pleasant and enlightening. The information you provided and the suggestions you graciously offered were invaluable.
귀하와 사업 토론은 즐겁고 시야를 넓힐 수 있음. 귀하의 정보와 제안 사항들은 큰 가치가 있었음.

enlist 병적에 편입하다, (군인을) 징모하다, 협력/도움을 얻다, 입대하다
My son enlisted in the army as a driver.　　아들이 운전병으로 육군에 입대했다.

enormous 거대한, 막대한, 매우 큰　　부 **enormously**
We take an enormous amount of pride in the fact that your preeminent firm has been our business partner more than ten years already.
귀사가 이미 10년 넘게 우리의 사업 파트너라는데 아주 큰 자부심을 느낍니다.

enroll 등록/기록하다, 입회/입학시키다, 병적에 올리다　　명 **enrollment**

ensure ~을 책임지다, 보장/보증하다, (성공 등을) 확실하게 하다
I will ensure the position of general manager next year. I can not ensure that he will join the party.　　내년에 부장 자리 보증한다. 그가 파티에 참석 할 지 보증할 수 없다.

entail 일으키다, 수반하다, 필요로 하다　　명 **entailment**
To generate business entails money and time.　　비즈니스를 창출하려면 돈과 시간이 필요하다.
Liberty entails responsibility.　　자유는 책임을 수반한다.

enter 시작하다, 새 시대에 들어가다, 입회/입학/입대하다, 기입하다　　명 **entrance**
He entered a house/building.　　집/빌딩에 들어가다.
enter a new era　새로운 시대로 접어들다　　enter/join the army　군인이 되다
enter one's mind 마음에 떠오르다
That kind of idea never entered my mind. I am an idiot.　　그런 생각을 못하다니. 난 바보여.
enter on 시작하다, 착수하다
He has entered on the business of plastic injection.　　사출 사업을 시작했다.
enter into 계약을 맺다, 시작하다
We have reached mutual consent finally. The remaining thing is to enter into the contract.
마침내 상호 합의하였음. 이제 남은 것은 계약 하는 것임.

enterprising 기업심/모험심이 왕성한, (매우) 진취적인, 모험적인
It is enterprising of him to go to the North Pole.　　북극에 가다니, 어지간히 모험을 좋아하는군.

entertain 대접/환대하다, 즐겁게 하다, 위로하다 명 **entertainment**
형 **entertaining** 유쾌한 명 **entertainer** 환대자/예능인
We are experienced in securing orders by entertaining foreign customers over night. The role of entertainment can't be too much emphasized in business.
밤새도록 외국 고객을 접대해 수주한 경험이 많다. 사업상 접대의 중요성은 아무리 강조해도 지나치지 않다.

enthusiastic 열심인/열광적인/열성적인/열렬한　　명 **enthusiasm**
an enthusiastic welcome/soccer fan 　　　　　　　　　열렬한 환영/열광적인 축구팬
We are very enthusiastic about expanding our business activities further, and we take this opportunity to try to establish a close and sincere business relationship with your prestigious company.
당사는 사업 영역을 확대하고 싶으며, 이번 기회에 귀사와 긴밀하고 우호적인 거래 관계 기회를 갖고자 함.

entire 전체/전부의, 완전한, 흠 없는, 온전한
entire freedom 　완전한 자유　　　　　　　　　　clean the entire house 　집을 구석구석 청소하다

entity 실재/존재/존재물/본질/실체
Each member company of the group is a separate business entity; therefore, it is impossible to make contracts for any kind of technology on a composite scale. 　　　　그룹의 각 회사는
별도 사업 독립체임. 그러므로 어떠한 종류의 기술 계약도 개별이 아닌 복합 형태로 계약을 체결하는 것은 불가능함.

entrepreneur 실업가/기업가/사업주자　　　**entrepreneurship** 기업가 정신
I was highly impressed by your dynamism, entrepreneurship and pioneership which have made your company a solid manufacturer of electric and electronic products.
귀사를 전기 전자 제조업체로의 입지를 확실하게 한 귀하의 패기, 기업가 정신 및 개척자 정신에 깊은 감명을 받음.

envelop 싸다/봉하다/포위하다　명 **envelop** 봉투, 쌈, 포장지, 덮개
enveloped in/surrounded by　~에 싸인
The baby enveloped in blanket was sleeping in the car. 　　　　담요에 싸인 애기가 차에서 자고 있었다.

environment 주위를 에워싸는 것/사정/정황/환경　동 **environ**
business/economic/social/home environment 　사업/경제적/사회적/가정 환경
environment-friendly 　환경 친화적인　　　　　　　environment disruption 　환경 파괴
After the German government decided to cut down the subsidy to the end-users of PV module, the business environment of solar energy-related companies became very gloomy.
독일 정부에서 태양광 모듈 소비자에게 주던 보조금을 삭감한 후, 태양광 에너지 관련 회사들의 사업 환경이 악화되었다.

epidemic 유행병, 전염병, 유행　형 유행성/전염병의, 유행하고 있는
There is a report on the epidemic dysentery. 　　　　　　　이질이 돈다는 보도가 있다.

episode 삽화, 에피소드, 일련의 삽화적인 사건

epitomize 요약/발췌하다   명 **epitome**   유 **summarize**, **summary**

epoch 시대, 신기원, 새 시대, 획기적인 사건, 중요한 사건
형 **epochal**, **epoch-making** 획기적인, 신기원을 이루는
make/mark/form   an epoch   신기원을 이루다
The new biotechnology which the company has just announced is epoch-making.
그 회사가 방금 발표한 신 바이오 기술은 획기적인 것이다.

equal 같은/감당할 수 있는/역량이 있는   명 대등한/필적하는 사람/것
동 ~와 같다, ~에 필적하다   부 **equally** 같게/동등하게
other things being equal 다른 조건이 같다면   on equal terms ~와 동등한 조건으로
He is equal to the project. You are required to treat your members equally.
그는 충분히 그 프로젝트를 할 수 있다. 모든 요원들을 동등하게 취급하세요.
The supply is equal to the demand.   공급이 딸리지 않는다.
I see technical cooperation between our two countries to be equally critical.
기술협력의 중요성은 양국 간에 똑같이 중요함.

equilibrium 평형상태, 균형, (마음의) 평정   유 **balance**

equip 갖추다, ~에 설비/장비하다   명 **equipment** 장비/설비
The production line is equipped with the most advanced machines.
생산 라인은 가장 진보된 기계들이 설치되어 있다.

equity participation 지분 참여

equivalent 동등한/대등한/~에 상당하는   명 동등한 것/상당하는 것
His saying is equivalent to dropping the project.
그의 말은 그 프로젝트를 포기하는 것과 같은 것이다.

eradicate 뿌리째 뽑다(**root out**)/근절하다/박멸하다   명 **eradication**
The new QC manager eradicated(= rooted out) the matters causing chronical problem.
새로운 QC 과장은 품질 문제를 야기 시키는 고질적인 문제를 근절시켰다.

erase 지우다, 말소/말살/삭제하다

erect 똑바로 선, 직립의, 발기, 경직된   동 세우다, 건설/구축하다
He erected a college by himself and became its president. 대학을 창설하고 총장이 되었다.

err 정도에서 벗어나다/헤매다/실수하다/틀리다   명 **error**
형 **erroneous** 잘못된, 틀린
trial and error 시행착오   make/commit an error 잘못을 범하다/저지르다

escalate 상승하다, 급등하다, 단계적으로 확대/강화하다
As time goes by, the price of water is expected to escalate.   시간이 흐름에 따라 물 가격이 상승할 것이다.

escort 호송자/호위자/호위/호송/파트너   동 호위/호송하다
under the escort of ~에 호위되어
He always escorts her home.   그는 항상 그녀를 집까지 바래다주었다.
escort service 에스코트 서비스(일부 외국 국가에 보편화되어 있는 서비스로, 관광 안내를 받고, 취미/성 향락까지 같이 할 수 있는 서비스임. 비용에 따라 제공 서비스가 차별화 된다.)

essential 근본적인/필수의/불가결한/본질적인   명 필수의 것/요소
Quality control and delivery are essential to business success.
품질관리와 납기 준수는 사업 성공의 불가결한 요소이다.
Oxygen is essential to life.   산소는 생명에 불가결한 것이다.

establish 확립/설치/설립/확립하다   명 establishment
It is a joint venture established under the technical assistance of the largest coating materials in the world.   세계에서 가장 큰 코팅 재료업체의 기술지원으로 설립된 합작회사입니다.

estimate 어림잡다, 견적/산정/판단하다   명 평가, 견적
명 estimation 의견, 판단, 평가
in my estimation 내가 보건대는   make an estimation of ~을 어림잡다
If your machines can satisfy the above requirement, please send us detailed information on your machines - technical details and cost estimate.
귀사의 기계가 상기 사항을 충족시킨다면 상세 기술 자료와 견적 통보 바람.

evacuate 피난/철수시키다, 배변하다   명 evacuation
The mayor started to evacuate the citizens because a big earthquake was expected to come up.
큰 지진이 예견되어있어 시민들을 철수시키기 시작했다.

evade 피하다, 비키다, 면하다, 벗어나다, 탈세하다   명 evasion
He always evaded embarrassing question.   곤란한 질문을 항상 얼버무려 넘겼다.
Tax evasion is illegal, while tax reduction is legal.   탈세는 불법이고 절세는 합법이다.

evaluate 평가하다, 가치를 검토하다   명 evaluation
For your review and evaluation, we have enclosed a few catalogues, which show our current supply of the products made by our subcontractors.
귀사의 검토와 평가를 위해, 현재 당사의 협력업체가 생산하고 당사가 공급하는 제품이 포함된 카탈로그 몇 가지를 동봉함.

evaporate 증발/소실하다, 자취를 감추다   명 evaporation
It was truly a great pleasure to meet with you in Berlin and to hold business talks on setting up an electron beam evaporation plant.

베를린에서 만나 전자빔 증착 공장 설립에 대한 상담을 하게 되어 기뻤음.

event 사건/대사건, 사고/고장, 결과, 경과
at all events; in any event 좌우간
At all events, it was quite an event that the soccer team won the semi-final.
좌우간 축구팀이 준결승을 이긴 것은 대단한 사건이었다.

in the event of; in case of ~의 경우에는
Moreover, in the event of two stockists, inconsistent selling price will cause serious confusion
in our end user's purchase of your MDF; therefore, you are strongly requested to maintain
and enlarge the market share in Korea through discussions solely with us.
재고 판매상을 2개 업체로 할 경우, 가격이 일관성이 없으면 최종소비자에게 혼란을 초래할 것인 바.
오로지 당사와만 가격 협의/결정을 하여 MDF 시장 점유율 유지/확대를 도모하기 바람.

Please note that, in the event of drastic price hike, we will lose business forever.
가격 인상을 급격히 하면 BIZ를 영원히 잃게 될 것임을 명심해라.

ever-lasting 영원한 　　 🔁 never-ending/unending/eternal/perpetual
ever- '늘'의 뜻의 결합사

ever since ~한 이래로, 그 후로 쭉
The company always generated profit ever since establishment. 　　창립이래로 항상 수익이 났다.
The couple never fought with each other ever since marriage. 　　결혼한 이래로 싸운 적이 없다.

every inch 어디까지나, 완전히, 철두철미, 구석구석까지
He is every inch a gentleman. 　　그는 어느 모로 보나 신사다.
I know every inch of Seoul. 　　서울의 구석구석을 안다.

everyday problems 일상의 문제

evil 나쁜/사악한/흉악한/불운한 　　 🔲 악, 사악, 재해
evil tongue/news/conduct/taste 　　독설/흉한 소식/비행/역겨운 맛
good and evil 선악 　　a necessary evil 어쩔 수 없는 폐해, 필요악

exaggerate 과장/침소봉대하다, ~을 과대시 하다 　　 🔲 exaggeration
It is no exaggeration to say that she is the most beautiful lady at our company.
그녀가 우리 회사에서 가장 아름답다고 해도 과언은 아니다.

examine 시험/검사/조사/심사/진찰/신문하다 　　 🔲 examination
English/entrance/written/oral examination 　　영어/입학/필기/구두 시험
medical/physical/clinical examination 　　건강진단/신체검사/임상검사
pass an examination 　　시험에 합격하다

I was much impressed by your company, and I hope that when you examine technical collaboration possibilities in your LED project, you will consider our company first. As I mentioned to you, our expertise and responsiveness to our customers' needs are unmatched.
귀사에 대한 인상이 깊었으며 귀사가 LED project의 기술협력 가능성을 검토할 경우, 당사를 우선 고려해 줄 것을 바람.
지난번에 언급 드렸듯이 고객의 요구에 대한 당사의 전문성과 대응력은 타의 추종을 불허함.

exceed 넘다, 초과하다, ~보다 뛰어나다/크다/많다   명 excess

형 excessive 과도한, 과대한, 과다한, 지나친, 심한

excessive charges/tax 과도한 요금/세금

exceed the speed limit 속도 제한을 어기다

They exceeded in number.

in excess of ~을 초과하여, ~보다 많이

exceed one's authority 월권행위를 하다
그들은 수적으로 우세했다.

The gold medals which we got at London Olympic Games exceeded our anticipation.
런던 올림픽에서 획득한 금메달은 예상을 상회했다.

The company will benefit a lot by its stock within a couple of months. The reason is that sooner or later the market demand is expected to exceed the supply.
수개월내 재고로 인해 큰 득을 볼 것이다. 왜냐하면 조만간 수요가 공급을 초과하게 될 것이기 때문.

After analyzing materials cost, he asserted that our price should not exceed FOB US$10.00/unit.
재료비 분석 후 우리의 가격이 10불을 넘지 말아야 한다고 단언했다.

Our customers of coal have already secured excess stock of steaming coal to be used until April 2011.
현재 당사의 석탄 고객은 이미 2011년 4월까지 사용될 석탄을 필요 이상으로 비축하였음.

exception 예외, 제외, 이의

There is no rule but has some exceptions.

She is no exception.

(속담) 예외 없는 법칙은 없다.

그녀도 예외는 아니다.

excerpt 발췌, 인용   동 발췌하다, 인용하다

exchange 교환하다, 바꾸다, 교역하다, 환전하다   명 교환, 환전

exchange rate 환시세, 환율

foreign exchange 외국환/외환

Stock Exchange 증권 거래소

exchange gifts/opinions/e-mails/prisoners
선물/의견/이메일/포로 교환하다

A dollar exchanges for 1,140 won.
1달러는 1,140원에 환전된다.

As Mr. John pointed out, 'information' is the exchange of human understanding.
John이 지적한 바와 같이 정보는 인간 이해의 교환 물임.

in exchange for/of ~대신, ~와 교환으로

As a first step, we would like to propose the following basic countertrade - you would sell us 50,000 M/T of rape seed meal in exchange for 40,000 M/T of VCM (vinyl chloride monomer).
첫 단계로, 귀사에서 당사에 곡물을 공급하고 당사는 귀사에 VCM을 공급하는 연계무역을 제안드림.

exclaim 외치다, 큰 소리로 말하다

He exclaimed that he finally passed the exam.
마침내 시험 붙었다고 소리쳤다.

exclusive 배타적인, 양립할 수 없는, 독점적인, 한정된, 유일한
　　　　　　　　몡 배타적인 사람, 보도 독점권, 독점기사　　　　동 **exclude**
exclusive agency/right/use/story　독점 대리점/독점권/전용/특종 기사

exclusive of; excluding(↔ inclusive of; including) ~을 제외하고, ~을 넣지 않고
His party is six persons exclusive two drivers.　　　운전사 2명을 제외하고 6명이다.
However, our company policy does not allow us to grant exclusive sales rights to any one before
we have held substantial business dealings with them.
그러나 당사의 회사 정책상 거래 실적이 상당하기 전 에는 그 어느 누구에게도 독점 판매권을 부여하지 않음.

execute 실행/실시/수행/달성/완수하다, 사형을 집행하다, 처형하다
　　　　　　몡 **execution**　실행/집행/사형집행

exempt (의무 따위를) 면제하다, 면역성을 주다　　몡 면제자　　형 면제된, 면세의, 면역의
The church and temple are exempted from taxes.　　　　　교회와 절은 세금 면제이다.
He is exempted from military service.　　　　　　　　　　　군대 면제이다.

exertion 노력, 전력, 분발　　　동 **exert**
We would like to emphasize that we will exert our utmost efforts to promote this future business
between our two parties; we are confident that your full and unmitigated cooperation will help
make our business relationship a mutually beneficial one.
우리가 최선을 다할 것임을 약속드리며, 귀사의 깊은 협조로 양사 간의 관계가 상호 호혜적으로 발전될 것을 확신함.

exhaust 고갈시키다, 소모/배출/피로하게 하다　　몡 배기가스/배출/배기
exhausting 소모적인/지치게 하는　　　**exhaustive** 고갈시키는/철저한
auto exhausts control　자동차의 배기가스 규제　　　　　　　exhaustive study　철저한 연구
He is exhausted after playing tennis for three hours.　　　그는 3시간 동안 테니스 후 녹초가 되었다.

exhibit 전람/전시/출품/진열하다　　몡 공시, 전람, 전시품, 진열
　　　　　　몡 **exhibition**　전시, 전시회
The attachments are several copies of the photos taken during New Delhi Exhibition.
첨부는 뉴델리 박람회 때 찍은 사진들입니다.

exigency, exigence　긴급성, 급박, 위급, 긴급한 경우, 긴급사태
I also apologize for not having sent this claim earlier, but the exigencies of my work and my
serious deliberation on this matter prevented a prompter message to you.
또한, 그간 화급한 일들이 많았고 본 클레임 건에 대한 깊은 생각으로 일찍 통보 드리지 못한 점 사과드림.

exotic 외래의, 외국산의, 이국적인, 이국풍의, 색다른

expand 펴다, 넓히다, 확장/확대하다, 팽창시키다　　몡 **expansion**
expansion of currency　통화의 팽창　　　　　　　　　expansion of armaments　군비확장

We are very enthusiastic about expanding our business activities further, and we take this opportunity to try to establish a close and sincere business relationship with your prestigious company.
당사는 사업 영역을 확대하고 싶으며 귀사와 긴밀하고 우호적인 거래 관계 기회를 갖고자 함.

expect 기대/예기/예상하다, 다리다, ~할 작정이다　　명 expectation

according to expectation　예상대로　　　　　　　　　　　beyond expectation　예상이상으로

I expected him to pass the exam. I expected that he would pass the exam.
시험에 합격하리라 기대했다.

I expect to fly to Cairo for sightseeing next month.　　　　　　　　다음 달 카이로 관광 예정이다.

A new model of LTE phone is expected to come out next week. As was expected, the new LTE phone was terrific.
다음 주에 LTE 핸드폰 새 모델이 나올 예정이다. 예견한대로 새로 나온 LTE 핸드폰은 굉장했다.

I don't expect much from my son. If anything unexpected should occur, he is expected to take care of my children.
아들에게 많은 것을 기대하지 않는다. 예상치 못한 일이 생긴다면, 그가 내 자식들을 돌봐줄 것이다.

far from/contrary to/against our expectations　우리의 기대와는 달리

We firmly believed that, even though you set up a liaison office in Seoul, your business with us would continue to go on as before. However, far from our expectations, he has informed us that he will try to secure another stockist for the inventory business.
지사를 개설해도 귀사와 당사의 거래는 예전과 같이 지속될 것으로 믿었음. 하지만 우리 기대와 달리 사무소장으로부터 재고 사업과 관련 당사 이외 또 다른 판매점을 발굴하겠다는 통지를 받음.

meet one's expectations　기대에 부응하다

The new vendor met the company's expectation by timely shipment of quality products.
신규 협력업체는 양질의 제품을 적기 선적함으로써 그 회사의 기대에 부응했다.

expedite 재촉/촉진/파견/발송하다, 진척시키다

Let's expedite the project actively.
그 프로젝트를 적극적으로 진척시킵시다.

expel 쫓아내다, 물리치다, 구축하다

He was expelled from the school, as he beat his teacher on the head heavily.
선생님의 머리를 심하게 때려 퇴학당하였다.

expenditure 지출/소비/경비/비용

The Accounting Department is busy with budgeting expenditure for the coming year.
경리부는 내년도 경비 예산을 세우느라 바쁘다.

expense (돈 · 시간 등을) 들임, 소비함, 지출, 비용

형 expensive 돈이 드는, 값비싼, 사치스러운

entertainment/trip/social/school expenses　접대비/여행경비/교제비/학비

at any expense 아무리 비용이 들더라도, 여하한 희생을 치르더라도

at the expense of; at one's expense ~의 비용으로, ~을 희생하여

Finally he developed a new material at the expense of his health and family.
건강과 가정을 희생하여 마침내 신물질을 개발했다.

experience 경험/체험/견문/경력 몡 경험/체험하다, ~에 부닥치다
혱 experienced 경험 있는/많은, 숙련된, 노련한, 체험된

I judge/speak from experience.   경험에 근거, 판단/말 하다.

We understand you are very active in Eastern European business. Our goal is to have a mutually beneficial business relationship with your company. So far, our business experience with Eastern Europe has been concentrated in the areas detailed on the attached exhibit.
귀사는 동유럽 비즈니스를 활발히 하고 있는 것으로 인지하고 있음. 상호 호혜적인 비즈니스 관계를 구축하고 싶음.
당사의 동유럽지역 활동상은 첨부에 상세히 나와 있음.

expertise 전문가의 의견/평, 전문 기술/지식

On behalf of our President, I received your message of October 20, 2010, kindly informing us again that your expertise could be helpful in the area of dumping duties.
당사 사장님을 대신해, 덤핑 관세 해결사 역할 제안에 대한 2010/10/20일자 귀하의 편지를 수취함.

expire 만기가 되다, 종료/소멸되다, 실효하다 몡 expiration
몡 expiry 소멸/종료/만료/만기

For this reason, I wish to be considered for a long-term visa, similar to the one which expired on October 2, 2004.
제 장기 비자는 2004년 10월 2일 만료된 바, 장기 비자 발급 하여 주시기 바람.
The contract shall be automatically renewed unless otherwise notified by each party 90 days prior to the expiry date of the contract.
계약 만기 90일전에 별도의 통지가 없으면 계약서는 자동 연장된다.

explanation 설명/해설/해석/해명 몡 explain

by way of explanation 설명으로서   in explanation of ~의 설명/변명으로서

We would like to explain our position concerning your request for a price deduction of US$5,000 on your upcoming order.
향후 주문 시 US$5,000을 차감하자는 귀사의 요청에 대한 당사의 입장을 설명하고자 함.

Our explanation for the defectiveness to the customers should be consistent, which is the way to make them rest assured of doing business with us.
고객들에 대한 품질 불량에 대한 설명은 시종 일관해야 한다. 그래야 거래에 안심할 수 있다.

explicit 뚜렷한, 명백한, 명시된 ↔ implicit 암시적인

I can't agree to their regarding the amount as a compensation for uncertain damages without any explicit explanation.
자세한 설명 없이 그 금액을 불확실한 손해에 대한 보상으로 간주하는 것에 대해 동의할 수 없다.

explode 폭발시키다, 타파하다, 뒤엎다　　　　　명 **explosion** 폭발, 폭파
　　　　　형 **explosive** 폭발하기 쉬운, 감정이 격하기 쉬운　　　　명 폭약
Finally his laughter exploded.　　　　　　　　　　　　　　　　마침내 웃음이 터졌다.

explode a bombshell ~를 경악케 하다
The old man exploded a bombshell when he was arrested for a serial killer by the police.
노인은 경찰에게 연쇄 살인법으로 체포됨으로써 사람들을 경악케 하다.

exposition 박람회/전람회/설명/해설/제시/개진/폭로
　　　　　　　동 **expose** 쐬다, 노출시키다, 접하게 하다, 폭로/진열하다
The company is exposed to the risk of bankruptcy as its cash flow is terrible nowadays.
현금흐름이 아주 안 좋아 부도 위험에 노출되어있다.
The exposition where the company exposed new products turned out successful.
신제품을 전시한 그 전시회는 성공적이었다.

express 표현/표시하다, 나타내다, ~의 상징이다
　　　　　　형 명시된/명백한/명확한/분명한　　　명 급행/직통/지급편　　　부 급행으로
express bus/train/cargo 급행 버스/열차/화물
He sent the sample to the customer by express.　　　　　　그는 견본을 속달로 송부했다.
He went to Busan by express train.　　　　　　　　　　급행열차로 부산에 갔다.
I express my good wishes for his most speedy recovery.　　　쾌차를 기원 드립니다.

expressway 고속 도로(**express highway, highway**)

extend 뻗다/펴다, 연장/확장/확대하다, 늘이다, 베풀다, 주다
　　　　　형 **extensive** 광대한, 넓은　　명 **extension** 연장/확대/증축
I would like to extend/convey/offer/render my hearty/heart-felt/heartful thanks to you for the
kindness and hospitality which you showed/rendered/gave to me during my stay in your country.
귀국 체류 시 베풀어주신 친절과 환대에 진심으로 감사드립니다.

Please contact me if you have additional questions. I am happy to extend the full assistance of
my department and company.
추가 질문이 있으면 연락주세요. 당사와 저희 부서에서 확실히 도와드리겠습니다.

extinguish 끄다, 진화하다, 소멸시키다, 잃게 하다, 제압/소거하다
　　　　　　　명 **extinction** 사멸/절멸/소멸
It was very difficult for the firemen to extinguish the fire because of strong wind,
강풍으로 소방관들의 화재 진압이 어려웠다.

extra 여분의, 임시의, 특별한, 추가 요금으로의, 극상의, 특대의
　　　　명 여분의 것, 특별한 것, 경품　　부 특별히, 대단히, 여분으로

extra freight/pay/time/train　　　　　　　　할증 운임/임시 급여/여분의 시간/임시 운행 열차

If your designated part must be used, the extra charge may be substantial although we have not calculated it yet.

만약 귀사 지정 부품이 반드시 사용되어야 한다면, 아직 정확히 계산해보지 않았지만 추가 비용이 상당할 것임.

extracurricular 과외의, 정규과목 외　　　명 과외 활동

extracurricular activities 과외 활동

extreme 극도의/심한/최고의/극단적인/과격한　　　부 extremely

명 극단/극도/극치　　pl.) 극단적인/과격한 행위/조처

extreme case/measures/pleasure/penalty 극단의 경우/강경책/큰 기쁨/극형

In the instance that you separately ship the parts, which should be included in the shipment of the system, to us, it is extremely difficult for us to make customs clearance because we do not have any justifiable evidence that gives us the authority to import those parts without duty.

기계 발송 시 같이 선적되어야 되는 부품이 별도로 선적될 경우, 이 부품들을 관세 없이 통관할 수 있는
정당한 근거가 없어 통관이 아주 어렵습니다.

extrude 밀어내다/내밀다/쫓아내다/압출 성형하다　　　명 extrusion
extruder 압출 성형기

This morning we had very productive discussions with you on business between your company and ours in order to produce the precision extruders in Korea.

금일 아침 우리는 정밀 압출기의 한국내 제조 사업에 대해 매우 생산적인 상담을 하였음.

eyebrow 눈썹

raise one's eyebrows (경멸 · 놀람 · 의심 등으로) 눈살을 치키다

He raised his eyebrows when the beggar approached him for money.

거지가 돈을 구걸할 때, 눈살을 치켜세웠다.

Fabric 직물, 천 편물, 바탕, 구조, 조직, 구성

fabricate 제조/조립/날조/조작하다   명 **fabrication** 제조/날조/조작

facet 작은 면, 깎은 면, 양상, 국면   동 ~에 작은 면을 내다/깎다

face-to-face 정면으로 마주보는, 맞부딪치는
We suggest that you will have a face-to-face meeting with the head of our branch office and describe in greater detail your product line or business sector.
당사의 현지 지사장을 만나, 함께 얼굴을 맞대고 귀사 제품과 사업 분야를 상세히 설명하기 바람.

facilitate (손)쉽게 하다, (행위 따위를) 돕다, 촉진/조장하다

facility 쉬움, 평이/용이함, 솜씨   pl.) **facilities** 편의/시설/설비
transportation/contemporary facilities   교통편/동 시대의 시설
The facilities of the deluxe hotels in Macau are good enough to lure the tourists.
마카오 특급 호텔의 편의 시설은 관광객들을 유혹할 만큼 좋다.

faculty 능력/기능/재능/수완, 학부, 교수단, 교직원

fair 공평한/공정한/정당한/적정한/당연한   부 공명정대히/정정당당히
　　　　명 미인, 시장, 박람회
fair wages/income/practice   적정 임금/상당한 수입/공정 거래
international trade fair   국제 무역 박람회   industrial fair   산업 박람회
None but the brave deserves(s) the fair.   용자만이 미인을 가질 자격이 있다.
We would like to change a few clauses in order to make the contract mutually fair and reasonable.   계약이 상호간에 공정하고 합리적이도록 몇 가지 조항을 변경하고 싶습니다.

fair and square 정정당당하게, 정직하게
The company won the market competition fair and square.
시장 경쟁에서 정정당당히 승리했다.

fall/be in love with ~와 사랑에 빠지다/~을 사랑하고 있다

familiar 친(밀)한/가까운/잘 알고 있는/익숙한/정통한
　　　　　동 **familiarize** 친하게 하다, 익숙케 하다
I am familiar with her. 그녀와 친하다.(☞ 상황에 따라서는 "그녀와 잠자리를 해 봐서, 그녀의 몸을 잘 알고 있다." 라는 의미로도 사용되는 바, 사용에 조심해야 한다.)
I am familiar with the LTE phone. The LTE phone is familiar to me.
나는 LTE 핸드폰에 익숙하다.   ☞ 사람 familiar with 사물; 사물 familiar to 사람

famine 기근/흉작/배고픔/기아/결핍/부족
Many people die of famine in a few Asian countries.   Many people starve to death ~.
일부 아시아 국가에서 아사하는 사람들이 많다.

famous for 으로 유명한, 으로 이름이 높은
The Korean companies are famous for swift development of new products.
한국 회사들은 신속한 신제품 개발로 이름이 높다.

fancy 공상/상상/추측/예상/변덕　　　　　형 공상의/상상의/변덕의
동 공상/상상하다

I have a fancy that he passes the exam.　　　　　　그가 시험에 합격할 것 같은 예감이 든다.
I have a fancy for adventurous movies.　　　　　　　　　　모험 영화를 좋아한다.

far from ~에서 멀리, 조금도 ~하지 않다
The train station is far from here.　　　　　　　　　　　기차역은 여기서 멀다.
What he is saying is far from the truth.　　　　　　　그가 말하는 것은 전연 사실과 다르다.

fare 운임/통행료/음식/요리/식사　　　　　동 대우/대접받다
single/double fare 편도/왕복 요금　　　　　　　　　　taxi/bus fare 택시/버스 요금
What's the airfare to New York?　　　　　　　뉴욕까지 비행기 표가 얼마인가요?

fasten 묶다, 동이다, 죄다, 잠그다, 고정하다
Fasten your seat/safety belt always while you are in the express bus.
고속버스 안에서는 항상 안전벨트를 채워라.

fast-growing 빠르게 성장하는

fate 운명/숙명/운/비운/인연/죽음/최후　　　　동 운명지우다
He was fated to be a beggar because of his aggressive stock investment.
공격적인 주식 투자로 거지가 될 운명에 있었다.

fatigue 피로, 피곤　　　　동 지치게/피로케 하다, 약화시키다

fault 과실/잘못/허물/결점/책임　　　동 흠을 잡다, 비난하다
It's my fault. 그것은 내 탓이다.　　　　without fault 틀림없이, 확실히
find fault with ~의 흠/탈을 잡다, 비난하다 (criticize/blame/censure)
Manager Kim always tries to find fault with his members.　　과장은 항상 과원들을 흠집을 내려고 노력한다.

favorable 호의를 보이는, 찬성의/승낙의, 유리한/좋은, 알맞은
부 favorably 유리하게, 순조롭게, 호의적으로
favorable chance/reply/comment 호기/호의적인 회신/호평

I also am compelled to mention that his efforts and work were most commendable and put him in a very favorable light compared to the other finance people I work with.
그의 노력과 일처리는 아주 칭찬할 만하며, 아는 다른 금융 전문가와 비교 시 장래가 밝다고 생각됨.

favor 호의/친절/친절한 행위/은혜/조력/지지/찬성
동 호의를 보이다, 찬성/지지하다, 유리하게 되어 나가다

I have a favor to ask you. 부탁드릴 말이 있습니다.　　　　　Do me a favor. 부탁합니다.

in favor of ~에 찬성/지지하여, ~에 편을 들어, 수익자로 하여
I am in favor of your proposed investment.　　　　제안한 투자 건 찬성이다.
The relevant Letter of Credit will be soon opened in favor of KFS.
관련 L/C는 KFS를 수익자로 하여 곧 개설될 것이다.

in one's favor ~에게 유리하게
The present situation is strongly in our favor.　　　　현 상황은 우리에게 매우 유리하다.
The market changes to favor the buyers.　　　　시황이 매수자 시장으로 변경된다.

feasible 실행할 수 있는, 가능한, 적당한, 편리한, 그럴 듯한
명 feasibility 실행할 수 있음, 가능성, 편리

feasible plan 실행 가능한 계획　　　　feasibility study 타당성검토
If you require equity participants in the LED project, we will give it serious thought because this form of participation is quite feasible as far as we are concerned. We would like to receive any available data that you may have so as to conduct a feasibility study.
귀사가 LED 프로젝트에 지분 참여를 필요로 한다면 우리로서는 이러한 참여방식도 실행가능하기 때문에 지분 참여를 진지하게 생각할 것임. 타당성 검토를 위한 자료 제공 바람.

feather 깃털/깃/건강 상태/기분/원기/시시한 것　　**동** 깃털을 달다
Birds of a feather flock together. Let beggars match with beggars. Like draws like.　　유유상종

feature 얼굴의 생김새, (복)용모/얼굴, 특집기사, 특별 뉴스, 인기물
동 특색 짓다, ~의 특징을 이루다, 대서특필하다, 주연시키다

The daily newspaper featuring the president's sex scandal sold like a pancake.
대통령의 섹스 스캔들을 대서특필한 일간지가 불티나게 팔렸다.

fed up 물리는, 싫증나는
He was fed up his inactive work and so quit the job last month.
그는 비활동적인 일에 질려 지난 달 퇴사했다.

federal 동맹의, 연합의, 연방(정부)의, 연방제의
federal/state government 연방/주 정부　　　　federal/state law 연방법/주법

fee 요금/수수료/입회금/입장료/수험료/수업료/이적료
In the next week, we will send you a summary of licensing fees and running royalties for similar

automobile parts technical assistance agreements.
다음 주에 유사한 부품 기술이전 계약에 대한 라이선스 수수료와 런닝 로열티에 관해 요약 통보 드리겠음.

fence 울타리/담/장애물 동 검술을 하다, 재치 있게 받아 넘기다

sit/stand on the fence 형세를 관망하다, 형세를 보아 거취를 정하다

He sat on the fence to the last minute in order to select the right president among seven candidates.
7명의 후보자들 중에 대통령 적격자를 선출하기 위해 형세를 끝까지 관망했다.

fertile 비옥한, 기름진, 다산의, 풍작의

festival 잔치의, 축(제)일의, 즐거운 명 잔치, 축전

In celebration of 15th founding anniversary of the company, the president decided to hold a festival for all the employees.
회사 창립 15주년을 기념하여 종업원들을 위한 잔치를 개최하기로 결정했다.

fickle 변하기 쉬운, 마음이 잘 변하는, 변덕스러운

fierce 흉포한, 몹시 사나운, (폭풍우 따위가) 사나운, 모진
fierce animals 맹수   fierce/severe competition 격심한 경쟁

fiery 불의/불길의/불타는/불같이 뜨거운, 열띤/격렬한
fiery speech/eyes   열띤 연설/노여움에 이글거리는 눈

fifty-fifty 평등하게, 균등하게
Let's share the profit and expense fifty-fifty.   수익/경비 모두 반반씩 합시다.

figurative 비유적인, 수식이 많은, 화려한, 상징적인

figure out ~를 파악하다/알아내다/계산하다
Did you figure out how much it costs to implement the new marketing plan?
새로운 마케팅 계획을 시행하는데 얼마가 드는지 계산해 보았나?

file 서류꽂이/서류철/서류보관 케이스, 파일/자료, 기록 동 철하다, 정리 보관/보존하다
keep/place (a) file 철해두다   on file 철해져서, 정리 보관되어
I send the contract signed by my boss. Please sign the contract, and send it back to me by pdf file by tomorrow.   보스가 서명한 계약서 송부 드리니 서명하시어 내일까지 pdf 파일로 보내주세요.
We, however, regret to inform you that there are no available vacancies for foreign staff positions at the moment. We will retain your transcript and personal resume on file for future consideration.
현재 외국인 직원 자리는 공석이 없어 채용 불가함을 통보 드리게 되어 유감임. 귀하의 성적증명서와 이력서는 보관할 것임. 추후 채용 가능 시 연락드리겠음.

fill 가득하게 하다, 채우다, ~에 충만하다　　　**명** 가득한/충분한 양

The theater filled soon.　　　　　　　　　　　　　　　　극장은 곧 만원이 되었다.
She is filled with happiness as her son passed the exam.　　아들이 시험에 합격 후 행복으로 가득 찼다.

fill in (서류·빈 곳에) 써 넣다, 적어 넣다

Fill in this application form.　　　　　　　　　　　　이 신청서를 작성하세요.

fill out (서식·문서 등의) 빈 곳을 채우다, 살찌다

The lady filled out a lot after she parted from him.　　그와 헤어진 후 살이 많이 쪘다.

fill up 채우다, 메우다

Fill her up. 기름을 가득 채우시오.　　　　　　　Fill up my glass with beer. 맥주를 가득 부어라.

film 피막, 필름, 영화　　　　　　**동** 얇은 막으로 덮다, 영화 찍다

film projector　영사기　　　　　　　　　　　　silent/sound film 무성/발성 영화

financial crisis 금융 위기, 재정/재무위기

The Korean economy showed/made a very speedy/quick recovery after the financial crisis in USA in 2008.　　　　한국 경제는 2008년 미국 금융 위기 후 매우 빠른 속도로 회복되었다.

find 찾아내다, 발견하다, 만나다, 얻다　　　　**명** 제보/발견

The QC manager found a solution to reduce the defectiveness.
품질 관리 과장은 불량을 줄이는 해결책을 찾았다.

The company was happy, as the new business paid.　　회사는 새로 시작한 장사가 돈이 돼서 행복했다.

find out 발견하다, 찾아내다, 간파하다, 폭로하다

The manager found him out before he explained about the inducement of investment.
투자 유치에 대해 설명하기 전에 그의 의도를 간파했다.

The company is striving to find out what causes the defective ratio so high.
그 회사는 불량률이 왜 그렇게 높은지를 찾기 위해 애쓰고 있다.

fit A in~ A를 ~에 끼워 넣다

You may fit a trip to Korea into your overseas business trip next month.
다음 달 귀사의 해외출장 일정에 한국방문을 넣을 수 있다.

fit the bill 조건을 만족시키다, 인기를 독차지하다

We are very happy that some among the applicants fit the bill.
지원자들 중 몇 명이 꼭 알맞은 사람들이라 행복하다.

He always fits the bill among friends as he is handsome and has a good manner.
그는 잘생겼고 매너도 좋아 친구들로부터 인기를 독차지 한다.

fitness 적당, 적절, 적합성, 건강, 건강 관련 산업

fitness center　피트니스 센터

fire 불/화재/화염/연소/정열/정염/포화　　동 불을 붙이다, 불러일으키다
고무하다, 분기시키다, (생명력을) 불어 넣다.

He insured a house against fire, and then set fire to the house. His house was destroyed by fire.
집을 화재 보험에 들고, 집에 불을 질렀다. 화재로 집이 파괴되었다.

The fire resulted in the damage.　　　　　　　　The damage resulted from the fire.
화재로 손실을 입었다.　　　　　　　　　　　　　　　　손실은 화재에 기인 한다.

He was fired from his job for incompetence.　　　그는 무능력의 이유로 일자리에서 쫓겨났다.
The soldiers fired at the fleeing enemy.　　　　　병사들은 도망치는 적에게 발포하였다.
The business chance fired his competition.　　　　그 사업 기회는 그의 경쟁심에 불을 붙였다.
Commence/Cease fire!　　　　　　　　　　　　　　　사격 개시/중지!

under fire 공격/비난을 받고
The new minister of construction was under fire at the public hearing, as the price of real estates
skyrocketed after his inauguration.
그는 건설부 장관으로 취임 후 부동산 가격이 급등하여 청문회에서 비난을 받았다.

firm 굳은/단단한/튼튼한/견고한　　　　　명 회사　　　부 단단히　　　동 굳게 하다
preeminent/prestigious/esteemed firm/company　귀사
The company has a firm schedule for the factory audit.　　　　공장 실사 일정이 확정되어 있다.

first-hand 직접의, 직접적으로　　　유 direct, directly

fiscal 국고의, 재정의, 회계의

fish out of water 물을 떠난 물고기/환경 변화로 실력 발휘할 수 없는 사람
The able salesperson became a fish out of water after his semiconductor company was acquired
by a chemical company. The reason was that each company's corporate culture was totally
different.　　　　　　　　　　　　　　　　　　　　　　그 유능한 판매 사원은 그가 근무한
반도체 회사가 화학 회사에 인수된 후 무능력자가 되었다. 그 사유는 양 사의 기업 문화가 완전히 다르기 때문이다.

fishery 어업, 수산업, 어장, 양어장, 수산 회사, 수산업 종사자
fishery industry/products　어업/수산물

fitting 입혀보기, 조립, 마무리 설치　　pl.) 용구/부속품
형 적당한, 어울리는, 꼭 맞는　　　　　부 **fittingly** 적당하게/어울리게

flag 기, 기함기, 국적, 선적

flagship 기함, 최고의 것, 본점, 본사, 본교
On September 19, 2010, just six months ago, Nena Trading Corporation, the flagship of Nena
Trading Group, made a purchasing agreement with the company for five sets of the machines.

6개월 전 2010년 9월 19일 네나무역 그룹의 핵심 회사인 네나무역이 그 회사와 기계 5대 구매 계약을 체결했다.

flame 불길/불꽃/화염/정염/정열 　　　　　　　**동** 불꽃을 내다, 빛나다
the flames of sunset 붉게 물든 저녁놀 　　　　　　　　　　　a flame of anger 불길 같은 노여움

flat 편평한, 납작한, 평탄한 　　　　**명** 평면 　　　**동** 평평하게 하다
flat refusal/warning/denial 단호한 거절/엄중한 경고/전면적인 부정
The tire went flat. 　　　　　　　　　　　　　　　　　　　타이어가 펑크 났다.
fall flat (흥행/기획/ 농담 등이) 완전히 실패로 끝나다
The party which he arranged fell flat, as the party place was not filled at all.
그가 주선한 파티는 참석자가 아주 적어 완전히 실패로 끝났다.

flatter 아첨하다/빌붙다/치켜세워 ~시키다/실물 이상으로 잘 묘사되다
　　　　　형 flattering 빌붙는, 아첨하는, 실제보다 잘 보이는
I am flattered. You flatter me. 　　　　　　　　　　　칭찬의 말씀 부끄럽습니다.
He flattered her into diving into the deep sea for treasure.
그녀를 치켜세워 깊은 바다에 보물을 찾으러 다이빙 하게 했다.
This photo flatters her. 　　　　　　　　　사진이 실물보다 잘 나온다. 사진 빨이 좋다.
I feel flattered by your invitation. 　　　　　　　　초청을 받아 영광으로 생각합니다.

flavor 맛/풍미/조미료/양념 　　**동** 맛을 내다, ~에 멋/운치를 곁들이다
flavored ~의 맛을 낸, 풍미를 곁들인

flaw 결점, 흠, 결함 　　　　　　**동** ~에 금가(게 하)다, 흠(집)을 내다
flawless 흠 없는, 완벽한

flea market 벼룩시장

flee 달아나다, 도망하다, 내빼다, 피하다
Be sure to flee from temptation of drug and gambling while you study abroad.
유학동안 마약과 도박의 유혹으로부터 피하라.

flexible 구부리기 쉬운, 굴절성의, 휘기 쉬운, 유연성이 있는

flock 무리, 떼 　　　　　　**동** 떼/무리 짓다, 몰려들다, 모이다
the flower of the flock 군계일학(群鷄一鶴), (한 집안의) 인물
The young persons flocked together in front of city hall for demonstration.
젊은이들이 시위를 위해 시청 앞에 몰려들었다.

flood 홍수, 큰물, 범람, 쇄도, 다량, 밀물, 만조
　　　　　동 물이 넘치게 하다, 침수하다, 에 몰려/밀려들다, 쇄도하다

a flood of orders/letters/tears　　　　　　　　　쇄도하는 주문/편지/쏟아지는 눈물
The school was flooded with refugees.　　　　　　학교에 피난민들이 몰려들었다.

flour　곡분, 밀가루, 분말, 가루　　　〔동〕가루를 뿌리다

flourish　번영/번성하다, 잘 자라다, 우거지다
　　　　　　〔명〕화려한 꾸밈, 전성기, 번영　　　〔형〕**flourishing**　무성한, 번영하는

flowchart　공정도, 플로우 차트
You are required to prepare the flowchart in English for the Korean company's auditing your
factory.　　　　　　　　　　　한국 업체의 귀사 공장 실사에 대비, 영어 공정도를 준비하세요.

fluctuate　오르내리다, 변동/파동하다, 변동/동요시키다
　　　　　　〔명〕**fluctuation**　파동, 오르내림　　　〔형〕**fluctuating**　변동이 있는
The stock/foreign exchange market is fluctuating.　　　주식/외환 시장이 요동치고 있다.

fluid　유동체, 유체, 액체　　　〔형〕유동체의, 유동적인

fluke　닻가지, 플루크(어쩌다 들어맞음), 요행, 실수
He won the game by a fluke.　　　　　　　　　　요행으로 이겼다.

foam　거품, 게거품, 비지땀　　　〔동〕거품이 일다 비지땀을 흘리다

focus　초점/초점 거리/중심점　　　〔동〕초점을 맞추다, 집중시키다
in focus　초점이/핀트가 맞아, 뚜렷하여 ↔ out of focus
You should be careful about business diversification. It's better for you to focus your corporate
energy and resources on a few specific business areas under the present, sluggish economy
situation.
사업 다각화를 조심하여야 한다. 지금과 같은 불경기에는 일부 특정 사업에만 집중하는 것이 좋다.

foggy　안개/연무가 낀, 안개가 자욱한, 당황한, 몽롱한　　　〔명〕**fog**
The world economy is foggy now.　　　　　　　　세계 경제는 오리무중이다.

follow　따르다/에 계속하다/의 다음에 오다/이해하다/라는 결론이 되다
I am sorry, but I don't follow you.　　　　　　　　　　　　이해가 안 됩니다.
You are required to follow the game rules.　　　　　　　　경기 규칙을 따라야 합니다.
Misery follows earthquake.　　　　　　　　　　지진이 발생되면 비참한 일이 일어난다.
I firmly believe that you were chosen for this important post because of both your strong
leadership and capabilities. You always will be an example for everyone to follow. I sincerely
hope that happiness and prosperity will always follow you and your family.
그 중요한 직책을 맡게 된 것은 귀하의 강력한 지도력과 능력에 기인함. 귀하는 모든 사람의 귀감이 될 것임.

가정에 행복과 번영이 깃들기를 기원드림.

Follow this street to the city hall.　　시청 나올 때 까지 이 길을 쭉 따라가시오.

as follows　다음과 같이/같은

The reasons why we have to give up the project are as follows.
그 프로젝트를 포기하여야 되는 이유는 다음과 같다.

follow-up　뒤쫓음/뒤따름/속행/신판/속보　　[형] 뒤쫓는/뒤따르는/계속하는
follow-up survey　추적 조사　　　　follow-up meeting　후속 미팅

following　다음의, 그 뒤에 오는　　[명] 추종자, 신봉자, 다음 사항
following day/week/month/year　다음 날/주/달/해
The president made a speech to the following effect. Following president's two-hour speech, the meeting was open to discussion. The following is his solution.
다음과 같은 취지로 연설했다. 사장님의 2시간 연설 후 모임은 자유 토론으로 들어갔다. 다음은 그의 해결책이다.

We are pleased to advise you that the following divisions have been relocated.
다음 사업부들의 사무실 이전을 통보 드립니다.

fondness　다정함, 귀여워함, 맹목적인 사랑, 기호, 취미

foodstuff　식량, 식료품

for one's sake　~를 위하여
For God's sake, please stop smoking.　　제발 담배를 끊어라.
He studied hard for his own sake.　　자신을 위해 열심히 공부했다.

for/with the purpose of　~의 목적으로, ~을 위해
The company has decided to submit the lowest price for the purpose of securing the order.
오더 확보의 목적으로 최저 가격을 제시하기로 결정했다.

for the time being　당분간
I will be very busy with making next year's business plan for the time being.
당분간 내년도 사업 계획 작성으로 바쁠 것이다.

forbid　금하다, 허락하지 않다, 금지하다, 허용치 않다
She forbade her son to smoke.　　아들에게 금연시켰다.

force　힘, 세력, 에너지, 기세, 폭력, 완력, 강압
[동] 강제로 ~하게 하다, 빼앗다, 강탈하다, 강요하다
air force　공군　　　　army　육군　　　　navy　해군
the force of nature　자연의 힘　　　by force　우격다짐으로, 강제력으로　　in force　유효하여, 실시 중으로

come into force/effect (법률 · 규정 따위가) 유효해지다, 실시되다
The law forbidding smoking in public place came into force/effect last month.
공공장소 흡연 금지법은 지난달부터 실시되었다.

force A on B B에게 A를 강요하다
Manager Kim always forced his idea upon his members. 김 과장은 자기 과원들에게 자기 생각을 강요했다.

be forced to 동사 원형 강제로 ~하다, ~할 수 밖에 없다
So, we were forced to give up the project.
그래서 우리는 그 프로젝트를 포기할 수밖에 없었다.

forecast 예상, 예측, 예보 🔲 예상/예측하다
business forecast 경기 예측 weather forecast 일기 예보

forefather (보통 복수) 조상, 선조 🔲 **ancestor**

foreign 외국의, 외국산의, 대외적, 외국 상대의, 이물질의, 낯선
foreign language/country/goods/exchange 외국어/외국/외래품/외환
The foreign supplier is looking to us for solving the claim.
외국 공급업체는 우리가 클레임을 해결하기를 바라고 있음.

foresee 예견하다, 선경지명이 있다 🔲 **foreseeable**
foresee the future/a recession 장래의 일을 예견하다/경기 후퇴를 내다보다
in the forseeable future 가까운 장래에

foretell 예고하다, 예언하다 🔲 **prophesy** 예언하다
He foretold that an accident would happen. 사고가 일어날 것이라고 예언했다.
Nobody can foretell what will happen tomorrow. 내일 무엇이 일어날지는 아무도 모른다.

forfeit 상실/몰수하다 🔲 벌금/과료/상실/박탈
The tax office forfeited his house, as he did not pay tax for the house for a long time.
오랫동안 집 재산세를 내지 않아 세무서에서 집을 몰수했다.
His civil right was forfeited as he smuggled liquor. 주류 밀매로 시민권을 박탈당했다.

forgo ~없이 때우다(**do without**), 그만두다(**give up**)
We can't forgo him if we have to pursue that kind of project.
그러한 프로젝트는 반드시 그가 있어야 한다.

fork 포크, 두 갈래 길 중의 하나
a knife and fork 한 벌의 나이프와 포크 be in fork 두 갈래로 되어 있다

forklift 지게차

formal 모양의/형식의/정식의/공식의/의례상의 ↔ **informal** 명 야회복
명 **formality** 형식적인 절차/일 통 **formalize** 격식을 갖추다

formal call/visit 공식 방문 ↔ informal call/visit 비공식 방문

I regret to inform you that, if this kind of quality problem comes up again, we have to lodge a formal claim.
이러한 문제가 다시 발생한다면 클레임을 제기하는 수밖에 없다는 것을 통보 드리게 되어 유감임.

The friendly ties between our two countries have progressively been strengthened since the establishment of formal diplomatic relationship in 2003.
양국의 우호적인 관계는 2003년 공식 외교 관계 수립 후 점진적으로 강화되어 오고 있음.

To help train our technical staff, he will visit Korea after main contract is formalized.
본 계약 합의 후, 당사의 기술자들 훈련을 위해 그가 방한 할 것이다.

formerly 이전에는, 원래는, 옛날에는

My successor will be Mr. JK Shim who is formerly head of our Foreign Exchange Section. I wish that you will extend to Mr. Shim the same boundless courtesy and invaluable assistance that you always so freely offered me.
내 후임은 전 외환과장 Mr. Shim임. 그에게도 나에게 베풀어 주신도움과 후원을 부탁드림.

formidable 무서운, 굉장히 많은/큰, 굉장한 명 **formidableness**

As you well know, combatting protectionism can be a tough work. Battling for three days in a row against a formidable enemy might be very exhausting.
보호무역주의와의 전쟁은 힘든 일임. 3일 연속 무서운 적과 싸우면 기진맥진하게 됨.

formula 공식, 관용 표현, 처방(전), 조리법

a structural formula 구조식   a formula for making soap 비누 제조법
The formula/recipe for conductive paste is for your eyes only.
도전성 페이스트 제조법은 비밀이다.

forthcoming 다가오는, 이번의 명 출현, 접근

forthcoming books/holidays 근간 서적/이번 휴가
I hope that I will make the forthcoming Joint Meeting next September in Korea as successful.
다음 9월에 한국에서 개최될 합동 회의를 성공적으로 개최할 수 있기를 희망.

fortunate 운이 좋은, 행운의, 상서로운 명 행운의 사람들
That's fortunate!   참 다행이군요.
it is fortunate for me that ~하는 것은 나에게 다행한 일이다
It was very fortunate for him that I arrived on time.
내가 제 시간에 도착한 것이 그에게는 무척 다행이었다.

fortune 운/운명/행운/행복/재산 ↔ **misfortune** 형 **fortunate** ↔
unfortunate 무 **fortunately** ↔ **unfortunately**

a man of fortune 재산가   make a fortune 재산을 모으다/부자가 되다

fortunately; to one's fortune; it's fortunate that ~   ~ 한 것은 다행스럽다, 다행스럽게도 ~하다
It's fortunate that the company's yield rate went up to 95%.   생산효율이 95%로 올라 간 것은 다행한 일이다.
Much to my fortune, I won the lottery.   아주 운 좋게도 복권 당첨되었다.

unfortunately; to one's misfortune; it's unfortunate that ~   ~ 한 것은 불행스럽다, 불행하게도 ~하다
I am sorry to tell you that my president will not be able to keep his appointment to see your
president on January 20, 2010. Unfortunately an urgent matter has come up at our company,
requiring his immediate attention.   당사 사장님께서 귀사 사장님을 만나기로 하였으나
약속을 지키지 못하게 되었습니다. 불행하게도 사장님이 직접 챙겨야 되는 화급한 일이 갑자기 발생하였습니다.

forward 앞으로, 밖으로   명 전위   동 나아가게 하다, 전송하다
run/rush forward   앞으로 달리다/돌진하다
I forwarded goods to my son by passenger train   화물을 아들에게 여객차편으로 부치다.

look forward to ~ing   ~을 기대하다
I look forward to the great chance of working with your preeminent firm in the near future.
I look forward to meeting you again.
가까운 장래에 귀사와 같이 일할 수 있는 멋진 기회를 기대합니다. 다시 뵙기를 바랍니다.

forwarder 포워더, 운송업자   유 forwarding company
• 무역에서 화물의 운송에 관련된 업무를 취급하는 운송주선인

foster 양육/육성/촉진/조장 하다   형 양육하는, 기르는
foster the sick 병구완하다   a foster parent/child 수양부모/수양자식
I hope that our 10th Joint Meeting serves as an opportunity to foster an even stronger
relationship of economic cooperation between our two countries, and would also like to say as
well that I will exert my undivided efforts to realize such relation.
10차 합동회의가 양국 간 경제 협력 관계를 더욱 돈독히 할 수 있기를 바라며, 그렇게 되기 위해 부단한 노력을 할 것임.

found 기초를 두다, 설립하다, 근거하다   명 습득물 광고
명 foundation 창설/창립/설립/기초/근거/재단/협회
be well/ill founded 근거가 충분/박약 하다   losts and founds 유실물 및 습득물 광고
lay/build up the foundation 기초를 쌓다   to the foundations 밑바닥/뿌리 까지
These facts are enough to found my opinion on the present political situation.
이런 사실들은 현 정국에 대한 나의 견해에 충분한 뒷받침이 됨.

fragile 망가지기 쉬운, 허약한   유 brittle, weak
fragile china/glass/bones 깨지기 쉬운 도자기/유리/부러지기 쉬운 뼈
The economy remains extremely fragile.   경제가 계속 극도로 취약하다.

frail 부서지기 쉬운, 약한
Life is frail.　　　　　　　　　　　　　　　　　　　　　　　　　　　　인생은 덧없다.

franchise 독점 판매권, 총판권　　　**동** 사용권/총판권/특권을 허가하다
* 제조업자나 판매업자가 독립적인 소매점을 가맹점으로 하여 하는 영업

In the process of studying market opportunities, we have learned that your preeminent firm is the best in fast food franchise business in USA.
시장조사 중 귀사가 미국 최고의 fast food franchise 회사라는 것을 알게 되었음.

fraud 사기, 사기꾼
in fraud of; to the fraud of　~을 속이려
He made a phone call to Manager Kim in fraud of me.　　　그는 나를 속이기 위해 매니저에게 전화했다.

free from ~이 없는
The day was sunny and free from wind. It was the best day for playing golf.
그 날은 해가 났고 바람이 없었다. 골프하기에 최상의 날이었다.

free of charge 공짜로, 무료의
free of charge; complimentary　무료로　　　　cf) complementary　보충하는, 보족의
The subway is free of charge for the passengers over 60.　　　　　60살이 넘으면 지하철 무료.
For your review and evaluation, we will send our samples to you free of charge.
귀사의 검증용으로 무상 견본 공급 드리겠습니다.
※ free of 는 면제 받고 있는, 부과되지 않고 있는 의 뜻이다. free of charge는 charge가 면제된 다는 것이니
　　무료가 되는 것이다. 같은 원리로 free of responsibility 책임이 없다.
　　free of duty/tax　관세/세금이 없다 가 되는 것이다.
　　free of + 명사의 구조를 잘 활용하면 편리할 때가 많다.

freeze 동결하다/정지하다/등골이 오싹하다/냉담해지다　　**명** 결빙/동결/정지
형 freezing 몹시 추운, 냉담한　　**명** 결빙/냉동/빙점　　**부** 얼어붙듯
The automobile tires froze to the ground.　　　　　자동차 타이어가 지면에 얼어붙었다.
It is freezing tonight. I'm freezing. The beggar was frozen to death on the street yesterday.
오늘 저녁은 굉장히 춥다. 추워서 몸이 얼어붙을 것 같다. 거지는 어제 도로에서 얼어 죽었다.
Freeze! 꼼짝마!
(☞ 미국 경찰들이 잘하는 말인 바, 잘 알아들어야 미국에서 낭패를 당하지 않는다.)
The authorities concerned put a temporary freeze on the construction of the building.
관계 당국은 그 건물의 건축을 일시 중단시켰다.

freight 화물, 운송, 운송/용선료　　**동** 화물을 싣다, 출하하다
by freight　화물 편으로　　　　advanced freight　운임 선불　　　　freight free　운임 무료
freight paid/prepaid　운임 지급필/선불 ↔ freight collect　운임 후불

freight a ship with coal 배에 석탄을 싣다
freight goods to New York 뉴욕으로 화물을 보내다

frequency 자주 일어남, 빈번/빈도, 주파수
with increasing frequency 점점 빈번하게　　　　　high/low frequency 고/저주파

frequently asked questions(FAQ) 빈출 질의응답

friction 마찰, 알력, 불화　　　　형 **frictional** 마찰의, 마찰로 생기는
have a bit of friction with a person 남과 좀 충돌하다

friendly 친한, 우호적인, 친절한, 자기편의
a friendly nation 우호 국가　　　　　　　　　a friendly game/match 친선 경기
a friendly force 우군　　　friendly showers 단비　　in a friendly way 호의적으로
on friendly/good/bad terms with 사이가 좋은/나쁜
He is still on friendly terms with his ex-wife. 아직도 전처와 사이가 좋다.

frightening 무서운
a frightening experience/prospect/thought 무서운 경험/예상/생각

from cover to cover 책의 처음부터 끝까지
read from cover to cover 전편 독파하다

from every corner of the world 전 세계 곳곳에서
His fans support him from every corner of the world. 그의 팬들이 전 세계 곳곳에서 그를 지지했다.

from hand to mouth 그날 벌어 그날 먹어, 장래를 위한 대책 없이
He still has no job after dismissal. He lives from hand to mouth by working as a temporary cashier at CVS. 해고된 후 아직도 직업이 없다. 편의점에서 임시 캐시어로 일하면서 그날 벌어 그날 먹고 산다.

from mouth to mouth (소문 등이) 입에서 입으로 전하여
The rumor traveled from mouth to mouth. 그 소문은 입에서 입으로 전해졌다.

from now on 앞으로, 이제부터
From now on, you are required to attend the meeting of board of directors.
이제부터 이사회 참석해야 한다.

from scratch 출발점에서부터, 최초부터　　　유 **from beginning**
He restarted business again from scratch. 처음부터 다시 사업을 시작했다.

from time to time 때때로

frozen food 냉동 음식

frugal 검약한, 소박한   유 **thrifty**
be frugal of   ~ 을 절약하다
Mom is frugal of money.   엄마는 돈을 아낀다.

fruitful 열매를 잘 맺는, 다산의, 수익이 많은
I think that our meeting of last week with you was mutually fruitful.
지난주 미팅은 상호 유익했다고 생각함.

This year's meeting was especially fruitful thanks to the tremendous support of you and your delegation. Being the host is very easy when working together with such outstanding colleagues.
귀하와 사절단의 큰 후원으로 올해의 회의는 참으로 큰 결실이 있었음. 그렇게 탁월한 분들과 일할 때는 어떤 모임을 주최하는 것이 대단히 용이함.

frustrate 쳐부수다/헛되게 하다/실망시키다   명 **frustration**
He was frustrated by the gloomy prospects.   암담한 전망에 실망하였다.

fulfil 이행하다, 완수/완료하다, 충족시키다   명 **fulfillment**
He fulfilled her mother's expectations.   그는 어머니의 기대를 충족시켰다.

fundamental 기초의, 근본적인, 중요한, 필수의   명 원리/기본
fundamental human rights 기본적인 인권
Point number 6 in the contract is in fundamental contradiction to our company's role as exclusive agent.   계약서 6항은 당사가 독점 대리점이라는 기본 정신에 위배됨.

fundraising 자금 조달   형 자금 조달의
a fundraising party 자금모금 파티, 자선파티

furious 성난, 격렬한, 맹렬한
at a furious pace 고속력으로   be in a furious mood 격노해 있다

furnace 아궁이, 용광로   동 가열하다
a smelting furnace 용광로

furnish 공급하다, 비치하다 ☞ **provide**
furnish A with B; furnish B to/for A: A에게 B를 제공하다
He furnished the hungry with food. He furnished food to the hungry.
그는 굶주린 사람에게 먹을 것을 주었다.

further 그 위에, 게다가, 그 이상의   동 진전시키다, 조장/촉진하다
This opportunity, we believe, may create a continuous business relationship for our mutual

benefit and produce further crude oil business with your company in the near future.

이번 원유 거래를 계기로 귀사와 당사에 상호 이익을 주는 사업을 지속적으로 할 수 있고 귀사와의 원유사업을
확대할 수 있다고 확신함.

fury   격노, 격분

fuss   소란, 싸움

kick up a fuss; make a fuss : 소란피우다, 투덜거리다(about, over)

He made a fuss about a minor thing like eating out.

그는 외식 같은 사소한 일에 대해 소란을 피웠다.

future-oriented   미래 지향적인   ☞ past-oriented

FX(foreign exchange)   외환

각종 주류(酒類) – Whisky(Whiskey)

위스키는 malt(맥아)를 원료로 하는 몰트 위스키와 보리/옥수수를 증류하여 만드는 grain(곡물)
위스키가 있다. 이 두 가지를 섞는 기술을 blending 기술이라고 하며, 섞어 만든 위스키를 블랜디드
(blended) 위스키라고 한다. 한국 사람이 가장 좋아하는 위스키의 대부분이 블랜디드 위스키이다.
생산지에 따른 위스키의 분류는,

- 스카치 위스키: 스코틀랜의 술로 발레타인, 시바스 리갈, 조니 워커등이 블렌디드 위스키이
며, 그랜피딕은 몰트위스키이다.
- 아이리쉬 위스키: 제임슨, 존파워, 올드 부시월드
- 테네시 위스키: 미국 테네시 지방에서 만드는 위스키로 잭 다니엘이 유명
- 버번 위스키: 미국 켄터키주의 버번 카운티에서 만드는 술로 짐빔, 와일드 터키등이 있다.
- 라이 위스키: 미국의 대표적 위스키로 워싱턴, 제퍼슨 대통령등이 증류소를 운영
- 캐나다: 크라운 로얄
- 일본: 산토르 위스키 등이 있다.

위스키의 가격은 오크통에서의 숙성 기간이 길수록 고가이다. 스카치 위스키가 대표적인 고가
위스키이며, 기타 국가에서 생산되는 위스키의 대부분은 일반인들이 쉽게 접근할 수 있는 가격
대의 대중적인 위스키이다.

Page 108, 141, 184, 345

Gala 축제, 나들이 옷, 경기회　　　　　　　형 축제의, 화려한
a gala day 축제일　　　　　　gala show 갈라 쇼　　　　　　in gala 나들이 옷으로 차려입고
He will sing 'Gangnam Style' during her gala show program.
그는 그녀의 갈라쇼에서 강남스타일을 부를 것이다.
• gala show: 축하하기 위하여 벌이는 공연이라는 뜻으로, 주로 클래식 음악과 피겨스케이팅 분야에서 열린다.

galaxy 은하수　　　유 **milky way**

gamble 도박을 하다　　명 도박, 노름　　명 **gambler** 도박꾼
Don't gamble with your future.　　　　　　　　　　장래를 거는 무모한 모험은 마라.

gang 일단, 한 떼, 일당　　동 집단으로 행동하다
A four-man gang carried out the robbery.　　남자 4명으로 구성된 범죄 조직이 그 강도를 저질렀다.

gardener 정원사, 원예가

garnish 장식, 수식, 미사여구　　동 장식하다, 고명을 얹다
garnish a dish with vegetable 요리에 야채를 곁들이다

gasoline 가솔린, 휘발유

gasp 헐떡거리다, 숨이 차다　　명 숨이 멎음, 숨 막힘
at one's/the last gasp 숨을 거두려 하고, 임종 시에, 마지막 순간에　　to the last gasp 숨을 거둘 때까지
I gasped with rage.　　　　　　　　　　　나는 심한 분노로 숨도 못 쉴 정도였다.

gather 모으다, 수집하다, 축적하다　　명 수확
A rolling stone gathers no moss.　　　　(속담) 구르는 돌에 이끼는 안 낀다.
Tears gathered in her eyes.　　　　　　눈물이 그녀의 눈에 괴었다.

gaze 응시, 주시　　　동 지켜보다, 응시하다
stare/gaze/peer/glare at ~을 빤히 보다/응시하다 /유심히 보다/노려보다
She gazed at him in amazement.　　　　그녀가 놀라서 그를 가만히 응시했다.

general 일반의, 대체적인, 개략의　　명 육군대장
general principles/public/rules/agency/manager/meeting/opinion
　　　통칙/일반대중/일반원칙/총대리점/총지배인/총회/여론
as a general rule 대개는, 대체적으로　　　　　　in general 일반적으로, 대체로
You more than deserve the general manger of OLED Department. Your promotion was a matter
of time.　　　　　　OLED 부서의 부장이 될 자격이 충분하고도 남음. 승진은 시간 문제였음.
(호텔 총 지배인을 general manager라고 하지만 일반 기업에서는 부장을 의미하는 경우가 많다.)
In general, it takes a lengthy time for the big companies to adopt a new, innovative part.
일반적으로 대기업은 새롭고 혁신적인 부품 채용에 상당한 시간이 소요된다.

generally speaking 일반적으로 말해서

generalize 일반화/보편화하다, 보급시키다
These conclusions cannot be generalized to the whole country.
이들 결론을 전국으로 보편화할 수는 없다.

generation 세대, 자손, 산출, 발생
generation gap 세대차이　　　　　　　　　the younger/rising generation 젊은 세대, 젊은이들
from generation to generation, generation after generation 대대로 계속해서
We are very interested to learn about your wind power electricity generation system.
당사는 귀사의 풍력발전 시스템에 관심 있음.

genetic 유전의, 유전학적인　　　　　　**genetics** 유전학/유전적 특질
a genetic disorder 유전병

genuine 진짜의, 진심에서 우러난, 순종의
a genuine diamond with GIA certificate　　　　　　GIA 감정서가 있는 진짜 다이아
genuine writing 친필　　　　　　　　genuine respect 마음으로부터 우러나오는 존경심

geography 지리, 지형
human/physical/economic/social geography 인문/자연/경제/사회 지리학
He knew the geography of the building and strode along the corridor.
그 건물의 내부 지리를 잘 알고 있어서 복도를 성큼성큼 걸어갔다.

geometry 기하학 ↔ **algebra** 대수학

germ 미생물, 세균, 기원　　　　동 싹트다, 발생하다
a germ disease/carrier 세균병/보균자

get down to 착수하다, 시작하다
As soon as manager returns from a long business trip, he got down to drinking with his section
members.　　　　　　　　　　김 과장은 장기간의 출장에서 돌아오자마자, 과원들과 술을 마시기 시작했다.

get down to business 본론으로 들어가다
It seems that there are too many cooks in the kitchen. Our meeting started two hours ago, but
nothing was materialized. Let's do get down to business from now on.
사공이 너무 많아 배가 산으로 가는 것 같군. 회의 시작한 지 2시간이 지났으나 구체화 된 것이 전혀 없어. 이제부터는
진짜 본론으로 들어가자.

get down to the nitty-gritty 핵심을 찌르다, 사실을 직시하다
When you make a report to board of directors, never beat around the bush, but just get down to
the nitty-gritty.　　　　　　　　　이사회에서 보고할 때는 절대로 변죽 울리지 말고 핵심을 찔러라.

get the ball rolling 일을 잘 시작하다, 계속 진행시키다
유 **set/start/keep the ball rolling**
We want to get the ball rolling again on the previous agreement.
지난번 합의에 대해 계속 진행하기를 바란다.

get in touch with ~와 통신/접촉하다 유 **communicate with**
I will check at which hotel you can get in touch with him.
어느 호텔에서 그와 연락할 수 있는지 알아보겠습니다.

get to know each other 서로를 알게 되다
We need more time to get to know each other. 서로를 아는데 좀 더 시간이 필요하다.

get wind of ~의 풍문을 듣다, (비밀 등의) 낌새를 채다
We should be more careful so that our competitors can't get wind of our marketing plan.
경쟁자들이 마케팅 계획을 알아차리지 못하도록 주의해야 한다.

ghost 유령, 망령
(as) pale/white as a ghost (얼굴이) 파래져서

gift certificate 상품권

gigantic 거대한, 엄청나게 큰
a gigantic tree/statue/fraud/company 거목/거대한 상(像)/대 사기/거대 기업
a man of gigantic build/strength 거인 같은 큰 남자/힘의 소유자

gist 요점, 요지, 근본 유 **point**
the gist of a story 이야기의 요점 get the gist of a book 책의 요점을 파악하다
You are so requested to report a gist of meeting of yesterday to board members for the approval
of project. 프로젝트 승인을 위해 이사진들에게 어제 미팅 요약해 보고하세요.

give the green light to 진행하다
Our working-level members want to give the green light to the project right away, but the top
management's position is somewhat different because it requires a huge investment.
실무진에서는 그 프로젝트를 즉시 진행하고 싶지만 경영진의 입장은 약간 상이하다. 왜냐하면 워낙 큰돈이 투자되기
때문이다.

give way 꺽이다, 양보하다, 붕괴하다, 무너지다
You don't have to give way to him as far as promotion is concerned.
승진에 관계되는 한, 그에게 양보할 필요 없다.
The house gave way because of earthquake. 지진으로 집이 붕괴되었다.

giveaway 경품, 무료샘플, 폭로　　　형 상품이 붙은, 헐값의
The house was sold at a giveaway price.　　　　　　　　　집이 헐값으로 팔렸다.

glacier 빙하　　　　　유 **iceberg**

glide 활주, 미끄러지기　　　동 미끄러지다, 활주하다
The swan glided across the lake.　　　　　백조는 호수를 미끄러지듯 헤엄쳐 갔다.
He glided from the room.　　　　　　　　　　　　그는 조용히 방에서 나갔다.

glitter 반짝임, 광채　　　동 빛나다, 눈에 뜨이다
A myriad of stars glittered in the sky. The sky glittered with a myriad of stars.
하늘에서 무수한 별이 빛났다.
All is not gold that glitters. All that glitters is not gold.　　　(격언) 반짝이는 것이 다 금은 아니다.

global 지구의, 전 세계의　　　동 **globalize**　　　명 **globalization**
global market/policy/warfare/problems/security/recession
　　　전 세계 시장/정책/전쟁/문제/안보/불황
Here at KFS, we are impressed with your firm's global presence and technological leadership.
당사 직원들은 귀사의 전 세계적인 판매망과 기술 선도자 위치에 감명을 받음.

glorify 찬미/찬송하다, 칭찬하다　　　명 **glorification**
Their deeds glorified their school.　　　　　그들의 행위는 학교의 이름을 높였다.

glow 타다, 빛을 내다, 빛나다
all of a glow; in a glow　빨갛게 달아올라서
His face glowed at the idea. Her face glowed with joy. He glowed with pride.
그 생각이 나자 그의 얼굴은 반짝 빛났다. 기뻐서 얼굴이 홍조를 띠었다. 그는 득의만면해 있었다.

glut 과다, 충족, 공급과잉　　　동 포식시키다, 공급과다가 되게 하다
a glut of fruit　과일의 범람　　　　　　　　　a glut in the market　시장의 재고과잉
Products glut the market.　　　　　　　　　　　시장에 상품을 과잉공급하다.

go back and forth 왔다 갔다 하다

go over ~을 점검/검토하다
You have got to go over the materials very carefully for tomorrow's presentation to the board
directors including CEO.
내일 대표이사를 포함한 이사진들 앞의 프레젠테이션에 대비해 자료를 주의 깊게 점검해야 한다.

gorgeous 호화로운, 화려한, 멋진
a gorgeous meal　훌륭한 음식　　　　　　　　a gorgeous actress　매력적인/멋진 여배우

The wonderful dinner with you at the gorgeous restaurant in Paris will remain in my memory forever. 　파리의 멋진 식당에서 당신과 같이 한 식사는 영원히 내 기억에 남아 있을 것이다.

gourmet 미식가　　　　　형 미식가의
gourmet food 고급 식료품
I'm looking for the best places to sell gourmet foods. 　고급 식료품을 파는 최고의 장소를 찾고 있다.

govern 통치하다, 운용/관리하다, 억제하다
govern a public enterprise 　공공 기업을 운용하다
The king reigns but does not govern. 　왕은 군림하되 통치하지 않는다.

governor 주지사, 통치자, 총독, 장관, 총재
the governor of the Bank 은행 총재　　　　the board of governors 간사회

grace period 이자 면제 기간
The creditor allowed/granted a day of grace period for repayment.
채권자는 지불을 하루 유예해 주었다.

graceful 우아한, 품위 있는, 정중한
a graceful apology/reply 명쾌한 사죄/적절한 답변
He was trying to be graceful even though he failed to win the bid in AA project.
그는 프로젝트 낙찰에 실패했지만 품위를 잃지 않으려고 애썼다.

graduate 졸업하다, 자격을 따다　　　명 대학졸업자　　　형 대학원의
a graduate in economics 경제학부의 졸업생
graduate school/courses/students 대학원/대학원 과정/대학원생
He graduated from the university, and majored in economics. 그 대학을 졸업하였으며, 전공은 경제학이다.

grant 주다, 부여하다, 승인/허가하다　　　명 허가/인가/양도
She was granted a pension. 　그녀는 연금을 받게 되었다.
Our company policy, however, does not allow us to grant exclusive sales rights to any one before we have held substantial business dealings with them.
하지만, 회사 정책상 거래 실적이 상당하기 전에는 어느 누구에게도 독점 판매권을 부여하지 않음.

take ~ for granted ~를 당연한 것으로 여기다
He took it for granted that the invitation included his wife.
그는 그 초대를 당연히 아내와 함께 오라는 것으로 여겼다.

grasp 붙잡다, 이해하다　　　명 붙잡음, 통제, 이해
grasp the meaning 뜻을 이해/파악하다
beyond/within one's grasp 손(힘)이 미치지 않는/미치는 곳에, 이해할 수 없는/있는
Grasp all, lose all. 　(속담) 욕심 부리면 다 잃는다.

have a good grasp of ~을 잘 이해하고 있다
It sounds like you have a good grasp of the situation.
He tried to grasp for any help.

당신이 상황을 충분히 파악한 것 같네요.
어떠한 도움이라도 붙잡으려 하였다.

grateful 감사하고 있는
I am very grateful for your thoughtful proposals to my company, which we discussed at my office.
제 사무실에서 논의한 귀하의 사려 깊은 제안에 감사함.

gratis 무료로, 공짜로 ☞ **free of charge**
The sample is sent gratis.
견본은 무료 발송.

Entrance is gratis.
입장 무료.

gratitude 감사, 사의
in gratitude for ~을 감사하여
with gratitude 감사하여

out of gratitude 은혜의 보답으로

express gratitude for ~에게 사의를 표하다
On behalf of KFS Chemical Ltd., and KFS Corp., I wish to express our sincere gratitude to the many distinguished guests here today, especially to the honorable Minister of Trade and Industry for his invaluable support.
KFS 화학과 KFS Corp.를 대표해서 귀빈 여러분께 특히 상공부 장관님께 큰 지원을 해주신데 대해 감사를 표함.

gratuity 선물, 팁, 상금 유 **tip**
No gratuity accepted.

팁(축의금) 사절.

grave 무덤/묘비 형 엄한/근심스러운/중대한 동 매장하다/새기다
from the cradle to the grave 무덤에서 요람까지
The situation poses a grave threat to peace.
His words are graven on my memory.

to the grave 죽을 때까지
정세는 평화에 중대한 위협을 제기하고 있다.
그의 말은 내 기억에 아로 새겨져 있다.

gravel 자갈 동 자갈을 깔다, 괴롭히다 형 귀에 거슬리는
a gravel path 자갈길
Hit the gravel if a bomb explodes behind you.

hit the gravel/dirt 엎드리다
폭탄이 폭발하면 땅에 엎드려라.

gravitate 중력/인력에 끌리다 명 **gravity** 진지/중대함/중력
The earth gravitates toward the sun.
specific gravity 비중

지구는 태양에 끌린다.
gravity of political situation 정국의 중요성

green 녹색의, 젊음이 넘치는, 질투에 불타는 (jealous)
keep a memory green 언제까지나 기억하다

green with fear 공포로 얼굴이 창백한

be green with envy/jealousy 질투하다
Her colleagues were green with envy.

그녀의 동료들은 부러워 죽을 지경이었다.

have a green thumb   원예의 재능이 있다
My mother has a green thumb when it comes to houseplants.   어머니는 화초를 잘 가꾸신다.

greet   인사하다, 환영하다
greet a person with cheers/a smile   아무를 환호/미소로 맞이하다
Always greet people with a smile.   항상 미소로 사람들을 맞이해라.
I am very honored to be here with you and to have the opportunity to extend, on behalf of my colleagues in the Korean delegation, our greeting to our beloved host, the members of Economic Cooperation Committee.
이 자리에 있게 되어 영광스러움. 주빈인 경제협력위원회 멤버들에게 인사를 전함.

grievance   불만, 불평
He   has/nurses/harbors   a grievance against his employer.   그는 고용주에게 불만이 있다.

grieve   슬퍼하다   명 grief   슬픔, 비통, 재난, 불행
She grieves over the things that can't be undone.   돌이킬 수 없는 일을 슬퍼한다.
He who grieves most at loss of time is the wisest.   허송세월을 가장 슬퍼하는 사람은 현명한 사람이다.

groom   신랑(bridegroom) ↔ bride   신부   ☞ newlyweds
a toast to the bride and groom   신랑 신부를 위한 건배

gross   총계의, 뚱뚱한, 큰   명 총계/총액   동 총수익을 올리다
the gross amount/area   총계/총면적   gross proceeds/profits   매상 총액/총이익
by the gross   전체로, 통틀어서

groundwork   토대, 기반, 원리/원칙
I feel that the conference served to lay the initial groundwork for future cooperation of mutual interest.   이번 회의가 상호 관심 분야에서의 향후 협력을 위한 초석을 다지는데 일조했다고 생각함.

grow   성장하다, 발생하다, 증대하다   명 growth
He has grown.   He has grown in experience.
그는 성장했다.   경험이 풍부해졌다.
The city is growing every year.   그 도시는 매년 발전하고 있다.
I sincerely hope that our friendship and the relationship between your State and our company will grow deeper.
귀 주와 당사간의 우정과 관계가 더욱 더 돈독해주기를 바랍니다.

grow up   성인이 되다, (습관 · 감정 따위가) 발생하다
A warm friendship grew up between us.   우리들 사이에 뜨거운 우정이 생겼다.

grow out of   (습관 따위) 벗어버리다/탈피하다, 못 입게 되다, 기인하다
He has grown out of all his clothes.   자라서 어느 옷도 입을 수 없게 되었다.
His illness grew out of his bad habits.   그의 병은 여러 악습이 원인이다.

guarantee 보증, 보증서   동 보증하다, 보장하다, 약속하다

I guarantee you against/from any loss   어떤 손해도 끼치지 않을 것을 보증 드립니다.

He put up his house as a guarantee in order to borrow money from the bank.
은행으로부터 돈을 빌리기 위해 집을 담보로 넣었다.

Wealth is no guarantee of happiness.   부(富)가 행복의 보증은 아니다.

I guarantee that the contract shall be carried out   계약이 이행될 것을 보증한다.

I guarantee (that) he will come.   그가 올 것임을 내가 장담한다.

I guarantee to be present.   꼭 출석합니다.

on a/under the guarantee of ~의 보증 아래, ~의 보증을 하여

KFSC persuaded Doona to sign the agreement on the guarantee of Sena.
KFSC는 Sena의 보증하에 Doona가 계약에 서명하도록 설득했다.

Your supplying MLCC for the largest mobile phone company does not guarantee your business with the 2nd largest mobile phone company, as there are several MLCC makers in Korea already and each mobile phone company has its long-term vendors.
최대의 핸드폰 회사에 MLCC 공급 하는 것이 두 번째로 큰 회사와의 거래를 보장하는 것은 아니다. 그 사유는 이미 한국에 MLCC 회사가 여러개이며 각 핸드폰 회사는 장기적인 공급처가 있기 때문이다.

guardian 관리인, 후견인   형 보호하는, 수호의

Let's hope that the school guardian system will make the environments around schools safer.
학교보안관 시스템을 통해 학교 주변 환경이 더욱 안전해지기를 바랍니다.

guide 안내자, 지도자, 지침   동 안내/지도/j통치하다

He skillfully guided his car through the heavy traffic.   그는 엄청난 차량의 물결 속을 교묘히 헤치며 차를 몰았다.

Can you guide me to the station?   정거장 가는 길을 가르쳐 주겠습니까?

Getting an opportunity to guide you in Korea gives me much pleasure.
한국에서 귀하를 안내할 기회를 갖는 것은 많은 기쁨을 줍니다.

guidance 안내, 지도, 지침

vocational guidance 직업보도   under a person's guidance 아무의 안내/지도로

guideline 지표/지침, 가이드라인

The government has drawn up guidelines on the treatment of the mentally ill.
정부가 정신 질환자 치료에 대한 가이드라인을 만들었다.

guilt 유죄, 죄책감   형 guilty 유죄인 ↔ innocent 무죄인

His guilt was proved beyond all doubt by the prosecution.
그가 유죄임은 검찰(당국)에 의해 전혀 의심할 여지없이 입증되었다.

I felt guilty about not visiting my parents more often.
난 부모님을 더 자주 찾아뵙지 않은 것에 대해 죄책감을 느꼈다.

gym 체육관(**gymnasium**), 체육

Habitat 서식지, 거주지   **habitat segregation** 서식지 분할
He set up the habitat for the abandoned dog in his backyard.
그는 뒷마당에 유기견 서식지를 만들었다.

hair 머리카락, 털끝만한 양, 약간

His saying is not worth a hair.   그의 말은 한 푼의 가치도 없다.
He lost a race by a hair.   근소한 차로 경주에 졌다.
I'll have my hair cut this afternoon.   오늘 오후에 머리를 깎을 예정이다.

hair of the dog 해장술

They played poker over drink at my office all night, and went out for hair of the dog just a minute ago.   그들은 내 사무실에서 술을 마시면서 밤새도록 포커를 한 후, 방금 전에 해장술 하러 나갔다.

hair stand on end 머리가 곤두서다

When she entered s haunted house, her hair stood on end and could not move at all.
귀신이 나오는 집에 들어갔을 때 머리가 곤두서고 전혀 움직일 수 없었다.

hallmark 품질보증 마크, 검증서, 특징   图 보증하다
The gold plate has a hallmark on the bottom.   금 접시는 바닥에 품질보증표시.

halt 멈추다/정지시키다/주저하다/망설이다   图 정지, 휴식, 멈춤
a halting place 휴식처, 주둔지   come to/make a halt 정지하다, 멈추다
halt between two opinions 두 가지 의견 사이에서 망설이다

hand 손, 도움, 역할   图 넘겨주다
Give me your hand while we cross the road.   도로를 건널 때는 내 손을 잡아라.
This appointment was an attempt to strengthen her hand in policy discussions.
이번 임명은 정책 결정에서 그녀의 영향력을 강화하려는 시도로 이뤄진 것이었다.
She handed the letter to me. She handed me the letter.   나에게 그 편지를 건네주었다.

give a hand 도와주다

Let me give you a hand with those bags. She always gives me a hand.
그 가방들 내가 좀 들어줄게. 늘 나를 도와준다.

hand out 나눠주다, 주다

I need two persons to hand out this premium item to the visitors.
방문객들에게 판촉물을 나눠 줄 사람이 2명 필요하다.

hand over 양도하다, 인계하다

It's customary in Korea that father hands over his business to his eldest son.
한국에서는 아버지가 장남에게 사업을 물려지는 것이 관례이다.

handout 기부, 상품 안내/견본, 인쇄물
She passed out the handouts advertising our new project.
그 여자가 우리의 새 프로젝트 광고 전단을 배포했다.

hands-on 실제로 참가하는, 진두지휘하는, 깊은
The success of our business in Korea stems from your considerate help and hands-on cooperation.
한국에서 우리 사업의 성공은 귀사의 사려 깊은 도움과 깊은 협조 덕분이다.

hands-off 불간섭의   **hands-off policy** 불간섭 정책

handwash 손으로 씻다
He handwashed his car/clothes.
손세차/손빨래 했다.

hang 걸다, 전시하다, 교수형에 처하다
He hangs up a hat on the wall.   He was put to death by hanging.
벽에 모자를 걸다.   그는 교수형에 처해졌다.

Please calm down. That's not a question on which life and death hang.
진정해라. 생사가 걸려 있는 문제가 아니니.

Let that matter hang for some time.   그 문제는 얼마 동안 보류해둡시다.

get/have/see the hang/knack of; get into the hang of: 이해하다, ~의 요령 터득하다
After working at the company for a week, Jenny got the hang of the company system.
일주일을 일하고 나서야 제니는 회사의 시스템을 알았다.

hanger 교수형 집행인, 양복걸이

hangover 숙취

happen to 동사 원형 우연히 ~하다, 마침 ~하다
   유 **chance to, It (so) happens that ~**
It so happened that I could make a trip to USA.   마침 미국 출장을 갈 수 있었다.
I happened to be at casino in Macau when she visited Hong Kong.
그녀가 홍콩 방문 시, 나는 우연히도 마카오에 있는 카지노에 있었다.

harass 괴롭히다
The speaker was harassed with questions by many persons.   연사를 질문 공세로 괴롭히다.
She was sexually harassed during 3-month probation by her boss, but she kept patient at his sexual harassment, hoping for a regular employee.
그녀는 3개월 수습기간동안 그녀의 상관으로부터 성추행을 당했으나, 정식 직원이 되고자 하는 일념으로 참았다.

harbor 항구/피난처   유 **port**   동 피난처를 제공하다/정박하다
harbor of refuge 피난항   in harbor 입항 중에

hardship 고난, 곤경

hardware 철물, 하드웨어 ↔ **software** 소프트웨어

harm 해/손해, 손상　　　**동** 해치다, 손상하다　　　**형 harmful** 해로운
There is no harm in doing so.　　　　　　　　　　　　　그렇게 해도 해는 없다.
My friend's son did me harm. He did harm to me.　　　친구 아들이 해를 입혔다.

harsh 거친, 사나운, 호된
She was harsh to her maid.　　　　　　　　　　　　　그녀는 하녀에게 엄했다.

harvest 수확, 추수　　　　**동** 수확하다
abundant/bad harvest　풍작/흉작

hasten 서두르다, 재촉하다, 촉진하다
He hastened his departure, as typhoon was coming.　　태풍이 오고 있어 출발을 앞당겼다.
I hasten to let you know the good news.　　　　　　　급히 이 기쁜 소식을 알려드립니다.
She hastens upstairs.　　　　　　　　　　　　　　　급히 2층에 올라간다.
The policeman hastened to the spot.　　　　　　　　경관은 현장에 급행했다.

hasty 급한, 경솔한
Don't reach a hasty conclusion. Don't jump to a conclusion.　　속단하지 마라. 성급한 결론 내리지 마라.

hatch 부화하다, 꾀하다, (아이)낳다　　　**명** 부화, 승강구
He hatched a plot to kick out the director.　　　　　이사를 축출할 음모를 꾸몄다.
The eggs are about to hatch.　　　　　　　　　　　그 달걀들은 막 부화가 되려 한다.

hatred 증오, 혐오　　　**동 hate** 증오하다
in hatred of　~을 증오(혐오)하여

have a hatred for　~을 미워/싫어하다
I don't understand why people have such a hatred for immigrants.
사람들이 왜 이민자들을 그렇게 싫어하는지 이해할 수 없다.

haughty 오만한, 불손한　　　**명 haughtiness**
a haughty face/look/manner　거만한　얼굴/표정/태도
He replied with haughty disdain.　　　　　　　　　그가 오만하게 경멸스럽다는 듯이 대답했다.

haunt 출몰하다, 자주 들르다
a haunted house　유령이 나오는 집
I am haunted by the thought that ~: ~이라는 생각이 머리에서 떠나지 않는다.

have 소유하다, 가지고 있다, 품다, 이해하다
have no objection to the plan　　　　　　　　　　계획에 반대하지 않다
have the right to vote　　　　　　　　　　　　　투표권이 있다
have respect for the aged　　　　　　　　　　　노인을 존경하다

have a prejudice/grudge against a person　　　　　　　　남에게 편견/원한을 품다

have to　　동사 원형 ~해야 한다
I will have to go now.　　　　　　　　　　　　　　　　　이제 가봐야 한다.

have not to　　동사 원형 ~할 필요는 없다, ~할 것까지는 없다
You do not have to bring your lunch tomorrow.　　　　내일은 도시락을 갖고 오지 않아도 된다.

have only but to　　동사 원형 ~하기만 하면 된다
You have only to study hard.　　　　　　　　　　　　너는 열심히 공부만 하면 된다.

have+목적어+동사원형／*have*+목적어+ *~ing*　　(남에게) ~시키다/하게 하다, ~에게 ~당하다
Have him come here at five.　　　　　　　　　　　5시에 그를 여기로 오게 하시오.
She had us laughing all through the meal.　　　　그녀는 식사 내내 우리들을 웃겼다.

have+목적어+과거분사 ~시키다, 하게 하다, 당하다
I have my hair cut.　머리를 자르다.　　　　　　　I had my watch stolen.　시계를 도둑맞았다.

hawk　매, 사기꾼, 강경론자 ↔ **dove**　온건론자　　동 매사냥을 하다, 날다

hazard　위험, 우연,(골프)해저드　　동 위태롭게 하다, 모험하다
at all hazards　만난을 무릅쓰고, 꼭　　　　　　　　　at/by hazard　운에 맡기고, 아무렇게나
run the hazard　　　　　　　　　　　　　　　　　　성패는 하늘에 맡기고 해보다

head　머리/두뇌/수위/수석　　형 수석의　　동 선두에 서다, 이끌다
have a (good) head for business/figures　　　　　　사업/계산에 재간이 있다
the head of the Korean delegation　한국 대표단 단장
He was headed for the port.　　　　　　　　　　　그는 항구로 향했다.
Who is heading this project? She has been appointed to head the research team.
이 프로젝트는 누가 주관하고 있니? 그녀가 그 연구팀을 이끌도록 임명되었다.

hearty　마음으로부터의, 친절한
a hearty welcome　마음에서 우러나는 환영

extend/offer/render/convey one's (most) hearty/heart-felt/heartful congratulations to you on
~에 대해 진심어린 축하를 하다

I must also extend my most hearty congratulations to you on the great success of the Council meeting, as it proved to be very well organized and highly beneficial to all members as well as to the organizer of the Council meeting.
또한 위원회 회의가 큰 성공을 거둔데 대해 진심으로 축하함. 위원회 회의주관 측뿐만 아니라 모든 위원회 회원들에게 이번 회의는 잘 조직화되었고 유익하였다는 것이 입증되었음.

heated　가열한, 격앙한, 흥분한
a heated discussion　격론

heavy 무거운, 대량의, 격렬한, 과중한   **명** 무거운 물건
a heavy truck/crop/rain/sea/injury   대형 트럭/풍작/폭우/격랑/중상
have a heavy hand   손재주가 무디다, 강압적이다

make heavy weather of ~ 일을 스스로 어렵게 만들다
We don't have to make heavy weather of the subsequent matter.   그 다음 문제를 복잡하게 만들 필요가 없다.

hectic 홍조를 띤, 흥분한, 매우 바쁜   **명** 홍조, 결핵 환자
a hectic flush 소모성 홍조   a hectic day/life   눈코 뜰 새 없는 하루/인생
How is it going with your business? I hope you are hectic with business nowadays.
사업이 어떠신지요. 아주 바쁘시기를 바랍니다.

heed 주의하다, 조심하다   **명** 주의, 조심
He did not heed the warning.   그는 경고를 무시했다.

give/pay heed to ~에 주의/유의하다
When you take medicine, you must give heed to see if it heals you the best.
당신은 치료제를 복용할 때 그것이 몸을 가장 잘 치유할 수 있는 것인지 주의해야 한다.

hence 그러므로, 지금부터
fifty years hence 지금부터 50년 후

heterosexual 이성애의 ↔ **homosexual** 동성애의

hibernate 동면하다   **명** **hibernation** 동면
Snakes hibernate in winter.   뱀은 동면을 한다.

high-end equipment 최고급 장비

highlight 가장 밝은 부분, 주요 사건/장면   **동** 강조하다, 눈에 띄다
I've highlighted the important passages in yellow.   중요한 구절들에는 내가 노란색으로 강조 표시를 해 놓았다.
With much interest I went through the highlighted points in your message and other information
which your staff gave us during your last visit.
메시지에서 중요 사항들과 지난번 귀사 방문 시 귀하의 직원이 준 정보를 아주 흥미롭게 훑어보았음.

hinder 방해하다, 훼방하다   **명** **hindrance**
Nothing hindered in my work.   아무 것도 내 일을 방해하지 않았다.
We would like to express our wish to continue our business relationship with your esteemed
firm. However, we think it necessary to clear up some details that may hinder any future deals.
귀사와 BIZ 관계 지속 희망하나, 향후 거래에 장애가 되는 문제의 확실한 해결이 필요함.

hinder A from B ~ing A가 B가 ~하는 것을 방해하다   ☞ *prohibit*
An injury was hindering him from playing his best.   그는 부상으로 최고 기량을 못 내고 있었다.

The heavy snow hindered him from reaching the airport on time.
폭설로 공항에 정시에 도착하지 못했다.

history 역사, 사실, 경력   형 **historic, historical**

personal history, resume, curriculum vitae(CV)   이력서
become history, go down in/to history   역사에 남다
historic building/monument   역사적으로 중요한 건물/기념비
historical   documents/records/research   역사학적 문서/기록/연구
History repeats itself.   (속담) 역사는 되풀이 된다.

hit 때리다, 치다, 마주치다, 떠오르다   명 타격/충돌/명중/성공

hit the mark   표적을 맞히다   hit the right answer   정답을 맞히다
a sacrifice hit   희생타   hit the road   길을 나서다
A brilliant idea hit me. My answer was a clever hit.   한 생각이 떠올랐다. 매우 적절한 대답이었다.

hit the ceiling/roof   격노하다, 길길이 뛰다
She hit the ceiling when her colleague made a coarse joke to her.
회사 동료가 추잡한 농담을 하자 격노했다.

hit the headlines   유명해지다, 대서특필하다
The president's sex scandal hit the headlines in today's newspapers.
대통령의 섹스 스캔들은 오늘 신문에 대서특필 되었다.

horse 말, 기병대   형 말의   동 말을 공급하다, 짊어지다

eat like a horse   대식하다, 많이 먹다   on one's high horse   뽐내어
Don't change horses in the midstream.
(속담) 강(江) 가운데에서 말을 바꿔 타지 마라. 전장에서 장수를 바꾸지 마라.

bet on the wrong horse   질 말에 걸다, 판단을 그르치다, 미래를 잘못 예측하다
He bought a big house, but the price of real estate collapsed down. He bet on the wrong horse.
큰 집을 샀으나, 부동산 가격이 폭락했다. 완전히 예측이 빗나갔다.

from the horse's mouth   가장 확실한 소식통에서
This comes straight from the horse's mouth, so you may rest assured.
믿을 만한 소식통에서 나온 것이다. 그러니까 믿어도 좋다.

hold 유지하다, 지키다, 소유하다, 간직하다   명 파악, 장악

The government holds the rights to decide the tax rate.   세율을 결정할 권리가 있다.
The meeting was held yesterday. I hold him (to be) responsible. He does not hold with the new method.   회의는 어제 열렸다. 그에게 책임이 있다고 생각한다. 그는 새 방법을 인정치 않는다.
This contest holds a scholarship for the winner. This room can hold eighty people.
경연대회에서는 우승자에게 장학금이 마련되어 있다. 방에는 80명이 들어갈 수 있다.

hold that   ~라고 주장하다/생각하고 있다

I still hold that the government's economic policies are mistaken.
나는 아직도 정부의 경제 정책이 잘못되었다고 생각한다.

have a hold on/over　~에 대해 지배력/권력이 있다, ~의 급소를 쥐고 있다
The Count had a hold on the new colony settlement.　　　　그 백작은 새로운 식민지에 대한 권력이 있다.

hollow　속이 빈/공허한/허울만의　　명 계곡, 도랑　　동 속이 비다
a hollow tree　속이 빈 나무　　　hollow words/compliments　빈 말　　　feel hollow　배가 고프다
in the hollow of a person's hand　아무에게 완전히 예속되어
He was in the hollow of his master's hand until she helped him out.
그녀가 그를 도와줄 때까지 그는 그의 주인에게 완전히 예속되어 있었다.

homeless　집 없는, 노숙자의　　명 노숙자
the homeless/poor/rich　노숙자들/가난한 사람들/부자들
The scheme has been set up to help homeless people.　　그 계획은 노숙자들을 돕기 위해 세워진 것이다.

homesick　향수병에 걸린　　명 homesickness　　유 nostalgia
I felt homesick for Korea.　　　　　　　나는 한국이 그리워 향수병을 앓았다.

homicide　살인, 살인자
FBI Crime Reports show no change in the American homicide rate.
FBI 범죄 보고서는 미국인 살인율이 전혀 변하지 않았다는 것을 보여준다.

honk　기러기 울음소리, 경적소리　　동 울다, 경적을 울리다
She honked the horn when they were approaching a crossing.
그들이 횡단보도에 접근할 때 경적을 울렸다.

honor　명예, 명성, 경의　　동 존경하다, 명예를 주다
honor a person with a title/an invitation　　　　아무에게 칭호를 수여하다/아무를 초대하다
do honor to a person; do a person honor　　　아무에게 경의를 표하다, 아무의 명예가 되다
pledge one's honor　　　　　　　　　　　자신의 명예를 걸고 맹세하다
I am pleased and honored to have the opportunity to introduce myself to you.
저를 소개할 기회를 갖게 되어 기쁘고 영광스럽습니다.

We will honor your claim.　클레임을 존중하다. 즉, 클레임을 책임지겠다.
☞ 품질문제 없을 것이니 걱정하지 말라는 의미임.
We would like to express our deep gratitude for your taking the time out of your busy schedule to honor us here with a visit.
영광스럽게도 당사 방문을 위해 바쁘신 중에서도 시간 할애해 주신데 대하여 깊은 감사를 드리고 싶음.

in honor of　~에게 경의를 표하여, ~을 축하하여
In honor of your visit to us, we would like to hold a party for you.
귀하의 방문을 기려, 파티를 개최하고자 합니다.

have the honor to do/of doing ~하는 영광을 얻다, 삼가 ~합니다
I have the honor to invite you to the party. It's an honor for me to invite you to the party.
파티에 참가하여 주시면 영광스럽겠습니다.

hors d'oeuvres 전채 유 appetizer

hospitalize 입원시키다, 병원 치료를 하다 명 hospitalization
I am very sorry to hear of your father's hospitalization and hasten to express our sincere good wishes for his most speedy recovery.
부친의 병원 입원 유감이며 쾌차하시기를 기원드림.
He was hospitalized for diagnosis and treatment. 그는 진단과 치료를 위하여 입원했다.

hospitality 환대, 친절
Thank you for the boundless hospitality you showed to us during our visit to your country.
귀국 방문 시 보여주신 끝없는 환대에 감사함.

host 주인, 호스트, 사회자, 많은 사람(떼) 동 접대하다, 사회보다
host + 명사: 주최 + 명사 host country/committee 주최국/주최 위원회
host of friends 많은 친구들
She acted as host at a party. 파티의 호스트였다.
reckon/count without one's host 오산하다, 속단하다
Don't count without your host. 제멋대로 판단하지 마라.

hostage 볼모, 인질, 담보 동 볼모로 주다
be held in hostage 볼모로 잡히다 take a person hostage 아무를 인질로 잡다

hostile 적대적인/호의적이 아닌/냉담한 명 hostility 적의/적대감
hostile to reform 개혁에 반대하는 a hostile ground 적지
a hostile takeover 적대적 기업 인수

hot-blooded 다혈질적인 유 passionate

hot-tempered 성 잘 내는, 신경질적인
She is so hot-tempered that her mood changes every minute.
그녀는 너무 다혈질이라서 변덕이 죽 끓듯 하다.

humanize 인간답게 만들다, 인도적이 되게 하다
These measures are intended to humanize the prison system.
이런 조치들은 교도소 시스템을 인도적으로 만들기 위한 것이다.

humble 비천한, 시시한, 겸손한 동 천하게 하다
man of humble birth/origins 출신 신분이 미천한 남자

humble position/income 낮은 지위/적은 수입   humble oneself 겸손하다

in one's humble opinion 소견을 말씀드리면

In my humble opinion, she is the right partner with whom he has to go steadily.
제 소견을 말씀드리면, 그녀는 그가 사귀어야 될 적격자이다.

In my humble opinion, the reason for quality defectiveness is caused by the carelessness of your factory workers at the assembly line. not by our part. The reason is ~.
품질 불량은 당사의 부품이 아니라 귀사 조립 라인 직공들의 부주의에 기인하고 있는 것 같습니다. 그 이유는 ~.

humid 습기 있는, 눅눅한

The island is hot and humid in the summer.   그 섬은 여름에는 덥고 습하다.

humiliate 욕보이다, 창피를 주다   명 humiliation 굴욕/굴복

The party was humiliated in the recent elections. 그 당은 최근의 선거에서 굴욕을 당했다.

hybrid 잡종, 혼혈아   형 잡종의, 혼혈의

A mule is a hybrid of a male donkey and a female horse.   노새는 수 당나귀와 암말의 잡종.
Hence, we require a marriage, so to speak, of your commercial- and industrial-grade boards. This hybrid board has lower cost while retaining the necessary surface quality.
따라서, 상업용 등급과 산업용 등급을 합치는 것을 원합니다. 이런 혼합 합판을 만들면 표면 품질을 유지하면서 가격을 낮출 수 있음.
※ hybrid란 두 가지 이상을 기능을 합친 부품/제품을 칭할 때 유용하게 사용된다. 예를 들면 hybrid IC, hybrid car.

hygiene 위생학, 위생상태

food/personal hygiene 식품/개인 위생
In the interests of hygiene, please wash your hands.   위생을 위해 부디 손을 씻으세요.

hypocrisy 위선, 위선적 행위

He condemned the hypocrisy of those politicians who did one thing and say another.
그는 말과 행동이 다른 정치인들의 위선을 비난했다.

hypocritical 위선의, 위선적인

Of course I was wrong; it would be hypocritical to pretend otherwise.
물론 내가 틀렸었어. 그렇지 않은 척한다면 위선이겠지.

hypothesis 가설, 가정, 추측

formulate/confirm a hypothesis 가설을 세우다/확인하다

Ideal 이상, 전형, 관념/이념　　형 이상적인, 상상의
an ideal companion 이상적인 벗
She found it hard to live up to his high ideals.
그녀는 그의 높은 이상에 맞추며 살기가 힘들었다.

identify 확인하다/동일시하다/일체가 되다　　명 identity 신분/독자성
명 identification 신원확인/신분증명
The police tried to identify handwritings of the suspects.　　경찰은 용의자들의 필적을 감정했다.
They identified Jones with the progress of the company. 그들은 존스야말로 곧 회사의 발전이라고 생각하였다.
Their identities were kept secret.　　그들의 신분은 계속 비밀에 부쳐졌다.
The identification of the crash victims was a long and difficult task.
그 충돌 사고 희생자들의 신원 확인은 시간이 걸리고 힘든 작업이었다.

idiot 천치, 바보

if 만약 ~한다면　　명 가정, 만약
If he improves his IT skills, he'd easily get a job.　　그가 IT 기술을 향상시키면 직장을 쉽게 구할 텐데.
If metal gets hot, it expands.　　금속은 열을 받으면 팽창한다.
If you sit down for a few moments, I'll tell the manager you're here.
잠깐만 앉아 계시면 매니저님께 당신이 여기 계신다고 말씀드리겠어요.
I wonder if I should wear a coat or not.　　내가 외투를 입어야 할지 말아야 할지 모르겠어.
I'd be grateful if you would keep it a secret.　　그것을 비밀로 해 주시면 고맙겠어요.
If I may make a suggestion, perhaps we could begin a little earlier next week.
제가 제안을 하나 하자면, 아마 다음 주에는 우리가 좀 더 일찍 시작할 수도 있을 거라는 겁니다.
There are still a lot of ifs and buts before everything's settled.
모든 것이 정해지기 전에 아직도 이런저런 이유가 많다.

ignorance 무지, 무학　　형 ignorant
He is ignorant of his mistake,　　자기 실수를 모르고 있다.
in ignorance of ~을 알지 못하고
We kept him in ignorance of the case.　　그 사건에 대해 그에게 알리지 않고 있었다.

illustrate 설명하다, 삽화를 넣다　　명 illustration 삽화/도해
This illustrates how ~: 이것은 ~의 이유를 예증하고 있다.
He illustrated the strange situation from his experience.　　그 이상한 상황을 경험에 의거, 설명했다.
Let me illustrate.　　예를 들어보겠다.

imagine 상상하다, 추측하다　　명 imagination 상상력, 상상
형 imaginative 창의적인　　imaginary 가상적인
an imaginative approach/idea/child　　창의적인 접근법/발상/상상력이풍부한 아이

imaginary fears 가상적인 공포
You can little imagine her great success. At first sight I could easily imagine that the girl would become a good actress. 그녀가 얼마나 큰 성공을 거두었는지 아마 상상도 못 할 거다. 첫눈에 그 소녀는 훌륭한 여배우가 되리라고 상상할 수 있었다.

imitate 모방하다, 모조하다   명 **imitation** 모조품, 모방
imitation leather/pearls 인조 가죽/모조 진주
No computer can imitate the complex functions of the human brain.
어떤 컴퓨터도 인간 두뇌의 복잡한 기능을 모방할 수 없다.

immeasurably 헤아릴 수 없는, 측정할 수 없는   형 **immeasurable**
Housing standards improved immeasurably after the war.
전쟁이 끝난 이후로 주택 수준이 헤아릴 수 없을 정도로 개선되었다.

immediate 직접의, 인접한, 즉시의   부 **immediately**
immediate neighborhood/reply/payment 바로 이웃/즉답/즉시불
We would appreciate your immediate confirmation of his itinerary by E-mail.
이메일로 일정 조속 확인하여 주시면 감사하겠음.

You had better take immediate action, as our manager hate any member's tardy progress.
즉시 실천하는 것이 좋을 것이다. 왜냐하면 어떤 직원이든 꾸물거리는 것을 진짜 싫어한다.

Please let QC manager immediately find out the reason why the defectiveness came up so high suddenly. 품질관리과장에게 갑자기 불량이 왜 그렇게 많이 발생되는지 원인 규명을 즉시 하라고 해라.

immense 막대한, 광대한, 멋진   유 **huge**
We take an immense amount of pride in the fact that your preeminent firm has been our business partner more than ten years already.
귀사와 거래 시작한지 이미 10년이 지난 사실에 큰 자부심을 가짐.

immigrate 이주하다(from)   명 **immigration** 이주/이민/출입국관리소
immigrate cheap labor 값싼 노동자를 이주시키다
go through immigration 출입국 관리소를 통과하다
He was allowed to immigrate to Korea. 한국에 이민 오는 것을 허가 받았다.

imminent 절박한, 긴급한   명 **imminence**   ☞ **urgent**
A storm seems imminent. 폭풍우가 곧 닥쳐올 것 같다.
The issue is imminent. 그 사안은 다급하다.
Please come to Korea right away. We want to discuss the quality issue with you imminently.
The issue will decide our future business with the company.
즉시 한국으로 오시기 바람. 귀하와 품질 사안에 대해 긴급히 협의하고 싶음. 본 사안이 그 회사와의 향후 거래를 결정지을 것임.

immortal 불후의, 영원한 ↔ **mortal**
immortal fame 불후의 명성

immune 면역성이 있는   명 면역자, 면제자
동 **immunize** 면역이 되게 하다   명 **immunization** 면역성 부여
You'll eventually become immune to criticism.   결국 비판에 무덤덤해 질 것이다.
All the children are immunized against measles.   모든 아이들은 홍역에 면역이 되어 있다.

impact 영향, 충격   동 채우다, 충돌하다
I worry that this incident will unfavorably affect our company's and group's relationship with your firm and adversely impact on the head of your branch office here.
이번 일로 인해 당사 및 당 그룹의 귀사 관계가 소원해지고 귀사 한국 지사장에게 나쁜 영향을 끼칠까 우려됨.

The company's poor performance was impacted by the high value of the pound.
그 회사의 저조한 실적은 높은 파운드화 가치 때문에 영향을 받았다.

impair 해치다/손상하다/나누어주다   명 **impairment** 손상/해침
He impairs his health by drinking too much.   술을 폭음하여 건강을 해쳤다.
The company's direct dealings with Korean customers will impair a coherent spirit which is effective Korean domestic marketing strategy.
그 회사의 한국 고객들과의 직거래는 한국 내수 시장에서의 효율적인 마케팅 전략인 영업 창구의 일관성을 훼손할 것이다.

impart 나누어주다/전하다   명 **impartation**, **impartment**
He imparted the good news to her son.   아들에게 좋은 소식을 전했다.

impartial 공평한, 편견 없는   명 **impartiality** 공평, 불편부당
As chairman, I must remain impartial.   의장으로서 공정성을 유지해야 합니다.

impatient 조급한, 몹시 하고픈 ↔ **patient**
He is impatient to go.   그는 (빨리) 가고 싶어 못 견뎌 한다.

be impatient for/of ~이 탐나서 못 견디다, ~을 안타깝게 기다리다
She was impatient for admission.   그녀는 합격을 초조히 기다렸다.

be impatient of ~을 못 참다
They were impatient of her arrogance any more.   그들은 더 이상 그녀의 오만함을 참지 못했다.

imperative 강제적인, 절박한   명 불가피한 것, 의무, 책임
It is imperative that I should go at once.   지금 곧 가지 않으면 안 됨.

imperil 위태롭게 하다, 위험하게 하다   명 **imperilment** 위험/위태
We do not want to sign the agreement which might possibly imperil us.
우리는 위태롭게 할지도 모를 협정에 서명하고 싶지 않다.

impersonal 인간미 없는, 비인격적인
a vast, impersonal organization   인간미 없는 거대한 조직

Business letters need not be formal and impersonal.
사업상의 편지라고 해서 딱딱하고 인간미 없게 쓸 필요는 없다.

impetus 힘, 추진력, 자극

give/lend (an) impetus to ~에 박차를 가하다, ~을 자극/촉진하다
Many people are beginning to give an impetus to his election campaign.
그의 선거 운동이 차츰 박차를 가하기 시작하고 있다.

implant 심다, 끼우다 명 임플란트(치과)

implement 시행/이행하다 명 도구, 수단 명 implementation
implement changes/decisions/policies/reforms 변화/결정/정책/개혁을 시행하다
We have to consider that the government implemented the system.
정부가 그 시스템을 실행했던 것을 고려해야한다.

The new president is trying to implement his campaign promises.
새로운 대통령은 그의 선거공약을 이행하려고 노력한다.

His implementation plan is far from reality. 실행 계획이 현실감이 없다.

impulse 충동, 충격
He felt an impulse to hug her. 그녀를 껴안고 싶은 충동을 느꼈다.
He is not a man of impulse, but is a man of prudence. 충동적인 사람이 아니고 신중한 사람이다.
He never acts from impulse. 결코 충동적으로 행동하지 않는다.

imply 함축하다, 암시하다, 수반하다 명 implication 영향/함축/암시
형 implicit 암시된, 내포된, 은연중의
implicit promise/obedience/faith 묵계/절대 복종/맹신
You imply that I am not telling the truth. 내가 사실을 말하지 않는다고 말하는 것 같음.
The development of the site will have implications for the surrounding countryside.
그 부지 개발은 주변 시골 지역에 영향을 미칠 것이다.
That idea is implicit in the amendment. 그 생각은 수정안에 포함되어 있다.

import 수입하다 명 수입
imported goods 수입품 import restriction/controls 수입 제한
import licence 수입 허가 food imports from abroad 해외에서 들여온 수입 식품들
goods imported from Japan into the USA 일본에서 미국으로 수입되는 상품들
customs imported from the West 서양에서 수입된 관습
The report calls for a ban on the import of hazardous waste.
그 보고서는 유해 폐기물 수입 금지를 요구하고 있다.

To satisfy the needs of our sister companies and the Korean economy, we import an impressive
variety of products from raw materials to high technology.

당사 자매 회사들과 한국 경제에 필요한 사항을 충족키 위해 원자재부터 첨단 기술에 이르기까지 다양한 제품들을 수입하고 있음.

impose 부과하다, 강요/강제하다
The Customs House imposes/levies a heavy duty on the luxurious article.
관세청은 사치품에 대해 고율의 관세를 부과한다.

impress 감명을 주다, 인식시키다 명 인상, 감명, 영향
be impressed by/with ~에 감동하다, ~에 깊은 감명을 받다
I was impressed by the efficiency with which she coped with the crisis.
나는 그녀가 위기를 효율적으로 대처하는 것에 강한 인상을 받았다.

impression 인상, 감명, 영향
The first impression lasts long. 첫 인상이 오래 간다.

make an impression on ~에게 감명을 주다
His lecture made a deep/great impression on the audience.
그의 연설은 청중에게 깊은/큰 감명을 주었다.

imprint 인쇄하다, 날인하다, 인상지우다 명 날인, 인상
The scene was imprinted on/in my memory. 그 광경은 내 기억에 강하게 새겨졌다.
Your late shipment imprints a bad image on our customer. Your late shipment may possibly make our customer seriously consider a new supplying source. First image lasts long/forever.
선적 지연은 우리 고객에게 귀사 이미지가 손상됩니다. 이 선적 지연으로 고객이 다른 공급선을 찾을 지도 모릅니다. 첫 이미지가 오래 지속됩니다.

imprison 투옥하다, 구속하다 명 imprisonment 투옥, 구속
Some young mothers feel imprisoned in their own homes.
일부 젊은 엄마들은 자기 집 안에 갇혀 있는 기분을 느낀다.
The accused was sentenced to life imprisonment. 피고는 무기형의 선고를 받았다.

improvisation 즉석에서 하기, 즉석 연주
Improvisation is another factor of jazz which separates it from other styles of music.
즉흥연주는 다른 형식의 음악들과 재즈를 구분하는 또 하나의 요소이다.

impudent 무례한, 버릇없는
an impudent, young fellow 버릇없는 젊은 녀석 an impudent remark 무례한 말

in a hurry 급히, 서둘러
He is in a hurry to the movie theater to have a date with her.
그녀와 데이트 하기 위해 극장으로 급히 가고 있다.

in a row   일렬로, 연속적으로   ㊎ **consecutively**
We will have three holidays in a row.   3일 연휴이다.

in (the) face of   ~에도 아랑곳없이/불구하고   ㊎ **in spite of, in the teeth of**
She climbed the mountain in face of heavy snow.   폭설에도 불구하고 등산했다.

in a nutshell   아주 간결하게, 한 마디로
Manager Kim reported the marketing plan to his boss in a nutshell.
김 과장은 아주 간략이 마케팅 계획을 보스에게 보고했다.

in a rut   판에 박힌 생활을 하는/판에 박힌   ㊎ **stereotyped/routine**
He is in a rut after he joins the bank.   그 은행 입사 후 그는 판에 박힌 생활을 하고 있다.

in accordance with   에 따라서, 응해서
He has decided to become a professional golf player in accordance with his father's wish.
아버지의 바람대로 프로 골프 선수가 되기를 결정했다.

in all likelihood/probability   아마/십중팔구   ㊎ **nine cases out of ten**
In all likelihood he is expected to pass the exam.   십중팔구 시험에 합격할 것이다.

in charge of   담당이다/맡고 있다/책임지고 있다   ㊎ **charged with**
He is in charge of marketing planning.   마케팅 계획 담당이다.
She is charged with accounting.   그녀는 회계 담당이다.

in harmony with   ~와 조화/협조하여   ㊎ **harmoniously with**
We should work in harmony with the relevant Departments in order to proceed the project
efficiency.   그 프로젝트를 효율적으로 진행시키기 위해서는 관련 부서들과 긴밀히 협조하여야 한다.
in lieu/place of; instead of   대신에
I joined the seminar in lie of my boss.   상관대신 세미나에 참석했다.

in line with   ~와 일치하여/순응하여/조화하여/일질선상에
All the employees should work in line with company policy and regulations.
전 직원은 회사의 정책과 규정에 일치되게 근무하여야한다.

in one lot   한 몫으로, 단번에

in other words   바꾸어 말하면, 즉   ㊎ **to wit/namely/that is to say**
You raised some promising areas here, namely, in the purchase of our machinery for your
Chinese joint venture facilities.
귀하가 지적한 바와 같이, 귀사의 중국 합작 투자 공장용 기계를 당사로 부터 구입하는 것이 유망함.

Until our customer approves your counter sample made by your own raw materials, we will supply our raw materials to you as we discussed. In other words, for the time being, you have to use our raw materials.

당사 고객이 귀사의 원재료로 만든 견본을 승인 시 까지 협의한 바와 같이 원재료를 공급할 것임. 바꾸어 말하면, 견본 승인 시까지 당사에서 공급하는 원재료를 사용하여야 됨.

in perfect condition   완전한 상태로

The goods reached our factory in perfect condition. Thank you for your excellent packing.

화물이 완전한 상태로 공장 도착함. 탁월한 포장에 감사드림.

in retrospect   돌이켜 보니, 회고해 보니

in regard to   관하여, 관해서는
⊕ with regard to, concerning, regarding, in/with reference to

With regard to this order, please make two sets of counter samples using your own materials as per our order, and send them to us for our customer's and our own quality checks.

귀사 소재로 견본 2개 제작해서 송부바람. 견본 용도는 당사 고객과 당사의 품질 검토임.

in rows   줄지어, 여러 줄로 늘어서서

in shame   부끄러워서, 수치스러워

He was in shame when he entered the elevator full of ladies only.

여자들만으로 가득 찬 엘리베이터를 탈 때 그는 부끄러워했다.

in short   요컨대, 결국

in the first place/instance   우선, 무엇보다도
⊕ above all, firstly, first and foremost, before anything else

If you want to be promoted to manager, you should work hard in the first place, and also should generate business within a few years.

과장으로 승진하려면 우선 열심히 일하고 또한 장사 거리를 만들어야 한다.

in the light of   ～에 비추어, ～의 관점에서, ～의 모습으로

In the light of a new situation, we have to modify our marketing strategy.

새로운 사태에 비추어 볼 때, 우리의 마케팅 전략을 수정하여야 한다.

in the meantime/meanwhile   이럭저럭 하는 동안에

in the midst of   ～의 한가운데에(in the middle of), 한창 ～중에

He just watched TV in the midst of his parents' fighting with each other.

부모님이 싸우는 와중에도 TV만 시청했다.

in turn　차례대로
They lined up and entered the stadium in turn.　　　　　　　　줄을 서서 경기장에 차례대로 들어갔다.

in view of　~을 고려하여, ~때문에, ~이 보이는 곳에
Yesterday all the schools were closed in view of typhoon.　　　어제는 태풍 때문에 모든 학교가 휴교했다.
In view of the interest you showed in our services, I would like to invite you to be a special guest at this meeting. This will give you an excellent opportunity to meet the key members of our staff.
귀하의 우리의 서비스에 대한 관심을 고려, 귀하를 이번 회의의 특별 손님으로 초청함. 이 초청을 수락하시면 우리의 핵심 인사를 만날 좋은 기회가 주어짐.

in witness of　~의 증거로서
in witness whereof　이에 대한 증거로써, 이를 입증하면서
In witness whereof, duly authorized representatives of the parties sign the Agreement in duplicate and each party retains one signed original.
이러한 사항들을 입증하기 위해, 쌍방의 합법적인 대표자가(대리인이) 본 계약서 2부에 서명하며 쌍방이 한 부씩 보관한다.　☞ 여기서 대표자는 회사의 대표 이사가 아니라 회사를 대표해서 계약서에 서명하는 사람을 의미한다.

in writing　서면으로
You are required to make any contract in writing.　　　　　　어떤 계약이든 서면으로 하여야 한다.

in-house　사내의, 기업 내부의　　　**부** 조직/회사내 에서
in-house newsletters　사내보(報)　　　　　　　　　　in-house training　사내 훈련/연수

inability　무능력, 무자격 ↔ **ability**　☞ **able**

inaugurate　취임하다, 시작하다　　**명** **inauguration**　취임, 취임식
He was inaugurated as the president of the company.　　　　회사 사장에 취임하다.

incentive　자극적인, 장려하는　　**명** 격려, 자극, 장려금
an incentive speech　격려사　　　　　　　　incentive goods/articles　보상 물자
Some incentive should be given to the salespersons so that they can work hard.
판매원들이 열심히 일할 수 있도록 인센티브를 주어야 한다.

incident　사건, 분쟁　　**형** 일어나기 쉬운, 부수하는
a border/religious incident　국경/종교 분쟁　　　　an international incident　국제적인 사건
a daily incident　일상사　　　　　　　　　　without incident　무사히
a disease incident to children　소아에 일어나기 쉬운 병

incidental　~에 일어나기 쉬운, 부수하여 일어나는, 부차적인, 임시의
부 **incidentally**　우연히, 하는 김에, 부수적으로
dangers incidental to the operation of a company　회사 운영에 흔히 있는 위험

incidental expenses 임시비, 잡비   incidental remark 무심코 한 말
I met my bosom friend in Paris incidentally when I made a 5-day business trip to France.
5일간 프랑스 출장 시 부랄 친구를 파리에서 우연히 만났다.

incite 자극/격려/선동하다

incite a person to work hard   아무를 격려하여 열심히 일하게 하다
incite crime/racial hatred/violence   범행/인종 간의 증오/폭력을 조장하다
They were accused of inciting the crowd to violence.
그들은 군중에게 폭력 행위를 하도록 선동했다는 비난을 받았다.

He incited the workforce to come out on strike.   그는 노동자들에게 파업을 하러 나오도록 선동했다.

incline 기울다, 경사지다, 하고 싶어지게 하다　圏 경사면

incline/bow down one's ear to ~에 귀를 기울이다, 복종하다
He inclines down his ear to his wife because she's got him scared of her.
그는 아내를 무서워해서 아내에게 무조건 복종한다.

be/feel inclined to 동사 원형 ~하고 싶어지다, ~경향이 있다
He doesn't feel much inclined to work.   그는 별로 일하고 싶어 하지 않는다.
He is inclined to be lazy.   게으른 경향이 있다.

incomparable 견줄 데 없는/비교가 되지 않는 ↔ comparable

In Korea, the company is the preeminent boat manufacturer who has incomparable experience
in building 40 knot high-speed patrol boats with specifications similar to those required on the tender.
한국에서는 그 회사가 입찰에서 요구한 사양에 가까운 40 노트 보트를 만든 경험이 가장 많음.

inconvenience 불편/폐　圏 폐를 끼치다　☞ convenience

We are very sorry to cause you any inconvenience, and sincerely hope you will accept our cable
after reviewing our technical paper and considering our guarantee. Thank you very much.
불편을 끼쳐드려 죄송하며, 테스트 결과와 당사의 보증을 고려해서 당사의 전선을 받아 주시면 감사하겠음.
I hope this does not cause you too much inconvenience.   큰 불편이 없기 바랍니다.

incorporate 포함하다, 설립/창립하다　圏 통합된, 법인회사의

Manager Kim tried to incorporate his suggestion in the sales plan.
그의 제안을 판매 계획에 반영시키려고 노력했다.
The company was incorporated in 2002.   2002년에 설립되었다.

increase 증가하다, 인상되다　圏 증가/인상 ↔ decrease

The population has increased from 1.2 million to 1.8 million.
인구가 120만 명에서 180만 명으로 증가했다.

The rate of inflation increased by 2%.   인플레이션율이 2% 증가했다.
We need to increase productivity.   우리는 생산성을 늘려야 한다.

The price of oil increased.　They've increased the price by 50%.
유가가 인상되었다. 그들이 가격을 50% 인상했다.

increasing　증가/증대하는 ↔ decreasing

The poor people are depressed at the ever-increasing costs of living.
가난한 사람들은 늘어가기만 하는 생활비에 낙담이다.

The increasing use of computers at the schools makes the computers companies happy.
학교에서의 컴퓨터 사용의 증가로 컴퓨터 회사들이 행복하다.

increasingly　점점 더/더욱 증가하여 ↔ decreasingly

Moreover, there are many other garment-manufacturing factories in Korea which are getting increasingly automated; we are without doubt sure that not only our sister company but other companies will soon be in need of automatic machinery and systems.
한국에는 자동화하고 있는 의류공장이 점차 많아지고 있음. 조만간 당사 자회사나 타 회사들도 자동화 기계나 시스템이 필요할 것임.

incredible　믿을 수 없는

an incredible story　믿을 수 없는 이야기　　an incredible amount of work　믿기 어려울 정도의 업무량
It seemed incredible that she had been there a week already.
그녀가 거기 있은 지가 이미 일주일이 되었다는 것이 믿기 어려워 보였다.

The hotel was incredible.　　그 호텔은 믿어지지 않을 정도로 좋았다.

incumbent　(공적인 지위의) 재임자　　형 현직의, 필요한

a duty incumbent on me　나에게 과해진 의무　　the incumbent president　재임 중인 대통령
It was incumbent on them to attend.　그들은 (의무적으로) 참석을 해야 함.

incur　초래하다/발생시키다　　명 incurrence　초래함, (손해 등)입음

She had incurred her father's anger by selling off the land in a hurry without his consent.
그녀는 아버지의 동의 없이 급하게 땅을 처분하여 아버지의 노여움을 샀었다.

incurable　불치의, 구제불능의 ↔ curable

an incurable disease　불치병
She's an incurable optimist.　　그녀는 구제 불능의 낙관주의자이다.

indebted　빚이 있는, 은혜를 입고(to)

be indebted to a person for　~에 대하여 아무에게 은혜를 입고 있다(빚지고 있다)
I am indebted to you for the position I hold now.　지금의 지위를 얻은 것은 당신의 덕택입니다.
I should be greatly indebted if you would do that.　그렇게 해 주신다면 대단히 감사하겠습니다.

indecision　우유부단/주저　　형 indecisive ↔ decision, decisive

After a moment's indecision, he said yes.　잠깐 망설이다가 그러겠다고 했다.

indefinite 불명확한, 무기한의 ↔ **definite** 명확한, 확실한
She will be away for the indefinite future.　　　　　　　　앞으로 무기한 떠나 있을 것이다.

in-depth 면밀한, 심층의
in-depth report/study/coverage 심도 있는 보고서/면밀한 연구/심층 취재 기사
We would like to cordially request to hold in-depth discussions with you concerning the FCCL
technology during your stay in Korea.
귀하의 한국 체류 중 FCCL 기술과 관련하여 귀사와 심도 있는 논의를 갖기를 원함.

indicate 가리키다, 표시하다, 지시하다　　　　명 **indication**
On Exhibit 1, which is attached, our Machinery Department has indicated areas for possible
cooperation.　　　　　　　　　　　첨부물에 당사 기계부서가 협력 가능한 분야를 표시함.
Thunder indicates that a storm is near.　　　　　　　천둥은 폭풍이 다가왔음을 알려준다.

indifferent 무관심한, 대수롭지 않은　　　명 **indifference** 무관심/냉담
She was indifferent to him.　　　　　　　　　　　　　　　그에게 무관심했다.

a matter of indifference　어떻든 상관없는 일
It is a matter of indifference to me.　　　　　　　　　　　　상관없는 일이다.

show indifference to　~에게 관심을 보이지 않다
Many native speakers of a language show indifference to grammatical points.
모국어로 쓰는 많은 사람은 문법적 사항에 대해서는 무관심하다.

indigenous 토착의/타고난/고유의　　　유 **native**
Love and hate are emotions indigenous to all humanity.　사랑과 미움은 모든 인간 고유의 감정이다.
The kangaroo is indigenous to Australia.　　　　　캥거루는 오스트레일리아가 원산지이다.

indispensable 불가결의, 절대 필요한　　유 **necessary, requisite**
Health is indispensable to everyone.　　　　　　　　건강은 모든 사람에게 절대 필요하다.

induce 설득/유도/유발하다　　　명 **inducement**
She induced me to stop smoking.　　　　　　　　　　　　권유로 담배를 끊었다.
Nothing can induce me to give up the project.　　어떠한 일이 있어도 프로젝트 포기할 수 없다.

indulge 빠지다, 탐닉하다, 만족시키다, 충족시키다　　　명 **indulgence**
indulge in sports/dreams/pleasure　　　　　　　　　　스포츠/공상/쾌락에 빠지다
Mr. Kim lost his chance to inherit a fortune from his father as he indulged in pleasure for a long
time.　　　　　오랫동안 쾌락에 빠져있었기 때문에 그의 부친으로부터 유산을 물려받지 못했다.
She sometimes indulged herself in drinking and dancing, after her husband had died.
남편과 사별 후 가끔 술과 춤에 푹 빠졌다.

industrial 산업/공업의, 공업적인, 산업/공업에 종사하는
명 산업 노동자, 생산 기업, 공업 제품

industrial product/spy/robot/exhibition/accident 　　　　산업 생산품/스파이/로봇/박람회/재해

inept 기량/능력이 없는, 서투른, 어리석은 　　**명** ineptness

His inept singing made us put our hands over our ears. 　　그의 형편없는 노래에 우리는 귀를 막았다.
He is inept in business matters. 　　그는 장사는 맞지 않는다.
You are very inept at writing business English. 　　비즈니스영어 작성이 형편없네.

inevitable 불가피한/당연한/필연적인 　　**유** unavoidable/certain/
destined/fated/inescapable/predetermined/uncontrollable

inevitable result/conclusion 　당연한 결과/결론
The inevitable end of human life is death. 　　인생에 반드시 찾아오는 최후는 죽음이다.
Gaining weight is inevitable when you eat too much and don't exercise.
그렇게 많이 먹고 운동하지 않으면, 살찌는 것은 당연하다.

It was inevitable that the company cut down the price in order to keep the position of vendor.
협력업체의 지위를 지키기 위해 가격 인하는 불가피한 일이었다.

infancy 유아기, 초창기, 유아 　　**유** infants

Television was still in its infancy in 1946. 　　텔레비전은 1946년에는 아직 초기 단계.
The solar cell business is still in its infancy, but it is expected to grow up rapidly.
태양전지 사업은 아직 걸음마 수준이지만 급속히 성장할 것이다.

infect 감염/오염시키다, 오염시키다, 영향을 주다, 타락시키다
명 infection 　　**형** infectious

be infected with greed 　　탐욕의 포로가 되다

be infected with ~에 감염되다
The child is infected with measles. 　　홍역에 걸렸다.
The whole computers are infected with Michelangelo virus. 　모든 컴퓨터가 미켈란젤로 바이러스에 감염.

infer 추론하다/결론짓다/추정하다/암시하다 　　**유** imply

I infer from his letter that he wants to go abroad.
보내온 편지로 미루어 보건대 그는 외국에 가고 싶은 것 같다.

I inferred from the article that the pilot was responsible for the accident.
기사로 미루어 보건대 조종사가 사고 책임이 있는 것 같다.

inferior 열등의/하등의/손아래 사람/열등한 사람 　　**명** inferiority
↔ superior, superiority

be inferior to A A보다 못하다/열등이다
He secretly feels inferior to other colleagues. 　　다른 동료에 대하여 마음속으로 열등감을 가지고 있다.

His second novel was inferior to the first. 두 번째 소설은 처음 것보다 못했었다.

infinite 막대한/무한한 ↔ finite 한정된/유한의

inflatable 부풀릴 수 있는, 팽창성의
inflatable mattress/rubber raft 공기주입식 매트/공기를 넣어 부풀리는 고무보트

inflexible 융통성 없는/완강한 ↔ flexible 융통성 있는/유연한
inflexible to threats 협박에 굴하지 않는　　　　　　　an inflexible rule 변경할 수 없는 규칙
Big banks are often bureaucratic and inflexible. 대규모 은행들은 종종 관료적이고 융통성이 없다.
You are so stubborn and inflexible. You need to be more flexible in business approach.
자네는 고집이 세고 융통성이 없네. 비즈니스에 접근 시 좀 더 유연할 필요가 있네.

inflict (고통/타격/부담 등을) 주다, 가하다, 입히다
inflict A on B　B에게 A를 가하다
He inflicted the punishment on his son. 아들을 벌주었다.
He inflicted a big loss on me. 큰 손실을 안겨주었다.

inform 알리다, 통지하다, 알아내다　　형 informed 잘 아는, 정보통인
informative 정보를 제공하는, 유익한　　명 information 정보/소식
inform/advise/notify A of B　A에게 B를 알리다, 통지하다
He informed me of his decision. He informed me that he had decided.
그는 그가 결정했다는 사실 을 내게 알려 주었다.

Please allow me to inform you of my desire to establish mutual benefit business relationship
with your esteemed company. 상호 이익이 되는 비즈니스 관계를 맺고 싶습니다.

for one's information/reference　참고로
He submitted the test result to the manager for his information. 참고로 그 시험 결과를 제출했다.

infringe 어기다, 침해하다, 위반하다　　명 infringement
infringe a copyright/patent 판권(특허권)을 침해하다
an infringement of privacy 사생활 침해

infringe on　~를 침해하다
The new law in effect infringes on woman's rights. The fence infringes on our land.
실시중인 새로운 법은 여성의 권리를 침해한다. 그 울타리가 우리 땅을 침범했다.

ingenuous 순진한, 천진한, 사람을 잘 믿는
It is ingenuous to suppose that money did not play a part in his decision.
결정을 내리는 데 돈이 아무런 역할을 안 했다고 생각하는 것은 순진한 생각이다.

inhabit 살다(거주/서식하다)　　**⊕ reside in**

Over six billion people reside in/inhibit the earth.　　지구 인구는 60억이 넘는다.

inherit 상속하다, 물려받다, 뒤를 잇다, 대를 잇다

inherit A from B B로부터 A를 상속받다, 물려받다

Mr. Kim didn't inherit office work from his predecessor. He had a hard time getting accustomed
to it.　　전임자로부터 업무를 인계받지 못했기 때문에 업무에 익숙해지는데 상당히 고생을 했다.

inhibit 억제/저해/금지하다, 제약을 가하다　　**⊕ forbid**

I found that his careless remarks inhibited the business activity of staff, and eventually hindered
the company from growing.
부주의한 말은 직원의 비즈니스 활동을 위축시키며 결국 회사 발전을 억제한다는 사실을 발견했다.

initiative 계획/진취성/결단력/진취 정신　　**휑 시작의/솔선하는**

take the initiative　　주도권을 갖다, 솔선하다, 선수 치다
He took the initiative to develop a new model.　　신제품 개발을 주도했다.
The company took the initiative to form the trade mission.　　무역 사절단 구성을 주도했다.
She took the initiative to help the poor like a member of salvation army.
구세군의 일원처럼 가난한 사람들을 솔선수범해서 도왔다.

inject 주입/주사하다, 끼워 넣다, 자금 투입하다　　**명 injection**

He injected oil into tank. He injected a tank with oil.　　탱크에 오일을 채웠다.
Doona Electronics injected US$10 million into the company last month
두나전자는 지난달 1,000만 달러를 그 회사에 투자하였다.

injure 상처를 입히다, 다치게 하다, 해치다, 손상하다

His reputation was injured by these vicious rumors.　　그는 이러한 나쁜 소문들로 명성이 실추되었다.
Ten people, including him, were injured and sent to a hospital.　　그를 포함 10명이 다쳐서 병원에 옮겨졌다.
A massive explosion of last Thursday at a train station near the border is said to have injured
thousands of persons.
지난 목요일 국경 부근의 기차역에서 대규모 폭발 사고가 발생해 수 천 명의 사상자를 낸 것으로 전해지고 있다.

innocent 순결한/순진한/결백한/무고한/악의 없는 ↔ **guilty** 유죄인

be innocent of the world 세상을 모르다　　　an innocent mistake 악의 없는 잘못
He is innocent of the crime.　　그는 죄를 저지르지 않았다.
She was innocent of any kind of makeup.　　그녀는 화장기라고는 전혀 없었다.

innovation 혁신, 쇄신　　**휑 innovative**　　**통 innovate**

technological innovation 기술 혁신
It would be nice if you could fly to Korea to make a presentation on your newly-developed,

innovative technology to our R&D members at the soonest possible. Any day of the next week is good for your presentation. I wonder which day would be convenient to you?
최대한 빨리 한국으로 와서 당사 연구소에 귀사의 혁신적인 신기술에 대해 설명하여 주시면 좋겠습니다.
당사는 다음 주 아무 때나 좋습니다. 언제가 괜찮은지요?

The production manager initiated an innovative cost-down movement.
생산 과장은 혁신적인 원가 절감 운동을 일으켰다.

innumerable 셀 수도 없는, 무수한 유 **immeasurable**, **infinite**, **innumerous**, **multitudinous**, **myriad**, **numberless**, **uncounted**

inquire 묻다, 문의하다, 조사하다 명 **inquiry**
Please do not hesitate to make any additional inquires that you may have concerning this matter.
이 문제와 관련하여 추가 문의할 것이 있으면 언제든지 연락바람.

inscribe 쓰다, 적다, 명심하다, 증정/헌정하다
His gentle smile is inscribed in our memory.　　　부드러운 미소가 모두의 기억 속에 새겨져 있다.

insect 곤충, 벌레 같은 인간, 곤충의, 곤충용의
an insect net/cabinet 포충망/곤충 표본 상자　　　　　　insecticide 살충(제)

insert 삽입/기입하다, 넣다, 게제하다 명 삽입물, 삽화 명 **insertion**
insert a clause in a contract　　　　　　계약에 한 조항을 추가하다

insight 통찰, 명찰, 간파, 통찰력, 식견
give insight to/into ～에 대한 통찰력을 주다
Over the next four days, we hope to give you some insight into the future of the IT industry.
앞으로 나흘 동안 IT 산업의 미래에 대한 귀하의 안목을 넓힐 수 있는 기회가 되기를 바랍니다.

insignificant 하찮은, 중요하지 않은, 조금뿐인, 사소한
명 **insignificance** ↔ **significant**, **significance**
Don't waste time on the insignificant amount of deal.　　하찮은 금액의 거래에 시간을 허비하지마라.

insinuate 넌지시 말하다, 암시하다, 넌지시 비치다 명 **insinuation**
He insinuated that the firm was nearly bankrupt.
회사는 도산의 위기에 처해 있다고 그는 넌지시 말했다.
He insinuated himself into the manager's favor.
교묘하게 과장의 환심을 샀다.

insist 주장/고집하다, 요구하다, 우기다 유 **assert/persist/demand**
명 **insistence**, **insistency** 주장/강조/강요
The company strongly insists on/upon speedy payment from the customer.

고객이 신속한 지불을 할 것을 강력히 요구하다.

The shipping company insisted that the cargo was delivered to them with the customs clearance for export and the vessel name was designated.
해운 회사는 당사가 물품의 수출 통관 후 그 화물을 전달할 때 화물을 선적할 선박을 지정하였다고 주장함.

insolvent 지급 불능의, 파산한　　명 파산자, 지급 불능자　　유 bankrupt
insolvent debtor 파산자　　　　　　　　　　　　　　　insolvent bond 지급불능 채권
The company turned out to be an insolvent enterprise among the construction companies in Korea.
그 회사는 한국에서 부실 건설회사로 판명 되었다.

inspection 검사/조사/감사/시찰/검열/사열　　동 inspect
Seven days has already passed since the quality problem came up. How come you still don't send your quality control engineer to inspect the defective goods?
품질문제 발생한지가 7일이나 지났음. 불량품 조사를 하기 위한 품질관리 기술자를 왜 아직도 보내지 않습니까?

inspire 고무하다, 불어넣다, 생기/활기를 주다　　명 inspiration
형 inspiring 감동시키는, 고무하는
inspire A in B / inspire B with A　　A를 B에게 불어넣다, 생기게 하다, (불러)일으키게 하다
His success inspired envy in his colleagues. His success inspired his colleagues with envy.
그의 성공은 동료들의 부러움을 샀다.

install 설치/가설/임명하다　　명 installation
The company is planning the installation of two sets/model by June, 2010.
2010년 6월까지 모델 당 2세트 설치 계획 중이다.

instance 경우, 사실, 실례, 예, 소송 사건　　유 example
in such/most instances 그러한/대개의 경우에는　　　　　　for instance/example 예/실례를 들어
In the instance that you don't fly to your customer immediately, you are likely to lose business, as your late action menas your unresponsiveness to customer's needs.
지금 당장 고객에게 날아가지 않으면 장사를 놓치기 쉽다. 왜냐하면 그것은 고객의 요구에 신속히 대응하지 못한다는 것을 의미하기 때문이다.

instant 순간, 지금/그때, 인스턴트 식품　　형 즉시/즉각적, 긴급한
instant lottery/coffee 즉석 복권/인스턴트 커피　　　　　　　　　in an instant 순식간에
the instant/minute that　　~하자마자, ~하자 곧 *(as soon as)*
I will report your proposal to my boss the instant that he comes back from trip.
상사가 출장에서 돌아오는 대로 너의 제안을 말씀드릴 것이다.
The minute he saw the policeman, he ran away.　　　　　　　　경관을 보자마자 도망쳤다.

instantaneous 순간적인, 즉시/즉각적인, 어느 순간의　　유 immediate
an instantaneous reaction 순간적 반응

The dose produced an instantaneous effect. 　그 약은 한 번 먹자 즉각 효능이 나타났다.

instead 그 대신에　　**instead of** ～의 대신에, ～가 아니라, ～하지 않고
유 alternatively, or else, rather
Give me this instead. 　그 대신 이것을 주십시오.
If rear housing must be produced with ABS instead of polypropylene, cost must be increased.
뒷면 케이스가 PP대신 ABS로 생산된다면 가격 인상이 불가피 함.

institution 협회/학회/기관, 건물/회관/시설, 상사/회사
public/educational institution 공공/교육 기관
Here in Korea, we are very familiar with the outstanding research conducted by your institution.
귀 기관에서 수행한 탁월한 연구에 대해 잘 알고 있음.

instruct 가르치다, 교육/지시하다, 알리다　　**명 instruction**
명 instructor 교사/지도자　　**형 instructive** 교육적인/교육상 유익한
If you have special instructions for L/C issuance, please inform us of details.
L/C 발행을 위해 특별하게 지시할 사항이 있으면 상세히 알려주십시오.
Please give your instruction on packing. 　포장 방법에 대해 말씀해주세요.

insulate 절연/단열/방음하다, 분리/격리하다, 보온하다
명 insulation 절연체, 단열재, 절연, 분리, 격리
insulating board 단열판　　　　　　　　　　　　　　an insulated wire 절연선
We supply a wide range of power cables from aluminum wire to XLPE insulated power cable.
알루미늄 전선부터 XLPE 폴리에틸렌 케이블까지 각종 전력케이블을 공급한다.

insure 보험에 들다, 보증하다　　**명 insurance**
insurance certificate/policy 보험증서　　insurance premium 보험료　　insured amount 보험금액
Your firm will always be in our consideration, and I will do everything in my power to insure that
our mistake this time is rectified sometime in the near future.
당사는 항상 귀사를 고려할 것이며 향후 같은 실수가 재발되지 않도록 최선을 다할 것임.

insurmountable 넘을 수 없는, 이겨낼/극복할 수 없는
유 unsurmountable, insuperable

intact 손상되지 않은, 온전한, 원래대로의, 완전/건전한
an intact family 양친이 다 계신 세대 ↔ a single parent family 편부모 가족
He kept his savings intact. 　그는 자신의 저축은 손대지 않은 채로 두었다.

intake 흡입구, 섭취량, 흡입량, 받아들인 사람/것, 수용/채용 인원
intake ↔ outlet (배출구)

an adequate intake of vitamins 비타민의 적정량 섭취
take a quick intake of breath (놀라서) 숨을 꿀꺽 삼키다

integrated 차별을 하지 않는, 통합/조직화 된, 일관 생산/판매를 하는
integrated circuit 집적 회로   integrated digital network 통합 디지털 통신망

integrity 고결, 정직, 성실, 청렴, 완전한 상태

We question their integrity and intelligence, and we cannot understand how the shipping company was nominated as agent by the world-famous company in your country.
그 해운회사의 정직성과 지성이 의심스럽고, 귀국의 세계적인 기업이 어떻게 그 회사를 대리점으로 지정했는지 이해하기 힘듦.

intellect 지성/이해력/사고력/지성이 뛰어난 사람   형 **intellectual** 지적인/지성을 지닌
형 **intelligent** 총명한, 지성/이해력 있는
intellectual curiosity/novel/answer   지적 호기심/지적인 소설/재치 있는 대답
man of considerable intellect   지적 능력이 상당한 남자
She's very intellectual.   그녀는 대단히 이지적이다.
She was one of the most formidable intellects of her time.
그녀는 당대에 가장 엄청난 지적 능력을 지닌 인물들 중 한 명이었다.

intend 의도/작정/의미하다   명 **intention** 의도/의향
How long do you intend to stay in Seoul? What do you intend to do next?
서울에 얼마 동안 머물 계획이세요? 다음에는 무엇을 할 작정이냐?
I don't intend you any harm. I don't intend any harm to you.   악의는 전혀 없다.
No insult is intended.   모욕할 생각은 전혀 없었다.
intend A for B   A를 B에게 꾀하다/의도하다
She intended her letter for him. Her letter was intended for him.   그녀의 편지는 그의 앞으로 쓴 것이었다.
They intended their son for the army. Their son was intended for the army.
아들이 군인이 되도록 할 작정이었다.

intensive 집중적인/철두철미한/집약적인   명 강하게 하는 것
intensive ↔ extensive 아주 많은, 대규모의, 광범위한
intensive language course 집중적 어학 코스   명사-*intensive:* 명사 집약적인
labor-intensive 노동 집약적인   technology-intensive 기술집약적인
A strict QC program should involve intensive tests.
품질관리를 엄격히 하려면 철저한 검사가 필요하다.

interact 소통/교류하다, 상호 작용 하다   명 **interaction** 상호작용
interact with each other 서로 교감하다, 상호작용하다
Teachers have a limited amount of time to interact with each child.

교사들이 아동 개개인과 소통할 수 있는 시간의 양은 제한되어 있다.

intercourse 섹스, 교제

sexual intercourse 섹스

have/hold much intercourse with 교류가 많다

AIDS is transmitted through intercourse.

에이즈는 성교를 통해서 감염된다.

inter-department, interdepartmental 부서간의

intermediary 중계/중재/매개/중개의 명 중개자/매개자, 수단

intermediary station/business 중계국/중개업

We act as an intermediary to facilitate technology trade between foreign companies, who offer certain technology know-how, and Korean companies, who wish to receive these skills.

당사는 기술을 제공하는 외국회사들과 기술 도입을 원하는 한국회사들 간의 기술이전을 용이하게 하는 매개자 역할을 하고 있음.

intermediate 중간의/개재하는/중급의 명 매개/중재자, 중간시험

intermediate rank 중간 계급

intermediate payment 중도금

intermittent 일시적으로 멈추는/그치는, 간헐적인, 주기적인

intermittent rain 오락가락하는 비

intermittent pulse 부정맥

internal 내부의, 내부에 있는, 체내의 명 창자/내장, 본질
internal ↔ external

the internal parts of the machine 기계의 내부 부속품

The satisfactory execution of this contract has been delayed due to the lengthy period required for internal approval at Railway Authorities.

철도청의 내부 승인에 소요 되는 기간이 너무 길어 계약 이행이 만족스럽지 않음.

interpersonal 개인 간의, 사람과 사람 사이의

interpersonal relationship 대인관계

interpret 설명/해명하다, 해석/이해하다, 통역/번역하다
명 interpretation 명 interpreter 통역자

simultaneous interpretation 동시통역

Don't interpret his silence as consent.

그의 침묵을 찬성이라고 생각해서는 안 된다.

I interpreted her speech into Korean.

그녀의 연설을 한국어로 통역했다.

intersection 교차점, 교차, 교선

Please turn left at the next intersection.

다음 교차점에서 좌회전하십시오.

interrupt 중단시키다/가로막다/방해하다 유 discontinue, suspend
명 interruption

interrupt an electric current　전류를 끊다
The train service was interrupted because of typhoon.　태풍으로 열차 운행이 중단되었다.
I'm sorry to interrupt you.　방해해서 죄송합니다.
Never interrupt me when I'm talking.　중간에 말 좀 자르지 마.
His career as an athlete was interrupted by an injury.　운동선수로서의 그의 직업은 부상 때문에 중단되었다.

intolerable　견딜 수 없는/참을 수 없는/지나친　**유 unbearable**
unendurable, insufferable, insupportable
Losing parents was intolerable to him.　부모를 잃게 된 슬픔은 참을 수 없었다.

intoxicate　취하게 하다, 중독/흥분시키다　**명 intoxication**
He intoxicated her with wine.　그는 포도주로 그녀를 취하게 했다.
The joy of victory intoxicated us.　우리는 승리의 기쁨에 도취되었다.

intricate　뒤얽힌, 엉클어진, 복잡/난해한　**유 complex**
The parts inside the machine are too intricate for us to disassemble without manual.
기계 내부 부품들이 서로 뒤얽혀 있어 설명서 없이 해체하기는 어려웠다.

intrinsic　본래 갖추어진, 고유한, 본질적인, 내재한
intrinsic value　본질 가치
Flexibility is intrinsic to creative management.　창의적 경영에는 유연성이 본질적으로 내재되어 있다.

introduce　안으로 들이다, 소개/도입하다, 데뷔시키다
명 introduction　**형 introductory, introductive**
introductory price　시험 구독료(구독자 개척용 할인 요금)/발매 기념 특별 가격
introductory remarks　머리말　letter of introduction　소개장
He introduced Chilean wine into Korea.　칠레산 와인을 소개했다/들여왔다.
Let me introduce my fiancee to you.　약혼자 소개드립니다.
I would like to introduce myself as your contact from now on with regard to this project.
이 프로젝트를 지금부터 제가 담당하게 되었음을 말씀드립니다.

I would like to set up an appointment with you in order to introduce our company's new technology. We wonder whether June 11 is OK or not. To me, any time is OK.
당사의 신기술을 소개하기 위해 약속을 잡고 싶습니다. 6월 11일이 어떤지요? 저는 언제든 좋습니다.

invalid　병자, 지체부자유자　**형 무효의, 병약한, 박약한**
동 병들게 하다, 병약자가 되게 하다, 제대하다
invalid claim/suggestion　근거 없는 클레임/제안　aged invalid　늙은 병자
The offer is invalid now.　매도확약서는 이제 유효하지 않다.
He was temporarily invalided because of slight accident.　경미한 사고로 일시적으로 병자가 되었다.

invalidate 무효로 하다, 법적 효력을 없애다 명 invalidation
This new piece of evidence invalidates his witness.
이 새로운 증거는 사건들에 대한 그의 증언이 틀렸음을 입증한다.

invaluable 귀중한, 매우 유용한 유 priceless
Thank you very much for arranging his lecture at our company this morning.
We all found his discussion enlightening and invaluable.
그가 당사에서 강의하도록 주선해준데 대해 감사. 그의 강의 내용이 계몽적이고 매우 유용했음.

invariable 바뀔 수 없는, 변화하지 않는, 일정불변의 ↔ variable
He still has invariable courtesy and charm even though he is over 60.
그는 60세가 넘었지만 변함없는 예의와 매력을 유지하고 있다.

invent 발명/고안/날조하다 명 invention
inventor, inventer 발명가, 창안/고안자
The inventor of the machine already died.　　　　　　그 기계의 발명자는 오래전에 죽었다.
The whole story was invented. He is bluffing.　　　그 이야기는 모두 지어낸 것이었다. 그는 허풍쟁이다.

inventory 상품/재산 목록, 재고품, 재고 자산 동 목록에 만들다
inventory control/shortage 재고 관리/부족
He has informed us that he will try to secure another stockist for the inventory business.
그로부터 재고 사업과 관련 당사 이외 또 다른 판매점을 발굴하겠다는 통지를 받음.

invest 투자/출자/운용하다 명 investment 투자　　　명 investor 투자자
The government invested millions of dollars in LED TV.　　정부는 LED TV에 수백만 달러를 투자했다.
Because of depressed conditions in the worldwide IC market, we do not think this is an
opportune moment for capital investment.　　세계 IC 시장 상황이 암울한 바, 지금은 투자 적기가 아님.

investigation 연구/조사/탐사/심사/음미 유 examination
conduct/carry out/make an investigation into ~을 조사하다
Our investigation of this matter revealed that we should compensate you.
본 건 조사 결과, 우리가 보상하여야 된다는 것이 밝혀졌음.

invincible 무적의, 불굴의 유 unbeatable, unvanquishable
an invincible team 무적의 팀　　　　　　　　　invincible armada 무적함대(스페인)

invite 초청/초대/요구/요청/초래하다 명 invitation
I am much obliged for your kind invitation to call on you when I visit your country.
귀국 방문 시 당신을 방문해달라는 초청에 감사드림.

We cordially invite you to visit Korea sometime this year at your convenience.
금년 내 편리한 시간에 한국을 방문하여 주시기 바람.

involve 말려들게 하다/연루시키다/관계하다 몡 involvement

The manager's mistakes involved the company in a lot of trouble. I have no special ambition to get/become involved with management.
경영자의 실수로 그 회사는 많은 어려움을 겪게 되었다. 경영에 관여할 특별한 야심은 없다.

We are a trading firm which is heavily involved in the business of solar energy.
태양광 에너지 사업을 하고 있는 무역회사입니다.

irrespective of ~와 관계/상관없이 윤 regardless of

Irrespective of the weather tomorrow, I have to go to Jeju island. Irrespective of the dangers, I want to climb the mountain.
내일 날씨 여부와 상관없이 제주도로 가야된다. 위험한 줄 알지만 그래도 그 산에 오르고 싶다.

irrevocable 돌이킬 수 없는, 취소할 수 없는, 폐기/폐지할 수 없는

make an irrevocable promise/decision   취소할 수 없는 약속/결정을 하다
We can open an irrevocable Letter of Credit(L/C) as soon as we finalize a firm contract with the
supplier.   공급자와 계약 체결 시 취소불능신용장을 개설할 수 있다.

irrigate 관개하다, 물을 대다, 생명을 주다 몡 irrigation 관개

The government irrigated the desert with water from a river.   강에서 물을 끌어 사막에 관개했다.

irritate 초조하게/화나게/자극하다, 흥분시키다 몡 irritation
윤 exasperate, provoke

She was irritated as he did not show up on time.   그가 제시간에 오지 않아 초조했다.
His nervous gestures irritated me.   그의 신경질적인 거동이 거슬렸다.
The company did not release any order to the vendor yet after the vendor increased production
capacity, and so its president got much irritated.
협력업체는 생산 능력 증설 후 그 회사로부터 오더를 수주하지 못했다. 그래서 협력업체의 사장은 아주 초조해졌다.

isolate 분리/격리/절연하다 몡 isolation 고립/분리/격리

He isolated himself from all social contacts after his business failed.
사업 실패 후 모든 사회적 접촉을 끊었다.

A large area was isolated by the flood.   넓은 지역이 홍수 때문에 고립됐다.
The new prisoner was isolated as soon as he arrived.   새로운 그 죄수는 도착하자마자 격리 수감되었다.

it cannot be questioned that~: ~임은 의심할 여지가 없다

It can't be questioned that the company will take the largest M/S in the cellular phone market
after its acquisition of one of top three largest cellular phone companies in the world.
그 회사가 세계 3대 핸드폰 업체 중 한 회사를 인수함으로써 핸드폰 시장에서 가장 높은 시장 점유율을 갖게 될 것은
의심의 여지가 없다.

it does not follow that~: 반드시 ~하는 것은 아니다
🔣 not necessarily, not always

Even if general manager is gentle to everybody at company, it does not follow that he is kind to his wife.　　　　　　　　　　　부장이 회사의 모든 사람에게 친절하다고 부인에게도 친절한 것은 아니다.

Even if R&D members receive 500% bonus, it does not follow that you will get the bonus.
연구소 직원들이 500% 보너스 받는다고 너가 보너스를 받는 것은 아니다.

cf) It follows that he did not attend the company party, if your saying is true.
당신 말이 진짜라면, 그가 어제 회사 파티에 가지 않았다는 것이 된다.

it's clear to me that　~확실하다

It's clear to me that Tantandero Business English book will be published in early October.
탄탄대로 비즈니스 영어책이 10월초 출판되는 것은 확실하다.

it goes without saying that~: ~은 말할 필요도 없다
🔣 it is needless to say that ~; needless to say that~;
it is a matter of course that~; it is natural that ~; naturally ~

It goes without saying that there is no place like home.
집보다 좋은 곳이 없다는 것은 말할 필요도 없다.

Needless to say, he will get promotion to the head of R&D next year.
내년에 연구소장으로 승진은 말할 필요도 없다.

it is no exaggeration to say that ~: ~은 과장이 아니다
🔣 it is safe to say that~

It is no exaggeration to say that he will become the president of this company eventually, as he is the owner's son.
결국 그가 이 회사 사장이 될 것이라는 것은 과장된 것이 아니다. 왜냐하면 소유주의 아들이기 때문이다.

it is no use ~ing: ~해야 소용없다

It is us use lamenting your failure in stock investment.　　　　추식 투자 실패를 후회해도 소용없다.

it is not because ~ but because　~ 때문이 아니고 ~ 때문이다
🔣 it is not that ~ but that ~

He could not get promotion on time. It was not because he was unable but because the company streamlined its organization.
적기 승진이 불가하였다. 그 사유는 그가 무능한 것이 아니고 회사의 조직 합리화였다.

it is not until ~ that　~ 하고서야 비로소 ~하다

It is not until we lose our health that we realize the importance of good health.
건강을 잃고 나서야 건강의 중요성을 알게 된다.

it turns out that~ : ~인 것으로 드러나다   😀 it proved that ~

It turned out that his grandfather was a tycoon.

그의 할아버지는 재벌로 드러났다.

it will not be long before   머지않아, 곧

It will not be long before the company announces the development of innovative LTE phone.

그 회사는 머지않아 혁신적인 LTE 핸드폰 개발을 발표할 것이다.

itch   가려움   동 가렵다, 하고 싶어 하다

I am so curious about the progress. Please scratch my itch.   진행사항이 무척 궁금합니다. 가르쳐 주세요.

itch for   ~하고 싶어 좀이 쑤시다, 간절히 원하다

Why don't we send Manger Kim to New York branch? He is itching for living in USA.

김 과장을 뉴욕지사로 보내지. 미국에서 살고 싶어 안달하는데.

item-by-item proposal   아이템별 제안서

We ask for your item-by-item proposal and the related data related to each item so that each individual sister company in our group can research its own feasibility study.

당 그룹 각 사의 독자적인 타당성 검토가 가능하도록 귀사의 품목별 제안서를 요청함.

itemized list of your products   제품 항목 리스트

Since we did not receive an itemized list of your products of interest, we are enclosing a general catalogue of our company, which may serve to provide you with the information that you require.

귀사로부터 관심 있는 제품 명세를 아직 받지 못해, 귀사가 필요로 하는 정보를 제공해 줄 수 있는 당사 카탈로그 송부함.

iterate   되풀이하여 말하다, 반복하다, 반복 적용하다
😀 repeat, reiterate, restate, retell

The company iterated its willingness to provide suitable technical assistance for your company.

그 회사는 귀사에 대한 기술 지원 의사를 재확인했다.

itinerary   여정/일정표/여행안내서   형 여행의, 여정의

We would appreciate your immediate confirmation of his itinerary by E-mail.

이메일로 일정 조속 통보주시면 감사하겠음.

Jaywalk 무단횡단하다

They are jaywalking the street in London.　　　　　　　　런던에서 도로를 무단횡단 중이다.

jet lag 시차증, 시차에 의한 피로　　　　유 time lag

The experienced businessman easily overcomes the jet lag.　경험 많은 비즈니스맨은 시차증을 쉽게 극복한다.

joint meeting 연석회의, 합동회의

I would like to express that it has indeed been a great pleasure to have had the opportunity to meet you during our 10th Joint Meeting held in your country.

귀국에서 열린 10차 합동회의 때 귀하를 만나게 되어 매우 기뻤음.

job application/cutback/description/fair/opening/posting

구직/인력감축/직무분석표/채용박람회/(직장)빈자리/일자리 공시

journal 잡지, 정기 간행물, 일지, 의사록, (일간)신문

We would like to regularly distribute a journal or report which can give Korean manu-facturers up-to-date information on new technology, products, and business developments.

당사는 한국의 제조업체에게 신기술, 신제품, 비즈니스 개발에 관한 최신 정보를 제공하는 간행물이나 보고서를 정기적으로 배포하고 싶음.

judge 재판/판정/심사/감정하다　　　명 재판관/판사/심사원/심판
명 judgement 판단력/판단/비판/판결/심판

I judged that the diamond was a fake.　　　　　　　　감정한 바로는 그 다이아몬드는 가짜였다.
I judged from his speech that he was well educated.　말투로 미루어 보건대 그는 교양이 높은 사람이었다.
Judging from/by his appearance, he is rich.　　　　　　외모로 판단하건대 그는 부자다.

jurisdiction 사법/재판권, 관할 구역

That's not our jurisdiction.　　　　　　　　　　　　　우리의 관할이 아니다.

jury 배심(원단), 심사원

justifiable evidence 정당한 증거

It is extremely difficult for us to make customs clearance because we do not have any justifiable evidence that gives us the authority to import those parts without duty.

관세 없이 부품을 수입할 수 있는 권리가 있다는 정당한 증거가 없기 때문에 통관하기가 어렵다.

justify 정당화하다/옳다고 하다　　　명 justification 정당화
형 justifiable 정당하다고 인정되는, 이치에 맞는

The end justifies the means.　　　　　목적은 수단을 정당화한다, 결과를 위해서 수단을 가리지 않는다.
The benefit justifies the cost.　　　　　　　　　　이익이 난다면 비용은 문제가 안 된다.
The results justify you.　　　　　　　　　　　　　결과가 당신을 좌우 한다.

juvenile delinquency 청소년 범죄

juvenile law 청소년 법률

각종 주류(酒類) – Brandy/Cognac and Wine

브랜디는 포도의 발효액을 증류하여 만든 알코올 40% 이상의 술로써 식후에 마시는 양주 가운데 최고의 하나로 인정받는다.

브랜디를 일반 증류주로써 본격 상업화하여 생산하게 된 것은 17세기 프랑스 서남부 코냑 지방이 시초였다. 때문에 코냑 지방 6개 지구에서 생산되는 브랜디 만을 코냑이라고 제도화했으며, 오늘날 코냑이 브랜디의 제왕으로 불리면 최고급 브랜디를 상징하는 대명사가 되었다.

코냑은 프랑스 코냑 지방에서 생산되는 브랜디의 고유 명사이다.

브랜디는 숙성 기간에 따라 구분하여 표시하며, 법적으로 규정된 것은 아니고 각 제조회사의 관습이다.

알파벳으로 구분하면 C 코냑, E(especially 특히), F(fine 좋음), O(old 오랜), P(pale 맑음), S(superior 뛰어남), V(very 매우), X(extra 최고급)이다.

숙성 기간별로 구분하면 쓰리스타(5년), VO(10년), VSO(15~20년), VSOP(20~30년), XO(40~50년), EXTRA(70년이상)이다.

브랜디는 맛과 향을 즐기는 술이며 잔을 가볍게 흔들면서 조금씩 음미하면서 마시는 술인 바, 물이나 얼음은 타지 않은 것이 좋다. 그리고 브랜디를 마실 때는 대화거리가 충분하여야 한다. 맥주, 소주 처럼 건배 건배하면서 빨리 마시는 술이 아닌 바, 대화에 자신이 없을 경우엔 브랜디를 마시지 않는 것이 좋다.

포도주는 포도를 으깨어 발효시켜 제조하는데 적 포도주와 백 포도주로 대별된다. 적 포도주는 포도 껍질 그대로 으깨서 발효 제조하며, 백 포도주는 껍질을 제거한 후 으깨서 발효시켜 제조한다. 적포도주는 육류에 제격이며 백포도주는 생선에 제격이다.

포도주의 본 고장은 프랑스이며 세계 최고 품질의 포도주를 자랑한다. 이태리, 스페인, 포르투갈, 독일, 칠레, 미국 등도 주요 생산국이다.

Page 108, 141, 184, 345

Keep in mind   명심하다, 기억하다

They have to keep in mind the fact that quality means everything when competing with foreign goods.
그들은 외국 상품들과 경쟁할 때는 품질이 모든 것을 의미한다는 사실을 명심해야 한다.

keep track of   (상황 등을) 계속 알고 있다, 놓치지 않고 따라가다

It is very important to keep track of the trend in fashion business.
패션 사업에서는 트랜드를 놓치지 않고 따라가는 것이 매우 중요하다.

keep ~ under wraps   ~을 비밀로 하다

I'd appreciate it if you could keep our meeting at Hilton hotel under wraps for the time being.
힐튼호텔에서의 미팅을 잠시 동안 비밀로 해주시기 바랍니다.

keep up with   뒤떨어지지 않도록 따라가다
유 catch up with, keep pace with, keep abreast of

The factory is operating 24 hours a day to keep up with the demand in China.
이 공장은 중국의 수요에 발맞추기 위해 하루 24시간 가동하고 있습니다.

key materials   주요 재료/물질

City of Tokyo recently asked for assistance of the key materials vital for stopping nuclear fission of reactors.
동경 시는 최근 원자로의 핵분열을 막는데 필수적인 주요 물질의 원조를 요청했다.

keyman   중심/핵심 인물, 간부

keynote speaker   기조 연설자

The keynote speaker was a really great orator.   정말 훌륭한 연설가였다.

kidnap   납치하다, 유괴하다   유 abduct

What if a bad person kidnaps my grandson?   손자를 납치하면 어쩌지?

king of kings   왕 중의 왕   ☞ a businessman's businessman

knee   무릎, 무릎치기   동 무릎으로 치다, 건드리다

knee down   무릎 꿇다

knit   뜨다, 짜다, 굳게 결합시키다 빈틈없게 하다

knit a new plan   새로운 계획을 짜내다
a well-knit plot/plan   잘 정리된 구상/계획
a closely knit theory   빈틈없는 정연한 이론

know by sight   면분이 있다, 안면이 있다

Label 라벨, 상표   동 라벨/상표를 붙이다

He'll only wear clothes with a designer label.   유명 디자이너 상표가 붙은 옷만 입으려 든다.

He put a label on his suitcase. He attached a label to his suitcase.   여행 가방에 꼬리표를 붙였다.

The parcel was labeled "Fragile."   그 소포에는 '깨지기 쉬움' 라벨 부착.

labor cost/dispute/union 인건비/노동쟁의/노동조합

The one year labor dispute contributed to the bankruptcy of the company.

1년간의 노사분규는 그 회사 파산의 (한) 원인이 되었다.

lack 부족, 결핍   동 결핍되다, 모자라다

I must seek your understanding that our company lacks the related industry experience and

resources.   당사는 관련 산업에 대한 경험과 재원이 부족하므로 양해를 구함.

lag behind 처지다, 뒤떨어지다

South Korea is lagging behind other nations when it comes to space research and technology.

한국은 우주 연구와 기술면에서 다른 나라들에 뒤쳐지고 있다.

lament 슬픔, 비탄   동 슬퍼하다, 비탄하다

He laments the loss/death of his child.   자식을 잃고 슬퍼하다.

She lamented having married young. She lamented that she married young.

그녀는 일찍 결혼한 것을 후회하고 있었다.

lapse 경과/과실   동 경과하다, 실효/소멸하다

They happened to meet each other in Cairo after a lapse of 10 years.

10년이 지난 후 카이로에서 우연히 만났다.

But they were not so happy as their enthusiasm lapsed.   열의가 식어서 인지 서로 행복하지는 않았다.

My driver's license lapsed 10 days ago.   운전면허증을 갱신하지 않아 10일전에 무효가 되었다.

laptop/notebook computer ↔ desktop computer

* 노트북컴퓨터라고 하는 랩톱컴퓨터는 일반 데스크톱 컴퓨터에 대한 상대적 명칭으로, 무릎 위에 올려놓을 수

　있다는 의미다. 서류가방보다 작은 크기로 휴대하기 편하다.

Please inform me of the details(maker, model No. and serial No.) of your laptop computer.

랩톱컴퓨터의 명세(제조사, 모델, 시리얼 번호)를 알려주세요.

last but not least 마지막에 말하지만 마찬가지로 중요하다

Last but not least, I would like to emphasize that you can't locate the business partner who shows

more business zeal than our company.

마지막으로 말하지만 위에서 말한 다른 사항들에 못지않게 중요한 것은, 당사보다 더 열의를 갖고 있는 파트너를

물색 할 수는 없다는 점을 강조 드립니다.

last minute change 마지막 순간의 변경

last resort 최후의 수단
As a last resort. the company cut down the price by 50% in order to dispose of its bad stock.
악성 재고 처분을 위해 최후의 수단으로 가격을 50% 인하시켰다.

latent 잠재성의, 잠복성의   유 potential   명 latency
latent ability/snobbery 잠재 능력/숨어 있는 속물근성
Grave dangers were latent in the situation.   그 상황 속에는 심각한 위험이 잠재해 있었다.

launch 시작하다, 착수하다, 진수시키다, 발사하다
launch a venture business/an attack/an artificial satellite
벤처 사업을 시작하다/공격을 개시하다/인공위성을 쏘아 올리다.

The computer manufacturer is to launch a new piece of hardware.
컴퓨터 제조사는 신제품 하드웨어를 내놓을 예정이다.

law 법/법률   동 고소/기소하다   형 lawful 합법적인, 적법의
↔ unlawful 법에 어긋나는, 불법적인   명 lawyer 변호사, 법률가
practice/follow the law   법률을 업으로 삼다(변호사가 되다)
a law of courtesy 예의범절   put a law into operation 법을 시행하다

layer 층, 놓는 사람, 지층   동 층지게 하다, 삽입하다
Too many layers of management reminds me of the proverb "Too many cooks spoil the broth".
관리 단계가 너무 많아서 사공이 많으면 배가 산으로 간다는 속담이 생각이 났다.

layover 중도기착   유 stopover
We had a two-hour layover in Paris between flights.   파리에 두 시간 동안 중도 기착했다.

lead to ~로 이어지다
I hope that this chance will lead to a mutually beneficial relationship in the future.
이번 기회가 향후 상호 호혜적인 관계로 이어질 것을 기대합니다.

leaf 잎, 낱장   동 잎을 내다, 대충 훑어보다
dead/fallen leaves 낙엽   turn over a new leaf 생활을 일신하다, 마음을 고치다
I leafed through the magazine.   잡지를 대충 훑어보았다.

leak 누출, 누설, 새다   명 leakage 누출, 누설(물)
radiation/water leak 방사능 누출/누수
Manger Kim leaked the news (out) to the press intentionally.
김 과장은 고의적으로 그 뉴스를 기자에게 누설했다.

lean 기대다, 기울다, 의지하다   형 깡마른, 야윈
lean forward/back 몸을 앞으로 구부리다/뒤로 젖히다   lean down 웅크리다

He is lean because of diet.　　　　　　　　　　　　　　　　　　다이어트로 야위었다.

leap　도약하다, 뛰다, 뛰어넘다　　**명** 뛰기, 도약
by leaps and bounds　일사천리로, 일취월장하여, 순조롭게
His English improved by leaps and bounds after he studied Tantandaero English.
탄탄대로 영어 공부 후 영어 실력이 일취월장했다.

The sales of the company went up by leaps and bounds after it developed a new, innovative
product.　　　　　　　　　　　혁신적인 신제품 개발 후 매출이 급속히 신장했다.
Look before you leap.　　　　　　　　잘 보고 뛰어라. 실행/실시 전에 잘 살펴라.

lease　임대하다, 임대차 계약
They lease the land from a local farmer.　　　　그들은 지역 농부로부터 그 땅을 임차한다.
We lease all our computer equipment.　　　모든 컴퓨터 장비를 임차해서(빌려서) 쓴다.
The lease expires(runs out) next year.　　　　　그 임대차 계약은 내년에 만료된다.
Under the terms of the lease, you have to pay maintenance charges.
그 임대차 계약 조건에 의하면 당신이 유지비를 지불해야 한다.

leather　가죽/가죽제품　　**형** 가죽으로 만든　　**동** 가죽을 대다/붙이다
The lady in leather coat looked so nice,　　　　가죽 코트를 입은 여자는 너무 멋졌다.
The meat was like leather.　　　　　　　　　　그 고기는 몹시 질겼다.

leave no stone unturned　가능한 모든 수단을 동원하다
　　　　　　　　　　　　유 try all the possible means
The company left no stone unturned in order to recover its image undermined by quality
problem.　　　　품질 문제로 훼손된 이미지를 회복하기 위해 가능한 모든 수단을 동원했다.

leave nothing to be desired　더할 나위 없이 좋다　　☞ **desire**

lecture　강의, 강연, 설교, 훈계　　**동** 강의/강연하다, 훈계하다
give/deliver a lecture　　　　　　　　　　　　　　　　　　　　강연하다
His lecture made a deep/great impression on the audience.
그의 연설은 청중에게 깊은/큰 감명을 주었다.

legacy　유산, 유물, 유증
His father left him a generous legacy when he died.
부친이 죽으면서 그에게 넉넉한 유산을 물려주었다.

We are all deeply indebted to her for the legacy of her work and vision.
우리 모두는 그녀의 일과 비전에 감사드림.

legal fee　변호사 비용　　**유 lawyer's fee**

legendary 전설의, 전설적인, 전설에 남을만한   **legend**
The legendary CEO is also known for his amazing presentation skills.
이 전설적인 최고 경영자는 놀라운 프레젠테이션 (발표) 기술로도 잘 알려져 있습니다.

legible 읽기 쉬운, 판독할 수 있는, 읽을 수 있는 ↔ **illegible**
His handwriting is so bad that it is barely legible.
그는 필체가 너무 나빠서 거의 읽을 수가 없다.

legitimate 합법적인/이치에 맞는/정당한   동 합법화/정당화 하다
legitimate government/business/political activities   합법적인 정부/사업/정치활동

length 길이, 기간, 키   형 **lengthy** 장황한, 매우 긴
walk/drive/travel the length of   ~의 전거리를 걷다/차로 달리다/여행하다
He ran a mile's length.   1마일을 뛰었다.
In general, it takes a lengthy time for the big companies to adopt a new, innovative technology.
일반적으로 대기업은 혁신적인 신기술 채택에 상당한 시간이 소요된다.

letter of attorney 위임장   유 **power of attorney(POA)**
You need a letter of attorney if you want to check his bankbook.
당신이 그의 통장 내역을 확인하고 싶다면 위임장이 필요합니다.

level 수평/수준   형 수평의   동 평평하게 하다
The river rose to a level of 40 feet.   강의 수면은 40피트 높이까지 올라갔다.
Our working-level personnel are expected to be dispatched to your factory soon to look around the facilities and the scene.
우리 실무진을 곧 귀 공장에 파견하여 공장 시설/현장 견학토록 하겠음.

lever 지레/지렛대   동 지레로 움직이다   명 **leverage** 효력/지레의 작용
The workers levered lots of stone on the road after typhoon.
태풍 후 도로에 있는 많은 돌들을 지레로 치웠다.

levy 징수/징집/부과   동 부과/징수하다   유 **impose/lay**
The Customs Authorities levied a huge duty on the smuggled goods.
관세청은 밀수품에 대해 높은 관세를 부과했다.

liabilities 의무, 책임, 부채
meet/liquidate one's liabilities 채무를 변제하다   financial liabilities 채무
• assets(자산) = capital(자본) + 부채(liabilities)

liberty 자유, 해방, 제멋대로 함
take/have the liberty of 실례를 무릅쓰고~하다

I would like to take the liberty of introducing our company to your preeminent firm.
당사를 귀사에 소개드립니다.

license/licence 면허/인가/관허/특허/허가증/면허증/파격/분방
동 ~에게 특허/인가를 주다, 인가/허가하다

a driver's/medical license 운전/의사 면허증
James Bond has the license to kill.
The company is licensed to sell liquor.

license plate number 차량번호판
제임스 본드는 살인면허를 갖고 있다.
주류 판매 허가를 득하다.

license production 라이선스 생산
• 해외에서 개발된 제품을 라이선스 fee를 지불하고 생산하는 방식. 설계와 제조 노우하우를 제공받아 생산

licensing fee 라이선스 수수료
• 라이선스 생산시 라이선스 제공자에게 지급하는 수수료
• running royalty 매출 규모에 따라 비례적으로 로열티를 지불하는 것

lick 핥다, 이기다 명 한번 핥기, 약간
lick a dish clean 접시를 깨끗이 핥다
He hasn't done a lick of work in his life.

I've been licked. 내가 졌어.
한평생 일이라고는 하지 않았다.

life expectancy 기대 수명

lifeguard 인명 구조원 동 사람의 목숨을 지키다

lifelong learning 평생 학습

lifestyle 생활양식 life pattern 생활패턴

likewise 마찬가지로, 게다가, 또한
Your brother studies hard, and you should do likewise.
My second marriage was likewise unhappy.

형은 공부 열심히 하니, 너도 그래야 해.
두 번째 결혼 역시 불행했다.

limited edition 한정판
※ 출판 부수를 한정하여 간행하는 책자. 특수도서, 내용이 매년 변하기 때문에 많이 발행할 필요가 없는 연감류나
인명록 등의 도서. 여자들 백, 옷 등의 명품도 limited edition(제조 수량 한정 제품)이 많다. 돈이 있는 사람들은
남들과의 차별화를 지향하는 바, 명품 시장에서의 limited edition은 금방 sold out(매진) 된다. 예를 들면,
샤넬 가방중의 limited edition도 그러하다.

line of business 업종
Your suggestion that we send a delegation is being fully studied, and my staff and I will soon find
the right time and proper line of business in which we can cooperate with you.
사절단을 파견하라는 귀하의 제안은 충분히 검토되고 있으며, 곧 적절한 파견 시기와 적합한 협력 사업을 찾을 수 있을 것임.

lion's share 제일 좋은(큰) 몫, 알짜
take/win/keep   the lion's share   가장 좋은 부분을 갖다
Which vendor takes the lion's share totally depends upon the price, as each vendor's quality does not show any difference.
각 협력업체의 품질 차이가 없기 때문에 어느 협력업체가 가장 많은 오더를 수주하느냐는 전적으로 가격에 달려있다.

liquid 액체   **cf) solid** 고체, **gas** 기체

liquidate 청산하다, 정리하다, 폐지하다   명 **liquidation**
Doona Electronics announced a plan to liquidate its assets.
두나전자는 회사 자산 매각 계획을 발표했다.

literacy 읽고 쓰는 능력 있음   **literacy campaign** 문맹퇴치 운동

literate 읽고 쓸 줄 아는 ↔ **illiterate** 문맹의
literate in computer usage   컴퓨터 사용 기술을 가진

literally 글자 뜻 그대로, 실제로, 정말로
Our market is literally all the advanced and developing countries in the world.
우리의 시장은 말 그대로 전 세계의 모든 선진국과 개발도상국임.

literary 문학의, 저작의, 문예의
literary criticism/column/works   문예 비평/문예란/문예 작품

literature 문학, 문헌, 문필업, 인쇄물
We would highly appreciate it if you could send us the detailed literature concerning your item, as well as your sales references.
귀사 카탈로그에 있는 의류 생산 기계에 관심 있는 바, 상세한 설명서와 판매 참고 자료 송부 바람.

litigate 소송하다, 법정에서 다투다, 논쟁하다   명 소송
They threatened to litigate if he didn't pay back their money.
그들은 만약 그가 자신들의 돈을 돌려주지 않는다면 소송하겠다고 협박했었다.

litter 쓰레기   동 어지르다, 더럽히다
No litter on the road. Fine is $100.   도로에 쓰레기 버리지 마시오. 벌금 백 불.
Roads were strewn with litter.   도로에는 쓰레기가 흩어져 있었다.

live up to ~에 부끄럽지 않게 살다/맞추어 살다/실현하다
He lived up to his mother's expectations.   어머니의 기대에 부끄럽지 않게 살았다.
It was very difficult for the family to live up to his salary after 30% salary cut.
30% 봉급 삭감된 후, 월급에 맞추어 살기 어려웠다.

loan 대여/대출, 차관　　동 빌려주다
We regret to inform you that we are not in a position to make any loan, with or without security, due to the fact that our company policy does not allow for the handling of personal loans.
당사의 회사 정책상 개인적인 대부 취급을 허용하지 않기 때문에 담보 유무와 관계없이 대부해 드릴 수 입장에 있지 않음을 통보드림.

locate 위치/소재를 파악하다, 위치시키다　　명 location
We have located other suitable Korean manufacturers to produce our components.
당사의 부품을 생산 할 다른 적합한 한국 제조업체를 물색했다.

lockout 직장폐쇄
노사쟁의가 일어났을 때 고용주가 자기의 주장을 관철시키기 위하여 공장/작업장을 폐쇄하는 일

The company carried out lockout against illegal strike of labour union.
회사는 노조의 불법파업에 대응해서 직장폐쇄를 단행했다.

lodge 오두막집, 수위실, 지부　　동 숙박하다, 박히다, 마음에 남다
lodge a claim 클레임을 제기하다
I regret to inform you that, if this kind of quality problem comes up again, we have to lodge a formal claim.　　품질문제가 다시 발생된다면 정식으로 클레임 제기한다는 것을 알려드리게 되어 유감.

lonesome 쓸쓸한, 외로운, 인적이 드문
I am lonesome without my family.　　　　가족이 없어서 쓸쓸하다.

long time no see 오랜만이다.
How have you been? Long time no see.　　　　어떻게 지냈어? 오랜만이네.

longevity 장수, 수명, 장명
The secret of longevity at a company is to hold faithfulness and sincerity.
회사에서 오래 버틸 수 있는 비결의 첫 번째 원칙은 충심과 성심을 유지하는 것이다.

longing 갈망/열망　　형 갈망/열망하는　　부 longingly
She was filled with longing to hear his voice again.
그녀는 그의 목소리를 다시 듣고 싶다는 열망에 차 있었다.

long-term 장기적인 ↔ short-term 단기적인
Our basic corporate goal to have a long-term, mutually beneficial business relationship will surely be fulfilled with the kind of energy, responsibility, and assistance you have displayed.
당사의 기본 목표인 상호 호혜적인 장기적인 파트너 확보라는 목표는 귀사가 이번에 보여 주신 역량, 책임감과 도움으로 확실히 충족될 것임.

look down on 낮춰보다, 얕보다, 경시하다
Jim looked down on gambling.　　　　Jim은 노름을 천하게 여겼다.

look forward to ~ing 기대하다, 고대하다
I look forward to seeing you again.　　다시 만나게 되기를 기대합니다.

look up to 우러러보다, 존경하다
Many people look up to celebrities and think of them as role models.
많은 사람들은 명사들을 존경하고 그들을 자기들의 이상적인 모델로 생각한다.

loss 손실, 손해, 분실, 패배
a big/great loss 큰 손해(액)
He didn't suffer much loss in the market.　　시장에서 그는 별로 손해 보지 않았다.
be at a loss 어찌할 바를 모르다
We are at a loss what to do.　　어떻게 해야 될지 당황하다.

loyal customer 단골고객　　유 repeat customer
We are grateful to you and your company for buying our products and being our loyal customer and distributor.
저희 제품을 구매해 주시고 또한 저희의 오랜 고객이자 판매 대리점이 되어주신 귀하와 귀사에 감사드립니다.

lucrative 수지맞는, 유리한, 돈벌이가 되는　　명 lucre 이득, 이익
유 profitable, profit
lucrative business/contract/market/investment 수익성 좋은 사업/계약/시장/투자
The new business which the company started recently turned out lucrative.
최근 시작한 신규 사업이 수지가 맞는 것으로 판명되었다.

luncheon 오찬, 점심, 간단한 식사
The luncheon you hosted for me was most memorable and shall always remain with me.
당신이 베풀어준 오찬은 항상 기억에 남아 있을 것임.

lung 폐, 허파, 폐낭
at the top of one's lungs 목청껏　　have good lungs 목소리가 크다/성량이 있다

lure 유혹하다　　명 마음을 끄는 것, 미끼
Many Chinese were lured to Jeju Island, as visa to Korea was not required.
한국 방문 비자가 필요하지 않아 제주도에 매료된 중국인들이 많았다.

luxuriant 풍부한, 무성한, 화려한

Machinery (집합적) 기계, 기계장치, 기구   **cf) machine** 기계

a piece of machinery 기계 한 대   the machinery of government 정치 기구

A lot of up-to-date machines are installed in this new factory.
이 새로운 공장에는 최신식 기계가 많이 설치되어 있다.

made-to-order 맞춘, 주문품의(**custom-made**) ↔ **ready-made** 기성품의

a made-to-order suit 맞춤 정장   clothes/shoes made to order 주문 옷/신

magnificent 웅장한, 장엄한, 장대한

a magnificent party/heritage 굉장히 멋진 파티/막대한 유산
The view from the top of the mountain is magnificent.   산 정상에의 경치는 장대하다.

mailman 우편배달부   유 **postman**

main 주요한, 주된   유 **major**

What's the main food in Korea? Our staple food is rice.
한국에서는 주식이 뭐죠? 우리의 주식은 쌀입니다.

My section's main function is to plan the business of our foreign subsidiaries and then to assist them in their smooth management.
제 부서의 주요 역할은 당사 해외 지사의 사업 계획 수립과 운영에 도움을 주는 것입니다.

main dish 주 요리, 메인코스 ↔ **side dish** 곁들이는 요리, 반찬

mainstream 주류, 대세   형 주류의, 정통파의

We can't ignore that garments business remains pretty lucrative in our company even though it's not a mainstream.
의류사업이 비록 대세는 아니지만 여전히 꽤 수익성이 있는 사업이라는 것을 무시할 수 없다.

maintain 유지/계속/지속하다   명 **maintenance**

At present we maintain strong, mutually beneficial business relationships with the companies in Los Angeles, Seattle, and Chicago.
현재 당사는 LA, 시에틀 그리고 시카고에 소재한 회사들과 강력하고 상호 호혜적인 사업관계를 유지.

majority 대다수, 대부분, 다수의 ↔ **minority** 소수, 소수민족

The majority of the Korean maintenance engineers working for the Middle East Countries are from the company.   중동 지역 국가들에서 일하는 한국 정비기술자들의 대부분은 그 회사 출신임.

make a point of ~ing 중시하다, 주장하다, 항상 ~하다

She made a point of my attending the party.   그녀는 내가 그 파티에 갈 것을 주장했다.
I make a point of swimming from 5 o'clock in the dawn.   새벽 5시부터 항상 수영한다.

make (both/two) ends meet 수입 내에서 살다, 수지타산을 맞추다

Many families struggle to be rich but most of them just make ends meet.
부자가 되려고 노력하는 세대는 많으나, 겨우 먹고 사는 세대들이 대부분이다.

make it clear that ~를 분명/명백히 하다

Korea government made it clear that Korean agriculture market will become open soon.
농업시장이 곧 개방될 것임을 분명히 했다.

make light/little of 경시하다, 얕보다

They made light of his warning. 그들은 그의 경고를 경시했다.
The company's unilateral price hike makes light/little of its customers.
일방적인 가격 인상은 고객들을 무시하는 것이다.

make public 일반에게 알리다, 공표하다

More details are expected to be made public in the coming weeks.
좀 더 구체적인 사항은 수주 지나서 공표될 것이다.

make/build a fire 불을 지피다

make/raise an objection to/against 이의를 제기하다, 반대하다

Police made an objection to parade in the street. 경찰은 도로 행진을 반대했다.
Many of the vendors raised an objection against the drastic price cut of the company,
그 회사의 급격한 가격 인하에 이의를 제기하는 협력업체들이 많았다.

make/show a quick/speedy recovery 빠르게 회복하다, 쾌차하다

Good nutrition is essential if patients want to make a quick recovery.
환자들이 회복을 빨리 하려면 좋은 영양은 필수적이다.

malfunction 오작동, 기능 장애

An old switch on the electric control system malfunctioned.
노후화된 제어장치의 선로전환기가 고장을 일으켰다.

malnutrition 영양실조, 영양 불량, 영양 부족

Over 60 percent of African children suffer from malnutrition.
아프리카 어린이의 60 퍼센트 이상이 영양실조를 겪고 있다.

manage 경영하다, 다루다, 관리하다 형 managerial 명 management

He is the only one who can really manage the new computer system.
새로운 컴퓨터 시스템을 정확하게 다룰 수 있는 사람은 그뿐이다.
I can manage it somehow by myself. 그럭저럭 혼자서 해나갈 수 있다.

mandatory 의무적인, 강제의, 명령의, 위임자, 위임 통치국
유 compulsory, imperative ↔ optional

mandatory retirement age 정년   mandatory administration/rule 위임통치
In that school, English composition is mandatory.   그 학교에서는 영작문 수업이 의무이다.
It is mandatory that man should finish military service in Korea.   한국에서는 남자는 병역의 의무가 있다.

manifest 명백한/분명한   **동** 명시하다/증거가 되다   **명** 적하목록/승객명단
It's a manifest mistake to every man's eye/mind.   누가 보아도 명백한 실수이다.
It manifests the truth of his saying.   그것은 그의 말이 진실임을 증명한다.

manipulate 조정하다, 조정하다, 잘 다루다   **명 manipulation**
He manipulated the price of stocks.   증권 시세를 조작했다.
The media can manipulate public opinion.   매스미디어는 여론을 조작할 수 있다.
The group manipulated people into causing violence.   그 집단은 사람들을 조종해서 폭력을 휘두르게 했다.

manning requirement 필요로 하는 인원
Our manning requirement to next month is five ladies who can be in charge of shops.
다음 달까지 필요 인원은 매장을 운영을 책임질 수 있는 여자 5영임.

manuscript 원고, 사본   **형** 원고의, 필사의
in manuscript 원고 그대로, 미발표로, 원고의 형태로

map out 면밀히 계획하다, 상세히 나타내다, 계획을 세우다
map out a new career   새로운 생활의 설계를 하다
Manager kim asked us to map out marketing plan by the end of next week.
김 과장은 우리에게 다음 주 말까지 마케팅 계획을 수립하라고 했다.

marble 대리석, 대리석 무늬, 구슬   **형** 대리석으로 된
as cold/hard as marble 차가운/냉혹한   play marbles 공기놀이 하다

margin 가장자리, 여백, 이윤
In terms of pricing, we are very flexible. We add a reasonable and prudent margin to our
suppliers' prices in order to insure competitiveness and mutual profitability.
가격 측면에서 당사는 유연하게 경쟁력과 상호 이익을 보장받기 위해 합리적인 이윤만 더함.

mark the date on the calendar 달력의 날짜에 표시하다
She marked the date on her calendar so that he can't miss his lover's birthday.
애인 생일을 놓치지 않으려고, 달력에 그 날짜를 표시했다.

markdown 정찰의 가격인하, 가격인하 ↔ **markup** 가격인상(폭)
a markdown on mineral water 생수의 가격 인하

All goods have been marked down by 15%.   모든 상품의 가격이 15% 인하되었다.

market barrier/price 시장 장벽/가격   **marketplace** 시장

These market barriers are a complex combination of economic, environmental and regulatory factors.   이러한 시장장벽은 경제적, 환경적, 규제적 요인의 복잡한 조합이다.

marshal 배열/결집/정열 시키다   명 육군원수/경찰서장/집행관

Once we receive your commitment to our company, we will marshall our corporate energy and resources to provide responsive, dependable, and unsurpassed service for your preeminent firm.
당사에게 확언을 해주시면 당사의 힘과 역량을 결집하여 귀사에게 신뢰할 수 있고 타의 추종을 불허하는 대응력 있는 서비스를 제공할 것임을 약속드립니다.

mass 덩어리, 질량, 모임   동 한 덩어리가 되다   형 대중의

mass production/media/communication 대량 생산/대중 매체/대중 교통

masterpiece 걸작, 명작, 대표작   유 **masterwork**

The museum houses several of the cubistic masterpieces.
그 박물관은 입체파 걸작품들 중 몇 점을 소장하고 있다.

match 시합, 성냥, 경기   동 필적/결혼하다

No one can match him in English ability at his company.
회사에서 영어 실력으로 그와 필적할 사람은 아무도 없다.

materially 실질적으로/물질적으로, 크게, 상당히 ↔ **spiritually**

Materially he lives well , as he received lots of money from his father.
부친으로부터 많은 돈을 물려받아, 물질적으로 풍요한 생활을 한다.

maternity leave 출산휴가

She is on maternity leave.   그녀는 출산휴가 중이다.
cf) sick leave 병가

mature 익은/성숙한/신중한/만기가 된   동 익히다, 성숙/발달/완성시키다, 만기가 되다
명 **maturity** 성숙/숙성/완성/만기(일)

come to/reach maturity 성숙/원숙하다   mature a plan 계획을 완성하다
Forty is a mature age.   40세는 분별력 있는 나이이다.
She is very mature for her age.   그녀는 나이에 비해 성숙하다.
The bill/draft is mature.   어음이 만기가 되다.
The draft becomes dishonored if you don't deposit cash for the draft at the bank within today.
금일 중으로 은행에 어음 금액에 해당하는 현금을 예치하지 않으면 어음이 부도난다.
※ "어음/수표가 부도나다." 라는 말은 구어체에서는 The bill/check returned.라는 표현을 많이 사용한다.

    부도 어음   a dishonored bill/draft   약속 어음   a promissory note

maximum order quantity 최대 주문 물량
↔ minimum order quantity 최소 주문 물량
What would be our maximum order quantity that you can accept monthly? Is there any minimum order quantity?
공급 가능 최대 수량은 얼마인지요? 최저 주문 수량이 있는지요?

may deem necessary 필요하다고 생각하는
It may deem necessary to assure the maintenance of public health and the prevention of disease.
공중건강과 질병예방을 보장하는 것이 필요하다고 생각함.

meaningful 의미 있는, 의미심장한, 중요한 ↔ **meaningless**
Both your preeminent firm and ours agreed that the meeting produced meaningful and significant progress toward a final contract and mutually beneficial business partnership.
양사는 이번 미팅이 최종 계약과 상호 호혜적인 사업 동반자 관계로의 의미 있고 중요한 진전을 이루었다는 것에 동의했다.

measure 치수/양/기준/척도　동 측정/판단/평가하다　명 **measurement**

measures 방안/방법/조치　　　　　**countermeasures** 대책/대안/보복 수단
take/adopt hard/strong measures　　　　　　　　강경한 수단/조치를 취하다
By any measure, he is one of today's most remarkable scientists.
어떠한 기준에 의하더라도 그는 오늘날 가장 주목할 만한 과학자의 한 사람이다.

He achieved a certain measure of success.　　　　　　어느 수준만큼의 성공을 거두었다.
I will send our QC engineer tomorrow in order to find out what's the root cause for the quality problem and to submit our countermeasures for the problem on the spot.
품질문제 원인이 무엇이고 현장에서 문제점에 대한 대책을 내놓기 위해 내일 QC 기술자를 보낼 것임.

mechanical 기계의/기계적인/기계에 의한　　　명 기계적인 부분/구조
a mechanical failure/breakdown 기계의 고장　　　　a mechanical answer 기계적인 대답
He is not a bit mechanical.　　　　　　　　　　　그는 기계에 약하다/문외한이다.

mechanism 기계장치, 구조, 기구
market mechanisms to support agriculture　농업을 지원하는 시장 체제

meddle 간섭하다, 만지작거리다, 쓸데없이 참견하다
I want my parents not to meddle in my private affairs.
부모님이 나의 개인적인 일에 참견하지 않으면 좋겠어요.

media conglomerate 언론재벌
A media conglomerate, media group or media institution is a company that owns large numbers of companies in various mass media such as television, radio, publishing, and so on.
언론재벌은 TV, 라디오, 출판 등등의 다양한 매스미디어 부문에서 많은 회사들을 소유한 회사이다.

mediator 조정자, 중재자, 중재인
Although the quality dispute still awaits a mutual settlement despite your efforts as a mediator between the two parties, I have a strong belief that the matter will be resolved in the near future.
귀하의 중재 노력에도 불구하고 품질 분쟁은 상호간의 조정이 필요하지만 곧 해결되리라 확신함.

medical equipment/insurance/records 의료 장비/보험/기록

meditate 숙고하다/꾀하다/명상하다   명 meditation 명상/묵상
He was meditating a journey to Hawaii.
그는 하와이 여행을 계획하고 있었다.

meet 만나다, 만족시키다, 합류하다
meet/satisfy one's demand/specification   요구를/사양을 충족시키다
Please rest assured that we can meet your required specification.
귀사 요구 사양을 만족시킬 수 있으니 안심하세요.

If you are interested, we would appreciate it if you could advise us by E-mail of a convenient time and place to meet with you.   관심이 있다면 상담 일시 및 장소를 통보주시면 감사하겠음.

melt 녹다, 녹이다   명 융해   유 thaw
Sugar melts in hot coffee.   설탕은 뜨거운 커피에서 녹는다.
Winter melted into spring.   겨울에서 봄으로 서서히 넘어갔다.

memorandum 비망록, 정관, 각서
make a memorandum of   ~을 기록/메모해 두다
He has a good habit of making a memorandum of the idea whenever it hits him.
아이디어가 떠오를 때마다 메모하는 좋은 습관이 있다.

memorandum of understanding(MOU) 양해각서
The two countries signed a bilateral MOU in March, 2010.
그 두 국가는 쌍방 양해각서를 2010년 3월에 체결하였다.
※ 통상적으로 MOU는 어떤 거래를 본격적으로 시작하기 전에 양 당사자의 기본적인 이해를 담기 위해 체결되는 것이며,
   법적인 구속력은 없다.

memory 기억/추억/기억력   형 memorable 기억할만한/인상적인/중요한
as memory serves 생각나는 대로   in memory of ~을 기념으로
come to one's memory 머리에 떠오르다, 생각나다, 제정신이 들다
have a good/poor memory for ~잘 기억하다/ ~잘 기억하지 못하다
if memory serves me (right) 내 기억이 틀림없다면

refresh/renew one's memory 기억을 되살려내다, 기억을 새롭게 하다
My staff requested you to submit evidence and made it clear that we could not accept the company's claim unless clear evidence was provided by the company. To refresh your memory, I enclose copies of messages which were sent to you by my staff.

그 회사에 증거 제출을 요청했고, 증거가 없는 한 클레임을 인정할 수 없다고 확실히 한 바 있음. 귀하의 기억을 살리기 위해, 관련 메시지 첨부드림.

mention 언급하다, 말하다 **명** 언급

As we briefly mentioned in our message of yesterday, we have been trying to expand our cutting business in USA since our exports of cutting products in 2005.
어제 메시지에서 언급했듯이 당사는 2005년 절삭 제품을 수출하기 시작한 이래, 미국에서 당사의 절삭 제품 판매 증대를 위해 힘써왔음.

merchandise 상품/제품 **동** 장사/거래하다

The company has wholesale/retail shops nationwide, handling consumer electronics and general merchandise.
그 회사는 전국에 전자제품과 일반상품을 취급하는 도소매 상점을 운영한다.

merchant 상인, 무역상 **형** 상인의, 상선의

Chinese merchants control trade in Southeast Asia. 중국 상인이 동남아시아 무역 지배.
The Merchant of Venice 베니스의 상인(Shakespeare작)

mercy 자비, 인정, 관용

at the mercy of ~의 처분대로
We were at the mercy of the weather. 우리는 날씨 앞에서 속수무책이었다.

It's a mercy that ~이라니 고맙기도 해라
It's a mercy I wasn't hurt at the accident. 하늘이 도운 덕에 사고를 당하고도 다치지 않음.

for mercy's sake 제발, 부탁이야
Spare me for mercy's sake. 그저 살려 주십시오.

merge 합병하다, 융합하다 **명** merger cf) acquire 인수하다

merge A with B A와 B를 합병하다 mergers & acquisitions(M&A) 인수합병
The three small companies were merged into a large company.
3개의 작은 회사가 합병해서 큰 회사가 되었다.

The largest business is to buy and sell a company, not products. In this process, M&A is a requisite. 가장 큰 사업은 제품이 아니라 회사를 사고파는 것이다. 이 과정에서 M&A는 필수이다.

merit 장점/가치/공적 ↔ demerit 결점/단점 **동** ~할만하다

There are seven touch screen makers as of today. They have their respective merits. When you select any vendor, you are required to analyze the merit and demerit of each candidate.
금일 현재 터치스크린 업체가 7개 있다. 그들은 각각의 장점이 있다. 협력 업체 선정 시 각 후보 회사의 장단점을 분석하여야 한다.

merit system 실적 위주의 승진 제도

The union opposes the merit system unanimously approved by the school board.
조합은 학교위원회가 작년에 만장일치로 승인한 실적위주의 승진제도에 대해 반대 입장을 표명한다.

metropolis 수도/주요도시/대도시
New York is one of the most famous metropolises in the world.
뉴욕은 세계에서 가장 유명한 대도시 중 하나다.

metropolitan area 대도시 지역, 수도권
About half of the population live within the metropolitan/capital area.
인구 약 절반이 수도권 지역 내에 살고 있습니다.

migrate 이주/이동하다, 철따라 옮기다   몡 **migration** 이동/이주
　　immigrate 이주/이민 오다 ↔ **emigrate** 이주/이민 가다
He migrated from Korea to the United States after he was dismissed.   해고당한 후 미국으로 이주했다.
The birds migrated south for the winter.   겨울을 나기 위하여 새들이 남쪽으로 이동했다.

millionaire 백만장자, 대부호   **cf) billionaire** 억만장자
He is a millionaire, but his father is a billionaire.
그는 백만장자이나 아버지는 억만장자이다.

mimic 흉내 내다/흡사하다   몡 흉내쟁이   형 모조품, 가짜의
Your life mimics that of your mother.   당신의 인생은 어머니의 인생과 흡사하다.

minimum requirement 최소 필요 요건
There is no minimum age requirement.   최소 나이 제한이 없습니다.

minimum charge 최저 요금, 기본요금
with a minimum charge of 5,000 won   오천원이라는 최저요금으로

minister 성직자, 장관, 목사   동 주다, 공급하다, 보살피다
As you know, Minister of Information is scheduled to visit Korea in early October by invitation
of his Korean counterpart, Minister of Culture and Information.
한국 정보문화부 장관 초청으로 10월초 귀국 정보청 장관 방한 예정.

minor 작은, 중요하지 않은   몡 미성년자, 부전공
　　↔ **major** 중요한, 성인, 전공
minor party/offense 소수당/경범죄   minor injury/wound 경상
Only a minor part of the population favors nuclear testing. Minors are not allowed to buy
alcohol.   핵실험에 찬성하고 있는 국민은 소수에 불과하다. 미성년자는 술을 사는 것이 금지되어 있다.
What did you minor in?   부전공은?

minute 분/순간/잠깐   pl) 회의록/의사록   형 미세한/상세한
　　동 시간을 정확히 재다

It's a 10-minute walk(10 minutes' walk) from here to the post office. This clock is five minutes fast/slow. I'll be with you in a minute.
여기서 우체국까지는 10분 걸린다. 이 시계는 5분 빠르다/느리다. 곧 가겠습니다.

We confine a meeting to twenty minutes. Please don't forget to make minutes.
회의를 20분으로 제한하다. 회의록을 꼭 작성해라.

miscellaneous   잡다한, 갖가지의
miscellaneous information   잡다한 정보   a miscellaneous writer   다재다능한 작가
a miscellaneous assortment of books   갖가지 종류의 책들

mischief   손해/장난/장난꾸러기   형 mischievous   장난치기 좋아하는
eyes full of mischief   장난기가 듬뿍 어린 눈   out of mischief   장난삼아
The storm did a lot of mischief to the crops.   폭풍우가 농작물에 큰 피해를 입혔다.
One mischief comes on the neck of another. To make matters worse.   설상가상, 엎친 데 덮친다.

miscommunication   잘못된 전달, 전달 불량   동 miscommunicate
Miscommunication is very dangerous in international trade. You should try to communicate in succinct English.
국제무역에서 오해를 야기하는 교신은 매우 위험하다. 간단명료한 영어로 교신하로록 하여야 한다.

miser   구두쇠
Mr. Kim is regarded as a miser, as he never treats any colleague at his section.
미스터 김은 짠돌이로 결코 그의 부서 동료들에게 밥값을 내지 않는다.

miserable   비참한, 불쌍한   명 비참한/불쌍한/곤궁한 사람
You don't know how miserable I feel about it.   그 일로 내가 얼마나 비참한 생각이 드는지 너는 모른다.

misgiving   불안, 의혹, 걱정
Many students have misgivings about whether they will be able to find jobs.
취업을 할 수 있을지에 대해 불안을 느끼는 학생들이 많다.

mishap   사고, 재난, 불운
The haps and mishaps of life are next-door neighbors.   운과 화는 서로 이웃해 있다/번갈아 온다.

misinformation   오보, 잘못 전달   동 misinform
They also insist that the problems with our buyer have been settled on a letter of credit(L/C) basis. This again is their misinformation.
그들은 당사의 바이어와 문제는 L/C로 해결되었다고 주장하나, 이것 또한 정보가 잘못된 것임.

mislead   오도하다, 속이다, 잘못된 방향으로 이끌다
Don't be misled by appearances.   외모에 현혹되지 마라.

He misled me into believing that I invested in the right business.
그는 나를 속여 제대로 된 사업에 투자한 것으로 믿게 했다.

miss the deadline 마감을 넘기다

If you miss the deadline, you'll have to pay a fine. 마감시한을 못 맞추면 벌금을 내야함.
Never miss the delivery deadline. Timely delivery should be kept for a long-term business relationship.
납기 마감 시일은 절대 넘기자 마라. 적기 납기는 장기 거래 관계를 위해 반드시 지켜야 한다.

missing 분실한, 행방불명인, 결여된   명 행방불명자(the missing)

a missing child 미아   be missing in action 전투 중 행방불명이 되다
Your paper had the last few pages missing. 너의 논문은 마지막 몇 페이지가 빠졌다.
His front teeth are missing. 그는 앞니가 빠져 있다.

mist 안개/연무   동 안개가 끼다

mistakenly 잘못하여, 오해하여   형 mistaken

I mistakenly regarded you as the guy who could decide on the investment. I made a mistake of regarding that you were the guy who could decide on the investment.
당신이 투자 여부를 결정할 수 있는 사람으로 생각한 것은 내 실수다.

misuse 오용/악용   동 오용/악용하다   유 abuse, misapply, pervert

The government officials who misuse power for their own ends should be punished.
자기 자신의 목적을 위해 권력을 남용하는 공무원은 처벌되어야 한다.

mitigate 누그러뜨리다/완화하다/가볍게 하다   명 mitigation

Try to mitigate his anger. 그의 분노를 누그러뜨려 줘라.
We need to mitigate the dissipation of resources. 자원 낭비를 줄여야 합니다.

mix-up 실수, 착오   유 muddle, mistake, confusion

There must have been a mix-up over the dates. 날짜에 대한 혼동이 있었던 게 틀림없어요.

mobilize (전시) 동원하다, 유통시키다   명 mobilization

I have mobilized my staff to consider carefully your suggestions in these three areas. Here are my findings so far.
직원들을 동원, 귀하의 제안 사항을 면밀히 검토한 결과는 다음과 같음.

mode of packing 포장방법

Their mode of packing is as the attachment 포장방법은 첨부와 같다.

moderate 저렴한, 절제된, 온건한   명 온전한 사람   동 절제하다
부 moderately 알맞게, 적당히

The hotel is moderate in its charges.   그 호텔의 요금은 적당하다.

modest   겸손한, 신중한
He charged a relatively modest fee.   비교적 비싸지 않은 수수료를 청구했다.
She's very modest about her success.   그녀는 자신의 성공에 대해 아주 겸손하다.

modify   수정/변경/수식하다   명 **modification**   유 **change, alter**
modify one's opinions   의견을 조절하다
modify the original plan/schedule   당초 계획/일정을 수정하다
The plan has been modified to be more practicable.   그 계획은 좀 더 실행 가능한 것으로 수정되었다.
As you have assented in your message of January 10, 2011, we have modified two clauses in the Global Distributor Agreement between your preeminent company and ours.
귀하가 2011년 1월 10일 메시지에서 동의한 바와 같이 '전 세계 대리점 계약서'의 2가지 조항을 수정하였음.

moisten   축축하게 하다, 젖다   유 **wash, dampen, drizzle**
Her eyes moistened.   그녀의 눈에 눈물이 괴었다.

momentary   순간의, 찰나의, 덧없는
Sexual intercourse is only a momentary joy.   성교는 한순간의 기쁨에 지나지 않는다.
You should locate your spouse who can enjoy life in various fields such as reading, listening to music, playing tennis and so on.
배우자는 독서, 음악 감상, 테니스 등 여러 분야에서 같이 인생을 즐길 수 있는 사람을 찾아야 한다.

momentous   중요한, 중대한, 비상한
The development of a new product was momentous for the future of the company.
신제품 개발은 그 회사의 장래에 중대한 의미를 지니고 있었다.

momentum   운동량, 힘, 기세, 계기   유 **impulse**
I believe our meeting has created a momentum which will definitely strengthen and expand our business relationship.
우리의 만남으로 우리의 사업 관계를 확실히 강화하고 확대할 수 있는 계기를 만들었다고 확신함.

monetary   화폐의, 금전의, 통화의
monetary crisis/system/reward   통화 위기/화폐제도/금전적 보수
The monetary unit of the United States is dollar.   미국의 화폐 단위는 달러이다.

monitor   모니터, 감시 장치   동 감시/관찰/추적하다
The details of today's flights are displayed on the monitor.
오늘 항공편들에 대한 자세한 내용은 화면에 나와 있다.
First, we will have a reliable inspection organization which you designate to examine the foreign material in question. We will closely monitor the results.
첫째, 귀사가 지정하는 유수 검사 기관이 문제의 이물질을 검사하도록 하고 그 결과를 주시할 것임.

monopoly 독점/전매/독점권   동 **monopolize**   cf) **oligopoly** 과점
have/secure a monopoly on/of/in   ~의 독점/전매권을 가지다
The company has a monopoly of distributing the game in Korea.
그 회사가 그 게임의 한국 시장 유통 독점권을 갖고 있다.

monotone 단조로움, 단조로운, 단색의
in a boring monotone 지루할 만큼 단조롭게   monotone suit 단색의 옷

monotony 단조로움, 단음, 한결같음
The general manager has decided to hold a dance party so that his members can cheer
themselves up by breaking the monotony of daily works.
부서원이 일상 업무의 단조로움을 깸으로써 충전할 수 있도록 댄스파티를 개최키로 결정했다.

morale 사기, 의욕, 의기
The morale of the team was high.   팀의 사기는 왕성했다/높아졌다.
His morale was down to zero.   사기가 완전히 꺾여 있었다.

morality 도덕성, 교훈, 훈계
business/commercial morality 상도덕   public morality 사회도덕

moreover 게다가, 더욱이, 더구나

mortal 죽을 운명의, 치명적인 ↔ **immortal** 불멸의, 영구적인
mortal illness/hatred/struggle/injury(wound)   죽을 병/지독한 증오/사투/치명상
All men are mortal.   사람은 모두 죽게 되어 있다.
It's a mortal shame.   망신도 이만저만이 아니다.

mortgage 저당, 저당 증서, 저당 잡히다
mortgage loan 주택 융자
They mortgaged their house for US$20,000.   집을 담보로 20,000 달러를 차용했다.

moss 이끼   동 이끼로 뒤덮다
A rolling stone gathers no moss.   (속담)구르는 돌에는 이끼가 안 낀다.

motorcycle 오토바이   동 오토바이를 타다
by motorcycle 오토바이로   ride/drive a motorcycle 오토바이를 타다

mould, **mold** 틀/주형, 타입/유형   동 틀에 넣어 만들다
be out of the same mold 아주 비슷하다   break the mold 틀을 깨다, 새로운 것을 창조하다
I don't fit the mould of a typical businessman.   나는 전형적인 사업가 유형에는 맞지 않는다.

mourn 슬퍼/애도/한탄하다　　　　　**명 mourner** 애도자/조객/간증자
mourn one's misfortune/lost child 불행을 한탄하다/죽은 자식을 애통하다
He, chief mourner, was mourning for his dead father.　　　상주인 그는 부친상을 애통해 하고 있었다.

move the date back 날짜를 뒤로 미루다

much to one's surprise 매우 놀랍게도
to one's 명사 ~하게도 *to my pleasure/regret/happiness*
much to one's 명사 아주/매우 ~하게도 *much to my pleasure/regret/happiness*
Much to her surprise, he came back the next day. It was very surprising to her that he came back
the next day.　　　　　　　　　　　　　　　매우 놀랍게도 그가 그 다음날 돌아왔다.

muddy 진흙투성이의, 흐리멍덩한　　　**동 진흙투성이로 만들다**
My boots got muddy.　　　　　　　　　　　　　　내 구두가 진흙투성이가 됐다.

multimedia 멀티미디어(의)
multimedia industry/systems/products 멀티미디어 산업/시스템/상품

multiple visa 복수 비자 ↔ **single visa** 단수 비자

multitude 다수, 군중, 일반대중
a multitude of relatives 많은 친척　　　　　　　　an angry multitude 성난 군중

murmur 속삭임, 중얼거림, 투덜거림　　　**동 중얼거리다**
The populace murmured at/against the heavy taxes.
서민은 과중한 세금에 대해 투덜거렸다.

mutual consent/agreement/concurrence 상호합의
by mutual consent/agreement 상호간의 합의에 따라
We have reached mutual consent finally. The remaining thing is to enter into the contract.
마침내 상호 합의함. 남은 일은 계약하는 것임.

mutually agreed upon 상호(양자간) 합의한
The contract/agreement mutually agreed upon　　　　　　양자 간 합의한 계약서/합의서

mystery 신비/수수께끼/추리소설　　　**동 mystify** 홀리다/신비적으로 하다
It's a mystery to me.　　　　　　　　　　　　나는 전혀 모른다, 불가사의하다.

Naive 순진한, 순박한, 순진한 사람
She is very naive about men.　　그녀는 남성에 대해서 매우 순진하다.

naked 나체의, 벌거벗은, 드러난　　유 **nude, bare**
go naked 벌거벗고 살다　　visible to the naked eye 육안으로 보이는
the naked truth 명백한 진실　　a naked/red lie 새빨간 거짓말

named 지정된, 지명의, 유명한
a neighbor named Tom　　탐이라는 이웃사람
Tom was named after his grandfather.　　할아버지 이름을 따서 Tom이라고 하였다.
in the order named 그 순서대로, 열거한 순서대로
Bill tried to register out of turn but in the end he was registered in the order named.
빌은 순번을 무시하고 등록하려고 하다가 결국 그 순번대로 등록되었다.

nano 10억분의 1, 미소, 왜소
nano-structured electrode 나노구조의 전극　　nano-size particle 나노 크기 입자

narrative 이야기, 설화문학, 이야기체식의, 이야기의
master of narrative 화술의 대가　　narrative skill 화술의 능란함

narrow down (범위 등을) 좁히다, (가격등을) 내리다.
We narrowed down our options to Chinese and Indian products.
우리는 선택 가능한 제품의 범위를 중국과 인도 제품으로 좁혔다.
Your price is still far from our target. You have yet to narrow down the price.
귀사의 가격은 아직도 당사의 목표치와는 거리가 멀다. 가격을 더 낮추어야 한다.

nasty 더러운, 불쾌한, 심한　　명 골치 아픈 놈, 질이 나쁜 놈
a nasty person/smell 불결한 사람/악취
That's a nasty stretch of road to drive.　　그곳은 차를 운전하기에 위험한 길이다.

nationalism 국가주의, 민족주의, 애국심　　유 **patriotism**
He doesn't believe for a second that nationalism will win out.
민족주의가 성공한다는 것을 추호도 믿지 않는다.

national holiday 국경일, 공휴일
A national holiday falls on Sunday.　　공휴일이 일요일과 겹친다.

nationwide/worldwide network 전국적/전 세계적 통신망(네트워크)

naturalize 귀화시키다, 도입하다, 귀화 동식물이 되다
He was naturalized as a Korean.　　그는 한국인으로 귀화했다.

needless to say 말할 필요도 없이   유 not to mention that~

Needless to say, we are very proud of this joint-venture, and we will do our very best to contribute to the industrialization of Malaysia through its successful operation.
말할 필요도 없이 본 합작 투자는 매우 자랑스러우며 성공적인 운영으로 말레이시아의 산업화에 기여할 수 있도록 최선을 다하겠음.   ☞ it goes without saying that

negative 부정적인/소극적인 ↔ positive 긍정적인/적극적인

His efforts turned up negative results.   노력 불구하고 결과는 신통치 않았다.
I, however, regret to advise you that we are not in a position to give a positive answer to your suggestion.   하지만 당사는 귀하의 제안에 대해 긍정적인 답을 줄 수 있는 입장에 있지 않습니다.

neglect 무시/경시/태만   동 무시/경시/태만하다

neglect of duty 의무의 태만
lose/miss/neglect no opportunity of ~ing; lose/miss/neglect no opportunity to 동사 원형:
~할 기회를 놓치지 않다
The difference is so small that it may be neglected.   그 차이는 아주 근소하여 무시해도 좋을 정도다.
I have neglected doing my homework all week.   1주일 내내 숙제를 게을리 했다.

negotiate 협상/협정하다, 매입하다   negotiating bank 매입은행

The government negotiated for peace with the rebels.   정부는 반란군들과 평화 교섭을 했다.
The union negotiated with the company about wages.   노동조합은 임금에 관해서 회사와 협상했다.
He failed to negotiate the business deal.   그는 거래 협상에 실패했다.
The two companies shall negotiate and fix sales conditions for every 12 months period.
매 12개월마다 판매 조건을 협의 확정하기로 한다.

neighbourhood 근처

in the neighborhood of ~의 근처에, 약, 대략
in the neighborhood of $1,000, about $1,000 약 천 달러
I knew the neighbourhood well, as I had often been there.
그곳에 종종 가 본 적이 있기 때문에, 나는 그 근처를 잘 알고 있었다.

neutral 중립의, 중성의, 중립국(국민)

neutral state/nation 중립국   neutral attitude/opinion 공평무사한 태도/의견
remain neutral 중립을 지키다
Because I was neutral in the conflict, I was a welcome visitor.
나는 그 싸움에서 중립적이었기 때문에 환영받는 방문객이었다.

never/can't fail to 동사 원형   반드시~하다   유 be sure to

He never fails to keep his promise.   약속을 어기는 법이 없다.
Be sure to turn off the switch when you leave the office.   사무실 나갈 때 반드시 스위치 끄세요.
We will start mass production from next Monday as per the specifications mutually agreed upon.

If there is anything that you would like to change again, please never fail to inform us of so by this Thursday.
상호 합의한 사양대로 다음 주 월요일부터 양산 들어갑니다. 혹시라도 변경 사항 있으면 금주 목요일까지 회신 주시기 바랍니다.

nevertheless 그럼에도 불구하고, 그렇기는 하지만, 그래도 역시

Nevertheless, due to the far distance between our two countries, I have also instructed the head of Los Angeles branch office to actively participate and increase the efficiency on our side.
그럼에도 불구하고 우리 양국 간 거리가 멀므로 LA 지사장에 지시하여 적극적으로 참석하여 효율을 제고시키도록 했다.

newly-appointed/developed 신임의/신개발의

Mr. MK Min, a newly appointed CEO of Doona Electronics, stated his feelings in a telephone call after the inauguration. 신임 CEO는 취임식후 전화상으로 그의 생각을 전했다.
We are manufacturing various kinds of the newly-developed health care products.
우리는 여러 종류의 신개발 헬스제품을 생산하고 있다.

news flash 뉴스속보

He caught a news flash on the radio. 라디오로 뉴스속보를 들었다.

niche market 틈새시장

We will make a huge profit if we focus on niche market. 틈새시장에 집중하면 큰 수익을 얻을 것이다.

nobless oblige 사회적 지위에 상응하는 도덕적 의무

nominal 명목상의, 이름의, 명사의 명 명목상으로 존재하는 사람

a nominal money/title 명목 화폐/명목상의 칭호 at a nominal price 액면 가격으로
a nominal list of priests 성직자 명부

nominate 지명/임명/추천하다 명 nomination

He was nominated (as) best actor. 그는 최우수 남자 배우(상)에 지명되었다.
I have been nominated to the committee. She was nominated for the chairman. She was nominated to speak on our behalf.
나는 그 위원회에 임명되었다. 그녀는 의장 자리에 추천되었다. 그녀가 우리를 대표하여 발언하도록 지명되었다.

non-commercial area 비(非) 상업지구

non-price competition 비(非) 가격 경쟁

• 가격 이외의 품질, 서비스, 거래 신용 조건, 포장, 광고, 브랜드 등의 힘으로 시장경쟁에서 우위를 얻으려는 경쟁.

nonetheless 그래도/그럼에도 불구하고 유 nevertheless

Nonetheless, the housing policy has dealt a blow to the already weak economy.
그럼에도 주택정책은 이미 쇠약해진 경제에 타격을 가했다.

non-payment 미지급, 미납
They had evicted their tenants for non-payment of rent. 집세 미지불을 이유로 세입자들을 퇴거시켰었다.

non-profit group 비영리단체
Doonam, non-profit group, is scheduled to visit Africa for food aid next week.
비영리단체인 두남은 내주 식량지원을 위해 아프리카를 방문할 예정이다.

normal 정상의, 보통의, 표준적인 ↔ **abnormal** 비정상(적)
　　　　　[명] 상태, 표준, 평균　　　　　[명] **normalcy** 정상인 상태
above/below normal 표준/평균 이상/이하로　　　　　　　　　return to normal 정상으로 돌아가다
normal temperature/condition (인체의) 평온/상태

no-show 나타나지 않는 사람, 나타나지 않음
The company sent a message of regret to its joint venture counterpart for the no-show.
그 회사는 합작 투자 파트너의 불참에 대해 유감의 메시지를 보냈다.

nonstop flight 직항로 비행기　　　[유] **direct flight**
For instance, a nonstop flight from New York City to Los Angeles takes about six hours.
We have a direct flight to Chicago.
예를 들면, 뉴욕에서 로스앤젤레스 까지 논스톱으로 6시간 걸린다. 시카고까지 바로 가는 비행기가 있습니다.

not absolutely 절대적으로~하지 않다(부분 부정)
cf) absolutely not 절대적으로 아니다
Monetary success is not absolutely necessary for me.　　금전적 성공이 절대적으로 필요한 것은 아니다.
Initially, I worried whether this change might mean that I would have less contact with you; with
further thought, I realized that there was absolutely not any reason for this to be so. First and
foremost, if you need any assistance, please do not hesitate to call me.
당초에는 전보되면 귀하와의 연락이 줄어들 것으로 걱정하였으나, 좀 더 생각해보니 그렇지 않음. 우선 무엇보다도,
필요한 일이 있으면 전화주시고 당사 방문 시 제 부서에 잠깐 들리시기 바람.

not surprisingly, it's not surprising that ~
놀랄 것 없이, 당연히 ~한 것은 놀랄 일이 아니다
Not surprisingly, airlines pay greatest attention to first and business-class passengers.
항공사들이 일등석과 비즈니스석 승객들에게 가장 많은 관심을 기울이는 것은 당연함.
It's not surprising that they have decided to publish Business English this coming September.
비즈니스영어를 9월에 출판하기로 한것은 놀랄 일이 아니다.

not that I am aware of, not to my knowledge, not that I know of
내가 아는 한 아니다
Is there any tomato juice in the refrigerator? Not that I am aware of.

냉장고에 토마토 주스 있나요? 내가 알기로는 없어요.

Are there banana trees in Seoul? Not to my knowledge.
서울에 바나나 나무가 있느냐? 내가알기로는 아니다.

Did Mr. Kim report his sales figures to the manager? Not that I am aware of.
판매액을 과장에게 보고했나요? 내가 알기로는 보고하지 않았다.

notable 주목할 만한, 유명한, 저명인사

a notable event/doctor 주목할 만한 사건/저명한 의사
The area is notable for its pleasant climate. 그 지역은 좋은 기후로 유명하다.

note 각서/주(註)/지폐/짧은 편지/저명/특색 동 적어두다/주목하다

a man of note 저명인사 change one's note 태도/어조를 확 바꾸다
Please note my words. Note how to do it. Note that a day's delay in shipment is US$1,000.
내 말을 잘 들어라. 어떻게 하는지 주의해라. 하루 선적 지연 벌금이 100달러라는 것을 잊지 마라.

It should be noted that ~에 주의할 필요가 있다, 을 주목해야 한다
It should be noted that all the entrances to this building are closed after midnight.
자정이후 모든 출입구가 폐쇄된다는 사실을 주목할 필요가 있다.

nothing more than ~에 불과한, ~만의 유 only

This is nothing more than a stone. 이것은 돌에 지나지 않는다.
Management is nothing more than motivating other people.
경영이란 바로 다른 이들에게 동기를 부여하는 일이다.

nothing remains but to 동사 원형 이제는~할 수 밖에 없다

Nothing remains but to go home. 이제는 집에 갈 수밖에 없다.

notice 주의/주목/통지/통보 동 주의/통지/통보하다

notice board 게시판
I hope that this sudden notice does not cause you too much inconvenience.
갑작스런 통보가 귀하에게 큰 불편을 끼치지 않기를 바란다.

notify 보고/통지/통보하다, 알리다 명 notification ☞ advise

notify him in writing 그에게 서면으로 통고하다
notify his family of his death 가족에게 그의 사망을 알리다
Our boss notified us that there would be a meeting at 5 p.m.
우리 상관은 오후 5시에 회의가 있다고 우리에게 알렸다.

notorious 악명 높은/(나쁘게)유명한 ↔ famous 명성 있는/(좋게)유명한

The bar has become notorious as a meeting place for drug dealers.
그 술집은 마약 판매상들의 합류 지점으로 악명 높게 되었다.

nourish 영양분을 주다, 키우다, 기르다
Most babies are nourished sufficiently with its mother's milk.
대부분의 아기들은 모유로 충분히 양육된다.

The rising inflation will nourish discontent among businessmen.
인플레가 계속되면 사업가들 간에 불만이 커질 것이다.

novice 초보자   **유 beginner, tyro**
I'm a novice at skiing.   나는 스키 초보자이다.

nuisance 성가신 것, 폐, 귀찮은 존재
Don't be a nuisance! 장난치지 마!   commit no nuisance 소변 금지! 쓰레기 버리지 말 것!
You can stay at my house while you're in Seoul. Thank you, but I don't want to make a nuisance
of myself.   서울에 계시는 동안 저희 집에서 지내세요. 고맙습니다만 폐를 끼치고 싶지 않습니다.

null and void 무효의
a null and void vote 무효투표   become null and void 효력을 잃다
The contract was declared null and void.   그 계약은 무효 판정을 받았다.

numerous 매우 많은, 다수의, 엄청난

nutrition 영양물, 영양, 음식물   **형 nutritious** 영향이 되는
He enjoys good health, as he takes nutritious food and walk two hours every day.
영양이 풍부한 음식을 섭취하고 매일 2시간씩 걸어 다녀 건강이 좋다.

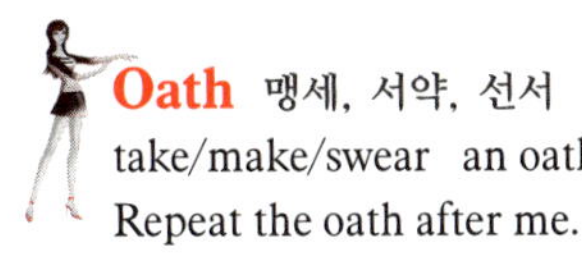

Oath 맹세, 서약, 선서

take/make/swear an oath 맹세하다, 선서하다
Repeat the oath after me. 나를 따라 선서를 반복하시오.

obedience 복종/순종/충실 동 obey 형 obedient

blind obedience 맹종 active/willing obedience 자발적인 복종
obey the laws of nature 자연법칙을 따르다
All the employees should be obedient to company's rules. 모든 고용인은 회사의 방침에 따라야 한다.

objection 반대, 이의, 혐오

make (an) objection/take objection to ~에 이의를 제기하다, 반대하다
He raised/lodged/voiced a strong objection against/to our plan. 그는 우리 계획에 강력한 이의를 제기했다.
Objection, sustained/overruled. 이의를 인정/기각합니다.
I have no objection to your leaving tomorrow. 네가 내일 출발하는 데는 이의가 없어.
One of my objections to the project is that it involves too much expense.
그 계획에 반대하는 이유의 하나는 비용이 너무 든다는 것이다.

objective 목적, 목표, 객관적인 부 objectively
↔ subjective 형 주관의, 주관적인 부 subjectively

I hope this message will give you a greater understanding of our objectives and will answer fully
your questions.
본 서신으로 우리의 목적에 대해 더 잘 이해하게 되고, 본 서신이 귀사의 질문 사항에 대해 충분한 회신이 되기 바람.

The main objective of this meeting is to give more information on our plans.
회의의 주된 목적은 우리 계획에 대해 더 많은 정보를 제공하는 것이다.

obligation 의무, 책임, 책무

observe 관찰/준수하다 명 observation 관찰, 주목
명 observance 준수/식전 명 observatory 기상대/천문대

He observed (to me) that the plan would cost too much. 그 계획은 비용이 너무 들것이라고 그는 말했다.
We ought to observe the rule whether we like it or not. 우리들은 좋든 싫든 간에 규칙을 지키지 않으면 안 된다.
I observed her/cooking dinner. 정찬 음식을 만들고 있는 것을 보았다.

obstacle 장애/방해/장애물 유 obstruction, hindrance

an obstacle to success 성공의 장애 encounter/meet with obstacles 장애에 부닥치다
If there is any obstacle, please do not hesitate to contact me personally.
걸림돌이 있으면 언제라도 개인적으로 연락바람

obtain 얻다, 획득하다, 손에 넣다, 통용되다, 행해지다

Further information can be obtained from Travel Information Center.

보다 상세한 정보는 관광 안내소에서 입수 가능함.

obvious 명백한, 분명한, 눈에 거슬리는
It was obvious to me what was coming next.　　　　내게 다음에 일어날 일이 무엇인지 분명히 알았다.
It is a clear and obvious fact that the selling prices of two shops will be different.
두 상점의 판매가격이 상이할 것은 명백한 사실이다.

occasion 행사/ 경우/기회/때/계기　　　동 야기 시키다/원인이 되다
if occasion arises 그러한 경우에는, 만약의 경우에는
as occasion arises/demands/requires 필요에 따라서
This is not an occasion for anger.　　　　　　　　　　화내고 있을 때가 아니다.
A few days ago I had an occasion to be in Seoul.　　　　2,3일 전에 서울에 있었다.
The party was an occasion to meet many people.　　　많은 사람들을 만나는 좋은 기회이다.

occupy 차지하다, 점령하다, 점유하다　　명 **occupation** 점유/업무/
　　　직업**(job, profession)**　　유 **occupancy** 점유/점거/점유 기간
It was his afternoon occupation to go to the park.　　　공원에 가는 것이 오후의 일과였다.
I saw no sign of recent occupation.　　　　　　　　최근에 사람이 산 흔적은 없었다.

occur 일어나다, 생기다, 발생하다　　명 **occurrence** 발생/사건/출현
an everyday occurrence 일상적인 일
unexpected/mysterious occurrence 의외의/불가사의한 사건
Traffic accidents/jams are almost daily occurrences here.
교통사고가/교통체증이 이곳에서는 거의 매일 일어난다.

ocean freight 해상/선박운임 ↔ **air freight** 항공운임
You are required to ship the goods by air freight, if your production is delayed.
생산이 지연되면 항공으로 선적시켜야 한다.

of this nature 이런 식의, 이런 종류의
There are too many cases of this nature to enumerate/count.　　이런 사례는 셀 수 없을 정도로 많다.
Research of this nature takes a great deal of time.　　　이런 종류의 연구는 많은 시간이 걸림.

offense 위반, 공격, 범죄 ↔ **defense** 방어, 수비, 변호
commit an offense against the law/the right of others　　　　법/타인의 권리를 어기다
a minor/petty offense 경범죄　　　　　　a civil/criminal offense 민사/형사범
take offense 성내다, 화내다　　　　　　an offense to the eye/the ear 눈/귀에 거슬리는 것
No offense was meant/intended.　　　　　　　　　　악의는 없었다.
The best defense is a good offense.　　　　　　　최선의 방어는 유효한 공격이다.

officer 관리, 공무원, 장교　　〔동〕 배속하다
chief executive officer(CEO) 최고 경영자
chief operating officer(COO) 운영 책임자
commanding officer 지휘관
chief finance officer(CFO) 재무 총책
military/naval officer 육군/해군 장교
public/customs officer 공무원/세관원

official 공무원, 공무상의, 공식의 ↔ **unofficial** 비공식의/비공인의
a public/government officials 공무원(civil servant라고도 한다)
official　duty/title/trip/report/statement/record/power
　　　　 공무/관직명/공무 출장/공보/공식 성명/공인 기록/직권
The official explanation for the crash was the pilot's mistake.
그 충돌에 대한 표면적인 설명은 실수였다.

off-peak 피크를 지난, 한산한 때의, 오프피크의 ↔ **peak**
off-peak electricity/travel 사용자가 적은 시간대의 전기/비수기 여행

off-road 일반도로/포장도로에서 벗어난, 일반도로/포장도로외 주행용의
an off-road vehicle 도로가 아닌 곳을 달릴 수 있는 차량

on a first-name basis/terms with 친숙한 사이다
Mr. Kim and I were on a first-name basis within a week. 일주일 사이에 동료와 절친한 사이가 됐어요.

on a large/small scale 대/소규모로
He started business on a large scale. 대규모로 사업을 시작했다.

on a personal level 개인 차원에서　　〔유〕 **personally**
On a personal level, I believe he is doing the right thing.
개인적인 견해로, 나는 그가 옳은 일을 하고 있다고 생각한다.

on a regular basis 정기적으로
When drinking, he knocks his inferiors on a regular basis. 그는 툭하면 술자리에서 직장 하급자를 때린다.

on and off 불규칙한, 단속적인, 단속적으로
The baby cried off and on all night. 갓난아이는 밤새도록 울다 말다 했다.

on business 업무차/사업차　　cf) **for sightseeing** 관광 목적으로
I am to fly to London on business next Mon. 다음 주 월요일 사업차 런던으로 갈 예정이다.

on leave 휴가 중인, 휴가 중으로　　〔유〕 **on holiday/vacation**
In summer, we are very busy as many of our members are always on leave.
여름에는 항상 휴가 중인 사람이 많아 우리는 바쁘다.

on the other hand 반면에, 한편으로는, 그러나
On the other hand, experts and citizens are skeptical of the plan's effectiveness.
반면에, 전문가들과 시민들은 계획의 실효성에 회의적이다.

on the rocks 얼음을 넣은, 파산하여, 파멸할 지경에
The business was on the rocks.　　　　　　　　　　　　　　사업이 실패했다.
Their marriage went on the rocks.　　　　　　　　　그들의 결혼 생활은 파탄에 다다랐다.
Please bring me scotch on the rocks.　　　　　　　위스키에 얼음 넣어서 갖다 주세요.

once and for all 마지막으로 한번만 더, 최종적으로
We need to settle this once and for all.　　　　우리는 이것을 최종적으로 결정지어야 한다.

one-of-a-kind 단 하나뿐인 것, 유일한, 특별한
He's one-of-a-kind. I've never seen anyone like him.　　그는 독보적인 존재다. 그만한 사람은 본 적이 없다.

one's cup of tea 취미, 마음에 드는 것　　　**유 to one's liking**
The new manager is not my cup of tea.　　　　　새로운 매니저는 내 타입이 아니다.

on-time 적기에, 정기적인　　　**유 timely**
She was on time to the minute.　　　　　　그녀는 1분도 어김없이 시간을 지켰다.
Timely shipment is important to business.　　　　적기 선적은 사업에 중요하다.

opening/closing　speech/address/remarks 개회사/폐회사
deliver/make a speech 연설을 하다

open-minded 받아들이기 쉬운, 마음이 넓은, 편견 없는
↔ narrow-minded 편협한, 마음이 좁은, 치우친
an open-minded person/thought 도량이 넓은 사람/편견이 없는 사고

operate 움직이다, 운영/수술/작용하다　　**명 operation** 수술/운영/작전
　　　　　형/명 operative 영향을 미치는, 실효가 있는, 직공
operate a hotel/school/company　　　　　　　호텔/학교/회사를 경영하다
The tractor operates on diesel oil.　　　　　　이 트랙터는 디젤유로 움직인다.
Several factors operated to his advantage/against him.　여러 요소들이 그에게 유리/불리하게 작용했다.

operating hours, business hours 영업시간
Our normal business hours are 9 AM to 5 PM weekdays and 10 AM to 7 PM on Saturdays.
저희의 영업시간은 주중은 9시부터 5시, 토요일은 10시부터 7시.

opinion 의견, 소신
We are very happy to see that, through this meeting, we have exchanged opinions on the practical

ways to promote bilateral trade, joint venture and joint construction projects between our two countries. 이번 회의를 통해 양국 간 무역,
합작 투자 및 건설 프로젝트를 촉진할 수 있는 실질적인 방법에 대한 의견을 교환하는 것을 보게 되어 기쁨.

opponent 반대자, 적수, 상대   [형] 반대/적대하는
a political opponent 정적   an opponent to the bill 그 의안의 반대자
defeat one's opponents in a tournament   토너먼트에서 상대를 이기다

opportune 시의적절한, 시기가 좋은   [명] **opportunity** 기회/호기/찬스
an opportune act/remark/announcement 시의 적절한 행동/발언/발표
at the most opportune moment 가장 형편이 좋을 때에

opposition 반대/대립/저항
opposition party 야당 ↔ ruling party 여당   an opposition politician 야당 의원
For 12 years his party has been in opposition.   12년 동안 그의 당은 야당의 위치에 있다.

opt 선택하다, 채택하다   [유] **choose, prefer**
After graduating, she opted for a career in business.   졸업 후에 사업가의 길을 택했다.
Many workers opted to leave their jobs rather than take a pay cut.
많은 직원들이 임금 삭감을 당하느니 직장을 그만두는 길을 택했다.

optimal 최선의, 가장 바람직한, 최상의   [명/형] **optimum** 최적(의)
sub-optimal 차선의   optimal choice/inventory 최적의 선택/재고(량)

optimistic 낙천/낙관적인 ↔ **pessimistic** 비관/염세적인
He is always optimistic about the future.   항상 장래를 낙관한다.

option 선택, 선택권
make one's option 선택하다   stock option 주식 매입 선택권
We have modified the phrase of fixed time interval to one year and the phrase of the compensation method to a more specific wording in cash or by the way of price reduction at your option. 다음과 같이 구절을 수정함: 확정 기간을
1년으로, 그리고 보상 방법은 보다 구체적인 말로 변경, 즉, 현금 또는 가격 인하로 하되 귀사 임의대로 결정으로 함.

oral 구두의, 구술의, 입의   [명] 구술시험
oral directions 구두 지시   an oral examination 구술/면접시험

ordinary 보통의, 평범한, 보통의 상태   [유] **common**
      ↔ **extraordinary** 비범한, 이상한, 보통이 아닌
ordinary shares 보통주 ↔ preferred stock 우선주
의결권이 있는 주식   의결권은 없으나 일반적으로 배당이 보통주보다 높음

an ordinary day's work 늘 하는 일과   an ordinary case/man 흔히 있는 사례/보통사람
show no ordinary interest 평범하지 않은 관심을 보이다
I think this artist's paintings are rather ordinary. 나는 이 화가의 그림들이 다소 수준이 떨어진다고 생각한다.

origin 기원/근원/유래   형/명 original 독창적인/최초의, 원작

American of Korean origin 한국계 미국인   the origin of a river 강의 발원지
an original version 원본   an original work of art (예술 작품의) 원작
duplicate/triplicate/quardruplicate/quintuplicate 2/3/4/5 부
They finally reached their original goal. 마침내 당초의 목표를 달성했다.
The original is kept in the art museum. 원작은 미술관에 보관되어 있다.

originate 생기다, 일어나다, 시작하다

The gas leak originated in the basement. 가스는 지하실에서 누출되었다.
The custom originated in China. 그 풍습은 중국에서 시작되었다.
The quarrel originated from a misunderstanding. 그 싸움은 오해에서 비롯되었다.
The oil shortage originated the social unrest. 석유 부족이 사회 불안을 야기 시켰다.

out of date 시대에 뒤떨어진/구식인/오래된 ↔ up to date 최신식의

out-of-date map 더 이상 쓸모없게 된 지도   out-of-date technology 시대에 뒤떨어진 기술
These figures are very out of date. 이 수치들은 너무 예전 것이다.
Suddenly she felt old and out of date. 갑자기 늙고 쓸모없는 사람이라는 기분이 들었다.

out of season 철이 지난, 시즌 오프의, 금렵기의

in and out of season 계절을 막론하고(어느 때나)
fruit in season 제철의 과실 ↔ fruit out of season 철 지난 과실
The room rate of hotel is lower out of season.
호텔들이 비수기에는 (숙박비가) 더 저렴하다.

out of stock/print/part 재고 바닥난/절판된/부품이 없는

temporarily/indefinitely out of stock 일시적으로 품절된/장기적으로 품절된
go/run out of stock 매진되다

outage 정전시간, 정전으로 인한 기계의 운전 정지

a power outage/failure 정전
The power outage/failure was expected to cause the subway only minor delays.
정전으로 전철 운행이 아주 잠시 지연될 것으로 예상되었다.

outbreak 발생/발발/돌발, 폭동/반란/소요

at the outbreak of war 전쟁이 발발 했을 때

outdated 구식의, 시대에 뒤진, 기한이 지난   유 out-of-date

out + 동사: 동사의 뜻 보다 더 ~하다

outclass　압도하다, 뛰어나다, 능가하다
He was outclassed 0–6 in the final.　　　결승전에서 0 대 6으로 압도당했다.

outdo　~보다 낫다, 능가하다
He outdoes his elder bother in English.　　　영어는 형보다 낫다.

outgrow　커져서 입지 못하다
He has outgrown up his brother's clothes.　　　형 옷을 못 입을 정도로 커졌다.

outlive　살아남다, 오래 살다
He outlived his wife by three years.　　　그는 아내보다 3년 더 살았다.

outmatch　보다 상수이다
She outmatches him in golf and tennis.　　　골프와 테니스에서 그보다 상수이다.

outpace　앞지르다, 따라가 앞서다
The Korean economy will continue to outpace its foreign rivals for years to come.
한국경제는 향후 수년 동안 지속해서 외국경쟁국을 앞지를 것이다.
He easily outpaced the other runners.　　　그는 수월하게 다른 주자들을 앞질렀다.
Demand is outpacing production.　　　수요가 생산을 앞지르고 있다.

outperform　능가하다
The company is said to outperform last year's sales this year.
금년 매출이 작년을 능가하는 것으로 얘기되고 있다.

outreach　~보다 멀리 미치다, 넘다
His connection outreaches ministers.　　　장관들 이상에도 연결 고리가 있다.
The demand has outreached our supply.　　　수요가 공급을 넘고 있다.

outsell　더 많이 팔다
We are now outselling all our competitors.
지금 우리는 우리의 모든 경쟁사들보다 매출이 더 많다.

outweigh　(가치 · 중요성이) 보다 뛰어나다
That plan's good points outweigh its bad points.
그 계획의 장점은 단점을 보충하고도 남음이 있다.
The book's virtues far outweigh its faults.　　　그 책은 장점이 흠보다 훨씬 많다.

outfit 의상/채비/의상 한 벌, 단체, 집단   동 채비시키다
an outfit for a bride 신부 의상 한 벌   a publishing outfit 출판사
The terrorists outfitted themselves with guns and hand grenades.
테러리스트들은 총과 수류탄으로 무장했다.

old-fashioned 구식의, 시대에 뒤떨어진   ☞ **out of date**

outpatient 외래환자 ↔ **inpatient** 입원환자

outskirts 변두리(교외), 주변   유 **suburbs**
on/at/in the outskirts of   ~의 변두리에

overbill 과다 청구하다
Overbilling means to charge someone too much. An example of overbilling is to charge someone US$40 for an US$20 meal.
overbill은 과다청구를 의미한다. 예를 들면 $20짜리 식사에 $40을 청구하는 것이다.

overbook 예약을 한도 초과해서 받다
The flight was heavily overbooked.   그 비행기는 예약을 지나치게 많이 받은 상태였다.

overcome 극복하다, 이기다, 압도하다
The present market tells that nothing remains but to come down the price drastically in order to overcome the economic depression.
현 시장 상황 상 경제침체를 극복하기 위해서는 가격을 획기적으로 내리는 수밖에 없다.

overdue 연체된, 연착한, 지급 기한이 지난
The payment is overdue.   지급일이 지났다.
The plane is several hours overdue.   그 비행기는 몇 시간 연착되고 있다.

overemphasize 지나치게 강조하다
It's impossible to overemphasize the importance of our health. We can not over-emphasize the importance of our health.   우리의 건강의 중요성은 아무리 강조해도 지나치지 않다.
The importance of quality control can't be overemphasized.
품질 관리의 중요성은 아무리 강조해도 지나치지 않다.

overlook 바라보다, 눈감아주다
Manger Kim overlooked the small mistakes of a new member.
김 과장은 새로 온 직원의 작은 실수를 눈감아 주었다.

overpower 압도하다, 이기다, 깊이 감동시키다
Her beauty overpowered him.   그녀의 아름다움이 그를 압도했다.

The policeman overpowered the criminal and took him away.
경찰은 범인을 힘으로 제압해서 끌고 갔다.

overqualified 자격이 충분하고도 남은
He's a little overqualified for the position. 그 자리는 그의 능력을 발휘하기에는 조금 부족하다.

overseas 해외로 혱 외국의, 해외에 있는 명 외국/국외
I can't avoid making an overseas trip next week. 내주 해외 출장은 불가피하다.

overstaffed 직원이 필요 이상으로 많은
Many workers believe the factory is overstaffed. 노동자들은 공장에 필요이상으로 사람이 많다고 믿는다.

overtime allowance 초과 근무 수당
The workers engaged in the making of cellular phones have demanded overtime allowance from the company. 핸드폰 제조 근로자들은 회사에 초과근무수당을 요구했다.

overuse 혹사하다, 남용하다 명 혹사/남용
overuse slang 비속어를 남발하다
Smart is a very overused word. 스마트는 몹시 남용되는 단어이다.

oxidation 산화(작용)
It is an example of oxidation that iron reacts with oxygen and changes to rust.
철이 산소와 반응하여 녹스는 것은 산화의 예이다.

ozone 오존, 기분을 돋우어 주는 것, 신선하고 상쾌한 공기
the depletion of the ozone layer 오존층의 파괴
issue an ozone warning 오존주의보를 발령하다

ozone layer 오존층(지상 13-48 km)
the hole in the ozone layer 오존층에 난 구멍

P.S.(postscript)   추신

pacemaker   주도자, 페이스메이커
Our local club is now only one point off the pacemaker.
우리 지역 클럽이 이제 선두를 달리고 있는 팀보다 겨우 1점 뒤져 있다.

pacify   달래다, 평정하다, 진정시키다
pacify popular feelings   민심을 부드럽게 하다

packing   포장, 통조림 제조업   **packing list/method**   포장 명세/방법
do one's packing   포장하다
All prices exclude packing and postage.   모든 가격은 포장료와 운송료가 별도이다.

pad   패드, 덧대는 것, 필기첩   동 완충제를 대다, 속을 채우다
sanitary pads   생리대   a writing/drawing pad   편지지/도화지 철
on the pad   뇌물을 받고   a padded bill   바가지 씌운 계산서

painless   아픔이 없는, 무통의, 어렵지 않은
a painless death   고통 없는 죽음   painless childbirth/delivery   무통 분만

painstaking   힘 드는, 고심, 근면한
Thank you for all your painstaking efforts.   정성스러운 모든 노력에 감사드림.

pal   친구, 동료   동 친구가 되다
He pals around with most of his friends.   대부분의 친구들과 사이좋게 지내고 있다.
He is my best pal.   그는 나의 가장 절친한 친구이다.

palm   손바닥, 손바닥에 감추다, 야자나무 ↔ **sole**   발바닥, 구두창

palpitate   떨리다/두근거리다/고동치다   유 **beat/pulsate/throb**
My heart was palpitating with joy.   내 심장은 기쁨으로 두근거리고 있었다.

pamphlet   소논문, 팸플릿, 소책자

panacea   만병통치약, 모든 문제의 해결책, 파나케이아(치료의 여신)

panel   틀, 패널, 전문위원   동 판자를 대다, 배심원 선정하다
advisory/control/display panel   자문단/제어판/계기판   **panel discussion**   패널 토론
One of the glass panels in the front door was cracked.   현관문의 유리판 한 장에 금이 가 있었다.
We have two politicians on tonight's panel.   오늘밤 패널에 두 분의 정치인을 모셨습니다.

panic 공황, 공포　[형] 제정신을 잃게 하는　[동] 공포에 사로잡히다

The fire in the hotel caused (a) terrible panic.　　그 호텔의 화재는 대혼란을 야기했다.
There was total panic in the town.　　그 도시는 완전한 공황 상태였다.
The failure of a large bank may leads to an economic/a financial panic.
큰 은행의 파산은 경제공황을 야기 시킬 수도 있다.

parallel 평행의, 필적하다, 유사한

He has no parallel in this field.　　이 분야에서 그와 견줄 만한 사람은 없다.
Nobody can parallel him in English ability.　　능력 면에서 그에 필적하는 사람은 없다.
This street is parallel to the coast.　　이 길은 해안선과 평행을 이룬다.

paralyze 마비시키다, 무기력하게하다

After the accident she was paralyzed from the waist down.
사고 후에 그녀는 하반신이 마비되었다.

Train services in Korea were paralyzed by the heavy snow.
폭설로 인해 한국의 철도 기능이 마비되었다.

paramount 최고의, 주요한, 군주

of paramount importance/consideration　　가장 중요한/최대의 고려를 요하는
be paramount as a dollar-earner　　달라 벌이에는 가장 중요하다(미국수출품 등)
This matter is of paramount importance.　　이 문제가 다른 무엇보다 중요하다.

parental 부모의　　**cf) maternal** 어머니의 ↔ **paternal** 아버지의

parental consent　부모의 동의

partial shipment 분할 선적

• 약정된 상품을 두 번 이상 나누어 선적하는 것
Partial shipment is (not) allowed.　　분할선적이 허용되다/불허되다.

participate 참가/참여하다　　[유] **partake in/take part in**
[명] **participation**

We strongly encourage you to participate. Please send us a demonstration system which we can
exhibit.　　참가를 권유 드립니다. 전시할 수 있는 데모 시스템을 보내주세요.
Let me express my hearty thanks to chairman of the Committee, outstanding speakers, and
delegates of both sides for their active participation in this significant event.
의장님과 양측 모두가 활발한 참여를 해주셔서 감사드림.

particle 입자, 미량, 티끌

There is not one particle of evidence.　　증거는 티끌만큼도 없다.
Conductive paste for EMI shielding of cellular phone is made of silver particle and chemicals.
핸드폰 전자파 차폐용 도전성 페이스트는 은 입자와 화학물질들로 만들어진다.

particular 특별한, 특수한, 까다로운 ↔ **universal**
[부] **particularly**, **in particular**

parties concerned 관계 당사자
both parties concerned 관계자 쌍방   all the parties concerned 관계자 일동
government concerned 관계 당국

party 파티/정당/당사자/단체   [형] 당파적인   [동] 파티에 참가하다
The company shall not sell or distribute, directly or indirectly, to any party, person or entity in the Territory other than China without obtaining the prior written consent of our company.
당사의 사전 동의 없이 중국 이외의 지역 내의 판매는 일절 금지된다.

pass away 사망하다, 없어지다, 사라지다
civilizations that have passed away   사라진 문명들
His mother passed away last year.   그의 어머니는 작년에 돌아가셨다.

passage 통로/통과/통행, 언쟁   [동] 나아가다, 통과하다, 언쟁하다
underground passage 지하 통로   Don't block the passage! 통로를 막지 마라.
No passage this way.   (게시)여기서부터 통행금지.

passenger 승객/여객/선객
a passenger list 승객 명단   a passenger/freight train 여객 열차/화물 열차
The pilot of the plane is responsible for the passengers' safety.
비행기 조종사는 여객의 안전에 책임이 있다.

passing 경과/소멸/죽음/통과   [형] 일시적인, 지나가는
When the government is finally brought down, no one will mourn its passing.
그 정부가 마침내 실각하게 되면 아무도 그것의 소멸을 애도하지 않을 것이다.
Many will mourn her passing.   돌아가신 것을 애도하는 사람이 많을 것이다.

past-oriented 과거지향적인 ↔ **future-oriented** 미래지향적인
Performance appraisals are either future oriented or past oriented.
경영실적평가는 미래지향적이기도 하고 과거 지향적이기도 하다.
※ 명사-*oriented*: 명사-지향적인   technology-oriented 기술 지향적인
   production-oriented 생산 지향적인   investment-oriented 투자 지향적인
   profit-oriented 이익 지향적인   diploma-oriented 학력 지향적인

pat 가볍게 두드리다, 가볍게 두드리기
She gave the dog a pat as she walked past.   그녀는 지나가면서 개를 쓰다듬었다.

patch 조각, 패치, 헝겊 조각　　[동] (헝겊·판자·금속을) 대다
He put a patch over the rip in his pants.　　　　　　　그는 바지의 해진 데에 헝겊을 댔다.
I patched up the leaky roof.　　　　　　　　　　　　비가 새는 지붕을 땜질했다.

patent 특허, 특허권　　[형] 특허의/특허권을 가진　　[동] 특허권을 얻다
get/take out/obtain a patent for/on an invention　　　　　발명특허를 받다
hold/infringe a patent　　　　　　　　　　　　　特허권을 가지다/침해하다
Patent applied for/Patent pending.　　　　　　　　　　특허출원 중.
a patent product/application　　　　　　　　　　　　특허 제품/신청

pathway 오솔길, 진로, 통로
He hewed a pathway of his own, after he quit the company.
퇴직 후 독자의 진로를 개척했다.

patient 참을성이 있는 ↔ **impatient/intolerant**　　[명] 환자
treat/see/examine a patient　　　　　　　　　　　　　환자를 진찰하다
care/cure/discharge a patient　　　　　　　　환자를 간호하다/치료하다/퇴원시키다
One must be patient with children.　　　　아이들이 하는 일에 일일이 신경질을 내서는 안 된다.

patron 후원자, 단골, 고객
Patrons are requested not to smoke.　　　　　　　　고객들께서는 금연해 주시기 바랍니다.

patronage 후원, 단골손님
He gives the store his patronage.　　　　　　　　　　그는 그 가게의 단골이다.
The stores has a large patronage.　　　　　　　　　　단골손님이 많다.

with/under the patronage of ~의 후원으로
The country has never really repented for the wrong doings and focused only on economic revival under the patronage of the Unites States.
그 국가는 결코 잘못된 행동들에 대해 진실로 후회하지 않으며, 오직 미국의 후원아래 경제적 재생에만 집중해오고 있다.

pattern 모범, 무늬, 양식　　[동] 본떠서 만들다
The flower pattern in that dress is very pretty.　　　　저 드레스의 꽃무늬는 매우 아름답다.
We've gotten into this fixed pattern.　　　　　　　　이 버릇에 젖어버렸다.

pay television 유료 텔레비전

paycheck 급여, 봉급　　**payday** 봉급일
He was not happy at all even though yesterday was his payday. His advance of two weeks ago was deducted from his paycheck, and then he received only 30% of normal salary.
어제가 봉급날이지만 전혀 행복하지 않다. 2주전 가불을 공제 후, 평상시 급여의 30%밖에 못 받았다.

payroll breakdown 급여 명세서   ㊡ **payslip**

payment 지급, 납입, 보상   **payment obligations** 지급의무
Regarding the payment terms of the Korean pulp market, most pulp agents offer stale B/L conditions.   한국 시장의 대부분 결제조건은 stale B/L 방식으로 에이전트가 오퍼하는 방식이다.

peak 절정/정점   ㉱ 최고의/피크인   ㊃ 우뚝 솟다/절정에 이르다
The singer is now at the peak of his popularity.   그 가수는 인기절정에 있다.
The prices peaked out. The price of gas has peaked and is now going down.
물가가 최고에 달했다. 가스 값이 최고로 올랐다가 이제는 내려가고 있다.

pedestrian 보행자, 평범한, 산문적인
Pedestrians Only (게시) 보행자전용.
Be aware of pedestrians when you drive.   운전할 때 보행자를 주의하시오.

peel 껍질을 벗기다, 벗겨지다
The child peeled a banana.   어린이가 바나나 껍질을 벗겼다.
The paint is peeling off my car.   내차의 페인트가 벗겨지고 있다.

penalty 벌금   ㊃ **penalize** 벌칙을 부과하다/유죄를 선고하다
The man paid the penalty for the assault.   그 남자는 폭행으로 형벌을 받았다.
The maximum penalty for the crime is five years' imprisonment.
그 범죄에 대한 최고형은 5년의 징역이다.

pending issues 현안문제
We'd like you to reply to us regarding the two pending issues below.
현재 pending 된 아래 2건에 대해 답장을 보내주길 바란다.

penetrate 꿰뚫다, 스며들다, 감동시키다   ㉱ **penetration**
I hope that we can expand our mutually beneficial cooperation in the fields of production and marketing of electronic products by which your company is to penetrate into EU Market.
전자제품의 생산/마케팅 분야에서 귀사와 상호 협력하여 EU 시장 진출을 확대하기를 희망함.

pension 연금, 고급 민박   ㊃ 연금을 지급하다
retirement/occupational pension 퇴직/후생 연금
He lives on his pension after retirement.   은퇴 후 연금으로 생활한다.

perfect 완전한/완벽한 ↔ **imperfect**   ㊃ 완성하다
㉱ **perfection** 완전/완성 ↔ **imperfection**
Practice makes perfect.   연습하면 완전해진다.
She is the most perfect girl I've ever seen.   그녀는 내가 만난 중에서 최고의 여성이다.

He has perfect control over the team. 　그는 팀을 완전히 통솔하고 있다.
He has perfected his French. He has perfected himself in French. 　프랑스어에 숙달.

performance　공연, 실행, 성과, 행동　　동 perform
The theater gives two performances of Hamlet every day. 　햄릿은 매일 2회 공연을 한다.
Our major objective in working with your prestigious company is to improve product quality and performance by utilizing the technological preeminence and marketing experience of your esteemed company.
귀사와 같이 일하는 목적은 귀사의 우수한 기술력과 마케팅 경험을 활용하여 당사 제품 품질과 역량을 증진시키는데 있음.
He performed his task excellently ahead of schedule. 　그는 일정보다 빨리 훌륭하게 임무 완수했다.

peril　위험, 모험, 위태롭게 하다
Our country faces the peril of war. 　우리나라는 전쟁의 위험에 직면해 있다.

periodic　주기적인/간헐적인/가끔의　　부 periodically　정기적으로
periodic meeting/payment/checkups 　정기 집회/정기적인 지급/정기검진
at periodic intervals 　주기적인 간격을 두고

periodical　정기간행물, 잡지　　형 정기간행의
a weekly periodical　주간잡지　　　　　　periodical literature　정기출판물
subscribe for a periodical 　잡지 구독을 예약하다

perish　죽다, 사라지다, 소멸하다
A family of four perished in the fire. 　그 화재로 4인 가족이 목숨을 잃었다.
Early buildings were made of wood and have perished.
초기 건물들은 목재로 지어져서 지금은 소멸되었다.

permanent　영구적인, 영속하는, 오래가는 ↔ temporary　일시적인
As I am more convinced that our ties are firmly and permanently established in a mutual sense of cooperation, I believe that a big prosperity lies ahead of both of us in the future.
우리 양국의 유대관계는 상호 협력의 기치아래 영원히 그리고 굳건하게 구축될 것임. 우리들 앞길에 큰 번영이 기다리고 있다고 확신함.

permit　인가서/허가서/면허증　　동 허가/허락하다　　☞ allow
Call me when time permits. 　시간이 있을 때 전화해 주시오.
The situation permits (of) no delay. 　사태는 촌각의 지체도 허락지 않는다.
It permits (of) no excuse. 　그것은 변명의 여지가 없다.
We honestly hope that your situation permits you to increase price not so much, if price hike is really inevitable. 　정히 인상이 불가피하다면 인상 폭을 최소화시켜 주기 바람.

perpendicular　수직의, 직각을 이루는　　명 수직선, 수직면, 절벽
a perpendicular cliff/line　깎아지른 낭떠러지/수직선

perplex 당혹/당황하게 하다, 혼란시키다   🔵 **confuse, embarrass**
The problem perplexed him. He was perplexed with/by the problem.
그는 그 문제로 당황하였다.

personnel 전 직원(의), 인원(의)
personnel management/department   인사관리/인사부
Personnel Only.   (게시) 관계자 이외는 출입금지.

persuasion 설득, 납득, 신념, 종용   🔵 **persuade**
Nena Trading would appreciate your full powers of persuasion on our behalf to allow us to carry
out our initial work and investments to sell your sister company's product.
귀하의 힘으로 당사가 귀사 자매회사의 제품을 계속 판매하도록 설득하여 주시면 감사하겠음.

persuade A to 동사 원형 A가 하도록 설득하다 ↔ *dissuade A from ~ing*
A를 설득하여 하지 않도록 하다

We are doing our utmost to persuade the company to purchase your products.
귀사의 제품을 구매토록 설득 노력중임.

pertaining to ~와 관계되는
The company is interested in sourcing the products above from your company if the terms and
conditions pertaining to this project are acceptable and agreeable to both parties.
이 프로젝트와 관련하여 양 당사자가 계약조건을 수용하고 합의한다면 귀사로부터 상기의 제품을 소싱하는데 관심이 있다.

pertinent 적절한, 타당한, 관계가 있는, 부속물
His comments are pertinent to the issue.   문제의 핵심을 찌르고 있다.

peruse 통독/숙독/정독/음미하다   🔵 **perusal** 숙독/정독/음미
upon your perusal of the attachments; upon your perusing the attachments; as soon as you
peruse the attachments   정독/숙독/정사하자마자
It well deserves perusal.   그것은 정독할 가치가 매우 있다.

pervade 보급되다, 스며들다, 고루 미치다   🔵 **pervasion** 확산/충만
The holiday spirit pervades the air at the office already. TGIF!
휴일 기분이 이미 사무실에 충만해 있다. 와 벌써 금요일이네.
TGIF: Thank God it's Friday.

pessimistic 비관적인, 염세적인 ↔ **optimistic** 낙관적인, 낙천적인
pessimistic view/tone/attitude 비판적인 견해/어조/태도

petition 청원, 탄원   🔵 청원하다
They petitioned the mayor for help. They petitioned the mayor to help them. They petitioned
the mayor that he (should) help them.   그들은 시장에게 원조를 청했다.

The small and medium-sized companies petitioned the government to cut corporate taxes.
중소기업들은 정부에 법인세 감세하도록 청원했다.

petrochemical 석유화학제품(의), 석유화학(의)
a petrochemical complex/plant 석유 화학 단지/공장

petty 시시한, 하찮은, 작은
petty expenses/crime/mind 잡비/경범죄/좁은 마음

philosophy 철학 형 **philosophical** 철학의, 달관한 듯한
philosopher 철학자/철인/현인

phony 가짜의, 허위의 동 위조하다, 날조하다
phony as three-dollar bill 가짜의, 진짜와는 거리가 먼 (3달러 지폐는 없는 데서 유래)
His scheme is phony as a three-dollar bill. 계획은 사기성이 짙다.

photo identification 사진이 있는 신분증

physical property 물리적 성질

picky 까다로운, 법석대는 유 **fussy**
picky taste/person/eater 까다로운 취향/깐깐한 사람/식성이 까다로운 사람

piece by piece 하나하나, 조금씩, 서서히
The girl completed the work piece by piece. 여자아이는 그 일을 조금씩 완성해 나갔다.

pigment 색소, 안료, 물감재료 유 **pigmentation** 색소
We are very much interested to learn in the Japanese newspaper, The Daily Industries, that your newly developed plastic pigment is being used as pigment in place of titanium oxide.
당사는 일본 신문 'Daily Industries'를 통해 귀사가 새롭게 개발한 '플라스틱 안료'가 산화티타늄을 대신하여 안료로 사용된다는 것을 알았음.

pile-up 다중충돌, 연쇄충돌
Three people died in a multiple pile-up in freezing fog.
안개 낀 영하의 날씨 속에서 일어난 다중 충돌 사고로 세 사람이 죽었다.

pill 알약, 환약 동 알약으로 만들다
She doesn't want to have children yet, so she's on the pill.
그녀는 아직 아이를 갖고 싶지 않기 때문에 피임약을 복용하고 있다.

PIN (Personal Identification Number) 개인 식별 번호
He reentered his personal identification number. 개인 식별 번호를 다시 입력했다.

pinch 꼬집다/집다/체포하다　　**명** 꼬집기/죄기/고난/시련
The company was pinched for cash as its cash flow became terrible.
현금 흐름이 안 좋아져서 현금이 없어 애를 먹고 있다.

The production manager is pinched for shipment, as he had no parts to keep production with.
생산과장은 생산을 지속할 부품이 없어 선적에 쫓기고 있었다.

pinpoint 핀의 끝, 사소한 것　　**동** 정확히 나타내다　　**형** 정확한
Don't beat around the bush. Please pinpoint it.　　　　　　　　변죽 울리지 말고 정확히 말해라.

pioneer 선구자, 선도자　　**유 harbinger, herald**
pioneership 도전의지, 선구자적 기질
In the technology business, we are known as a pioneer importer not only of facilities and
materials, but also of technical know-how. We would like to conduct mutually beneficial business
with your preeminent firm.
기술 사업 분야에서 당사는 설비/자재를 비롯하여 기술 수입의 선도적인 업체로 유명함. 당사는 귀사와 상호간 유익한
사업을 하고 싶음.

piracy 해적행위, 표절
literary piracy 저작의 표절, 해적판의 출판
piracy on the high seas 공해상의 해적행위　　　　　　　　commit/practice piracy 해적질을 하다

pity 동정, 연민, 아까운(애석한) 일
Pity is akin to love.　동정은 사랑의 시작.

It is a pity that　~은 안타까운 일이다, 유감이다
It is a pity that he died so young.　　　　　　　　그가 그렇게 젊어서 죽다니 유감천만이다.
It is a pity that he cannot attend the meeting.　　　　　　그가 모임에 못 나온다니 유감이군.

pivotal 회전축의, 중추적인
play a pivotal role in　~에서 중추적인 역할을 하다
The dollar, of course, keeps playing a pivotal role in the world economy.
물론 달러는 세계 경제에 있어서 중추적 역할을 계속 하고 있다.

place an order 주문하다
I am about to place an order for XP.　　　　　　　　XP를 주문하려고 한다.

plague 역병, 전염병　　**동** 괴롭히다, 성가시게 하다
She was plagued by back pain all his life.　　　　　　　　등의 통증으로 고생했다.

plain 명백한, 쉬운, 솔직한　　**부** 분명하게, 전적으로　　**명** 평원
The story is written in plain English.　　　　　　그 이야기는 쉬운 영어로 쓰여 져 있다.

platform 교단/연단/플랫폼(사용 기반이 되는 시스템/소프트웨어)/승강장/강령
동 단상에 올려놓다, 연설하다

an arrival/departure platform 열차 도착/출발 플랫폼
The candidate mounted the platform to make a speech. The opposition party's platform attracted the poor. 후보자는 연설을 하기 위해 연단에 올랐다. 야당의 강령은 가난한 사람들에게 매력적이었다.

plausible 그럴듯한, 정말 같은 ↔ **implausible** 믿기 어려운
She tried to coin a plausible excuse. 그럴듯한 변명을 만들려고 노력했다.

play a role/part in ~역할을 맡다, 한몫을 하다
play a major/leading/pivotal role in ~에서 중요한/주도적인 역할을 하다
I am sure that you, as President of the preeminent firm in India, will play a major role in smoothing the way for the joint success of both our countries and businesses.
인도 유수 기업의 사장으로서 양국의 성공과 사업이 상호 성공할 수 있도록 중추 역할을 할 것으로 기대함.

plead 탄원하다, 간청하다, 변호하다
He pleaded with the judge for mercy. 그는 판사에게 자비를 빌었다.
I pleaded with him to help me. 도와달라고 그에게 간청했다.

pledge 서약, 저당, 표시 동 맹세하다, 담보로 잡히다
I pledged never to break my promise. I pledged that I would never break my promise.
결코 약속을 어기지 않겠다고 맹세했다.

plentiful 풍부한, 넉넉한, 풍부하게 생기는 유 **rich, bountiful**
a plentiful crop/field/supply of fuel 풍작/기름진 들판/풍부한 연료공급

plenty of 많은, 넉넉한
The competent attorney has plenty of briefs. 유능한 변호사는 의뢰받는 사건이 많다.
• brief 소송 사건 적요서/소송 의뢰인

plot 음모, 줄거리, 책략 동 계획/구상하다, 음모를 꾸미다
They plotted to overthrow the government. 그들은 정부를 전복하려고 획책했다.

plug 마개, 플러그 동 매우다/틀어막다, 열심히 공부하다
The fields that immediately came to our minds are spark plugs and friction materials.
당장 생각나는 분야는 스파크 플러그와 마찰 재료임.

plywood 합판, 베니어판
a sheet of plywood 합판 한 장   a good grade of plywood 좋은 등급의 합판
plywood furniture 베니어판으로 된 가구

pneumonia 폐렴

PO(purchase order) (구매)주문서

A purchase order is a commercial document issued by a buyer to a seller.
구매주문서는 구매자가 발급하여 판매자에게 주는 상업적인 서류이다.

Please enclose a check with your purchase order.
주문서와 함께 수표를 동봉하시기 바랍니다.

point 득점/점수/학점/뾰족한 끝/점/사항/항목/문제/문제점/논점/요점/요지
동 뾰족하게 하다, 가르키다, 자극하다, 설명하다

boiling/freezing/melting point 끓는/어는/녹는 점 (비등점/빙결점/용해점)
to a certain point 어느 정도까지는   beside the point 요점을 벗어나, 예상이 어긋나
miss the point 요점을 모르다   in point of ~의 점에서는, ~에 관하여
Semiconductor shares went down by 5 points.   반도체주는 5포인트 하락했다.
He needed seven more points to graduate.   졸업하려면 7학점이 더 필요했다.
His speech lacks point. How can such a guy want to become president heading a country?
그의 말에는 요점이 없다. 저런 사람이 어떻게 한 국가를 이끌기를 원하는가?
You have a point there. I take your point.
너의 말도 타당하다. 그 점에선 네 주장도 타당하다. 니 얘기도 얘기된다.

point up 강조하다, 눈에 띄게 하다
He pointed up the last page of the presentation with some photos.
사진을 곁들여 프레젠테이션 마지막 페이지에 있는 내용을 강조했다.

point out 나타내다/지적하다/가리키다/설명하다
The manager has pointed out that the deadline for submitting tender documents is five days left,
and so we have to hurry up.
입찰 서류 제출 마감 기한이 5일 남은 바, 서둘려야 한다고 했다.

point of view 관점, 견해   유 **viewpoint**
From my point of view, I have thought carefully about the optimal time to hold the 12th Joint
Meeting in your country.   제 입장에서 귀국에서의 12차 합동 회의 개최가 언제 좋은지를 고민해 보았음.

polish 광택제, 닦기, 윤내기, 세련   동 닦다, 윤내다, 다듬자
The statement was carefully polished and checked before release.
그 성명서는 발표 전에 세심히 다듬고 검토를 했다.

He polished his glasses with a handkerchief.   그는 손수건으로 안경을 닦았다.

political climate 정치풍토, 정치기류

pollute 더럽히다, 오염시키다   명 **pollution** 오염, 불결   ☞ **contaminate**

pollution-related disease　공해질병, 공해유관 질병

Sharp decline in the populations of seals and sea lions was almost certainly caused by pollution-related disease.　물개와 바다사자가 갑작스럽게 개체수가 줄어든 것은 공해질병이 원인이 된 것이 확실하다.

polysilicon　폴리실리콘

* 폴리 크리스털린 실리콘(poly crystalline silicon)이라고도 함. 작은 실리콘결정체들로 이루어진 물질로, 일반 실리콘결정과 아모퍼스(비정질)실리콘의 중간 정도에 해당하는 물질이다. 순도가 99.9999% 이상일 경우에는 반도체용으로 반도체 웨이퍼를 만드는 데 사용하며, 99.99%일 경우에는 대양전지용으로 솔라 셀(solar cell) 기판을 만드는 재료로서 사용된다. 반도체 웨이퍼 scrap은 solar cell 기판용으로 사용 가능하다.

population explosion　인구폭발

portray　그리다, 묘사하다, 연기하다　유 depict

Don't portray the present political situation too negatively.
현 정세를 너무 부정적으로 묘사하지마라.

possession　소유, 소유물, 재산(pl.)

be in possession of　～을 소유/점령/점유하고 있다
with the full possession of　～을 독점하여
get/take possession of　～을 입수하다, ～을 점유하다

a man of great possessions　대 재산가
lose one's possessions　전 재산을 잃다

postage　우편요금, 송료

What's the postage on/for a special delivery letter?　빠른 우편요금은 얼마?

postpone　연기하다, 미루다　명 postponement
유 defer, delay, put off, procrastinate, adjourn

I regret to inform you that our order for your equipment should be postponed.
설비 구매를 연기하게 되어 유감임.

The meeting in Jeju Island is required to be postponed because of typhoon.
제주도의 미팅은 태풍으로 연기되어야 한다.

potable　음료 적합한, 마셔도 되는　유 drinkable
명 음료　유 beverage, drink

potable water　음료수

eatables and drinkables　음식물

potential　가능성이 있는, 잠재적인　명 가능성, 잠재력

The salesman should not wait for the calls from the potential customers but should actively try to have face-to-face meetings with them as many as possible.
영업 사원은 잠재 고객의 전화를 기다릴 것이 아니라 가능한 많은 고객들과 직접 만나 상담할 수 있도록 적극적인 노력을 기울여야 한다.

potential area of cooperation 가능성 있는/잠재적 협력분야

My associates and I will be in contact with you in the future in order to continue the discussion on the potential area of cooperation between your prestigious company and ours.
가까운 장래에 귀사와 당사간의 협력 가능 분야에 대한 상담을 계속하기 위해 다시 연락드리겠음.

power failure/outrage 정전, 전기고장

We hope that you will kindly understand that the delay was inevitable, as there was unexpected power failure frequently last week.
지난주 예기치 않은 정전 사태로 생산 지연되어 선적 지연된 바 이해해주시면 감사하겠습니다.

Our assembly lines could not be started right after the power outage.
우리의 조립 라인들은 정전이 끝나고 나서 바로는 가동되지 못했다.

power of attorney (POA) 위임장

give power of attorney to ~에 대리권(代理權)을 주다
He gave the power of attorney to Mr. Kim. 그는 위임장을 김씨에게 주었다.

praiseworthy 칭찬할만한 ↔ blameworthy 탓할만한, 책임이 있는

a praiseworthy idea/effort/person/attempt 칭찬할만한 생각/노력/사람/시도
His considerate action is praiseworthy. 사려 깊은 행동은 칭찬할만하다.

pray 기도하다, 기원하다, 간절히 바라다

We prayed that she would recover from her illness. 우리는 그녀가 병에서 회복하기를 기원했다.
We're praying for good weather on Saturday, as we are scheduled to play golf.
토요일에 골프를 하기로 되어 있어 날씨가 좋기를 간절히 바라고 있다.
I prayed that nobody would notice my mistake. 나는 아무도 내 실수를 눈치 못 채기를 간절히 바랐다.

preach 설교하다, 설파하다

The minister preached a sermon on the parable of the lost sheep.
목사는 잃어버린 양의 우화에 대해 설교를 했다.

precipitation 강수, 강수량

As year went by, the annual precipitation increased. 해가 갈수록 연간 강수량이 증가했다.

predecessor 전임자, 선배 ↔ successor 후임자

The new president reversed many of the policies of his predecessor.
새 대통령은 전임 대통령의 정책들 중 많은 것들을 뒤집었다.

predominate 우위를 차지하다, 영향력을 가지다, 두드러지다

형 **predominant** 뛰어난/우세한　　명 **predominance** 우월/우위
Conservatives predominate in local government. 보수당이 지방 자치체에서는 우위를 차지하고 있다.
Reds and browns predominate in the carpet. 적색과 갈색이 그 융단에서 한결 눈에 띈다.

preface 서문, 머리말　　　동 서문을 달다

He wrote a preface to his book.　　　자기가 저술한 영어책의 머리말을 달았다.

Their argument was the preface to years of marital strife.　그들의 언쟁은 몇 년에 걸친 부부 싸움의 발단이었다.

The elegant speaker prefaced her remarks with a joke.　우아한 연사는 농담으로 말문을 열기 시작했다.

prefer A to B　B보다 A를 더 좋아하다　　유 **like A better than B**

I prefer wine to soju.　소주보다는 포도주를 좋아한다.

He prefers playing golf with friends to playing tennis with his wife.
아내와 테니스 치는 것보다는 친구들과 골프 하는 것을 선호한다.

He preferred to eat out rather than to eat home-made food.　집에서 만든 음식보다는 외식을 좋아했다.

preference 선호, 애호　　형 **preferable** 차라리/오히려 더 나은

부 **preferably** 더 좋아하여, 오히려, 가급적이면

A likely impossibility is always preferable to an unconvincing possibility.
불가능해 보이는 것은 불확실한 가능성보다 항상 더 낫다.

Poverty is always preferable to illness.　가난은 항상 병보다는 낫다.

I look forward to seeing you and working with you, preferably in the very near future, and at the
latest, at next year's meeting in Seoul.
다시 보기를 원하며 같이 일하기를 원함. 가급적 가까운 장래가 좋겠으나, 아무리 늦어도 내년 서울 회의 때는 다시 뵙기를 바람.

preferential 우선권(특혜권)을 주는

preferential right/treatment　우선권/우대

It is my opinion that the preferential bilateralism of our private businesses is an even more
important and basic need.
우리 민간사업 부문이 양자주의로 인해 양국 경제 발전에 보다 더 중요한 초석이 된다고 생각함.

pregnancy 임신/임신기간/충만　　형 **pregnant** 임신하고 있는/가득찬

Many women experience sickness during pregnancy.　임신 중에 입덧을 하는 여성이 많다.

prejudice 편견/침해/불리　　동 편견을 갖게 하다/손상시키다

There is little prejudice against workers from other EU states.
다른 유럽 연합 국가들에서 온 노동자들에 대한 편견은 거의 없다.

prelude 서곡, 전주곡

He played a prelude by piano at the concert.　피아노로 서곡을 연주했다.

His taking a private loan is a prelude of deterioration of credit ranking.
사채를 빌려 쓴 것이 신용불량의 서곡이었다.

pre-marketing 사전 마케팅, 사전 영업활동

• 사전마케팅이란 잠재수요층을 대상으로 미리 판촉을 벌이는 것을 말한다.

Also we would like to express our special thanks to you and your people sharing pre-marketing information with us.　　　　또한 사전 시장 조사 정보를 공유 하여 주시는데 대해 특별한 감사를 드립니다.

premium　보험료, 할증료　　형 아주 높은, 고급의

You have to pay a high premium for express delivery.　　특급 배달을 받으려면 높은 할증료를 내야 한다.

A premium of 10% is paid out after 20 years.　　20년 후에는 10%의 할증료를 내게 된다.

preoccupy　마음을 빼앗다, 뇌리를 사로잡다

명 **preoccupation**　선취/몰두　　형 **preoccupied**　선취된, 몰두하는

Work preoccupies his mind.　　그의 머리에는 온통 일 생각으로 가득 차 있다.

He is preoccupied by his first overseas business trip.　　머릿속에 첫 해외출장 생각 밖에 없다.

prepare (oneself) for　～을 준비하다

He is very busy preparing for his 1st trip to New York.　　뉴욕 첫 출장 준비로 바쁘다.

The company should prepare against the oversupply.　　공급과잉에 대비하여야 한다.

be prepared/willing to　동사 원형　기꺼이 ～하다

All the employees are prepared to accept voluntary salary cut. Otherwise, their company is likely to go into bankruptcy, which eventually makes them jobless for a long time.

모든 임직원이 자발적인 봉급 삭감을 할 준비가 되어있다. 그렇지 않으면 회사가 망할 가능성이 크며,

회사가 망하면 무직이 될 것이기 때문이다.

preparation　준비, 마음가짐, 조제품

in preparation for　～에 대비하여　　　　　　make preparations for　～의 준비를 하다

Also I express the sentiments of our entire delegation in terms of my gratitude to chairman and the other members of the Economic Cooperation Committee for their preparation and hospitality - both in our serious proceedings and in the wonderful festivities such as this one.

의장님과 경제협력위원회 멤버들의 준비와 환대에 저와 우리 일원 모두의 감사의 말씀을 드림.

prepay　선불하다, 선납하다

prequalification　입찰참가자격 사전심사제　　동 **prequalify**

* 일정 자격 요건을 정해 놓지 않으면 아무나 입찰에 참가할 수도 있어 자료 심사에 시간 낭비가 심하다.

따라서 일정 조건 이상의 업체만 참가 할 수 있도록 사전 심사제를 실시한다. 일반적으로 PQ라고 부른다.

Please refer to the enclosed e-catalog and prequalification statement for their vast experience, especially in the petrochemical and chemical process field for many customers in the relevant industries.

첨부한 e-카탈로그와 특히 석유화학 및 화학 분야에서의 방대한 실적에 대한 PQ 자료 참조 하세요.

prerequisite　전제 조전, 필요조건

A degree is an essential prerequisite for employment at this level.

이 정도 수준의 취업을 위해서는 학위가 필수 전제 조건이다.

Timely, accurate information is an essential prerequisite to business success.

사업에 성공하기 위해서는 정확한 정보가 적기에 꼭 필요하다.

prescription 처방전, 처방된 약 **동 prescribe** 처방하다
prescription drugs/medication(s) 처방전이 있어야 구입할 수 있는 약제
The doctor gave me a prescription for antibiotics. 의사가 내게 항생제 처방전을 써 주었다.
Antibiotics are not available without a prescription. 항생제는 처방전이 있어야만 살 수 있다.

presence 존재, 출석, 태도, 주둔(군)
Congratulations on your retirement from the Bank. I think the Bank will dearly miss your talents and your personal presence.
은행 퇴직 축하드림. 은행은 당신의 능력과 당신의 존재를 그리워 할 것임.

present 현재의/참석(출석)한/존재의 **명** 선물/현재/지금
동 증정/선물하다 **명 presentation** 증정/제출(발표)/상영/제시
All present assented. I was not present at that meeting.
출석자 전원이 찬성했다. 회의에는 참가하지 않았다.

Enclosed are our small presents. Please accept them as a token of our friendship.
작은 선물 동봉 드립니다. 우정의 상징으로 받아주세요.

We are ready/prepared to make a detailed presentation to the potential customers any time.
잠재 고객에게 프레젠테이션 할 준비는 되어있다.

present A (with) B/present B to A B를 A에게 증정/기증/선물하다
He presented her (with) an expensive purse. He presented an expensive purse to her.
비싼 지갑을 선물했다.

preserve 보호/보존/저장하다 **명** 전유물, 설탕절임
명 preservation 보존/보관/저장
I need your help to preserve and to enhance our relationship with the main coffee buyer.
주요 커피 바이어와 당사와의 관계를 유지하고 고양하는데 귀사의 도움이 필요하다.

preside 사회(의장)를 하다, 주재하다, 통합/지배하다, 연주를 맡다
The meeting was presided over by the party leader. 그 모임의 사회/의장은 그 당 지도자가 맡았다.
She presides over the committee meetings. 위원회의 회합은 그녀가 주재하고 있다.

press 신문/언론/보도/인쇄기/출판사 **동** 누르다/압박하다/강조하다
the local/national/foreign press 지역 신문(지방지)/전국지/외신
The story was reported in the press and on television. 그 이야기는 신문과 텔레비전에 보도되었다.
The event is bound to attract wide press coverage. 그 사건은 필시 언론에 대서특필될 것이다.
The bank is pressing us for repayment of the loan.
은행에서 융자금을 상환하라고 우리에게 압박을 가하고 있다.

I don't want to press the point, but you do owe me $200.
내가 그 점을 강조하고 싶진 않지만 자네가 나한테 200달러 빚이 있기는 해.

pretend 척하다, 가장하다　　　　형 가짜의, 가장의

He pretended to his family that everything was fine.　　　그는 가족들에게는 모든 일이 괜찮은 척했다.
I don't pretend to be a doctor.　　　내가 의사라고 감히 우길 생각은 없다.

prevail 만연되다, 능가하다, 유력하다, 성공하다, 설득하다
　　　　　형 **prevalent** 널리 퍼진, 유행하는
Truth will prevail. Hatred prevails among them.
진리는 승리한다.　　　그들 사이에는 증오심이 팽배해 있다.

The idea prevails that a business depression is coming. The prevalent rumor is that the company is collapsing down.
불경기가 다가오고 있다는 생각이 널리 퍼져 있다. 망해가고 있다는 소문이 만연하다.

prevail on ~을 설득하다, 설복하다
I prevailed on her to go with him.　　　그와 같이 가도록 그녀를 설득했다.
I finally prevailed on my president to invest in a new project.
신규 프로젝트에 투자하도록 사장님을 마침내 설득했다.

prevent 막다, 예방하다　　형 **preventive**　　명 **prevention**　　☞ **prohibit**

previous 이전의, 앞의, 시기상조의
previous night/record/experience 전날 밤/이전의 기록/과거 경험
without previous notice 사전 예고 없이

previous to ~보다 전에,~에 앞서서, ~이전에
He left for Paris previous to my arrival.　　　내가 도착하기 전에 파리로 출발했다.

prey 먹이/포식/전리품　　　동 포식/강탈하다, 괴롭히다
fall/be/become a prey to temptation　　　유혹의 포로가 되다
The office lady became the prey of fashion right after a handsome guy joined her Department.
잘생긴 남직원이 그녀의 부서에 근무하기 시작한 후 즉시 그 여직원은 유행의 노예가 되었다.

priceless 대단히 귀중한, 정말 재미있는
　　　　　유 **invaluable/valuable/precious**
Your investment of US$10 Mil in our new business is priceless.
당사 신규 사업에 귀사의 천만불 투자는 소중하다.

primary 제1위인, 주요한, 근본적인　　　명 제1위의 것, 예비 선거회
primary goals in life 인생의 주요 목적　　　　　　　　primary cause 주요한 원인
a matter of primary importance 가장 중요한 사항
Parents are their children's primary role models.　　　부모들은 아이의 주된 본보기 모델이다.

prime rate 프라임레이트, 최저 대출금리, 우대금리
• 은행 등 금융기관들이 신용도가 가장 좋은 고객에게 적용시키는 최저/우대 금리

lower/cut the prime rate   프라임레이트를 내리다

primitive   원시사회의, 초기의, 원시적인
primitive instinct/tribes   원초적 본능/원시 종족들
The facilities on the campsite were very primitive.   그 야영장의 시설은 대단히 원시적이었다.
The methods of communication used during the old war were primitive by today's standards.
과거 전쟁 중에 사용된 의사소통 방식은 오늘날의 수준으로 보면 원시적이었다.

printout   (컴퓨터의) 출력물/인쇄물

prior consent   사전 동의/승락
Prior consent from the owner of the house is also required.   집주인의 사전 동의가 필요하다.

privatize   민영화하다   명 **privatization**   민영화
privatize state-run/public firms   국영 기업/공기업을 민영화하다
The company was privatized several years ago.   수년전 민영화되었다.

privilege   특전/특권/영광/면책특권   동 특전/특권/특혜를 주다
It has been my privilege to be chairman of the host committee, as well as program chairman.
프로그램의 의장이자 이 회의 주관 위원회의 의장이 된 것은 영광이다.

He was privileged to make an overseas trip by business class any time.
그는 비즈니스석으로 언제든지 외국 출장을 갈 수 있는 특권이 있었다.

proforma invoice   견적송장   commercial invoice   상업송장
• proforma invoice(견적송장): 수출업자가 당해 물품의 가격을 견적해 주는 송장을 말한다.
  따라서 실제로 거래된 물품에 대한 송장이 아닌 가(假) 송장.

proceed   나아가다, 계속 속행하다   명 **proceeds**   매상고
The best way for us to proceed at this point will be for your company to delineate detailed interests to my company.
현시점에서 사업 추진의 가장 좋은 방법은 귀사가 구체적인 관심사항을 자세히 설명해주는 것임.

process   과정/절차/공정   동 가공/처리하다
If we have to use your designated part, however, we will have to import, which will cause us many troubles such as timely delivery of materials, high price, and additional cost incurred in the process of importing and order quantity.
만약 반드시 귀하가 지정한 부품을 사용하여야 된다면 그 부품을 수입하여야 됨. 수입 시 적기 공급, 높은 가격, 수입 부대비용 발생 등 귀찮은 문제들이 많아짐.

procrastinate   미루다/질질 끄다   명 **procrastination**   ☞ **postpone**
Don't procrastinate any project.   어떤 프로젝트이든 미루지 마라.

procurement (정부기관의) 물품 조달, 구매　　　**동 procure**

military procurement　군수품 조달　　　　　　special procurement demands　특별 구매 수요
procurement demand on the Korean Government　한국정부에게 조달에 관한 요구
Mr. Kim at Procurement Department hinted that we could get the order at the price of
US$10/SM.　　　　　　　　구매부의 Mr. Kim이 SM당 US$10의 가격으로 오더 수주가능하다고 귀띔했다.

produce　생산/제조하다　　　　**명** 농산물/수확물
　　　　　　명 production 생산/제품　**product**　생산품/성과

product range/line　생산 품목, 제품군　　　　　　　　production efficiency　생산효율
As of yesterday the labor dispute ended amicably. From today the factory has started to run
normally as before. We will produce 10,000 SM every day.
어제부로 노동쟁의가 우호적으로 끝났으므로 오늘부터 공장은 정상적으로 전과 같이 돌아가기 시작했다. 하루에 1만
SM을 매일 생산할 것이다.

The production efficiency is still low, as we started production last month. But we are confident
that the production efficiency will jump up from next month. And so please don't worry about
the delivery. If something unexpected comes up with the production, we will airfreight the goods
at our own cost in order to keep our delivery promise.
지난달부터 생산개시해서 아직도 생한 효율이 낮다. 하지만 다음 달부터 생산효율이 크게 오를 것으로 자신한다.
그러니 납기 걱정은 하지 마세요. 생산에 문제가 있다면 당사 비용으로 항공 운송시켜 납기를 맞추겠습니다.

profession　전문적 직업/동업자/공언　　**형 professional**　직업의/프로의
He is a sailor by profession.　　　　　　　　　　　　　　　　그의 직업은 선원이다.

make one's profession of　~을 공언(고백)하다
He made his profession of knowing all about the case.
그는 그 사건에 대한 모든 것을 고백했다.

proficiency　숙달, 숙련　　　　　**형 proficient**
He tried to develop his proficiency/ability in writing English. He tried to develop his proficiency/
ability to speak English.　　　　　　　　　　　　　　영어 능력을 개발 노력했다.

profit and loss statement income statement　손익계산서
• 한 회계기간 동안에 발생한 비용 항목과 수익 항목을 기재하여 당해 기간의 순이익 혹은 순손해를 표시하는 재무제표

profit　이익/수지　　　　**형 profitable**　이익이 되는/수지맞는
　　　명 profitability　수익성　　　**유 lucre, lucrative**
How did they divide the profits up?　　　　　　　　　그들은 이익을 어떻게 분할했는가?
The labor-intensive business in Korea is not profitable/lucrative any more. The labor-intensive
business in Korea does not generate any profit/lucre any more.
한국에서는 노동 집약적인 사업이 이제는 수익이 나지 않는다.

We have no alternative but to supply our goods at no profit if we want to keep business relationship with the customer.
고객과 거래 관계를 유지하려면 이윤 없이 물품을 공급하는 수밖에 없다.

profound   학식이 깊은, 해박한, 심오한

profound insight/knowledge/earning/impression   깊은 식견/지식/학식/인상
I was pleased to meet you despite your heavy schedule. It was good to see you and to renew our profound friendship. This was a higher priority for me than any business we discussed.
바쁘신 와중에 시간 할애 감사함. 만나게 되어 반가웠고 우리의 깊은 우정을 확인할 수 있어 좋았음. 우리가 논의한 어떤
사업보다도 서로 만나고 우정을 돈독히 하는 것이 더 중요했음.

progress report   경과보고

He reports the day-to-day progress to his manager while he is on an overseas trip.
해외 출장 시 과장에게 진행 사항을 매일 보고한다.

progress   진행/진전/진보   동 진보/발전/전진하다
↔ regress/retrogress   역행/퇴행/퇴보하다

The purchasing manager's tip on the internal progress with the present vendors was priceless. Backed up by the tip, the company could submit the competitive price as the potential vendor.
현 협력업체들과의 내부 진행 사항에 대한 구매 과장의 귀띔은 더없이 소중했다. 그 귀띔에 의거, 그 회사는
잠재 협력업체로서 경쟁력 있는 가격제시가 가능했다.

progressive payment, installment, rate payment   할부금

progressive   전진하는/진보적인/점진적인 ↔ retrogressive   역행하는
conservative   보수당의   명 진보주의자   부 progressively

progressive tax/disease   누진세/진행성 질병
Our country's taxation system is progressive tax. The higher income, the higher tax rate.
우리나라의 조세제도는 누진세를 적용하고 있다. 소득이 높을수록 세율이 올라간다.

prohibit   금지/방해하다   형 prohibitive   명 prohibition

prohibitive tax   금지적 중세(세금을 아주 많이 부과함으로써 못하게 하는 것)
prohibit/prevent/hinder/keep/deter A from ~ing B   A 가 B를 ~하는 것을 방해하다, ~못하게 하다
Business prohibited him from going to dance party. Business prohibited his going to dance party.
일 때문에 그는 파티에 가지 못했다.

project   계획/기획   동 계획/기획하다, 발사하다   유 plan

The company's project to build a new resort is immense. The finance manager projected the costs involved in the new plan.
회사의 새 리조트 건설 프로젝트는 방대하다. 새 계획에 소요되는 경비를 산출했다.
He projected his hostility upon his boss.   자기의 상사에게 적개심을 노골적으로 나타냈다.

prolong 연장하다, 늘리다
The operation could prolong his life by two or three years. 그 수술은 그의 생명을 2, 3년 연장할 수 있다.

prominent 돌출한, 눈에 띄는, 탁월한
He played a prominent role at the project. 프로젝트에서 중요한 역할을 했다.
Our house is in a prominent position. 우리 집은 눈에 확 띄는 곳에 있다.
The case received prominent coverage in daily newspaper. 그 사건은 일간지에 대대적으로 보도되었다.

promote 승진/승격시키다, 조성/촉진하다 **명 promotion**
↔ **demote**, **demotion** 지위를 떨어뜨리다/강등시키다, 강등/격하
It's amazing that he has got the promotion to general manger such a short time.
그렇게 단기간에 부장 승진하는 것은 경이롭다.

prompt 즉각적인, 시간을 엄수하는, 신속한 **동 촉발/유도하다**
명 지불기일 **부 정확히, 꼭**
We look forward to your prompt and favorable reply. 즉각적이고 우호적인 회신 기대함.
She stole a bag, prompted by the temptation of the moment. 순간적인 유혹에 끌려 가방을 훔쳤다.

prone 하기 쉬운, 경향이 있는, 엎드린 **유 liable**
be prone to 동사 원형 ~하기 쉽다
Tired drivers were found to be prone to ignore warning signs.
지친 운전자들은 특히 경고 표지를 무시하기 쉬운 것으로 밝혀졌다.

proofread 교정보다
Is this manuscript/document proofread? 이 원고/문서는 교정을 봤나요?

proper 적합한/알맞은/타당한/고유의 **부 properly**
As you can see from the unshakable facts above and the evidence enclosed, the shipping
company has absolute obligation for the accident and the extra expenses created, but they refuse
to answer or to take their proper responsibility. 상기 명백한 사실들과 첨부된 증거에서 보듯이,
그 해운 회사는 본 건과 추가 비용에 대해 절대적인 책임이 있으나 답변을 거절하며 적합한 책임을 지려하지 않고 있음.

property rights 재산권
The property rights of local residents and landowners will be protected.
현지 주민과 토지소유주의 재산권이 보호될 것이다.

proponent 제안자, 지지자, 찬성자 ↔ **opponent** 적, 상대, 반대자
She is a proponent of women's rights. 그녀는 여권 지지자이다.

proportionate 비례한/균형 잡힌 **동 비례시키다/균형 잡히게 하다**
유 proportional **부 proportionally** 비례하여, 균형 잡힌

proportionate/proportional to   ~에 비례하여

The number of accidents is proportionate to the increased volume of traffic.

사고 건수는 늘어나는 교통량에 비례한다.

The quality of any product, in general, is proportional to the carefulness of factory workers at the assembly line.

일반적으로 제품의 품질은 조립 라인에서 일하는 공장 직공의 주의 정도에 비례한다.

propose   제의/제안/건의/발의하다   명 **proposal**

He proposed to her. He made a proposal to her.   그녀에게 청혼했다.

I appreciate your having given us serious consideration of our project proposals so far.

우리의 프로젝트 제안을 지금까지 신중히 고려하고 계신데 대해 감사드림.

proposition   제안/명제/제의   동 제안하다

Your business proposition is good enough to draw the attention of our top management.

귀사의 사업 제안은 당사의 최고 경영진의 관심을 끌만큼 훌륭하다.

prosecute   기소하다, 수행하다   명 **prosecution**   기소, 수행

prosecute/launch inquiries into   ~의 조사를 행하다

We have recently launched an inquiry into corruption.

최근 부정부패에 관한 조사를 착수했다.

The company was prosecuted for breaching the Health and Safety Act.

그 회사는 보건 안전법 위반으로 기소되었다.

prospect   전망/예상/후보자/광석견본   동 조사하다/가망 있다

We look forward to your reply and to the prospect of conducting mutually beneficial business.

귀사의 회신 및 상호 도움이 되는 비즈니스를 수행하기를 기대함.

prosperity   번영, 융성 ↔ **adversity**   역경

I hope that happiness and prosperity always go with you and your family.

귀하 가정에 행복과 번영이 깃들기를 바람.

prosperous   번영/번창하는, 순조로운

prosperous   years/business/company   번창하고 있는 시대/사업/회사

Best wishes for a happy and prosperous new year.   복 많이 받고 사업 번창하기를 기원드림.

protection   보호/후원/비호   동 **protect**   보호하다/지키다
명 **protectionism**   보호무역주의

He always try to give/offer/provide protection for children against child abuse.

그는 항상 아동 학대로부터 아이들을 보호하려고 노력한다.

The book is indebted to his protection.   이 책이 나온 것은 그의 후원 덕분이다.

We believe that as mutual business partners, you are obliged to protect our present role in the business by establishing us once again as your sole stockist in Korea.
당사를 귀사의 독점 재고 판매 총판으로 다시 한 번 인정함으로써 당사의 역할을 보호해줄 것으로 믿는다.

provide/supply/furnish A with B, provide/supply/furnish B for/to A   A에게 B를 제공하다

In the meantime, we want to provide you with the following important information for your review and consideration.   일단 아래의 중요 정보를 제공 드리니 검토바람.

provided   ~을 조건으로(on the condition), 만약 ~하면(if)

Any room is OK with me, provided that it's a smoking room.
흡연 가능한 방이면 어떤 방이든 괜찮다.

I will go to Jeju Island provided (that) it is fine tomorrow.
내일 날씨가 좋으면 제주도로 가겠다.

proximity   근접, 인접   유 nearness, vicinity

proxy   대리, 위임, 대리인

You can vote either in person or by proxy.   투표는 직접 할 수도 있고 대리로 할 수도 있다.
Your proxy will need to sign the form on your behalf.
당신의 대리인이 당신 대신에 그 양식에 서명을 해야 할 것이다.

publicity campaign   홍보/선전 활동

pull over   길 한쪽으로 차를 대다

The police ordered me to pull over for a traffic violation.   경찰은 교통위반으로 차를 길옆에 세우라고 했다.

punctual   정각의, 시간을 엄수하는   유 on the dot   정각에/정시에

punctual payment   기한대로의 지불   punctual to the minute   꼭 제시간에
She has been reliable and punctual.   그녀는 믿을 수 있고 시간도 엄수해 왔다.

punctuality   시간 엄수, 정확함, 꼼꼼함

Punctuality is the 1st step to business success.   시간 엄수는 사업 성공의 첫 걸음이다.

public display   공개 전시/진열

purify   정화/순화/추방하다   명 purification

You had better purify your business language.   언어를 순화하는 것이 좋다.

purity   깨끗함, 순수, 청결 ↔ impurity   불결, 불순, 부도덕

The purity of the water is tested regularly.   그 물의 순도는 정기적으로 점검을 한다.
The price of metal is proportional to its purity.   금속의 가격은 금속의 순도에 비례한다.

purport 칭하다, 주장하다   명 요지, 취지

This letter purports his resignation. This letter purports that he will resign. The purport of this letter is that he will resign.
이 편지의 취지는 그가 사임하겠다는 것이다.

pursuant to ~에 의하여

Our two American subsidiaries are scheduled to merge this year pursuant to our headquarters policy.
본사 정책에 따라 현재 미국에 두 군데 지사 운영 중이나 올해 하나로 합치려고 함.

pursue 추적하다, 괴롭히다, 계속 추구하다

Although we are not very well acquainted with your prestigious company, we have come to the conclusion that you would be a very good business counterpart for us. We would like to pursue a mutually beneficial business with you on following urgent inquiry.
당사는 귀사를 잘 알지 못하나 귀사가 좋은 사업 파트너가 될 수 있다는 결론에 도달함. 다음 긴급 문의 사항에 대해 상호 이익이 되도록 사업을 추진하고 싶음.

put off 연기하다   ☞ postpone

It's too late to put off our meeting with them now.
이제 그들과의 만남을 취소하기는 너무 늦다.

We've had to put off our wedding until September.
우리는 결혼을 9월까지 미뤄야 했다.

put on airs 젠체하다, 뽐내다, 점잔빼다

The rich woman put on airs when her friends were around her.   그녀는 친구들 앞에서 뽐냈다.

put out 내쫓다, 해고하다, 불을 끄다, 생산하다, 출판하다

put out fire/gas 불을/가스를 끄다
The company put the old employees out to grass.   나이든 직원들을 해고했다.

put/get something out of your mind ~에 대한 생각을 그만두다
I just can't get her out of my mind.   난 그저 그녀에 대한 생각을 그만둘 수가 없다.

put something out of sight ~을 숨기다
His father put his Christmas present out of sight.   그의 아버지는 크리스마스 선물을 숨겼다.

put up with ~을 참다, 참고 견디다   유 endure/tolerate/bear/stand

I can no longer put up with his arrogance.
이제 더 이상은 그의 오만함을 묵과할 수 없다.

I don't know how she puts up with such inconveniences and hardship.
그녀는 어떻게 그런 불편함과 고통을 참는지 모르겠어.

Qualify 자격을 주다, 한정/제한하다   명 qualification

She is qualified for teaching history. She is qualified to teach history. She is qualified as a teacher of history.
그녀는 역사 선생 자격이 있다.

She qualified herself for the job.
그 일에 적합한 능력을 갖추게 되었다.

We are pleased to submit our qualification data for the purpose of being included in your vendor list for cable and wire.
케이블/와이어 공급을 위한 적격 업체 심사 서류 제출하게 되어 기쁩니다.

quantitative 양적인   유 measurable

quantitative analysis/research   양적 분석/연구

in a quantitative respect   양적으로는

In a quantitative respect, we are more disadvantageous than them.
양적으로는 우리가 그들보다 훨씬 불리하다.

quarantine certificate 검역증명서

quadruple 네 배가 되다   형 네 부분으로 이루어진, 네 배의

Sales have quadrupled in the last five years.
지난 5년간 매출이 네 배가 되었다.

This year we produced quadruple the amount produced in 2002.
올해 우리는 2002년 생산량의 네 배를 생산했다.

quarterly 분기별의   명 계간지   부 연 4회씩, 계절마다

a quarterly publication/magazine
계간 간행물/계간지

The bank pays interest quarterly.
은행은 연 4회 이자를 지급한다.

queer 기묘한, 수상한, 어지러운   명 기인, 동성애자

It is queer that he should have done such a thing.
그런 짓을 했다니 이상하다.

queue up 줄을 서다   유 stand in line

Please queue up here for the ticket to museum.
박물관 입장권을 구입하려면 여기 서세요.

query 의문, 질문   동 질문하다, 의문을 품다

He queried whether the report was accurate.
그는 보고가 정확한지 그 여부를 물었다.

question 질문/의문/제의/논점   동 질문/조사/의심하다

raise/settle the question of employment
고용 문제를 제기하다/해결하다

He questioned whether the plan was useful.
그는 그 계획이 유용할지 의심했다.

He invariably questioned every command.
그는 명령마다 으레 따지고 들었다.

beyond question, out of question, no question, without question   물론, 의심할 여지없이, 확실히

cf) out of the question = impossible

It is beyond question that the economic cooperation between your country and ours will be expanded and deepened through your newspaper.
이번 신문기사로 귀국과 아국(我國)의 경제 협력이 심화될 것으로 확신함.

bring into question ~을 논의의 대상으로 하다, 문제로 하다
This case brings into question the business sincerity of the vendor.
이 사건은 그 납품업체의 사업에 대한 진실성에 의문을 갖게 한다.

call in question 이의를 제기하다, ~에 대해 논박하다
He often called my ideas in question.　　　그는 종종 나의 의견에 이의를 제기했다.

quit 그만두다, 떠나다, 단념하다, 갚다　　**형** 면제된
He quit the job/school.　　　직장을/학교를 그만두었다.
She quit smoking/cigarettes.　　　담배를 끊다.
She was glad to be quit of him.　　　그녀는 그와의 관계를 끊게 되어 기뻤다.

quota 쿼터, 할당액, 할당 정원수
- (import) quota system：IQ제로 약칭하며 수입쿼터제라고도 함. 비자유화품목(IQ품목)에 대해 수입량을 할당해서 수입제한을 실시하는 제도. 목적은 수입량의 증가에 대비해 기존 또는 육성단계에 있는 자국 산업을 보호/육성하기 위한 것임

quote 인용하다/견적을 내다/시세를 말하다　　**명** 인용 구문/시세/시가
　　　　명 **quotation**
They quoted us £300 for installing a shower unit.
우리에게 샤워기 설치비용 견적가를 300파운드로 제시했다.

Yesterday the pound was quoted at $1.8285, unchanged from Monday.
어제 파운드화는 1.8285 달러로 시세가 형성되어 월요일과 변동이 없었다.

Several football clubs are now quoted on the Stock Exchange.
몇몇 축구 클럽들이 지금 주식 시장에 상장되어 있다.

Their quote for the job was too high.
그 일에 대한 그들의 견적가는 너무 높았다.

Racial 인종의　명 **racism** 민족지상주의, **racist** 인종차별주의자
racial discrimination/conflict/prejudice/equity
인종 차별/인종간의 충돌/인종적 편견/인종간의 평등

rack 선반　동 괴롭히다
towel/luggage/music/letter/book/spice rack　수건걸이/수화물 선반/악보대/편지꽂이/책꽂이/양념통
His body was racked by pain.　She was racked with jealousy.
그의 몸은 통증으로 시달렸다.　그녀는 질투로 마음이 흐트러져 있다.

radiate 퍼져나가다, 발하다, 퍼지다　형 중심에서 방사하는　명 **radiation** 방사선
ultraviolet radiation(UV)　자외선　infrared　적외선
Railway lines radiate from the station in every direction.
철도는 역에서 방사상으로 뻗어나간다.

radical 근본적이, 급진적인, 급진파의　명 급진주의자, 과격파
radical proposals/politicians/students　급진적인 제안/정치인/학생

radioactive 방사능을 가진, 방사능에 의한
radioactive ray　방사선　a leak of radioactive stream　방사선 누출
radioactive substances/fallout/rays/contamination/isotope　방사성 물질/낙진/오염/동위원소

radioactivity 방사능
study of radioactivity　방사능 연구　intensity of radioactivity　방사능의 강도
Many people were contaminated by radioactivity after the sudden earthquake.
갑작스러운 지진 후 방사능에 오염된 사람들이 많다.

radius 반지름, 반경, 범위　**cf) diameter** 직경, 지름
within a radius of 30 miles　반경 30마일 이내에　the radius of action　행동 범위

raft 뗏목　동 뗏목으로 수송하다
life raft　구명 뗏목/고무보트　on a raft　뗏목을 타고(태워서)
inflatable rubber raft　공기를 넣어 부풀리는 고무보트

rage 격노/분노/욕망/유행　동 몹시 화내다, 맹위를 떨치다
in a rage　홧김에, 노발대발하여　whip up/fly into a rage　노발대발하다
There was a great rage for jazz in those days.　He is in a rage to know.
당시에는 재즈가 크게 유행했다.　그는 지식욕이 매우 왕성하다.
A storm/A fire/The plague is raging.　The storm raged itself out.
폭풍우/화재/페스트가 맹위를 떨치고 있다.　폭풍우는 맹위를 떨친 끝에 잠잠해졌다.

raid 급습/습격, 불법침입　동 급습/습격하다
an air-raid alarm　공습경보

The police raided the cars whether the driver is drunken or not.　경찰이 불시에 운전자의 음주 여부를 단속했다.
The bandits made a raid on the village.　산적이 그 마을을 습격했다.

rally　불러 모으다, 진작시키다, 반등하다　명 집회/반등
The stock market rallied suddenly last week.　주식 시장은 지난주 갑자기 반등했다.
He rallied from despair.　그는 절망에서 다시 일어섰다.

ramification　분지화/세분화/분지/분파
He thought through the ramifications and decided not to do it.
그는 그 일의 결과에 대해 곰곰이 생각해보고 하지 않기로 결정했다.

ranch　목장　　**cf) corral**　가축우리/축사
a cattle/sheep ranch　소/양 목장　　fruit/chicken ranch　과수원/양계장

random　무작위의/닥치는 대로
The information is processed in a random order.　정보는 무작위순으로 처리된다.
random shot/guess/remark　난사/억측/되는 대로 하는 말

rank and file　일반인/서민/군대의 일반 병사들
a rank-and-file worker　평사원, 평 근로자
The rank and file of our company are happy at their salaries and fringe benefits.
우리 회사의 직원들은 급여와 기타 혜택에 행복하고 있다.

rapture　큰 기쁨, 황홀　동 기쁨에서 넘치게 하다
He was in raptures as he won the lottery.　복권에 당첨되어 기뻐서 어쩔 줄 몰라 했다.
She gazed at the 10-carat diamond with rapture.　황홀한 듯이 10 캐럿 다이아를 쳐다보았다.

rash　분별없는, 경솔한　명 발진, 뾰루지　부 **rashly**　분별없이
It would be rash of you to start your own business under this economic situation.
이 경기 상황에서 자기 사업을 시작하는 것은 무모하다.

Never make a rash decision.
성급한 결정은 하지 마라.

rate　속도/비율/요금　동 평가하다, 간주하다/되다, 순위매기다
discount/birth/death/unemployment/divorce/success/economic growth/interest rate
할인율/출생률/사망률/실업률/이혼율/성공률/경제성장율/이율

The company borrows money from the bank at a very low interest rate thank to its financial
status. The rate of inflation is slowing down.
재무 상태가 좋아 은행 차입 금리가 아주 낮다. 인플레이션 진행 속도는 둔화하고 있다.

He was rated (as) one of the candidates most likely to win. Everyone rates his ability highly.
We drove at a steady rate of six miles per hour for his canvass.

그는 가장 승산이 있는 후보자 중의 한 사람으로 간주되었다. 누구나 그의 재능을 높이 평가한다. 선거 유세를 위해 시속 6마일의 속도를 유지하며 운전했다.

The worth of the building is rated at US$10 million. His new book rates among/with the best sellers of this year.
이 건물은 1,000만 달러로 평가되고 있다. 그의 신간은 올해의 베스트셀러에 속한다.

rating 등급 사정
a credit rating (회사의) 신용도　　　　　　　　　　the highest rating 최고의 등급
the efficiency rating system 능률 평가 방식/근무 평가

rational 이성적인/합리적인 ↔ irrational 비합리적인
rational plan/investment/person/statesman　　　　합리적인 계획/투자/사람/정치가
He tries to act in a rational way.　　　　　　　　합리적으로 행동하려고 노력한다.
The patient appeared perfectly rational.　　　　　환자는 보기에는 완전히 정상이었다.

raw materials 원자재

reaction 반응/반작용/반동　　　동 react
If a favorable reaction to this sample lot is confirmed, we would then like to pursue concrete sales plans.
일단은 이번에 들어오는 견본의 판매 결과가 좋으면, 구체적인 판매 계획을 수립하고자 함.

There has been a mixed reaction to her appointment as director.
그녀의 이사 임명에 대해서는 엇갈린 반응이 나왔다.

read widely/extensively 다독하다
read closely 정독하다　　　read through 통독하다
Reading closely is as important as reading extensively. Tantandaero English book is worth reading through.
다독만큼이나 정독도 중요하다. 탄탄대로 영어 책은 통독할 가치가 있다.

real estate 부동산　　　　　　　real estate agent 부동산 중개업소/복덕방
The real estate market is gloomy nowadays.　　　요즘 부동산 시장이 침체이다.
This is not the right time to buy real estate.　　부동산 매입의 적기가 아니다.

realization 현실화/실현/인식　　　동 realize
the realization of hopes/dream 희망/꿈의 실현
At this moment, the company does not appear to be in realization of the loss of sales in the short-run and the damage they inflict upon themselves and your country's business reputation in the long-run.
지금 현재 그 회사는 단기적으로는 판매 감소를 인식치 못하며, 장기적으로는 그 회사 자신과 귀국 비즈니스에 대한 명예 훼손이라는 손실을 인식치 못하는 것 같음.

The prospects of a high demand for your product in our domestic market are bright, and we
would like to work together with you as a reliable business partner to realize these prospects.
귀사 제품의 내수 시장 전망이 아주 밝습니다. 이러한 시장 전망을 실제 비즈니스로 구체화시키는 신뢰할만한
비즈니스 파트너로서 귀사와 협력하기를 원함.

He fully realized that he was the cause of the accident.   그는 사고 원인이 자기에게 있음을 충분히 자각했다.
His explanation helped to realize the problem.   그의 설명은 문제를 인식시키는데 도움이 되었다.
He realized a large profit on the sale of his land.   땅을 팔아서 큰 이익을 얻었다.

realm   왕국/영역/범위
realm of science   과학의 영역   within the realm of possibility   가능한 범위 내

reap   수확하다, 이익을 얻다
As a man sows, so he shall reap.   제가 뿌린 씨는 제가 거둔다. 인과응보.
I am very pleased to inform you that our respective companies have held several productive
meetings during these past few weeks which ave reaped invaluable results for both our parties.
각사는 마케팅 및 생산자 구매계약에 관해 생산적인 회의를 갖고 가치 있는 결과를 도출함.

realistic   현실적인, 실제적인
There is no realistic need for it.   현실적으로 그것은 필요가 없다.
Be realistic.   현실적으로 생각해라.

reasonable   이치/도리/사리에 맞는 ↔ unreasonable   불합리한
reasonable living/price   무리 없는 생활/적정 가격
There is no reasonable relationship between deed and punishment.
행위와 벌 사이에는 이치에 맞는 관계는 없다.

reasoning   추리/추론
What is the reasoning behind this decision?   어떤 추리에 따라 이런 결정을 내리게 되었나요?

reassure   안심시키다/보증하다   형 reassuring   안심시키는
명 reassurance   안심하기, 안심시키는 것
They reassured her that there was nothing to worry about.
그들은 아무것도 걱정할 것 없다고 말하여 그녀를 안심시켰다.

rebate   환불/리베이트
tax rebate   세금 환불   5% rebate for immediate payment   즉시 불에 대한 5% 할인
Buyers are offered a cash rebate.   구입하시는 분들께는 현금 리베이트를 드림. 할인 금액을 현금으로 돌려 드립니다.

rebel   반역자   형 반역하는   동 반역/반항하다
Nowadays many children rebel against their parents.   요즈음은 부모에게 반항하는 어린이들이 많다.

He became a rebel by stealing the confidential drawing of the semiconductor.
그는 반도체 기밀 도면을 훔침으로서 반역자가 되었다.

rebuild 개축하다/되찾다/회복하다 **명 rebuilding** 개축
rebuild an old house/a bridge 낡은 집을 개축하다/다리를 다시 놓다
rebuild civilization/Korean economy 문화/한국경제를 재건하다

rebuke 비난하다/꾸짖다 **명 비난/견책**
without rebuke 나무랄 데 없이 give/receive a rebuke 질책하다/당하다
He rebuked his son for waking him up at seven. 그는 그를 7시에 깨웠다고 아들을 꾸짖었다.

recall 상기/소환/취소하다 **명 소환/회상/리콜**
I cannot recall what he said. 그가 말한 것이 생각나지 않는다.
The makers have recalled a lot of cars that were unsafe. 제조업체들은 안전하지 않은 차들을 많이 리콜했다.

reception 수령/수취/환영회(리셉션)/이해(력)/수용
give A a warm/cool reception A를 따뜻이/냉정히 맞이하다
She could hold a wedding reception at Hyatt Hotel, as her father was rich.
아버지가 부자라 하이야트 호텔에서 결혼 피로연을 할 수 있었다.
The play met with a cold/warm reception. 그 연극은 혹평/호평을 받았다.
Radio reception isn't very good here. 라디오의 수신 상태가 그리 좋지 않다.

receptive 받아들이는/수용하는/이해가 빠른
He's not receptive to my suggestions. 그는 내 제안을 수용하지 못한다.
He is always ready to be receptive of/to new technology. 그는 항상 신기술을 받아들일 준비가 되어 있다.

recession 경기후퇴/일시적 불경기
business recession 사업 부진 global economic recession 세계 경기침체
The country's economy is in deep recession. 그 나라의 경제는 심각한 불황이다.

recipe 조리법/비결 **유 formula**
a recipe book 요리책 a recipe for success/failure 성공/실패의 비결
This tastes great. Would you tell me the recipe? 와, 이거 정말 맛있는데. 요리법 좀 가르쳐 줄래요?
The company conferred the recipe of conductive paste on its vendor.
그 회사는 도전성 페이스트 제조 방법을 협력업체에 제공했다.

reciprocate 보답/교환/일치하다 **명 reciprocation**
I would like to reciprocate your hospitality, and most important, to further explore the best
venues for mutually beneficial business between your company and ours.
환대에 보답하고 싶으며, 무엇보다 중요한 것은 상호 유익한 최적의 분야를 개척하고 싶음.

recite 암송하다/이야기하다/열거하다　**명 recital** 독주회/리사이틀
She recited her complaints, reciting all the characters in the movie.
그녀는 그 영화에 등장하는 모든 인물을 열거하면서 불평을 늘어놓았다.

reckless 무모한/분별없는　**명 recklessness** 무모함/부주의함
She ruined her fortune by reckless speculation in stocks.　무모한 주식 투기로 재산을 탕진했다.
He is a reckless driver who drives 200 km/hour in the night.　밤에 시속 200 km로 달리는 무모한 운전사이다.

reckon 세다/계산하다/생각하다
He is reckoned as the leader in the field.　그는 그 분야에서 제 일인자로 간주되고 있다.
He reckoned that his restaurant had an average of 50 visitors a day.
식당 손님이 하루에 대충 50명인 것으로 계산했다.

recline 기대/의지하다, 눕다
He reclined too much on his parents' support even after marriage.
결혼 이후에도 부모의 도움에 지나치게 의지했다.

recognize 인정/인식/승인/인사/표창하다　**명 recognition**
We fully recognize the usefulness of the data terminal, and we propose to reciprocate your kindness and pragmatism with an offer to significantly increase our trade volume with your bank.　Data terminal의
유용성에 대해 충분히 인식하고 있음. 귀 은행과의 거래를 늘림으로써 귀하의 친절과 실용주의에 보답하고자 함.

Company recognition is important when you initially contact the potential customers.
잠재 고객을 처음 접촉할 때, 기업의 인지도가 중요하다.

recollect 상기/회상하다, 명상에 잠기다　**유 remember**
I can't recollect what he said.　그가 무슨 말을 했는지 생각이 안 난다.
I recollect that he said so. I recollect his having said so.　그가 그렇게 말한 것이 생각난다.

recommend 추천하다, 권하다　**명 recommendation** 추천/추천사/권고
Your name has been recommended to us by the Directory of the World Market Pulp Producers as an exporter specializing in all kinds of pulp. We are writing in the hope of doing business with you.
세계시장 펄프 생산자 명부(Directory of the World Market Pulp Producers)를 통해 귀사를 알게 됨.
귀사와의 사업 가능성을 타진하기 위해 연락드림.

reconfirm 재확인하다　**명 reconfirmation**
You have to reconfirm your flight 24 hours in advance.　항공권은 여행 24시간 전에 재차 확인을 해야 한다.

recoup 매우다/회복하다/보상하다　**명 벌충/회복**
The company recouped him for traveling expenses.　그 회사는 그에게 여비를 되돌려주었다.

recover 되찾다/회복하다/벌충하다　　**명 recovery**

The solar energy market seems to recover slowly from the deep bottom of the recent three years.
태양광 에너지 시장은 최근 3년간의 깊은 불황에서 서서히 회복되고 있는 것 같다.

rectify 시정/수정하다, 정류하다

We must take steps to rectify the situation.　　　　　　상황을 바로잡을 조치를 취해야 함.

recur 되풀이하다/되돌아가다　　**명 recurrence** 재발/재현
recur to A　(생각·기억 등이) A 마음에 다시 떠오르다, 되살아나다, 회상되다

Past experiences recurred to his mind.　　　　　과거의 경험이 그의 마음속에 되살아났다.
Let's recur to our previous topic.　　　　　　　　전의 화제로 되돌아갑시다.

recycle 재생시키다/재활용하다

recycling plan/procedure/program　　　　　　재생 계획/절차/프로그램
recycled paper　재생지　　　　　　　　　　　　**recycle waste**　폐품을 재활용하다
Denmark recycles nearly 85% of its paper.　　　데마크는 종이의 근 85%를 재활용한다.
He recycled all his old jokes.　　　　　　그는 자신의 오래된 농담을 모두 다시 써 먹었다.

redemption 구원/구함/상환　　**동 redeem**

redemption of the loan　대출금 상환
beyond/past/without redemption　　　　　　　　회복할 가망이 없는, 구제하기 어려운
The company got damage beyond redemption because the price of silver drastically dropped.
은(銀) 가격 폭락으로 회복 어려운 손해를 입었다.

He redeemed his honor by winning the Champion Cup.　　그는 챔피언컵을 우승함으로써 명예 회복했다.

rediscover 재발견하다　　**명 rediscovery**

The company has to rediscover the technological innovation in order to get back its old glory.
그 회사는 과거의 영광을 다시 찾기 위해 기술 혁신이 다시 한 번 필요하다.

redouble our efforts 노력을 배가시키다

That is why I hope that we will redouble our efforts.
그것이 내가 우리의 노력을 배가하기를 바라는 이유이다.

Moreover, we thought the refreshments would provide needed sustenance for our renewed and redoubled efforts tomorrow.
가벼운 다과는 내일 새로운 기분으로 배가의 노력을 가능하게 할 것으로 생각했음.

reduce 줄이다/낮추다/할인하다/복종시키다　　**명 reduction**

What is most important to the company at the moment is to find out the way to reduce the defective ratio.
지금 그 회사에게 가장 중요한 것은 불량률을 낮출 수 있는 방법을 찾는 것이다.

We eagerly want to serve you and make inroads into the Middle East market, and we are

fervently working to submit a revised price offer which represents the maximum reduction in overhead expense and labor cost.
귀사에 서비스 제공 드리고 싶으며 중동 시장 진출을 하고 싶음. 현재 간접비와 인건비를 최대한 줄여, 최상의 가격을 제시하고자 노력하고 있음.

reed 갈대
Man is a thinking reed. 　인간은 생각하는 갈대이다.

reestablish 재건/복구/복직하다 명 reestablishment
restore/reestablish diplomatic relations (with) 　국교를 회복하다
reestablish/solidify one's resolve/determination 　각오를 새롭게 다지다

refer 언급/조회/참조하다
Please refer to the following items for your further information. The rule refers only to special cases. 　추가 정보는 다음 사항 참조하세요. 그 규칙은 특별한 경우에만 적용된다.
refer A to B　A가 B에게 문의하도록 하다
He referred me to the secretary for information. I was referred to the secretary for information.
그는 나한테 비서에게 문의하라고 했다.

refill 다시 채우다/보충하다 명 보충용 갈아 넣는 물건
Would you like a refill? 　한 잔 더 하시겠어요?
Give me a refill, please. You've had three refills already, madame.
한 잔 더 따라주세요. 벌써 석 잔이나 드셨습니다, 손님.

refine 정제/제련하다, 세련되게 하다
refine one's language/manners/styles　말/예의범절/문체를 세련되게 하다
refine crude oil　원유를 정제하다
All impurities were refined away. 　It has been refined since then.
온갖 불순물이 제거되었다. 　그 이후로 그것은 정교해졌다.

refinery 정제/제련/정유공장
a sugar/petroleum refinery　제당공장/정유소 　a copper/zinc smelter　동/아연 제련소

reflect 반성/반영하다, 되돌아보다
I thought it was an accurate reflection of your scholarship and stature!
그것은 당신의 학식과 고매함을 정확히 반영하는 것이라 생각함.

reform 개량/개선/교정 동 개선/개량/개혁/쇄신하다
educational/tax system/social reform　교육/세제/사회 개혁
Everybody is calling for sweeping reforms. 　모든 사람이 전면적인 개혁을 요구하고 있다.
The government reformed the criminal codes. 　정부는 형법을 개정했다.

refract 굴절시키다   **명 refraction**
Light is refracted when passed through a prism.
빛은 프리즘을 통과할 때 굴절된다.

refresh 상쾌하게/새롭게 하다   **유 renew**
He felt refreshed after he played tennis.
테니스를 친 후 기분이 상쾌해졌다.

refreshments 다과, 가벼운 식사, 원기회복
Refreshments provided.
(모임의 통지에 덧붙이는 말) 간단한 식사를 제공함.

refrigerator 냉장고, 냉동실

refund 반환/변제하다   **명 반환/변제**   **형 refundable**
Can I get tax refund on this item?
관세 환불 가능한가요?
You shall receive 50% refund of the price of your trip, if you cancel the trip on the day of departure.
출발 일에 여행 취소 시 여비를 50% 환불.
We will refund your money to you in full if you are guided to shopping centers during your trip
to Bangkok.
방콕 여행도중 쇼핑센터로 안내 받으면 돈을 전액 환불해 드립니다.

refuse 거절/거부하다   **명 refusal**
Asking for the price cut of US$2/piece amounts to refusal of a new vendor.
개당 2불 가격 인하 요청은 신규 협력업체로 등록시킬 생각이 없는 것이나 같다.

regain 되찾다/회복하다/복귀하다   **유 recover**
He regained his consciousness 5 days after the car accident.
차사고 발생 후 5일 만에 의식을 회복했다.

regard A as B A를 B로 간주하다
All the companies overseas regard KFS Electronics as an ideal partner to work with.
모든 해외업체들이 KFS 전자를 같이 일할 이상적인 파트너로 여긴다.
He regards himself as a patriot.
그는 스스로를 애국자라고 여긴다.

regardless of ~에 상관없이, 구애받지 않고
in regard to; in regard of; with regard to; regarding: ~에 관해서
regardless of; without regard to; irrespective of: ~에 개의치 않고, ~에 관계없이
The club welcomes all new members regardless of age and sex.
본 클럽 입회는 연령 및 성별 제한이 없다.
The bonus will be equally paid to everyone regardless of marriage.
결혼 여부에 상관없이 보너스 금액은 동일하다.

registered mail 등기우편
I want to send this by registered mail.
이것을 등기로 보내고 싶습니다.

regret 후회하다/유감으로 여기다　　　　명 후회/유감
형 **regretable**, **regretted** 유감스러운

I regret to inform you that ~; It is regretted that ~;
I am regretful to inform you that ~: ~하는 것은 유감이다

I regret to inform you that I cannot accept your invitation. January is a very busy time for me with a full schedule of corporate meetings and overseas trips.
1월은 회사 내부 회의 및 해외여행으로 시간 내기 어려워 초청 수락치 못하게 되어 유감임.

regular 규칙적인/보통의/정기적인　　　　명 단골손님

If you are in a position to supply your PVC resin, please do not hesitate to contact us, as we can place regular orders for 10,000 M/T in the near future.
PVC 수출 가능하시면 언제든지 연락 바람. 가까운 장래에 정기적으로 1만 톤 발주 가능함.

on a regular basis 정기적으로, 툭하면
When drinking, he knocks his superiors on a regular basis.
그는 툭하면 술자리에서 직장 상사를 때린다.

rehabilitate 사회로 복귀시키다/갱생시키다　　　명 **rehabilitation**
The dancer has finally rehabilitated her reputation ruined by sex scandal.
그 댄서는 섹스 스캔들로 망가진 명성을 마침내 회복했다.

rehearse 예행연습/시연하다　　　　명 **rehearsal**
The actors were given only five days to rehearse.　　　그 배우들에게는 리허설 기간이 5일밖에 주어지지 않았다.

reimburse 상환/배상/변상하다　　　　명 **reimbursement**
You will be reimbursed for any loss or damage caused by our company.
저희 회사로 인한 어떤 손실이나 손상에 대해서도 배상을 해 드립니다.

rejuvenate 젊어지게 하다/회춘하다　　　　명 **rejuvenation**
The young, beautiful lady rejuvenated him.　　　젊고 예쁜 숙녀가 그를 젊어지게 하였다.

relate A to B A를 B에 관계시키다, 관련시키다, 관련이 있다
He tried to relate his business failure to other factors, but no one thought so.
그는 사업 실패를 다른 요인들과 관련시키려고 하였으나 아무도 그렇게 생각하지 않았다.

related to 관련이 있는/친족 관계에 있는　　　유 **relative/relevant to**
His business success is related to his father's friendship with the owner of the group.
그의 사업 성공은 아버지와 그 그룹 오너의 우정과 관련이 있다.

release 해방/석방/표출/개봉/발매하다　　　명 석방/표출/개봉
I hope that you will be kind enough to release the drawing and specification immediately so that we can quote the best price.

당사가 최선의 가격을 제시드릴 수 있도록 도면과 사양을 주시기 바랍니다.

Physical exercise is a good way of releasing tension. 운동은 긴장을 푸는 데에 좋다.

The hostages were released right after the police attacked the gangsters.
경찰이 갱들을 공격한 직 후에 인질은 풀려났다.

reliable 신뢰할 수 있는/의지할 수 있는　　동 rely　　명 reliance

In the first area, because of our managerial, technical, marketing, and communication abilities, we can assist your company in finding competent, reliable third-party manufacturers.
우리의 경영/기술/마케팅 역량을 볼 때 귀사의 제 3자 적격 제조업체 발굴에 도움을 줄 수 있음.

You may rely upon it that the company will give you the order soon.
곧 그 회사로부터 주문 받을 것으로 안심해도 된다.

You can't rely on his assistance. You can't rely on him for assistance. You can't rely on him to assist you. 그의 도움은 믿을 것이 못 돼.

You may rely upon it that he will come in time. 그는 틀림없이 시간 내에 옴.

relief 경감/안심/위로/구원

It was a relief that the price of solar glass started to go up. 태양광 유리 가격이 상승하기 시작해서 안심했다.

relieve A of B　　A에게서 B를 덜어주다/빼앗다, 해임하다

I want you to relieve my son of his agony. 내 아들 고민을 덜어 주기를 바란다.

He was relieved of his pay on the bus to home on the day when he was relieved of his position.
해고된 날 집에 오는 버스에서 월급을 도둑맞았다.

relish 흥미/맛/풍미　　동 좋아하다/맛이 나다/풍미가 있다

I don't have/hold much relish for such types of persons.
나는 그런 타입의 사람들을 그다지 좋아하지 않는다.

relocate 재배치하다/이전하다　　명 relocation 재배치/이전

We are pleased to advise you that the following divisions have been relocated.
아래사업부의 이전 통보드림.

A notice should be sent to all the customers 10 days before actual relocation.
실제 이전 10일전에 전 고객에게 이전 통지 되어야 함.

reluctant to 동사 원형　～하기 싫어하는/마지못해 ～하는　　유 unwilling

He was reluctant to make a trip to Japan because his wife is expected to give a birth sooner or later. 아내가 곧 출산 예정이라 일본 출장가기를 꺼려했다.

☞ 갔는지 안 갔는지 확실치 않음

Reluctantly he made a trip to Japan. 일본에 마지못해 갔다. ☞ 간 것은 확실함.

rely on 의지/신뢰하다, 기대다　　유 depend on, count on

In general you may rely on the man of few words, but should not depend on the talkative man.

일반적으로 말이 적은 사람에게 기대는 것은 괜찮으나 말 많은 사람에게 의지해서는 안 된다.

remain 여전히 있다/머무르다/남아있다/수중에 있다

remain unchanged 달라지지 않다, 변경된 것이 없다
The phone No. remains unchanged.   전화번호는 변경 없습니다.

it remains to be seen whether ~이 어떻게 될지는 두고 봐야 할 문제이다
However, it remains to be seen whether our hopes for the order will be realized.
그러나, 오더 수주에 대한 우리의 희망이 실현될지 여부는 두고 봐야 안다.

the fact remains ~이라는 사실이 여전히 남아 있다
The fact remains that many people are living in the outskirts/suburbs of Seoul.
변함없는 사실은 많은 사람들이 서울 근교에서 살고 있다는 것이다.

remainder 나머지/잔여부분/재고분   동 재고품으로 싸게 팔다
The remainder of the group were/was missing.   나머지 일행은 행방불명 이었다.
I will pay the remainder when I get the product.   나머지는 물건을 받을 때 지불할 것임.

remarkable 범상치 않은/주목할 만한
The company has made a remarkable growth since its establishment.   설립 후 장족의 발전을 하였다.

remedy 치료/구제책   동 치료/교정/구제 하다
be beyond/past/without remedy   도저히 교정할 수 없다
The government has to make a remedy for the farmers who were greatly damaged by FTA.
FTA로 큰 타격을 받은 농부들을 위한 구제책을 만들어주어야 한다.

remind 상기시키다, 생각나게 하다

remind A of B A에게 B를 생각나게 하다
Thank you very much for your souvenir which reminds me of the pleasant time I had in your
country. I very much appreciate your hospitality during my stay in New Delhi.
그 선물을 보니 귀국에서 즐거웠던 시간이 생각남. 뉴델리에서 환대 감사.

remit 송금/면제/경감하다   명 remittance
We agree to pay commission, if any, which shall be remitted to your bank account within twenty
days after shipment.
귀사에게 커미션 지급 동의. 선적 후 20일 이내 귀사 구좌에 송금예정임.

remnants 파편/나머지
a remnants sale 팔다 남은 것의 염가 매출   the remnants of a crashed airplane 추락 여객기 파편

remodel 고쳐 만들다/개조하다
remodel an old inn into a hotel   낡은 여관을 호텔로 개조하다
remodel the rules/institution   규정을 개정하다/제도를 고치다

remunerate 보답/보상하다　　형 **remunerative**　　명 **remuneration**
You are required to remunerate his strenuous efforts to help you.
너를 계속해서 도와주려는 그의 노력에 보답해애 한다.

The company makes remuneration for the workers' overtime.
회사는 초과 근무에 대한 보상을 한다.

render 주다/하게하다/보답하다
First of all, I wish to express my sincere appreciation for your invaluable services and contributions rendered to us in your efforts to settle the dispute between our Hong Kong Branch Office and your preeminent company.
우선 무엇보다도 당사 홍콩 지사와 귀사간의 분쟁 해결 노력에 감사드림.

rendering sample 비 작동 견본　　유 **non-working sample**

renounce 단념하다/버리다
He renounced smoking and drinking last month in order to recover health.
건강 회복을 위해 지난 달 담배와 술을 끊었다.

renovate 혁신/쇄신/수선/수리하다　　명 **renovation**
renovate society/system　　　　　　　　　　　　　　　사회를 혁신하다/제도를 고치다
renovate/remodel the house　　　　　　　　　　　　　　　　　집을 수리하다
Without an organizational renovation, the company can't survive under this recession.
조직 혁신 없이 이 불황에 살아남는 것은 불가하다.

renown 명성/유명　　형 **renowned** 유명한/명성 있는
He won lots of renown, after he became very rich and helped the poor.
큰 부자가 되고 가난한 사람들을 도운 후 큰 명성을 얻었다.

be renowned for(as) ~로 유명하다
Italy is renowned for historic relics and magnificent landscape.
이태리는 역사적 유물과 웅장한 경관으로 유명하다.

rent 임대료/집세　　동 빌려주다
lower the rent 임대료를 내리다 ↔ raise/put up the rent 임대료를 올리다
Your house is said to be for rent. Do you rent out your house?
집 세 놓는다는 얘기가 있는데, 집을 세놓습니까?

rental 임대료/임차료/임대료에 의한 수입/임대아파트/대여
video rental 비디오 대여　　　　　　　　　　　　　　　　rental car 렌터카
The monthly rental on the house is very expensive. Can you afford that?
집의 월세가 매우 비쌉니다. 감당할 수 있는지요?

His salary is good enough to pay the monthly rental on the luxurious house.
그의 월급은 그 호화로운 집의 월세를 충분히 감당할 수 있다.

repel 쫓아버리다/격퇴하다/물리치다
repel proposals/temptations/the enemy 제안/유혹/적을 물리치다
The odor of the strange noodle repels me. 그 이상한 국수는 냄새가 지독하다.

repellent 역겨운/혐오감을 주는 명 방충제
insect/mosquito/water repellent 방충제/모기 퇴치제/방수제
The company's way of business is repellent to most people.
그 회사의 사업 방법은 대부분의 사람들에게 혐오감을 준다.

Her way of eating noodles is repellent to most people, as she always licks her chops.
그녀는 국수 먹을 때 항상 쩝쩝거리면서 먹어 대부분의 사람들에게 혐오감을 준다.

repent 후회하다/뉘우치다
He repented that he did not study harder at high school.
고등학교 때 더 열심히 공부 안 한 것을 후회했다.

He repents of his investment in the stock of a solar glass company.
태양광 유리 업체의 주식에 투자 한 것을 후회한다.

repetitive physical activities 반복적 육체 활동

replace 대신하다/바꾸다/보상하다/돌려놓다
be replaced by ~으로 대체되다
She will replace him as manger. It's amazing that she is promoted such a short time.
그녀는 그의 후임으로 과장이 될 것이다. 그렇게 단기간에 승진하는 것은 경이로운 일이다.

He will replace her as the new president at the semiconductor company.
그는 그녀의 후임으로 그 반도체 사장이 될 것이다.

A wife may be replaced, but a mother never. This means blood is thicker than water.
아내는 바꿀 수도 있지만 어머니는 바꿀 수 없다. 피는 물보다 진하다는 것이다.

representative 대표자/대리인/대의원 형 대리의/대표적인
We believe that both of our interests would be best served if we can be the exclusive representative in Korea.
귀사의 독점 대리점 역할을 함으로써 양사의 이익이 최고가 된다는 것에 확신.

As we have ten overseas branch offices throughout the world, we are able to distribute your products to those countries in which our representatives reside and promote sales.
지사가 전 세계 10곳에 있는 바, 이들 국가들에 귀사 제품을 판매 가능함.

represent 나타내다/대리하다/대표하다
I represented our company at the seminar. 회사 대표로 세미나에 참석했다.

Each State is represented in Congress by two Senators.　　각 주 마다 2명의 상원 의원을 국회에 보낸다.

reprieve　형 집행을 유예(취소)하다　명 형집행 유예(취소)

I hope that you will grant us a reprieve from our past failures so that we can move forward together with our renewed and continuous energies.
과거의 우리 실패는 용서해주시고 새로운 기분으로 같이 사업 추진하게 해주시면 감사하겠음.

rent　임대료/집세　동 빌려주다

lower/raise the rent　임대료를 내리다/올리다　　　　　　　　　　for rent　임대용의
Do you rent out your house? Yes, my house is for rent.　　　　집을 세놓습니까? 예, 집 세놓습니다.

representative　대표자/대리인/대의원　형 대리의/대표적인

reproduce　복사/재현하다　명 reproduction

Naturally the Italians want to reproduce the glory of ancient Rome.
이태리인들이 고대 로마의 영광을 재현하기를 원하는 것은 당연한 일이다.

This picture reproduces well.　　　　　　　　　　　　　　이 그림은 잘 복사된다.

republic　공화국/단체

R.O.K.(Republic of Korea)　대한민국　　　　　the republic of art/letters　미술계/문단

reputation　평판/소문/풍문

We are very proud of our worldwide reputation for high-quality products and dependability, and will exert our utmost and constant efforts to increase the mutual benefits of our business partners and ourselves.　　　　　　　　　　우리는 높은 품질과 신뢰성에
대한 세계적인 명성이 자랑스러우며 우리와 우리 사업 파트너의 공동 이익을 위해 최선의 노력을 지속할 것임.

request　부탁/요구　동 청하다/요구하다/부탁하다

These unsettled issues are subject to the approval of our Chairman; we therefore request your generous understanding of our position.
미해결 사안들은 우리의 회장에게 달려있음. 따라서 우리의 입장을 너그럽게 이해해주기 바람.

requisite　불가결한/필수의　명 필수품/필수조건　유 indispensible

We would like to explain the recent market trends in Korea. Nowadays, many Korean manufacturers of automobile parts have entered into licensee agreements on requisite technical know-how with overseas companies in order to satisfy high quality standards of automobile manufacturers.
한국의 최근 시장 동향을 설명 드리고자 함. 한국의 많은 자동차 부품 업체들이 자동차 회사의 고품질 기준을 맞추기 위해 필수 기술 노하우에 관해 해외 업체들과 라이선스 계약을 체결하였음.

reschedule　예정을 다시 새우다/연기하다/유예하다

The marketing strategy meeting was rescheduled for next Monday.

그 마케팅 전략 회의는 다음 주 월요일로 일정이 변경되었다.

research and development(R&D) 연구 개발

We explained to R&D engineers about a new shielding way for three hours, but could not ascertain their interest on the spot.

연구소 기술자들에게 새로운 전자파 차폐 방법에 대해 3시간이나 설명 했으나 현장에서 관심사 확인은 불가했다.

reserve 예약/보유하다, 남겨두다   명 비축/준비금/제한
형 따로 둔/예비의   명 **reservation** 예약/의구심/보호구역

I am attaching a copy of the meeting agenda, subjects to be discussed and an envelope to reserve your place.

회의 안건, 토론 주제들, 귀하 좌석 예약 봉투 첨부드림.

I would like to make reservations for the flight leaving from Beijing for New York in the morning of May 10.

5월10일 아침 베이징 출발, 뉴욕 행 항공 예약 원함.

reservoir 저수지/저장소/저장

Internet is a reservoir of information.

인터넷은 정보의 보고(寶庫)이다.

reside 거주하다/살다/존재하다

They reside in New York.

그들은 뉴욕에 살고 있다.

residential area 주거/주택 지역

a quiet/restricted residential area

조용한 주거 지역/거주 제한 지역

a newly-developed residential area

신개발 주택 단지

residue 나머지/잔여/잔류물

If any damage or loss is caused by cables with white-colored residue on them, we will honor your claim. We will issue a performance bond as an additional guarantee if you desire.

만약 이 흰색 잔류물로 인해 전선에 어떤 문제가 발생되면 귀사의 클레임을 기꺼이 받을 것임. 만약 필요하다면 P-bond도 발행하겠음.

resign 사임/포기/단념하다   명 **resignation**

He submitted a formal letter of resignation to his boss, and resigned as manager.

그는 정식으로 상관에게 사직서를 제출하고 매니저로 사직했다.

resign oneself 운명 등에 기꺼이 따르다

After the president's explanation about the present status of the company, all the employees resigned themselves to salary cut.

사장의 회사 현황 설명 후, 모든 직원들은 급여 인하를 기꺼이 받아들였다.

resist 저항/반항하다, 견디다/참다   형 **resistant**   명 **resistance**

She could not resist laughing at her 5-year son's dancing.

5살 아들의 춤을 보고 웃지 않을 수 없었다.

명사-*resistant* 명사를 견디는 ☞ water-resistant 방수의(waterproof; watertight),
shock/corrosion/earthquake-resistant 충격에 견디는/부식에 견디는/내진의
※ 일반적으로 '견디다'는 resistant/proof/tight 3가지 중 아무 거나 사용 가능하다.

resolution 결의/결심/해결/해상도

Meanwhile, for a more efficient resolution of the dispute, I have discussed this matter with the staff members from out head office so that they may directly be involved in the settlement of the dispute.　　　　　　　　　　　　　　　　　　　　　　　　　　분쟁의 보다 효율적인
해결을 위해 본사에서 온 직원들과 품질 분쟁에 대해 논의했고, 그들이 직접 분쟁 해결에 개입하고자 할 것임.

resolve 결심/해결하다　　　　명 결심/결의

I thought that our discussion was very fruitful. The meeting will help us resolve problems in the near future and lead to greater cooperation between our two companies.
우리의 상담은 매우 유익했다고 생각함. 현안 해결에 도움을 줄 것이며 나아가서는 양사 간에 더욱 협력이 강화될 것임.

respect 존경/존중/주의/관심　　　　동 존경/존중하다
형 respectful 존경심이 가득한/경의를 표하는

in all/many/some respects 모든/많은/몇 가지 점에서　　　　　　in this respect 이 점에서
in every/no respect 모든 점에서/어떤 점에서도~않는
Give my respects to your parents.　　　　　　　　　　　　부모님께 안부 전해 주십시오.
Please consider our company's views with the utmost respect. I am sure that we will all be better off as a result.
당사의 의견을 존중 하시면 그 결과로 우리 모두 지금보다 나아질 것으로 확신함.

We hope that your trip to Korea was fully gratifying to you in all respects.
귀하도 모든 면에서 한국 방문이 만족스러웠기 바람.

respective 각자의/각각의　　　　부 respectively 각각/각기

During our enjoyable luncheon, we had agreed to some important matters of interest to both our respective companies. Please allow me to refresh your memory and reaffirm mutual commitments to these matters.
오찬을 즐기면서 우리는 각사에 이해가 달린 중요한 문제에 합의했었음. 오찬 시 다음과 같은 사항에 대해 합의한 것을 상기시켜 드림.

respond 응답/반응하다　　　　명 response 응답/반응

in response to 에 응하여, 에 답하여　　　　　　　　make no response 응답/대답이 없다

responsible 책임이 되는, 원인이 되는, 믿을만한　　명 responsibility
be responsible for ~에 책임이 있다

I will be responsible for the complete range of consumer electronics products, from home appliances to home entertainment systems.　　　　　　담당 품목은 소비자 가전제품 전반.

restful 평안을 주는/조용한/차분한
restful music/scene 마음이 가라앉는 음악/평화로운 광경

restore 회복시키다/되돌려 보내다, 복원/복직시키다 **명 restoration**
The art treasures were restored to Korea. 귀중한 미술품이 한국으로 반환되었다.
The dismissed teacher was restored to his former position. 해직 교사는 원래의 지위로 복직됐다.

restrain 억제하다/억누르다/제지하다
restrain anger/curiosity/tears 노여움/호기심을 억누르다/눈물을 참다
restrain oneself from (doing) ~(하는 것)을 자제하다
I restrained the children from arguing. 아이들의 말다툼을 말렸다.

restrict 제한/한정/금지하다 **명 restriction**
He was still restricted to bed even though 5 days has elapsed since operation.
수술 후 5일이 지났는데도 아직 침대에서 일어날 수 없었다.

result from ~이 원인이다 **result in** 결과가~가 되다
Tooth decay results from poor care of your teeth.
치아 관리를 잘못하면 충치가 생긴다.
His failure in stock investment may result in selling his house.
그는 주식 투자 실패로 그의 집을 팔아야 할 수 도 있다.

resume 다시 시작하다/되찾다 **résumé** 이력서
We will retain your transcript and personal resume on file for future consideration.
귀하의 성적증명서와 이력서는 보관할 것임. 추후 채용 가능 시 연락드리겠음.

retail, retail chain/sales/store 소매 ↔ **wholesale** 도매
The book retails at US$11.50, but our recommended retail price is US$9.99.
그 책의 소매가는 11.50불. 우리가 권장 드리는 가격은 9.99불이다.

retain 유지하다, 보유하다, 고용하다
retain one's control over ~에 대한 지배권을 유지하다
This was opposed by the League, who wanted to retain control over quality standards.
품질기준에 대한 지배권을 갖기를 원하는 연합은 이것에 반대하였다.
Wool retains heat better than cotton. 모직물은 면직물보다는 보온성이 있다.

retard 더디게 하다, 저지/방해하다 **명 지연/지체/방해**
I was retarded by a sudden, uninvited visitor at the last moment/minute.
막 떠나려는데 초대하지 손님이 갑자기 와서 늦었습니다.

in retard for ~에 비해 늦어
He is in retard for his age. 그는 나이에 비해 성장이 늦어져 있다.

retire 퇴직/은퇴/철수/후퇴하다　　　图 **retirement** 퇴직/은퇴/후퇴

Much to his fortune, he retired at the age of sixty at the company.
그는 운 좋게도 60세로 퇴직했다.

The enemy retired in disorder. The general retired his soldiers from the battle.
적은 지리멸렬 후퇴했다. 장군은 전쟁터에서 병력을 철수했다.

retreat 퇴각/철수/후퇴, 조용한 곳　　　图 퇴각/철수/후퇴하다

a summer/rural retreat 여름 피서지/시골의 은거처
Good weather facilitated the retreat of the troops.　　　날씨가 좋아서 부대의 후퇴가 순조로웠다.

retrieval system 정보검색 시스템

retrieve 되찾다/검색하다/(메시지를)다운 받다

She bent to retrieve her comb from the floor.
그녀가 바닥에 떨어진 빗을 주우려고 몸을 숙였다.

The police have managed to retrieve some of the stolen money.
경찰이 간신히 도난당한 그 돈의 일부를 되찾았다.

The program allows you to retrieve items quickly by searching with a keyword.
이 프로그램을 쓰면 키워드로 찾음으로써 재빨리 항목을 검색할 수 있다.

retrospective 회고의/추억에 잠기는/소급하는 ↔ **prospective**

retrospective legislation/increase awards　소급 입법/소급 적용되는 급여 인상

return 되돌아가다/회복하다/되돌려주다　　　图 귀환/반송/반환
　　　　　图 되돌아오는

We will return to this topic in the next chapter. Don't forget to return my book.
다음 장에서 다시 이 주제를 다루기로 한다. 잊지 말고 책을 돌려주세요.

Investments return a profit. My investments have yielded small returns. The committee finally returned a favorable decision on the project.
투자는 이익을 낳는다.　내 투자는 별로 수익을 올리지 못하고 있다. 위원회는 마침내 그 계획에 호의적인 결정을 내렸다.

in return 대답/대신/답례로

We have been issuing our offer sheets on your behalf for sales of your products to the company. In return, you have remitted a commission to us.
당사는 귀사 제품을 그 회사에 offer sale하고 있음. 그 답례로 귀사에서 커미션 송금하고 있음.

reveal 드러내다/누설하다　　　图 누설/시현

Our investigation of this matter revealed that we should compensate you.
본 건 조사 결과, 우리가 보상하여야 된다는 것이 밝혀졌음.

reverse 거꾸로 된, 반대의　　　图 역/반대　　　图 역으로 하다
the reverse direction 반대 방향　　　　　　　　　　　　in reverse order 역순으로

in reverse proportion to   ~과 반비례하여
Contrary to most sports games, the ranking at the golf game is in reverse proportion to the scores.
대부분의 운동 경기와 달리, 골프 게임에서의 순위는 점수에 반비례한다.

reverse the decision   결정을 번복하다
Never reverse the decision later, once you decide to invest in that project.
프로젝트에 투자하기로 결정하면 결정을 번복하지 마라.

review   평론/재조사   동 재검토하다, 회고/회상하다

For your quick review and consideration, I would like to summarize the problems by customer and common problem as below
귀사의 신속한 검토 및 고려를 위해 고객별 문제 및 공통 문제점을 아래와 같이 요약드림.

revise   교정/정정하다   명 revision

revised and enlarged   개정 증보의
I hope that you will sign the revised contract at the soonest possible.
최대한 빨리 계약서 서명하여 주시기를 바랍니다.

revitalize   부활/부흥시키다   revitalization fund   경기 부양 기금

The discovery of vast new coal fields has revitalized our mining industry.
방대한 탄광의 발견은 우리 광업에 새로운 활력을 불어넣었다.

revolution   혁명/격변/대변혁

a socialist/blood revolution   사회주의/무혈 혁명
A revolution in information technology has been tremendously going on for the recent years.
최근 수년간 정보 기술의 혁명이 크게 일어나고 있다.

revolve   회전하다

The earth revolves on its axis.   지구는 지축을 중심으로 돈다.

reward   보상금/보상/사례(하다)   명 보상금/보상/사례

형 rewardless 무보수의/헛수고의 ↔ rewarding

The reward of investment is good enough for the company. Its decision is rewarding.
투자에 대한 보상이 충분하다. 그 회사의 결정은 가치가 있다.

Teaching is not very financially rewarding. She was rewarded for her efforts with a cash bonus.
교직은 보수가 썩 좋지는 않다. 그녀는 노력한 데 대한 보상으로 현금 보너스를 받았다.

I heartily welcome you to Korea and hope that your stay in our country will be a most pleasant and rewarding one.
다시 한 번 한국 방문 감사드리며 한국 체류가 아주 즐겁고 보람 있는 일이 되기를 바람.

rider   타는 사람/추가 사항/부가, 조항/부기

Three riders were approaching.   세 명의 기수가 다가오고 있었다.

ridicule 조롱/조소　　　동 조롱하다, 놀리다　　　형 **ridiculous**
You will be regarded as ridiculous if you say so at the formal meeting.
당신이 공식 미팅에서 그런 말을 하면 조롱거리가 될 것이다.

righteous 옳은, 당연한

rigid 굳은/딱딱한/엄격한/완고한 ↔ **pliable** 유연한
rigid principles/inquiry/distinction　　엄격한 규칙/조사/구별

rigor 가혹/엄격함　　　형 **rigorous** 엄격한/혹독한
The sales manager disciplined his new members with great rigor.
새로운 멤버들을 아주 엄하게 훈련했다.

riot 폭동/야단법석　　　동 폭동을 일으키다
cause a riot 폭동을 일으키다 ↔ quell/put down/suppress a riot 폭동을 진압하다
The residents rioted to protest (against) the building of unpleasant facilities.
주민들은 혐오시설 건립에 반대하여 폭동을 일으켰다.

rip 짝 잡아 찢다/빼앗다　　　명 째진 틈/터진 곳/술잔치
He ripped a page from the book every day and memorized the expressions there.
책에서 매일 한 장씩 찢어, 거기에 있는 표현들을 암기했다.

We got ripped off at the souvenir shops several times during our overseas trip.
해외여행 중 기념품 가게에서 몇 번이나 바가지 썼다.

ripe 익은/원숙한　　　동 **ripen**
He is ripe in plastic injection of precision parts and so could work until the ripe/old age of sixty.
그는 정밀 부품 사출 경험이 풍부하여 70살의 고령까지 일할 수 있었다.

The time is ripe for the company to expand business, as the economic depression is expected to end in the 1st half of next year.
경제 불황이 내년 상반기에 종결될 것으로 예측되는 바, 지금이야말로 사업을 확장할 절호의 시기다.

Friendship between elementary school alumni often ripens into love.
초등학교 동창 사이의 우정은 흔히 애정으로 발전한다.

rival 경쟁자/경쟁상대　　　유 **challenger/competitor/contender**
형 경쟁/필적하는　　　동 경쟁/필적하다　　　명 **rivalry** 경쟁/대항
He finally beat his strong rival in English (ability) test.
영어 능력 검증시험에서 마침내 강적을 이겼다.

No one can rival him in eloquence, while no one can rival her in beauty at her class.
웅변은 그가 최고이고, 학급 최고 미인은 그녀이다.

rob 강탈하다

rob A of B; steal B from A   A에게서 B를 강탈하다/빼앗다
They robbed him of his farm. He was robbed of his farm. They stole his farm from him.
그의 농토를 빼앗았다.

The bribe scandal robbed him of the Presidency.   뇌물 추문 때문에 그는 대통령이 되지 못했다.

robust 강건한, 건장한, 확고한
a robust baby/company   건강한 아기/탄탄한 회사
My old mother is still in robust health.   노친은 아직 매우 건강하다.

rock-bottom price, bottom price   바닥/최저 가격
What's your bottom price? Still your price is relatively high.
최저 가격이 얼마인지요? 여전히 가격이 비교적 높은 편입니다.

rocky   암석이 많은/바위 같은/흔들리는/불안정한
rocky hardness   바위처럼 굳음   the rocky road to success   성공에의 험난한 길
a rocky path   돌길   After surgery, he felt rocky.   수술 후 현기증을 느꼈다.
Their marriage was rocky.   두 사람의 결혼 생활은 고난이 많았다.

roll-out   (신제품의) 발표회/출시
We're going to have a product roll-out this coming Friday.
금주 금요일에 제품 발표회가 있을 것이다.

roll out the red carpet for   ~를 특별하게 대우하다, 쌍수로 환영하다
Please do come to Korea. We will roll out the red carpet for you any time.
한국으로 꼭 오세요, 항상 환영할 것입니다.

room amenities   객실 비품

root cause   근본원인
What would you say was the root cause of the problem?
당신은 그 문제의 근본 원인이 무엇이었다고 말씀하시겠어요?

Once again, QC guy went through the manufacturing process in order to find out and eradicate the root cause for the quality problem.
QC 담당자는 품질 문제의 근본 원인을 파악, 근절시키고자 제조 공정을 다시 한 번 검토하였음.

roster   명단/근무 당번표   동 명부에 실리다
The driver was rostered for Sunday.   일요일 근무자 명단에 올라 있었다.

rot   부패   동 부패하다/시키다   형 rotten   썩은/부패한
rot off/away/out   (나뭇잎 · 가지 등이) 썩어 떨어지다

I was out home for days. The meat in the fridge has rotted due to a power outage.
몇 일간 집을 비웠다. 정전 때문에 냉장고 안의 고기는 썩어 버렸다.

rough outline　대략적인 개요
Your giving a rough outline would be of much help to our preparing for the meeting.
대략적인 개요를 주시면 미팅 준비에 큰 도움이 되겠습니다.

roundtable　원탁회의

routine　판에 박힌 수작/정해진 순서　　　　**형** 정해놓은, 판에 박힌
according to routine　관례대로　　　　　　　　　　　　routine work/check　늘 하는 일/정기 점검

rubber　고무, 지우개

rude　버릇없는/무례한/거친　　　　**명 rudeness**　거침/상스러움
a rude reply/man　무례한 대답/사람
He is rude to come in without knocking.　　　　　　　　　노크 없이 들어오는 것은 무례하다.

rugged　우툴두툴한/바위투성이의/단호한/튼튼한
rugged cliffs　바위투성이의 절벽　　　　　　　　　live a rugged life　어려운 생활을 하다
They admired the rugged beauty of the coastline of Positano, Italy.
그들은 이태리 포시타노의 들쭉날쭉한 해안선의 아름다움에 감탄했다.

ruin　파괴/붕괴/유적/폐허　　　　**동** 파괴하다, 파산/파멸시키다
The village became completely ruined by excessive land development.
그 마을은 과도한 토지개발로 완전히 황폐되었다.
Smoking will surely ruin your health.　　　　　　　　흡연은 건강을 분명히 해칠 것이다.

rumor　소문/풍문/세평/풍설　　　　**동** 남의 이야기를 하다, 소문을 내다
Rumor has it that ~; There is a rumor that ~; The rumor runs that ~.　　~라는 소문이다, ~라는 소문이 나다.
It is rumored that the company goes into bankruptcy soon. The company is rumored to go
into bankruptcy soon.　　　　　　　　　　　　　　　　곧 파산한다는 소문이다.

run/take a/the risk　모험을 하다
People who are overweight can't avoid running a risk of a heart attack or stroke.
과체중인 사람들은 심장마비나 뇌졸중의 위험이 있다.

rundown　사업의 축소/쇠퇴, 설명/묘사
run down　멈추다, 떨어지다, 대충 훑어보다, 욕하다, 체포하다
I can give you a brief rundown on each of the applicants.
제가 각 지원자에 대해 간단한 설명을 해 드릴 수 있습니다.

If you leave your headlights on, you'll run down the battery soon.
헤드라이트를 계속 켜 두면 곧 배터리가 다 되게/나가게 될 것이다.

run errands   심부름 가다

run for   입후보 하다
He will run for the presidency next year.   그는 대통령 선거에 출마할 것이다.

runner-up   2위의 경기장/경기팀, 차점자/차점팀
The runners-up will all receive a £50 prize.
입상자들은 모두 상금 50파운드를 받게 된다.

running/engineering change   사양 변경

rush hour   혼잡시간대, 러시아워
Don't visit new potential customers at rush hour. To keep time is not easy.
혼잡 시간대에는 신규 잠재 고객은 방문하지 마세요. 약속 시간 지키기 어렵습니다.

rush/avalanche of orders   주문의 쇄도
The company runs its factory day and night to meet a rush of orders.
주문을 맞추기 위해 밤낮으로 기계를 가동하고 있다.

rust   녹/둔화   동 녹슬다
I scraped the rust off my car.
차의 녹을 닦아냈다.

Sabotage 사보타주(태업)　　동 파괴행위를 하다
He sabotaged wires and cut off electricity to parts of the city. It was an act of sabotage.
도시 일부로 가는 전선을 파괴해 전기를 끊었다. 그건 사보타주 행위였다.

sacred 종교적인, 신성한
sacred   hymn/alter/rights/duty/promise/music/writings
　　　　찬송가/신성한 제단/불가침의 권리/신성한 의무/신성한 약속/종교음악/성전(聖典)
Cows are regarded as sacred in India.　　　　　　　　　　　　인도에서는 소를 신성시하고 있다.

sacrifice 제물/희생　　　　동 제물/희생을 바치다
make a sacrifice of   ~을 희생하다
If so, you will have to make a bit of a sacrifice　　　　만약 그러시다면, 약간의 희생을 하셔야 합니다.
by/at the sacrifice of   ~을 희생하여
He served the cause of science at the sacrifice of his life.　　　그는 과학을 위해서 헌신했다.

sadden 슬프게 하다, 우울하게 하다
We were deeply saddened by the news of her death.
그녀의 사망 소식에 우리는 깊은 슬픔을 느꼈다.

safety deposit box 보관함

safety regulation/standards/workshop 안전 규정/기준/작업장

salary 봉급/월급/급여　　　동 봉급을 주다
He is salaried by the Government. His salary increased by 5% last year.
그는 정부로부터 봉급을 받고 있다. 작년에 급여가 5% 올랐다.

salaried man 월급쟁이
N.B.) salary man이 아니고 salaried man으로 사용한다.

salary and benefits 급여와 기타 수당·혜택

sale on consignment 수탁판매
• 수탁판매(受託販賣) : 타인으로부터 위탁을 받아 상품을 판매하는 것

salutation 인사말
The boy waved his umbrella to his mama in salutation.　　　그 소년은 우산을 흔들어 인사했다.

salute 인사/경례하다　　　명 인사/경례
He salutes the professor silently by bowing at the classroom.　　교실에서 머리 숙여 교수에게 인사하다.

salvage 구조/인양/인양물품　　　　동 구조하다/지키다/회복하다
a salvage company/operation/team 구조단/구조 작전/구조팀
The wreck was salvaged by the navy. We only managed to salvage two paintings from the wreck.
그 난파선은 해군에 의해 구조되었다. 우리는 그 선박에서 겨우 그림 두 점을 구할 수 있었다.

He wondered what he could do to salvage the situation.
그는 그 상황을 수습하기 위해 무엇을 할 수 있을까 하고 생각했다.

sample swatch 직물 견본

sand 모래/모래 밭　　　　동 모래를 뿌리다, 사포로 닦다
Please sand down this piece of wood quickly. The sands are running out/low.
이 나무를 매끄럽게 갈아주시오. 시간이 없어요.

The roads were sanded, as they were too slippery after the snowstorm.
눈보라 후에 길이 너무 미끄러워 길에다가 모래를 뿌렸다.

sanitary 위생의/깨끗한　　　　명 공중변소
sanitary packaging/cup/conditions　　　　　　　　　　　　위생적인 포장/위생 컵/위생 상태
Your will be surprised, as the kitchen of the big restaurant is not sanitary.
그 큰 식당의 부엌이 비위생적이라 놀랄 것이다.

sarcastic 빈정대는, 비꼬아 말하는
a sarcastic person/comment/answer　　　　　　　　　비꼬기 좋아하는 사람/신랄한 말/빈정대는 대답
Don't be so sarcastic.　　　　　　　　　　　　　　　　　그렇게 비꼬는 말투는 그만둬.

satellite broadcasting system 위성 방송 시스템

satire 풍자
a biting/cruel satire 신랄한 풍자/비꼼
This novel is full of social satire.　　　　　　　　　　이 소설은 사회 풍자가 풍부하다.

satisfactory 만족할만한/만족스러운　　　　명 **satisfaction**
I am without doubt that any existing problems at the present time will be settled in the very near future on mutually satisfactory terms.
현재 문제되고 사안들은 가까운 미래에 상호 만족할 수 있도록 해결될 것으로 확신함.

saturate 흠뻑 적시다/열중하게 하다/포화시키다
He was saturated by the rain. His shirt was saturated with/in perspiration.
그는 비에 흠뻑 젖다. 그의 셔츠는 땀으로 흠뻑 젖었다.

savage 포악한/잔인한/야만적인　　　　명 야만인/미개인　　　　동 물다
a savage tongue/anger/attack 난폭한 말씨/격렬한 분노/맹렬한 공격
The movie received savage criticism.　　　　　　　　그 영화는 혹평 받았다.

save 구하다/저축하다/생략하다/저장하다 명 (야구)세이브
save one's honor/reputation/credit/face 명예/명성/신용/체면을 지키다
I saved the company from bankruptcy. He saves me from writing letters myself.
회사를 파산에서 구하다. 그가 내 편지를 대신 써 준다.
He saved $40 for a new bicycle at his friend's shop. That will save him 10 dollars.
그는 새 자전거를 사려고 40달러를 저축했다. 그것으로 10달러 절약된다.
Save her a seat. It will save her much time.
그녀 자리를 잡아놓게. 그것으로 그녀는 시간을 많이 절약할 수 있을 것이다.
This will save you a lot of trouble. 이것으로 수고를 많이 덜 수 있을 것이다.
A stitch in time saves nine.
지금이면 한 바늘만 꿰매도 되지만 그냥 두면 열 바늘을 꿰매게 된다, 호미로 막을 것을 가래로 막게 된다.
The file is automatically saved every five minutes. 그 파일은 5분마다 자동적으로 저장된다.

saw 톱/톱을 갖춘 기계 동 톱질/연주하다
This wood saws easily/badly. 이 나무는 톱질이 잘 된다/안 된다.

say hello to ~에게 인사를 전하다 유 **give best regards to**
Please say hello to your family. Please give my best regards to your family.
가족들에게 안부 전해주세요

scanty (수량)부족한/모자란/좁은/드문드문한
scanty income/road/materials/evidence 적은 수입/좁은 길/빠듯한 재료/불충분한 증거

scar 흉터 동 자국을 남기다 형 **scaring** 놀라운/위협적인
The accident scarred him for life. 사고는 그에게 일생 동안 지워지지 않는 상처를 남겼다.

scare 겁주다/겁먹다 명 공포/불안 형 **scary** 무서운/겁나는
They scared her into paying for that drink. It was a really scary moment.
그들은 그녀를 위협하여 그 술값을 지불하게 했다. 그건 정말 무서운 순간이었다.
The high crime rate will scare many foreign sightseers off from the city.
높은 범죄율은 많은 외국 관광객들이 그 시를 멀리하게 만들 것이다.
That child scares easily.
아이는 쉽게 겁을 먹는다.

scatter 뿌리다/흩트리다/흩어지다 명 뿌리기/흩어진 것
The policeman blew his whistle and the crowd scattered in all directions.
경찰관이 호루라기를 불자 군중은 사방팔방으로 흩어졌다.
The target customers are scattered nationwide, and so it takes lots of time and money to meet
with them one by one.
대상 고객들이 전국에 흩어져 있어 하나하나 만나 상담 하는 것은 시간과 돈이 많이 소요된다.

scene 현장, 장면
The scene of the novel is set as Korea like the famous song of 'Gangnam Style'.
이 소설의 무대는 유명한 '강남스타일의 노래와' 같이 한국으로 설정되어 있다.

scholarship 학문/장학금

scoff 비웃다/조롱하다
President scoffed at his business idea last year, but the idea came true last month.
작년에 그의 아이디어를 사장이 조롱했지만, 지난 달 그 아이디어는 현실화 되었다.

scoop (신문)특종/숟가락/퍼내기 **동** 퍼내다, 푸다
While he scooped up some ice cream, he got a scoop from the guy next to him.
아이스크림을 푸는 동안 우연치 않게 옆에 있는 사람으로부터 특종을 얻었다.

scope 범위, 여지, 넓이
enlarge/widen/broaden one's scope of action 활동 범위를 넓히다
The task is within my scope. 나는 그 일을 할 수 있다.

scorn 경멸/멸시/웃음거리 **동** 경멸하다, 모욕하다, 비웃다
She gave him a look of scorn. 그녀는 경멸의 눈초리로 그를 보았다.

scramble 기어오르다/~을 긁어모으다/마구 뒤섞다
Would you like your eggs scrambled, fried or sunny side up?
달걀은 스크램블로 할까요, 프라이로 할까요, 써니 사이드 업으로 할까요?

scrape 문지르다/상처 나게 하다
She scraped her knee on the pavement when she fell. 그녀는 포장도로에서 넘어져 무릎이 까졌다.

scratch 긁다, 할퀴다, 휘갈겨 쓰다
It's only/just a scratch. The dog just kept scratching at the door to go in.
단지 긁힌 것뿐이다, 큰 일이 아니다. 개가 안에 들어가려고 계속 문을 긁어댔다.

I hope that you can scratch my itch by releasing even a rough drawing of the newly-developing product.
새로이 개발 중인 제품의 대략적인 스케치라도 보내주시면 제 궁금증이 해소됩니다.

scream 비명 지르다/끽소리 내다 **명** 비명
I screamed to him for help. 살려달라고 그에게 목청껏 소리 질렀다.

screw up 혼동시키다, 뒤죽박죽 만들다 **유** **make a mess of, foul up**
He really screwed up our party, as he was so drunken and vomited here and there.
그는 술에 취해 여기저기에 토해서 우리의 파티를 뒤죽박죽으로 만들었다.

Your late shipment screwed up our sales plan on Christmas day.
귀사의 늦은 선적으로 크리스마스 판매계획이 엉망이 되었다.

scrub 문질러 닦다/때 벗기다, 취소하다
Scrubbing at the sauna of hotels in Korea is popular. It's good for the foreigners.
한국의 호텔에서 때밀이는 보편적이다. 외국인들에게 좋다.
We had to scrub our plans for a party. 파티 때문에 우리의 계획을 취소해야 했다.

scrutinize 세심히 살피다/면밀히 조사하다 **명 scrutiny**
The statement was carefully scrutinized before publication.
그 성명은 발표 전에 면밀히 검토되었다.

sculpture 조각 **동 조각하다** **유 carving**
ancient/modern sculpture 고대/현대 조각

sealant 밀봉제/방수제

search 찾다/자세히 살피다/조사하다 **명 수사/조사**
in search of ~을 추구하여, ~을 찾아서, ~을 구해서
The policeman searched her house first. And then he rushed to bus stop in search of the suspect.
철저히 가택 수색을 한 후, 용의자를 찾기 위해 버스정거장으로 서둘러 갔다.

season ticket 정기 입장권
He bought a three-month season ticket for city bus, as it's much cheaper.
매우 저렴하므로 3개월간의 버스 정기권을 구입했다.

seat up to 1,000 persons 천명까지 수용하다
The conference room seats up to 500 persons. 회의실은 좌석이 500개이다.

sea-view/mountain-view/lake-view 바다/산/호수가 보이는
In general the room rate of sea-view room is a little higher than that of mountain-view room at the hotels worldwide. 바다가 보이는 방의 투숙비가 산이 보이는 방의 투숙비보다 약간 높다.

second hand 중고의
secondhand books/clothes/dealer/woman 헌책/옷/고물상/과부
hear the news secondhand 소식을 전해 듣다

second thought 재고

secure a bridgehead 교두보를 확보하다
It is very important to secure a bridgehead for opening a new market.
신규시장을 개척하기 위해서는 교두보 확보가 매우 중요하다.

securities 유가 증권 ☞ **stock market**
The securities firm liquidated all of its securities in order to survive the financial crisis

worldwide,　　　증권회사는 전 세계적인 금융 위기에서 살아 남기위해 모든 유가 증권을 현금화했다.

security guard 경비원

seduction 유혹　　　　[동] seduce 부추기다, 유혹하다
Never try to seduce your company colleague unless you want to get married with her.
결혼 생각이 없으면 회사 동료를 유혹하지 마라.

seed 씨/종자　　　　[동] 씨를 뿌리다
He started business by the seed money of only US$10,000 five years ago.
5년 전 종자돈 만 불로 사업을 시작했다.

seek 찾다/추구하다/노력하다
KFS Corporation seeks to engage in this project as a manufacturer and supplier; the company
is interested in sourcing the products above from KFS if the terms and conditions pertaining to
this project are acceptable and agreeable to both parties.
KFS사는 제조업자이면서 공급자 자격으로서 본 프로젝트를 참여하고자 함. 그 회사는 양사가 본 프로젝트와 관련한
계약 조건을 수용하고 합의한다면 KFS사로부터 상기 제품을 구매하는 것에 관심 표명.

seeming 표면상의　　　　seeming friendship 허울 좋은 우정
She handled the matter with seeming indifference.
그녀가 그 문제를 겉으로는 관심 없다는 듯 다루었다.

segregate 분리/격리시키다　　　　[명] segregation
In all our restaurants, smoking and non-smoking areas are segregated from each other.
모든 식당에서는 흡연 구역과 비 흡연 구역이 서로 분리되어 있다.

self-evident 자명한/따로 설명할 필요가 없는　　　　[유] crystal-clear
It's self-evident/crystal-clear that the aftermath of your continued defectiveness will mean no
future orders from the company.　　　불량이 지속되면 그 회사로부터 추후 발주는 없을 것이 명백하다.

self-sufficiency 자급자족
achieve economic self-sufficiency　　　　　　　　　　　경제적 자족을 달성하다

semester 학기

semiconductor 반도체
semiconductor production technology 반도체 생산 기술

semi-turnkey 반(半) 일괄 공급 체계
　※ Turnkey vs. Semi-turnkey

turnkey는 (건설 · 플랜트 수출 계약 등에서) 완성품 인도(턴키) 방식을 말함. 영어 단어의 뜻을 보면 key를 turn 한다. 즉 모든 것을 만든 후 key만 꼽아 돌리면 공장이 가동되는 것을 의미한다. Semi-turnkey는 핵심적인 것들만 만든 다음 넘겨주는 것을 의미한다. 각 방법은 장점 단점이 있는 바, 상황에 맞는 방법으로 추진한다.

senate 상원

Senate committee 상원 위원회 　　　　　　　　　the House and Senate (미) 상하 양원

senator 상원의원 ↔ representative 하원의원

sensation 느낌/감각/센세이션/기분
News of my arrest caused a sensation. I had a sensation of falling, as if in a dream.
나의 체포 소식은 센세이션을 일으켰다. 나는 꿈에서처럼 아래로 떨어지는 느낌이 들었다.

sensible 분별 있는/지각할 수 있는
He was sensible of the trouble he had caused. 　　　　　그는 자신이 일으킨 문제를 알고 있었다.

sensitive 민감한, 예민한, 감도가 좋은
sensitive skin/market 민감한 피부/변동하기 쉬운(불안정한) 시장
She is very sensitive to his feelings. 　　　　　　　그녀는 그의 기분을 아주 잘 안다.

sentence 판결/문장 　　**동** 판결을 내리다
be under sentence of ~의 선고를 받다
He was under sentence of life imprisonment while his wife was sentenced to death.
그는 무기징역을 선고 받았고, 그의 아내는 사형 선고를 받았다.

sentiment 정서/감정 　　**형** sentimental 감상적인/감정적인
have(has) a sentimental attachment to ~에 애착이 가다
Each person has a sentimental attachment to what he made. 각자는 자기가 만든 것에 애착이 간다.

separate business entity 개별기업

serene 고요한, 평온한
a serene view/temper/lake/life/weather
조용한 경치/차분한 성미/조용한 호수/평화로운 생활/화창한 날씨

sermon 설교/훈계 　　**the Sermon on the Mount** 산상수훈
give/deliver/preach a sermon 설교하다/잔소리하다.
I am fed up with his sermons, as he always iterated almost same thing.
항상 거의 비슷한 내용을 반복하기 때문에 그의 훈계는 신물이 난다.

serpent 뱀
cherish a serpent in one's bosom 배은망덕한 자에게 친절을 베풀다

Mother Theresa cherished a serpent in her bosom.　　테레사 수녀는 배은망덕한 자들에게 친절을 베풀었다.

server　봉사자/근무자/컴퓨터 서버

serve A with full capability and resources
모든 역량과 자원을 동원해 A를 돕다

set forth　출발하다

set something forth　~을 제시/발표하다
The President set forth his views in a television broadcast.
대통령이 텔레비전 방송에서 자신의 의견을 제시했다.

set up　준비/계획/시작/설립/공급하다
He set up his own business after graduation from graduate school.
대학원 졸업 후 자기 사업을 시작했다.

His members are setting up a room for the marketing strategy meeting.
마케팅 전략 회의를 할 방을 준비하고 있다.

The company has decide to set up a church for the people.
사람들을 위한 교회를 설립키로 결정했다.

setback　차질
If you can't make a shipment of this machine by August 2, Songsong Motors Co., Ltd., will have to cancel that order, and they will consequently request you to compensate the setback in their project.　　8월 2일까지 선적
불가하다면 송송 모터사는 발주 취소하고 귀사에 송송의 프로젝트에 차질을 초래한 것에 대한 보상을 요구할 것임.

settle　확정/해결하다, 정착시키다 ↔ **unsettle**　동요/혼란시키다
I will write to you once I am settled.　　자리 잡는 대로 연락드리겠습니다.

severance　단절/해지/해고
the severance of diplomatic relations　외교 관계 단절
The employees, who were given notice of severance, are expected to receive a good severance pay. They are discussing severance terms with the company.　　고용 계약
해지 통고를 받은 피고용자들은 좋은 퇴직금을 수령하게 될 것으로 예측된다. 현재 회사와 퇴직 조건 협의 중이다.

sew　꿰매다/재봉하다
My mother taught me how to sew a blouse.　　내게 블라우스를 꿰매는 법을 가르쳐 주셨다.

shabby　초라한/누더기를 걸친
shabby clothes/hotel　헐어빠진 옷/낡아빠진 호텔
He appeared shabby next to the handsome movie star.
그는 그 잘생긴 영화 스타와 나란히 섰을 때 초라해 보였다.

shallow   얕은/천박한 ↔ **deep**
a shallow dish/river/arguments/thought   얕은 접시/강/깊이가 없는 토론/천박한 생각

shameless   창피한 줄 모르는/파렴치한
a shameless/brazen-faced fellow   후안무치한 사람   in a shameless manner   몰염치하게도
be impudent/shameless/audacious to 동사원형: 후안무치하고~하다

shape memory alloy   형상기억합금
• 가공된 어떤 물체가 망가지거나 변형되어도 끓는 물 등으로 열을 가하면 원래의 형상으로 되돌아가는 합금을 말한다.

shape up   (일이) 진행되다, 전개되다
The new project is really beginning to shape up.   신규 프로젝트가 진행되기 시작했다.

share   몫/분담/주식   동 분배/공유하다
We completely share your sentiments on having smoother transactions in the future.
We wish to express again our deep appreciation for your efforts.
다시 한 번 감사드리며 향후에는 좀 더 순탄한 거래를 원하는 것에 공감함.

shareholder   주주

sharpen the pencil   작업 준비하다
We will send the drawing for your quotation. Please sharpen your pencil until then.
가격 산정용 도면 송부하겠음. 가격 산정 준비하고 계세요.

shatter   산산이 부수다/부서지다   명 파편
The hope of reaching an agreement was shattered today.
합의에 이르고자하는 희망이 오늘 깨어져 버렸다.

shave   면도하다/수염 깎다
He shaves with an electric razor every morning.   그는 매일 아침 전기면도기로 면도한다.

shed   (땀 · 눈물) 흘리다, 떨어뜨리다
shed sweat/tears   땀/눈물을 흘리다
Trees shed their leaves in fall.   나무는 가을에 잎이 진다.
shed light on   ~을 비추다, ~ 에게 광명을 주다
This book sheds no light on the question, contrary to our expectation.
우리 기대와는 달리, 이 책은 문제 해결의 어떠한 실마리도 주지 못한다.

sheer   전적인/완전한
I only agreed out of sheer desperation.   나는 완전히 자포자기하는 심정으로 동의를 했을 뿐이었다.

shelf life 유효기간
The shelf life of frozen foods does not exceed one week in most cases.
냉동식품의 유효기간은 대개의 경우 1주일을 넘지 않는다.

shelter 대피소/피난처 동 보호하다
an air-raid/bus shelter   방공호/버스 정류장에 있는 지붕이 있는 대기소
seek (a) shelter from the rain/the wind   비/바람을 피할 곳을 찾다

shelve 시렁/선반 위에 얹다,(비유) 처박아 두다,(해결 따위를) 미루다
The government has shelved the plan until next year.   정부가 그 계획을 내년까지 보류했다.

shielding 차폐/차폐물
The high frequency product like mobile phone requires lots of EMI shielding.
핸드폰과 같은 고주파 제품들은 전자파 차폐를 많이 하여야 된다.

shift (교대제의) 근무 시간 동 옮기다
the morning/night shift 아침 조/저녁 조   shift work 근무 교대
The circumstances have shifted. The men work 12-hour shifts.
상황이 바뀌었다. 남자들은 12시간 교대로 일한다.

shine 빛나다 명 빛남, 광희
He shines as a salesman.   그는 세일즈맨으로서 탁월하다.

shipper 선적인/하주

shipping documents/gazette/instructions/request form/space
선적 서류/선적 잡지/선적 지시서/선적 양식/선박 적재면적

shipwreck 난파/파선 동 난파시키다
shipwreck a vessel/company   배를 난파시키다/회사를 파멸시키다
shipwreck one's career/reputation   자기의 경력/평판을 결딴내다
make shipwreck of ~을 파괴하다, 파멸시키다
The explosion nearby made shipwreck of the house.   근처 폭발로 그 집이 파괴되었다.

shipyard 조선소

shiver 떨다 명 한기/오한
shiver with cold/fright   추위/공포로 덜덜 떨다

shockproof 충격에 견디는 ☞ resist

shop floor   (공장의)생산 현장
work on the shop floor   생산 현장에서 일하다

shortage   부족
food/housing/water shortages 식량/주택/물 부족
a shortage of funds/time/rain/food 기금/시간/비/식료품 부족

shortcoming   부족한 점/결점/결함/불리
유 weakness, defect, demerit, disadvantage
The marketing manager's new business plan has shortcoming and merit both.
그 마케팅 과장의 신사업 계획서는 장 · 단점이 공존한다.

shortcut   지름길
Under this seller's market, your giving firm bid is much more effective than asking for the offer
from the suppliers again and again. This is the shortcut to immediately secure goods at the
favorable terms and conditions.
매도자의 시장에서는 공급업체의 가격을 여러 번 요청하기 보다는 확정 매수확약서를 주는 것이 보다 효율적이다.
이 방법이 가장 유리한 조건으로 물품을 확보하는 지름길이다.

shorten   짧게 하다/단축하다 ↔ **lengthen**
His proposed way of construction may shorten the period to construct the bridge.
그가 제안한 건설 공법이 다리 건설 소요 기간을 단축할 지도 모른다.

shorthand dictation   속기/받아쓰기

short-staffed   인력이 부족한
Apparently they were short-staffed because of some flu.
듣자 하니 그들은 독감 바이러스 때문에 일손이 모자란다.

shovel   삽   동 삽으로 뜨다/치우다
The soldiers shoveled the snow from the walk for hours.
군인들이 수 시간 동안 보도의 눈을 치웠다.

showdown   최종적 결말
a final showdown   최후의 대결

shower   소나기/샤워   동 퍼붓다
He was caught in a shower on the street. Upon coming back home, he took a quick shower.
And he took a shower of presents, and went to a baby shower.
도로에서 소나기를 만나, 집에 오자마자 샤워를 빨리 하고, 선물을 많이 챙겨 임산부를 위한 축하 선물 증정 파티에 갔다.
Thank you for the boundless hospitality you showered upon us during our visit to your country.

귀국 방문 시 보여주신 끝없는 환대에 감사함.

shred 조각/파편 〔동〕 잘게 자르다

The policeman doesn't have a shred of evidence to arrest the suspect.
용의자를 체포할 증거라고는 조금도 가지고 있지 않다.

shrink 오그라들다/감소하다 〔명〕 shrinkage

This cloth shrinks if washed. Be careful when you buy clothes made of this cloth.
이 천은 세탁하면 약간 준다. 이 천으로 만든 옷을 살 때는 주의해라.

As industrialization goes on, natural resources are gradually shrinking.
공업화가 진행 될수록 천연자원은 점점 줄어든다.

My fortune shrank almost to nothing after stock investment failure.
주식 투자 실패 후, 나의 재산은 거의 바닥이 났다.

shut down 폐업/휴업하다

The company finally shut down last week because no one bought its products.
아무도 그 회사 제품을 사주지 않아 마침내 폐업했다.

The Chinese restaurant shuts down for a week in summer every year.
그 중국식당은 매년 여름 일주일간 휴업한다.

sidekick 조수

Batman and his young sidekick Robin 배트맨과 그의 젊은 조수 로빈

siege 포위 공격, 농성

After a two-day siege, the police could arrest the murderer.
경찰은 이틀 동안의 포위 공격 후에 살인자를 잡았다.

signal 신호/징후/조짐 〔동〕 신호/눈짓하다

a traffic signal 교통 신호   a signal lamp 신호등

He signaled me to stop talking, as she showed a signal of illness during discussion.
좌담 중 그녀가 아픈 징후가 있어 이야기를 더 이상 하지 말라고 신호했다

sightseeing 관광 〔형〕 관광의

a sightseeing tour/bus/party 관광여행/관광버스/관광객

signature 서명, 서명하기

Someone had forged her signature on the check, and drew out cash from the bank.
누군가가 그 수표에 그녀의 서명을 위조해 은행에서 현금을 인출했다.

Two copies of the contract will be sent to you for signature.
당신이 서명하시도록 계약서 2부를 보내 드리겠습니다.

significance 의의/의미/취지/중요성/중대성　[형] **significant**
of great significance ↔ of no significance
매우 의미심장한　　　　대수롭지 않은, 하찮은

signify 나타내다/알리다/의미하다
signify one's agreement/satisfaction/views　　　　　동의/만족/견해를 표명하다
He signified that he agreed at the new project with Chinese partner.
그는 중국 파트너와의 신규 프로젝트에 찬성의 의사 표시를 했다.

silly 어리석은, 이치에 맞지 않는
a silly story/joke/person/idea/question
어리석은 이야기/시시한 농담/양식 없는 사람/엉뚱한 생각/어리석은 질문

It is silly of/for you to accept his invitation. You are silly to accept his invitation.
그의 초청을 수락하다니 얼빠진 짓이다.

similarities 유사점
similarities and differences between A and B　　　　　A와 B의 유사점과 상이점

similar 비슷한/닮은꼴의　[유] **same**　　[부] **similarly**
Let us take a similar instance.　　　　　(그것과) 비슷한 경우를 생각해 보자.

simulate 가장하다/모의실험을 하다　[명] **simulation**
simulate remorse/enthusiasm　후회하는 체하다/열중한 체하다.
He simulated the speech of an Englishman.　　　　　영국 사람의 말투를 흉내 내어 썼다.

simultaneously 동시에　[유] **concurrently/at the same time**
They spoke to the beautiful simultaneous interpreter at the same time.
그들은 아름다운 동시 통역가에게 동시에 말을 걸었다.

sinister 불길한/악의 있는
a sinister appearance/character/influence　불길한 조짐/사악한 사람/악영향

sink 침몰하다/가라앉다　[명] 싱크대
His heart sank when he heard that his son didn't pass the exam.　아들이 시험 낙방 후 크게 낙심했다.
Speculating on the stock market sank him.　　　　증권 투기로 그는 망했다.

sip 홀짝홀짝 마시다
have/take a sip of water　　　　物을 한 모금/한 번 홀짝 마시다
sip beer/milk/soup　　　　맥주/우유/국을 조금씩 마시다

sit in alternate seats 한자리씩 건너 앉다

site inspection 현지 시찰
make an on-site inspection 현장을 시찰하다
an on-site/on-the-spot/on-the-job inspection 현지 시찰

skeleton 해골/뼈대   형 골조의/개요의
a mere/living/walking skeleton   피골이 상접한 사람
be worn/reduced to a skeleton   (병·근심 등으로) 뼈와 가죽만 남다
the skeleton of a bridge 다리의 골조   the skeleton of the plot 대충의 줄거리

skeptical 회의적인/의심 많은
Initially, he was skeptical about whether the rumor was true.
처음에 그는 그 이야기들이 사실인지 아닌지에 대해 의심하는 듯했다.

skill 솜씨/기술   형 **skillful** 솜씨 좋은
He has a lot of skill in dealing with consumer complaints.
그는 소비자들의 불만 사항을 처리하는 데 상당한 수완이 있다.

skip 건너뛰다/건너뛰어 읽다
In order not to skip the 1st class, skipping breakfast is not good for your health.
첫 수업을 들으려고 아침 식사를 거르는 것은 건강에 좋지 않다.

skyrocketing price 치솟는 물가
The poor people are getting poorer because of skyrocketing/soaring price.
치솟는 물가로 인해 가난한 사람들이 점점 더 가난해지고 있다.

slack 느슨한/꾸물거리는
a slack belt/official   느슨한 벨트/태만한 공무원
Recently company discipline is slack, and so all the staff members are slack in managing their affairs.   최근 회사 기강이 해이해져 직원들이 일을 처리하는 것이 느리다.

slam 쾅 닫다/내동댕이치다   명 난폭하게 닫음
The door slammed shut by my secretary. I was so annoyed, and I just slammed the phone down.
비서가 문을 쾅 하고 닫았다. 너무 불쾌했기 때문에 전화를 그냥 탁 끊어버렸다.

slant 기울이다/경향이 있다   명 경사
The article is slanted in favor of sizeable companies, not small companies.
그 기사는 대기업에 편중해서 작성되어 있다.

slap 찰싹 때리기   동 찰싹 때리다
He slapped her on the cheek. He slapped her cheek.   그녀의 따귀를 찰싹 때렸다.

have a slap at ~을 해 보다
She had a slap at golf before getting older.　　　　　　　그녀는 더 늙기 전에 골프를 해보았다.

slaughter 대량학살　　　　　　　유 **massacre**
slaughter 250 heads of cattle　　　　　　　　　　　　　250마리의 소를 도살하다

slave 노예　　　　형 노예의　　　　동 노예같이 일하다
slave wages (부당할 정도로) 낮은 임금　　　　　　　work like a slave 노예처럼 일하다
While we were slaves to comfort, he slaved away at the same job for fifty years.
우리는 안락에 빠져 있었으나 그는 50년 동안을 한 직장에서 고되게 일했다.

slavery 노예제도
No one shall be held in slavery.　　　　　　All should be freed from slavery.
어느 누구도 노예가 되어서는 안 된다.　　　　모두 노예제도에서 해방되어야 한다.

sleep disorder 수면 장애
Insomnia is the most common sleep disorder.　　　　불면증은 가장 흔히 나타나는 수면장애이다.

slender 가는, 호리호리한, 빈약한
a slender thread/budget/income　　가는 실/근소한 예산/얼마 안 되는 수입

slice 한 조각/몫　　　동 얇게 베다
a slice of bread/toast/take　　빵 한 조각/토스트 한 조각/배당된 몫

slight 조금의/사소한/얕보다　　　명 무례
I don't have the slightest idea what you are talking about.
네가 무슨 소릴 하는 건지 도무지 알 수가 없다.

slim 호리호리한/얼마 안 되는　　　동 가늘게 하다
a slim waist/figure/triumph　　가는 허리/호리호리한 체격/신승(겨우 이김)

slip 전표/종이 조각
debit/advice/transfer slip　　지불/통지/대체 전표

slope 비탈지다/비탈지게 하다　　　명 경사면

slot 구멍/틈/지위/위치　　　동 넣다/끼우다
He has a regular slot on the late-night programme.　　그는 심야 프로에서 고정 시간/코너를 맡고 있다.
slot/click/fit into place 딱 들어맞다/일이 이치에 맞다/잘 이해되다
Now the story slots into place.　　　　　　　이제 이야기가 잘 들어맞는다.

sluggish 게으른/부진한/침체된
sluggish student/economy 게으른 학생/침체된 경기

sly 교활한/음흉한
sly as a fox 여우같이 교활한　　　　　　　　　　　　　　　on the sly 살그머니, 남모르게, 가만히

small-and medium-sized 중소형의
Many small and medium-sized businesses are in the red, while most of the big companies are in the black.　　　　　　대부분의 대기업이 흑자인 반면, 적자에서 헤매고 있는 중소기업이 많다.

smash hit 대히트한 흥행/대성공
The movie was a smash hit, drawing more than 10 million people to theaters.
이 영화는 1천만 넘게 관객을 끌어 모아 큰 성공을 거뒀다.

smooth 매끄러운/순조롭게 나아가는　　　동 반반하게/매끄럽게 하다
For efficient and smooth business, the channel of communication should be single.
단일 창구를 통해 연락되어야 거래가 효율적이고 부드럽게 진행됨.

smuggle 밀수입하다/밀수출하다
a smuggling ring/gang 밀수단
smuggle a criminal out of the country　　　　　　　　　　　　　　범인을 밀출국시키다

snapshot 속사(速寫)/스냅사진
• 기업의 주요 현황을 한 눈에 보여 주는 것도 snapshot이라고 한다.

snare 덫/함정　　　　　　　동 함정에 빠뜨리다
set/lay a snare 덫을 놓다　　　　　　　　　　　　　　　fall into a snare 덫에 걸리다
He was snared by the big lies of the fraud.　　　　그는 사기꾼의 큰 거짓말에 걸려들었다.

snatch 잡아채다/낚아채다/잡아채기　　　명 잡아채기/날치기
He tried to snatch her handbag.　　　　　　　　그는 그녀의 핸드백을 잡아채려 했다.
Snatching the order was possible thanks to his tip on the internal progress.
내부 진행 사항에 대한 정보가 있어 오더를 가로채는 것이 가능하였다.

sneeze 재치기하다　　　　　　명 재치기
I've been coughing and sneezing all the day.　　　　하루 종일 기침과 재채기를 하고 있었다.

snobbish 속물의/신사인 척하는

soak 젖다/스며들다/적시다/담그기
He soaked himself in his studies. The gravity of the situation soaked into his head.

자기의 연구에 몰두하였다. 사태의 심각성이 차차 이해되었다.

I was utterly soaked by the shower.
소나기를 만나 완전히 젖었다.

soap opera 연속극
• 과거 비누 회사에서 주로 광고 후원한 것에서 비롯됨

sob 흐느껴 울다　　　　　　명 흐느낌
She sobbed with fear/grief when she was alone at home. Her sobs subsided when her mother came back.
그녀는 집에 혼자 있을 때 무서워서/슬퍼서 흐느껴 울었다. 엄마가 집에 돌아오자 흐느낌이 멎었다.

sober 술 취하지 않은/침착한　　　　동 술이 깨게 하다 ↔ **drunken**
He drank too much last night. He is not sober yet.
그는 어제 밤에 술을 너무 많이 마셨다. 아직 술이 깨지 않았다.

so-called 소위, 이를테면　　　　유 **what we/you/they call**

socialize 사회화하다/교제하다
I enjoy socializing with the other students. Maybe you should socialize more.
다른 학생들과 사귀는 것을 즐긴다. 아마 당신은 사람들과 좀 더 많이 어울려야 할 거예요.

soil 흙/국토/온상
poor/good/fertile/rocky soil　　메마른/기름진/비옥한/바위가 많은 땅

solace 위로/위안　　　　　　동 위로하다
After his son died of car accident, he solaced his grief with drink every day.
His grandsons were a solace in his old age.
아들이 자동차 사고로 죽은 후 술로 슬픔을 달랬다. 말년에는 손자들이 위안이 되었다.

solar 태양의, 태양광선(열)을 이용한
solar spots/clock　　태양 흑점/태양열 시계

solar energy/power 태양광 에너지
wind energy/power　　풍력

solemn 엄숙한/진지한
a solemn expression/music　엄숙한 표정/장엄한 음악
He spoke to his employees in solemn tones.　　　　　　그는 직원들에게 엄숙한 어조로 말했다.

solicit 탄원하여 얻으려고 하다/꾀다
We solicited him for a contribution. We solicit readers' contributions to the column.
우리는 그에게 기부금을 간청했다.　　　그 난에 대한 독자의 투고를 환영합니다.

solidify 응고시키다/굳히다/굳어지다

solidify friendship/alliance 우정/동맹을 강화하다 solidify cement 시멘트를 강화하다
My suspicion over him solidified into a conviction. 그에 대한 의심은 확신으로 굳어졌다.
It solidified its position as Korea's undisputed manufacturing leader of a variety of parts and components for mobile phone.
다양한 핸드폰용 부품을 만드는 선도 업체의 직위를 확실히 굳혔다.

solitude 고독/쓸쓸함

complete solitude 완전한 고독 in solitude 혼자서 (쓸쓸히)

solve 해결/타결하다 명 solution 해결책

alternative solution 대안 compromise solution 타협안
solve the crime/mystery/dilemma/situation
범죄를 해결하다/미스터리를 풀다/곤경을 벗어나다/사태를 해결하다

Attempts are being made to solve the pollution problem caused by waste disposal.
쓰레기 처리로 야기되는 환경 문제를 해결하기 위한 시도들이 이뤄지고 있다.

somehow 어쨌든/어쩐지

Somehow the idea doesn't appeal to me. We must get the car fixed somehow first.
웬일인지 그 생각은 마음에 들지 않는다. 어떻게든 차를 먼저 수리해야 한다.

soothe 달래다/누그러뜨리다

He tried in vain to soothe his wife's anger with an expensive present.
그는 비싼 선물로 아내의 노여움을 달래려고 하였으나 무위로 끝났다.

sophisticated 세련된/정교한 명 sophistication 세련/정교

sophisticated tastes/woman/computer/analysis/technology
세련된 취미/세련된 여인/고성능 컴퓨터/정교한 분석/고도의 기술

The results of this survey found that our customers were somewhat hesitant to import this plant, due to the fact that this highly sophisticated technology is not yet familiar in the Korean market; however, we expect the market to become fully active within one or two years.
공장 설립에 대해 심도 있게 조사한 결과, 한국시장은 아직은 그 공장을 도입하기에는 성숙되지 않아 당사의
고객들이 공장 도입을 주저하는 것으로 판명되었으나, 1, 2년 이내에 충분히 시장이 성숙될 것으로 기대함.

sore 아픈, 괴로워하는, 상처

a sore wound 아픈 상처 feel sore all over 온 몸이 아프다
have a sore throat (from a cold) (감기로) 목이 아프다
My muscles are sore from exercise. 운동을 해서 근육이 아프다(뻐근하다).

sorrow 슬픔/비애 동 슬퍼하다 형 sorrowful 슬퍼하는/슬픔에 젖은

in deep sorrow 깊은 슬픔에서 the joys and sorrows of life 인생의 고락

Please let us know if there is anything we can do to help you through this period of sorrow.
이 슬픔의 시기에 도와 드릴 수 있는 일이 있으면 뭐든지 말씀하세요.

soundproof 방음의　　　　동 방음장치를 하다　　☞ **resist**
a soundproof chamber/room　방음실　　　　　　　a soundproof door　방음문

sour 신, 기분이 언짢은
The project turned sour. The president gave the manger a sour look.
그 계획은 엉망이 되었다. 사장은 과장에게 인상을 찌푸렸다.

souvenir 기념품/선물
I bought the ring as a souvenir in commemoration of my visit to Greece.
나는 그리스 방문 기념품으로 그 반지를 샀다.

sovereign 주권자/군주　　　형 주권이 있는/최고의　　명 **sovereignty** 주권
a sovereign ruler/state　주권자/독립국

spacecraft 우주선　　　　　유 **spaceship**

spacious 넓은/널찍한/공간이 넓은

spadework 기초/준비 작업, 가래질/삽질
do spadework for　~의 최초 작업을 하다
Thank you for your doing the spadework for the new project.
신규 프로젝트의 준비 작업을 해주셔서 감사합니다.

span 기간/전 범위　　　　동 걸치다/미치다
the span of life　수명　　　　for a short/long span of time　짧은/긴 시간
The history of Mogol spans to 13th century. The Mongol Empire spanned much of Central Asia.
몽골제국의 역사는 13세기에 이른다. 몽골제국은 중앙아시아 대부분에 걸쳐 있었다.

spare 예비의　　　　　동 절약하다/아끼다
spare some time for study　　　　　　　　　공부할 시간을 조금 남겨놓다
spare no expense/effort　　　　　　　　　　비용/노력을 아끼지 않다
He doesn't spare himself.　　　　　　　　　그는 수고를 아끼지 않는다.

sparkling 반짝거리는, 거품이 이는
a sparkling light/wine　반짝거리는 불빛/거품이 이는 포도주

speak badly/ill of 안 좋게 말하다 ↔ **speak well of**
You shouldn't speak ill of others when they are not beside you.
다른 사람이 없는 자리에서 남을 비방해서는 안 된다.

speak up 크게 말하다
Please speak up. We can't hear you at the back.   더 크게 말씀해 주세요. 뒤에 있는 우리는 안 들려요.

spearhead 창끝/선봉   동 선두에 서다
She is spearheading a campaign for reducing the household's garbage.
그녀는 생활쓰레기 줄이는 운동의 선봉에 서 있다.

As you may know, this area is the spearhead of our company's current and future growth and will be a challenging new area for my career.
아마 아시다시피, 이 분야가 당사 성장의 선봉장 인 바, 내 경력에 도전적인 새로운 분야가 될 것임.

specific 구체적인/특정한/독특한
for a specific reason 구체적인 이유로   to be specific 구체적으로 말하자면
Could you be a little more specific?   좀 더 구체적으로 말할 수 없나요?
In the meantime, we would appreciate your informing us of your specific product areas in relation to your future business interests with our company and Korea as a whole.
향후 귀사와 당사/한국과의 BIZ 관심사와 관련이 있는 특정 품목을 통보해 주시면 감사하겠음.

specifications 명세서
as per specifications attached; according to the specifications attached: 첨부 명세서대로

specimen 표본/견본

spectacle 광경/구경거리/안경
He has his own pair of rose-colored spectacles. He told me that the road was quite a spectacle even though there was massive traffic congestion.
그는 자신 특유의 낙관적 시각으로 사물을 바라본다. 대규모 교통 체증에도 불구하고 도로가 장관이라고 했다.

spectre 불안/공포/유령
The company is haunted by the spectre of bankruptcy. Furthermore, the negotiation bank's refusal of payment against Letter of Credit for export has once again produced the atmosphere of bankruptcy.
회사가 도산의 불안에 사로잡혀 있다. 더군다나 네고 은행의 수출용 L/C에 대한 지급거절은 또 다시 도산의 분위기를 조성하였다.

speculate 투기/심사숙고하다   명 speculation
Never speculate in the stocks of the companies which are financially staggering.
But invest in the stocks of blue chips. Speculation is one thing and investment is another.
재무적으로 휘청거리는 회사의 주식에 투기하지 말고 우량기업의 주식에 투자해라. 투기와 투자는 다른 것이다.

speed 신속/속력   동 진척시키다   형 speedy 신속한
More haste, less speed. 급할수록 천천히.   gain/gather/pick up speed 속력을 높이다

He was speeding at a speed of 120 miles/hour in his brand-new car along the highway.
새 차를 타고 시속 120 마일의 속도로 고속도로를 질주하고 있었다.

speed up; accelerate 속도를 높이다
Can you try to speed things up a bit?　　　　　　　　　　　　일을 좀 더 속도 내서 해 주겠나?

sphere 구(球)/천체/영역
a sphere of influence　세력 범위
keep/remain within one's (proper) sphere　본분을 지키다

spill 엎지르다
It is no use crying over spilt milk.　　　　한 번 쏟은 물은 다시 담을 수 없다.

spillover 넘침/과잉
One more room was needed for the spillover of staff and reporters.
직원과 기자들이 넘쳐 나서 또 하나의 방이 필요했다.

spin 회전시키다/빙빙 돌다　　명 회전
spin wool into yarn; spin yarn out of wool:　　　　　　　　　　양모를 실로 짜다
Our washing machine spins the clothes quite fast.　　　　세탁기는 옷을 아주 빨리 회전시킨다.

spin-off 분사, 분사된 자회사
• 스핀오프(spin-off): 회사분할의 한 방법으로 회사의 일부 사업 부문이 분리되어 별도의 법인으로 설립되는 것을 말한다.

spirit 정신/영혼
a noble/generous spirit　고결/관대한 사람　　　　　　　　　　leading spirits　지도자들
With the two exceptions noted below, I am in full agreement with the contents and spirit of your
proposal.　　　　　　　　　2가지 사항 제외하고 귀하 제안의 모든 내용과 기본 정신에 동의함.

spiritual 정신의/초자연적인, 영가

splendid 화려한/훌륭한/멋진
I would like to thank you once again for the warm reception you held for me; it was indeed a
splendid opportunity for me to enhance both the personal and business relationships with my
dear counterparts.　　　　　　　　　　　　　　　다시 한 번 리셉션 감사드림.
그 리셉션은 저의 귀중한 거래처들과 개인적인 관계뿐만 아니라 사업 관계를 돈독히 할 수 있는 멋진 기회였음.

spoil 망쳐놓다/버릇없이 만들다
Too many cooks spoil the broth. Too many cooks in the kitchen.
요리사가 많으면 수프 맛이 없다, 사공이 많으면 배가 산으로 올라간다.

Spare the rod and spoil the child.　　　　　　　　　　매를 아끼면 아이가 못쓰게 된다.

sport 스포츠/운동/오락　　동 즐기다

professional/outdoor/indoor sports　프로/야외/실내 스포츠
field/winter/water sports　필드/동계/수상경기

springboard 다이빙대/도약판

I sincerely hope that this four-day meeting will act as an effective springboard in lowering the barriers to the free flow of goods, services, and capital among our countries.
4일간의 회의가 국가 간의 교역, 서비스, 자본의 자유 이동 장벽을 낮출 수 있는 새로운 출발점이 되기를 앙망함.

spur 박차/자극　　동 박차를 가하다

His passing the examination spurred him to greater efforts toward business success.
그는 시험에 합격한 데 자극되어서 더욱더 사업 성공을 위해 노력하게 되었다.

on the spur of the moment　갑자기/일시적 생각으로/앞뒤를 가리지 않고

I phoned him up on the spur of the moment without knowing that it's already over midnight.
나는 순간적인 충동에서 자정이 넘은 것을 모르고 그에게 전화를 걸었다.

square 정사각형/광장(plaza)　　동 제곱/해결/정산하다
　　　형 네모의/공평한　　부 직각으로, 공평하게

Madison Square　(뉴욕의) 매디슨광장　　　　　Nine is the square of three.　9는 3의 제곱이다.
fair and square　공정한/올바른/당당한, 공정하게/올바르게/당당하게

square deal　공평(정당한) 거래/조처

Getting a square deal with the customers is not easy at all.
고객과 공평한 거래를 한다는 것은 결코 쉽지 않다.

square meal　푸짐한/알찬 식사

The host committee prepared a square meal for all the participants.
주간사 위원회는 모든 참가자들을 위해 푸짐한 식사를 준비했다.

square peg in a round hole　부적격자 (← 둥근 구멍에 네모난 말뚝을 들어가면?)

The board of directors regard Executive Director Kim as a square peg in a round hole.
이사회는 김 이사를 부적격자로 간주했다.

square up with　~와 청산/결제하다

I borrowed US$100 from him 10 days ago, and only today I squared up with him.
그에게 100 달러를 10일전에 빌려, 오늘에서야 빚을 갚았다.

squeak 찍찍 우는 소리/위기일발　　동 찍찍 울다

The oldest wheel of my car makes a horrible squeaking noise.
바퀴 하나에서 오싹할 정도로 끼익 하는 소리가 난다.

squeak by/through　간신히 성공하다, 겨우 곤경에서 벗어나다/헤어나다

He just squeaked by on his budget this month.　이번 달 예산 내에서 이럭저럭 꾸려나갔다.

squeeze 짜다/압착하다/본을 뜨다 　명 짜기

We were squeezed into the crowded bus at the rush hour.　러시아워에 붐비는 버스 안으로 밀려들어갔다.

be in a tight squeeze 궁지에 빠지다

My parents are in a tight financial squeeze at the moment.　부모님께서는 지금 당장은 형편이 좋지 않으서.

stable 안정된 　명 **stability** 안정/안정성

동 **stabilize** 안정화 시키다 　명 **stabilization** 안정화

Please let us know the monthly quantity which your company can supply on a stable basis with your existing manufacturing facilities

귀사의 현재 생산 설비로 안정적으로 공급할 수 있는 월간 수량을 통보주세요.

stack 쌓아올리다 　명 낟가리/한 무더기

My room is stacked with books, while my office is stacked with lots of documents.

방에는 책이 산더미처럼 쌓여있고 사무실에는 서류가 가득하다.

stack up against 비교할만하다, 필적하다 　유 *rank with, be equal to, compare with*

It's our firm belief that our newly developed LTE phone can stack up against any LTE phone in the world.　새로이 개발한 LTE 핸드폰은 세계 어느 핸드폰과 비교해도 손색이 없다고 굳게 믿고 있다.

stain 얼룩 　동 얼룩지다

Your doing so does not help at all, but only stains your family reputation.

그런 행동은 도움이 되지 않고, 가족의 명성에 해만 끼친다.

stall 마구간/매장/칸막이 　동 오도 가도 못하게 하다

a newspaper/choir/shower stall　신문 판매점/성가대석/샤워실

Her car was stalled in the snow, but she had nothing to eat inside the car.

그녀의 차는 눈 때문에 오도 가도 못했으나 차 안에 먹을 것이 하나도 없었다.

stand 서다/서 있다/참다/일어서다/견디다

He always stood 2nd in his class. He didn't stand a chance of winning her who always ranks 1st. He could not stand her any more.

그는 반에서 늘 2등이었다. 항상 일등 하는 그녀를 이길 방도가 없었다. 그는 그녀를 더 이상 참을 수가 없었다.

stand a chance 가능성이 있다, 승산이 있다

We don't stand a chance of catching the flight because of a big car accident on the way to the airport.

큰 교통사고로 비행기를 탈 가능성이 없어 보인다.

stand for 나타내다/지지하다/입후보하다/참다/편들다

A dove stands for peace.　비둘기는 평화의 상징이다.

My friend's father stood for the assemblyman. We all stood for him.

친구 아버지가 국회의원에 입후보했다. 우리 모두는 그를 지지했다.

stand in for 의 대역을 하다 　유 act for, play the part for

She stands in for the president during his overseas trip.　사장이 해외 출장가면 그녀가 사장 역할을 한다.

stand on one's own (two) feet/legs　(비유) 자립하다
She finally got a job at a big company and could stand on her own foot.
마침내 큰 회사에 취직해 자립을 할 수 있었다.

stand out　눈에 잘 띄다, 두드러지다
She always stands out when dancing in the night club, as she is very tall.
그녀는 큰 키로 인해 나이트클럽에서 춤을 추면 항상 눈에 띈다.

stand to reason (that)　~은 당연하다, ~은 사리에 맞다
It stands to reason that the student with the highest score receives the scholarship.
가장 높은 점수를 받은 학생이 장학금을 받는 것은 당연하다.

standpoint　견지/관점
He is writing from the standpoint of someone who knows what life in prison is like.
그는 교도소 내의 생활이 어떠한지를 아는 사람의 견지에서 글을 씀.

standstill　정지/휴지/정체　　형 정지된
be at a standstill　정체되어 있다　　　　　　　　　come to a standstill　정체되다, 정지하다
standstill war/negotiation　정전/교착 상태에 빠진 교섭　　　　economic standstill　경제적 정체

staple　주요 산물/중요 식품
Rice is the staple of the Koreans.　　　　　　　　　　　　　　쌀은 한국인의 주식이다.

startle　깜작 놀라게 하다/ 소스라치다

starve　굶어 죽다/굶주리다/갈망하다
I am starving to death.　　She was starved for affection.
나는 배고파 죽겠다.　　　　그녀는 애정에 굶주려 있었다.

state　진술/공표하다　　명 statement　성명서
income statement; profit & loss statement 손익계산서
The company made/issued a statement that the contract was illegal.　그 계약이 위법이라는 성명을 했다.
The witness stated quite positively that he had seen her in the park.
그 증인은 공원에서 그녀를 목격했다고 단호하게 증언했다.

It is stated that　~이라고 한다, ~이라는 이야기다
It is stated that he eventually killed her to get married with other lady.
그는 결국 다른 여자와 결혼하기 위해 그녀를 죽였다고 한다.

statement of account　거래명세표
☞ 채권자와 채무자간의 거래를 나타내는 보고서

state-of-the-art 최신의/최첨단 기술을 사용한
↔ **stereo-typed** 판에 박은/진부한
a state-of-the-art system/equipment/technology 　최첨단 시스템/장비/기술
stereotyped phrases/language/pattern 　진부한 문구/상투적인 언어/틀에 박힌 무늬

state-run 국영의
state-run university/radio/media/industries/television network
　국립대학/국영 라디오/언론/업체들/국영방송국

static 정적인/정지된/공전의 ↔ **dynamic** 역동적인

statue 상/조각상/소상
They put up a statue to him after his death. 　그가 죽은 뒤 그의 상을 세웠다.

stature 명성/신장/사물의 높이
a man of ordinary/tall/middle/small stature 　보통 키의/키가 큰/중키의/키가 작은 사람

status 지위/신분/상태
the political and social status of women 　여성의 정치적 · 사회적 지위
It occurred to me that, because of your position and status in Korea, you may very well know some senior executives in LCD or related industry.
당신이 LCD나 관련 산업분야에 있는 적격자를 잘 아실 것으로 생각함.

statute 법령/법규
a private/public/general statute 　사법/공법/일반법

statutory 제정법에 따르는/법령의/제정법의
a statutory exception 　법으로 정한 예외

steadfast 확고부동한/견실한
The company has been steadfast to its strict quality control since its establishment in 2000.
그 회사는 2000년 설립 이래 엄격한 품질 관리 주의를 일관했다.

steady 확고한/안정된 　**동** 안정시키다 　**부 steadily** 꾸준히/견실하게
The company shows the steady growth since its establishment in 2001.
2001년 설립 후 지속적인 안정된 성장을 보여주고 있다.

I hope that our mutually beneficial business relationship will go steadily as ever before.
상호 호혜적인 관계가 예전과 다름없이 지속되기 바람.

steep 가파른/경사가 급한/부당한 　**동** 담그다/몰두하다
a steep tax/task/slope 　터무니없이 많은 세금/무척 힘든 일/가파른 언덕

He is steeped in climbing a steep mountain. 가파른 산을 오르는 것에 몰두해 있었다.

steer 조종하다/키를 잡다
This bike steers well, while that car steers badly. 이 오토바이는 조종이 잘되고, 저 차는 운전이 잘되지 않는다.

steering committee 운영위원회

stem 저지하다/막다
stem an attack 공격을 저지하다   stem the bleeding 지혈하다

stem from ~에서 생겨나다, 기인하다
The business plan stemmed from his two years' market survey.
그 사업 계획은 2년간의 시장 조사로 작성됨.

stenographer 속기사

step by step 한 걸음 한 걸음, 착실히
We proceeded the project step by step, and finally made it.
그 프로젝트를 착착 진행시켜 마침내 성공했다.

stepping-stone 디딤돌
I do hope that our new working relationship with your Embassy becomes a stepping- stone in expanding commercial relationships between our two nations.
귀 대사관과의 공조 체제로 양국 간 무역 증진에 디딤돌이 되기 바람.

sterile 살균한/불임의/불모의 ↔ fertile 비옥한
sterile bandage/soil/year/speech 무균 붕대/메마른 토양/흉년/내용 없는 연설

stern 엄격한/가혹한 ↔ mild 부드러운
a stern coach/answer/reality 엄격한 코치/매정스러운 대답/엄연한 현실

stick 찌르다   명 한번 찌르기/정지
I was on the way to the hospital, as a fishbone was stuck in my throat. But my car was stuck in heavy traffic.
목에 생선 가시가 걸려, 병원에 가고 있었으나 교통 체증으로 차가 움직이지 못했다.

Our plan stuck on the problem. I can't stick this kind of situation.
우리 계획은 그 문제로 벽에 부딪쳤다. 이런 상황은 참을 수가 없다.

stick/pole one's nose in ~남의 일에 관여하다
Never stick your nose in his business, and mind your own business.
그의 일에 관여하지 말고 너 일이나 잘해라.

stick to 고수하다, 버티다   유 adhere to, cling to
The company sticks to its original pricing policy regardless of market situation.
시장 상황에 관계없이 당초의 가격 정책을 고수했다.

sticking point 애로점/난제

This was one of the major sticking points in the negotiations.
이것은 그 협상에서 주요 난제들 가운데 하나였다.

stiff 뻣뻣한/딱딱한/단단한

a stiff collar/drink/gale/work 빳빳한 칼라/독한 술/강풍/힘 드는 일

stillness 고요/정적

stimulate 자극/격려하다 **명** stimulation
형/명 stimulant 흥분성의, 흥분제

The news of 200% bonus stimulated the workers to work harder.
200% 보너스 소식은 작업자들이 더 열심히 일하도록 만들었다.

Exercise stimulates the circulation of blood.   운동하면 혈액 순환이 좋아진다.

stipulate 규정/요구/명기하다 **명** stipulation

As you know, our contract of May 10, 2010 for 10,000 metric tons stipulated that the goods should reach the destination port within 30 days of the shipping date.
2010년 5월10일 10,000톤 관련 계약에 의하면 선적일 30일이내 목적지 항구에 도착되어야 한다고 명시 되어있다.

stir 휘젓다/움직이다/불러일으키다 **명** 휘젓기

She stirs sugar into her coffee too strongly, which undermines her image.
커피에 설탕을 넣고 너무 강하게 휘젓는데, 그것이 그녀의 이미지를 손상시킨다.

The president's sex harrassment of his secretary made/created/caused a great stir.
사장의 비서 성추행으로 큰 소동이 일어났다.

stock 주식/재고/축적/저장

The company realized a good profit on the sale of its stock of poly silicon right after the chicken game in solar energy market ended. The stock realized US$20 Mil.
태양광 시장의 치킨 게임이 끝나자마자, 그 회사는 폴리실리콘 재고를 처분하여 큰 이익을 남겼다. 그 재고로 2천만 불의 현금을 확보하였다.

stock market 주식 시장   securities market 유가 증권 시장

To make money on the stock market is not easy at all. Sometimes the stock market crashes, and sometimes the stock market is rigged.   주식 시장에서
돈을 버는 것은 결코 쉽지 않다. 어떤 때는 주식시장이 붕괴되고, 어떤 때는 인위적으로 증권 시세를 조작되기도 한다.

☞ 유가 증권이라 함은 주식(stock)과 채권(bond)을 합한 총칭이다. 금융계에 종사하는 미국인들은 My word is my bond. 라는 표현을 잘 사용하는데 약속을 지킨다는 뜻이다. 약속을 자주 어기면서 이런 말을 한다면
Your bond is junk bond. 라고 맞받아 칠 수도 있으나, 이정도 말이 나온다면 법정에서 만나야 되거나 보지 않을 관계가 된 상황인 경우이다.   (* junk bond: 이자는 높으나 휴지 조각이 될 가능성이 높은 채권)

stockist (특정 상품의) 보유자, 대량으로 들여놓는 업자

However, far from our expectations, he has informed us that he will try to secure another stockist for the inventory business.

하지만 우리 기대와 달리, 그로부터 재고 사업과 관련 당사 이외 또 다른 재고 판매점을 발굴하겠다는 통지를 받음.

stomach 위/배 　　　　　　　　　동 소화하다

I cannot stomach raw fish because of my sour stomach. I hope that my sour stomach does not develop into stomach cancer.　　　　　　속이 쓰려 회를 못 먹는다. 위암으로 발전하지는 않겠지.

have a good/no stomach for ~을 먹고(하고) 싶어 하다/하지 않다

I have no stomach for violent and sex movies.　　　　　　폭력/섹스 영화는 보고 싶지 않다.

storage 저장/저장소/창고

storm 폭풍 　　　　　　　　　동 폭풍이 불다/공격하다

a heavy rain/snow/storm 심한 폭풍/폭풍우/눈보라
Now is the calm before the storm.　　　　　　　　　지금은 폭풍 전의 고요다.

stout 튼튼한/활발한

stout fellows/refusal/attack 대담한 친구들/단호한 거절/격렬한 공격

straighten 곧게 하다/곧아지다

When I had my teeth straightened, I straighten my legs because of toothache.
치열을 교정할 때 이가 아파 다리를 쭉 폈다.

straighten out 잘못을 고치다/해결하다/바른 사람으로 만들다

The problem child is good at straightening out the math problems. And so no one tries to straighten him out
문제 아동은 수학 문제를 잘 푼다. 그를 바른 사람으로 만들려고 노력하는 사람은 아무도 없다.

strain 긴장 　　　　　　　동 잡아당기다/긴장시키다

The unexpected happening has started to strain relations between two nations.
예기치 못한 사태로 두 나라 사이의 관계를 긴장시키기 시작했다.

strategy 전략/전술/병법 　　형 **strategic** 전략적인 　　무 **strategically**

military/marketing/economic strategy　　　　　　군사 전략/마케팅 전략/경제 전략
strategic withdrawal/nuclear weapons/bombing/points　　　전략적 철수/핵무기/폭격/거점
He also assisted the company in marketing strategy and in upgrading office automation.
마케팅 및 회사 업무 자동화에 도움을 주었음.

The island is of strategic importance in order to defend the country.
그 섬은 국가 방어에 전략적으로 중요하다.

streamline 합리화 하다/능률적으로 하다   명 유선/유선형

The company has decided to downsize the organization and personnel in order to streamline the presently complicated business procedures.

업무를 능률적으로 하기 위해 현재의 복잡한 조직/인력을 축소하기로 결정했다.

In order to streamline operation, we have no option but to dismiss 10% of our staffs.

업무 축소를 위해 직원 10% 감축이 불가피하다.

strengthen 강화하다/증강시키다

Yesterday the pound strengthened against the dollar.

어제는 파운드화가 달러에 대해 강세를 보였다.

I hope to meet you again in the near future to strengthen/deepen/cement/solidify our friendship.   가까운 시일에 우리의 우정을 돈독히 하기 위해 다시 만나고 싶음.

strictly speaking 엄밀하게 말하면

stride 성큼성큼 걷다   명 활보/큰 걸음

make great/rapid strides 장족의 발전을 하다

He made great strides after learning English at the famous language institute.

그 유명한 어학 기관에서 영어를 배우기 시작한 후 장족의 발전을 했다.

strike 파업/공격하다, 치다, 취하다   명 타격/파업

Strike while the iron is hot.   쇠뿔도 단김에 빼라.

The factory has been closed for 10 days already because the workers are on strike.

노동자들이 파업 중이라 공장이 폐쇄된 지 이미 10일이 되었다.

strike a balance 타협하다, 중용을 취하다

If you want to secure a long-term business partner, always try to strike a balance in negotiations.

장기적인 사업 파트너를 원하면 협상에서 항상 타협하려고 노력해라.

strike home 급소를 찌르다, 정곡을 찌르다

The sales manager's explanation about the market situation and marketing strategy struck home at the meeting of board of directors.

이사회 회의 때 판매 과장의 시장 상황 설명과 마케팅 전략은 정곡을 찔렀다.

strip 벗기다/제거하다   명 스트립쇼

He stripped off the skin of a banana after he stripped off his clothes.

그는 옷을 벗고 바나나 껍질을 벗겼다.

strip A of B A에게서 B를 빼앗다

The burglar stripped her of her money on the street in the day.

대낮에 도로에서 강도가 그녀로부터 돈을 빼앗았다.

strive 노력/분투하다, 애쓰다
The company has always recognized the importance of a private business, and has constantly striven for the expansion of trade volume between two countries.
회사는 민간사업의 중요성을 늘 인지하고 양국의 교역량을 증대하고자 지속적으로 노력하였음.

strong suit 강점

structural flaw 구조적 결함/하자
He was taken by surprise when he was told that the building, where he was working at, had a severe structural flaw.
자신이 일하고 있는 건물에 심각한 구조상의 결함이 있다는 말을 듣고 깜짝 놀랐다.

struggle 고군분투하다　　　　　　　명 노력/ 버둥거리기
It was a struggle for her to make ends meet every month after her husband died.
남편 사별 후, 매달 수지를 맞추는 데 몹시 고생했다.

After the president was assassinated suddenly, there has been a violent struggle for power at the cabinet.　　　대통령이 갑자기 암살당한 후, 내각에 치열한 권력 다툼이 지속되고 있다.

To get a job at a big company is to enter into the world of struggling for existence.
대기업에 취직하는 것은 치열한 생존 경쟁의 세계로 뛰어 드는 것이다.

stub (영수증의)보관용 부본, (표 · 입장권의) 반쪽

stubborn 완고한/고집 센/완강한
(as) stubborn as a donkey/a mule 아주 고집 센　　　　　　　stubborn opposition 완강한 반대

stuff 재료/물건/물질　　　　　　　동 채우다
stuffing quantity 꽉 채운 수량　　　　　　　stuffed toy 봉제완구
What's the stuffing quantity of 2.8T mm solar glass per 20 feet container?
2.8 mm 두께 유리는 20 피트 컨테이너에 얼마나 실을 수 있나요?

know one's stuff; know everything 모든 것을 알다, 능수능란하다
Whenever there comes up a difficult question, he asked his mommy who is said to know her stuff.　　　　　　　어려운 문제가 나올 때 마다, 만사를 안다는 어머니에게 물었다.

stun 놀라게 하다, 기절시키다　　　　　　　명 놀라게 하기
The news stunned him so badly he could not talk.　　　　　　　그 뉴스에 놀라 말도 못했다.

stunt 방해하다/발육을 가로막다　　　　　　　명 발육의 정지/곡예(스턴트)
Lack of food stunts the growth of the children.　　　　　　　음식이 부족하면 성장이 저해된다.

stupid 어리석은/우둔한　　　　　　　명 멍청이
It was stupid of him to behave like that.　　　　　　　그렇게 행동하다니 바보였어.

sturdy 힘센/튼튼한

subcontractor 하도급(하청)업체/협력업체   유 **vendor**
• 요즘은 하청업체라는 말은 잘 사용하지 않고 납품업체/협력업체라고 한다.

subdue 정복하다/가라앉히다/진압하다
The government army subdued the rebels.   정부군이 반란군을 진압했다.

subject to ~을 조건으로, ~의 지배를 받는, ~에 좌우 되는
We would like to offer 10,000 SM of 2.8T solar glass at the price of FOB US$10/SM,
subject to our final confirmation.
2.8T 두께의 태양광 유리 1만 SM를 FOB 10불로 오퍼 드리며, 이 오퍼는 우리의 최종승인이 필요하다.

☞ subject to가 나오는 문장은 subject to 뒤에 있는 내용에 따라 전체 내용이 결정되는 바, 항상 주의하는 것이
   바람직하다. 위의 문장은 일단 1만 SM 를 10불로 offer하나 상대방이 구매를 희망할 경우, 자기들의 최종 승인이
   필요하다는 것이다. 즉, 본 오퍼를 받고 확실히 사겠다는 의사 표시를 전달하면 그 시점에서 공급업체서
   매도 여부를 결정하는 것이다. 시장 상황이 seller's market 일 경우 사용될 수 있다.

sublime 숭고한/탁월한   동 고상하게 하다/승화시키다
sublime   self-sacrifice/music/mountain scenery
숭고한 자기희생/고상한 음악/웅장한 산악 풍경

submissive 순종적인/굴복하는

submit 제출/복종하다, 복종시키다
We are very pleased to submit our proposal to your preeminent committee as the attachment.
귀 위원회에 우리의 제안을 첨부와 같이 제출 드립니다.

subordinate 하위의   명 부하   동 종속시키다, 하위로 두다
subordinate A to B A를 B 밑에 두다, B를 A보다 중시하다
The young people tend to subordinate his company work to his personal affairs.
젊은이들은 회사 일보다는 개인적인 일을 우선시 하는 경향이 있다.

sub-organization 하위조직/하부조직

subsequent to, subsequently ~다음에(뒤에)
There has been remarkable progress between working-level members, subsequent to our
meeting of last month.   지난달 우리 회의 뒤에 실무진 사이에 많은 일들이 진행되고 있다.

subside 가라앉다/침묵하다/진정되다   명 **subsidence** 침하/잠잠해짐
Weak foundations caused the house to subside. The president of the construction company
waited nervously for the house owner's anger to subside.
기초가 약해서 집이 내려앉았다. 사장은 집주인의 화가 가라앉기를 초조하게 기다렸다.

subsidiary 자회사　　　　형 보조의/종속적인
subsidiary income/issue/company/facilities　부수입/부차적인 문제/자회사/부대시설

subsidy 보조금/기부금/장려금　　　동 **subsidize** 원조/후원하다
The solar energy project is heavily subsidized by the government.
그 태양광 에너지 프로젝트는 거액의 국고 보조금을 받고 있다.

Because of the government's reducing subsidy to the end users of PV module, the solar energy market started to collapse down.
정부의 태양광 패널 사용자들에 대한 보조금 축소로 인해 태양광 시장이 붕괴되기 시작했다.

substantial 상당한/중요한/실질적인
substantial salary/victory/improvement　상당한 임금/사실상의 승리/상당한 개선

substantiate 성립시키다/구체화하다/입증하다　　명 **substantiation**
Refund is not substantiated without receipt.　영수증 없이는 반환 불가.

substitute 대신/대용하다　　명 대리인/대용품
substitute A for B　B 대신에 A를 사용하다
We substitute margarine for butter. We use margarine as a substitute for butter.
버터 대신 마가린을 쓰다
There's no substitute for parents.　　부모를 대신할 사람은 없다.

subtle 미묘한/민감한/교묘한
a subtle difference/nuance/smile　미묘한 차이/뉘앙스/야릇한 미소

succinct 간결한/간명한　　유 **briefly and to the point**
Try to make a succinct report always, which is very important to your promotion. And when your seniors raise some questions, try to answer them briefly and to the point.
항상 간결한 보고서를 작성하도록 노력해라. 보고서를 잘 작성하면 승진에 큰 도움이 된다. 그리고 상급자가 질문하면 간단명료하게 답하려고 노력해라.

succumb 굴복하다/죽다/양보하다
The company succumbed in the price competition, and started to financially stagger.
가격경쟁에서 져서 재무적으로 휘청거리기 시작했다.

suck 빨기/흡인　　동 빨다
After operation, he could only suck juice through a straw.　수술 후 오로지 스트로로 주스를 빨아 먹을 수 있었다.

sudden advance 비약적 발전　　유 **breakthrough**

sue 고소/구혼하다, 소송을 제기하다
They sued the company for negligence.　　그들은 그 회사를 과실로 고소했다.

suffer 겪다/고통을 받다/앓다/생하다   몡 **suffering** 고통

The poor child suffers from asthma. But his mother had no money to take care of him. She suffered all her life from anxiety about money.
가엾게도 그 애는 천식을 앓고 있다. 그의 어머니는 돈이 없어 아들을 돌보지 못했다. 평생 돈 때문에 걱정 떠날 날이 없었다.

We apologize for the inconvenience you have suffered from the claimed steel measuring tapes.
강철 측정 테잎 클레임으로 인해 귀사가 겪은 불편에 대해 사과의 말씀을 드림.

suffice 충분하다/말해두다

sufficient 충분한 ↔ **insufficient/deficient** 불충분한/부족한

Another example will suffice (for its explanation). This will suffice you.
하나 더 예를 들면 (그 설명으로) 족할 것이다. 이것으로 만족하실 것입니다.

I told him 20 gallons of gas would suffice to get to our destination.
나는 그에게 휘발유 20갤런이면 목적지까지 가는 데 충분할 것이라고 말했다.

Ten dollars a day would suffice your pocket money.   하루에 10달러면 충분한 용돈이 될 것이다.
There is sufficient food for ten persons. There is food sufficient for ten persons.
10명이 먹을 충분할 음식이 있다.

These clues will be sufficient to identify who is the murderer among seven suspects.
이만한 단서가 있으면 용의자 7명중 누가 살인범인지를 충분히 규명할 수 있다.

suggest 제안/시사/제시/암시/제의하다   몡 **suggestion**

make/offer a suggestion 제안하다   full of suggestions 암시가 많은/여러 가지로 생각하게 하는
He made the suggestion that the students should hold a farewell party for their teacher.
선생님 환송회 할 것을 제안했다.

We will open the second L/C if you can help us to immediately resolve the quality problem. We strongly suggest the following actions to resolve this difficulty.
귀사가 품질 문제를 즉시 해결하도록 돕겠다면 2번째 L/C를 개설할 것임. 본 품질 문제 해결을 위해 다음과 같이 제안드림.

suicide 자살하다   몡 자살

suicide bombing/attempted suicide/suicide rate among young people/commit suicide
자폭 테러/자살 미수자/젊은이의 자살률/자살하다

suitable for ~에 적합한   유 **fit/appropriate/suited**

Unfortunately, we don't know what kind of a leader is suitable for our nation and the community.
안타깝게도, 우리는 우리나라와 지역사회를 위해서 어떤 리더가 적합한지 모르고 있다.

summarize 요약하다/간략하게 말하다/간추려 말하다   몡 **summary**

He summarized the two days' lengthy discussion into one page so that his boss does not waste time in reading a report. His summary was succinct.
그는 보스가 보고서를 읽는데 시간 낭비를 하지 않도록 이틀간의 지겨운 상담을 한 페이지로 요약했다. 그가 요약한 내용은 간단명료했다.

sunbathe 일광욕 하다

There is a very famous nude beach island in Greece where many men and women sunbathe themselves naked. The island is near to Turkey, although it belongs to Greece.

그리스에는 아주 유명한 누드 해변이 있는 섬이 있으며, 그 곳에서 누드로 일광욕을 하는 남녀가 많다. 그 섬은 그리스 령이지만 터키에 가까운 곳에 위치해있다.

sundries 잡화

The sundries including casual apparel also enjoyed strong sales this summer.

이번 여름에는 캐주얼 의류를 포함한 잡화들의 매출이 강세를 보였다.

superb 일류의/최상급의/훌륭한

superior 뛰어난/우수한/상관 ↔ inferior 하위의/열등한

superior officer/judge/products 상관/상급 법원의 판사/우량 제품

His car is much superior to ours, while his house is inferior to ours.

그의 차는 우리 차보다 훨씬 낫다. 반면 집은 우리 집보다 못하다.

I am your inferior in ability. I am inferior to you in ability.   능력에 있어서는 너만 못하다.

supersede 대신/대체하다, 대신 들어앉다

Wood-burning stoves were superseded by electric stoves. Electric stoves superseded wood-burning stoves.   장작 난로는 전기난로로 대체되었다.

He superseded me as manager.   그는 내 대신 지배인으로 취임했다.

superstition 미신/미신적 습관/맹신   형 superstitious

supply 공급/보급품   동 공급하다 ↔ demand 요구/수요   동 요청하다

You frequently neglected to include the various parts required for installation of the system when you ship the system, and therefore had to supply those missing parts separately either to us or to the customers, which caused problems with customs clearance here.

귀사가 시스템 선적 시 시스템 설치에 필요한 여러 부품들을 넣는 것을 무시했으므로 통관에 문제가 발생하였기에 당사 혹은 거래처에게 별도로 빠진 부품들을 공급해야 한다.

suppose 예정이다, 가정/추정/생각하다

It is supposed that he is rich. I suppose that his investment of US$1 million will be all right. I am supposed to pay a visit to him at ten.

그는 부자라고 간주된다. 1백만 불 투자는 괜찮을 것으로 생각한다. 10시에 방문하기로 되어 있다.

I just supposed (that) you weren't feeling well. I don't suppose that he will come. We supposed him (to be) ill.

당신이 기분이 좋지 않다고 생각했습니다. 그가 오지 않으리라 생각 합니다. 우리는 그가 아픈 것으로 생각했다.

suppress 억누르다/억제하다   명 suppression

suppression of dissent/facts/desire 반대 의견의 탄압/사실의 은폐/욕망의 억제

surcharge 추가 요금/부가금　　**동** 추가비용을 치르다/충전하다
She was surcharged on/for the extra baggage. Her heart was surcharged with grief.
그는 추가 화물분의 대금을 추징 받았다. 그녀의 마음은 슬픔으로 미어지는 듯했다.

surface 표면/수면　　**형** 표면의　　**동** 편평하게 고르다
If the surface problem with imported PB(particle board) is not solved immediately, the long-term business prospect is not so bright
표면 문제를 해결하지 않으면 수입산 합판의 장기적인 전망은 밝지 않음.

surge 쇄도/큰 파도/격동　　**동** 쇄도하다
The government's stimulating the economy generated a surge of interest in the stock market. Trading volume surged in the stock market.
정부의 경제 부양이 주식시장에 대한 관심을 갑자기 급격히 고조시켰다. 주식 시장에 거래량이 갑자기 늘었다.

surgical instrument 수술 도구

surmount 극복하다/오르다/넘다　　**유** overcome/conquer/defeat/mount
He surmounted incredible difficulties and finally developed an innovative technology.
믿지 못할 만큼의 곤란을 극복하고 혁신적인 기술을 개발했다.

surmountable 극복할 수 있는/이겨낼 수 있는 ↔ **insurmountable**
Without you and your staff, I would have faced many insurmountable language and cultural obstacles.
당신과 당신 직원들의 도움이 없었으면 언어와 문화적인 장벽이 엄청 컸을 것임.

surpass 초과하다/넘어서다
No one can surpass him in English grammar and composition.
영어 문법과 작문에서 그를 능가하는 사람은 없다.

surrender 항복　　**동** 넘겨주다/항복하다
surrender oneself 투항하다　　　　　　　　　unconditional surrender 무조건 항복
She surrendered herself to his embrace. She missed him so badly.
그녀는 그의 포옹에 몸을 맡겼다. 그를 무척이나 그리워했다.

surround 에워싸다/둘러싸다/포위하다　　**유** encircle/environ
He was surrounded by the crowd on the street whenever he went canvassing/campaigning.
그는 선거 유세를 할 때 마다 거리의 군중에 둘러싸여 있었다.

I want to thank you again for your help in resolving pending problems surrounding OLED transactions and for the delightful lunch.
다시 한 번 OLED 미해결 문제 해결에 도움주신 점과 점심에 감사드림.

surrounding 환경　　**형** 주위의/주변의

surveillance 감시/감사/감독
keep~ under surveillance   ~을 감시하다

survival of the fittest 적자생존

survive 살아남다/오래 살다/극복하다
He survived the operation. He survived his children.
그는 수술을 해서 살아났다. 그는 자식들보다 오래 살았다.
You cannot survive in fashion business unless you keep abreast of trends.
트렌드를 따라가지 못하면 패션 사업에서 살아남을 수 없다.

susceptible 영향을 받기 쉬운, 민감한, 감염되기 쉬운
be susceptible to illness   병에 걸리기 쉽다   a susceptible young man   다감한 청년
He is very susceptible to the weather.   그는 날씨에 민감하다.
He is highly susceptible to flights of fancy.   지극히 공상에 잘 사로잡힌다.

suspect 의심하다/알아채다   **명** 용의자
Second, we would like you to go to the factory to verify the claim. We have checked the tank lorry and shipping
container, but have not come up with any suspected cause of the reported blocked tank valves and pipes.
둘째, 귀사가 바이어의 공장을 방문, 클레임 사안을 확인하기 바람. 탱크로리와 컨테이너를 조사해보았으나, 보고된 바와
같이 탱크밸브와 파이프가 막히는 원인이 될 수 있다고는 판단되지 않았음.
usual suspect   유력한 용의자, 사건만 발생하면 항상 의심받는 용의자
It's so sad that the police regards him as a usual suspect for more than 10 years.
10년이 넘도록 그를 유력한 용의자로 간주하는 것은 슬픈 일이다.

suspend 연기하다/매달다/중지하다   **명** **suspension**
The teacher who crashed the lamp, which suspends from the ceiling, was temporarily suspended.
천장에 달려 있는 램프를 부순 선생은 일시 정직되었다.
Both countries have suspended their decisions to stop diplomatic relations.
두 나라는 외교 관계를 단절하는 결정을 유보했다.
You are a DUI case, so your license is suspended as of now
당신은 음주 운전 케이스입니다. 따라서 지금 이 시간부터 운전면허 정지입니다.
• D.U.I.(driving under the influence): 음주 운전

suspicious 수상한/의심하는/의심을 일으키는   **명** **suspicion**
suspicious circumstances/characters   미심쩍은 상황/인물들

keep a suspicious eye on   ~에서 의심의 눈길을 떼지 않다
She kept a suspicious eye on him.   그녀는 의심스러운 눈초리로 그를 주시했다.

sustain 떠받치다/유지하다/견디다   **형** **sustainable** 지탱/유지할 수 있는
This shelf can't sustain the weight of the books.   이 선반은 책의 무게를 지탱할 수 없다.
Life is sustained by food and water.   생명은 음식과 수분으로 유지된다.

swarm 떼/군중/벌 떼　　　　**동** 떼 지어 움직이다

There are a swarm of mosquitoes flying over the street in the night, while cars swarm along this street in the morning rush hours.
밤에는 모기떼가 거리 위를 날아다니고, 아침의 러시아워에는 그 거리에 자동차가 꼬리를 잇는다.

sway 흔들리다/흔들다　　　　**명** 동요

The airplane swayed slightly to the left.　　　　　　　비행기가 왼쪽으로 약간 기울었다.
She was swaying about between several viewpoints about the present problem.
그녀는 현 문제에 대한 몇 가지 서로 다른 견해 중에서 마음을 정하지 못하고 있었다.

He swayed his son away from entering college because he lost all the money.
그는 모든 재산을 다 날려 아들이 대학 진학을 못 하게 했다.

swear 욕설/저주　　　　**동** 맹세/욕설하다

swear word　욕/욕설　　　　　　　I swear (that) it's the truth.　맹세코 정말이다.

swell 부풀다/팽창하다　　　　**명** 팽창

Some years ago, the government was in agony how to cope with a rapidly swelling population.
수년전 정부는 급증하는 인구 문제를 어떻게 대처할까 고민했다.

swift 빠른/신속한/재빨리

a swift speed/boat/response　쾌속/쾌속선/즉답
He made a swift appearance at the meeting.　　　　　　　그는 회의에 잠깐 얼굴을 내밀었다.

swift code 은행인식 코드

☞ 은행인식코드(Bank Identifier Code)를 말한다. 자동화 처리를 목적으로 금융기관을 코드화하여 SWIFT라는 표준화기구에서 금융기관 앞에 부여한 고유번호이다. 즉 해외 송금을 위해서는 외국의 지급은행명을 알아야 하는데 그 지급은행을 코드화시킨 것이 BIC이다. 우편번호라고 생각하면 된다. 편지 보낼 때 우편번호를 적으면 빨리 전달되듯이, 송금할 때는 swift code를 적으면 빠르다.

swim 헤엄치다, 현기증이 나다

swim the sidestroke/backstroke/breaststroke　　　　　　　횡영/배영/평영을 하다
swim to the bottom; swim like a stone; swim like a tailor's goose　가라앉다, 전혀 헤엄칠 줄 모르다, 맥주병이다
swim against/with the stream/current/tide　　　흐름을 거슬러/타고 헤엄치다, 시류에 역행하다/따르다
The thin atmosphere made my head swim.　　　　　　　공기가 희박해서 머리가 어질어질했다.

swim in the money; have enough money to burn　돈이 엄청 많다

The company has just got the patent on the new material. It is expected to swim in the money within years.　　　　　신 물질에 대한 특허를 방금 취득했다. 수년 내 돈 방석에 올라앉을 것이다.

swimsuit 수영복

symbol 상징/기호/표상   형 **symbolic**   부 **symbolically**
a symbol of wealth/sexual energy   부의 상징/정력의 상징
I would like to convey my thanks to you again for your symbol of friendship.
다시 한 번 우정 어린 선물 감사드림.

be symbolic of ~을 상징하다
A lily is symbolic of purity.   백합은 순결을 상징한다.

symmetry 균형/대칭/조화 ↔ **asymmetry** 불균형/비대칭
with/without symmetry   균형이 잡혀서/잡혀지지 않아서

sympathize 동정/동감/일치하다
He sympathized with the girl in her grief. I can sympathize with his being angry.
그는 그 소녀의 슬픔에 동정했다. 그가 화내고 있는 기분 앎.

sympathy 동정/연민/공감   형 **sympathetic** 동정적인/공감하는/연민의
feel/have a deep sympathy for the poor   가난한 사람들에게 깊이 동정하다
You have all my sympathies. All my sympathies are with you.   참 안됐습니다.
be in sympathy with   ~에 찬성이다, ~에 공감하다 ↔ be out of sympathy with
He has no sympathy with the party.   그 정당에 조금도 호의를 갖고 있지 않다.

symptom 징후/징조
symptoms of social fragmentation/unrest   사회 붕괴/불안의 조짐
allergic/cold/subjective/objective symptoms   알레르기/감기/자각/타각적 증상
symptoms of malaria 말라리아의 여러 증상   withdrawal symptoms 금단 증상

synthesis 종합/통합/합성 형 **synthetic** 합성의/종합의/인조의
부 **synthetically**   동 **synthesize**
synthetic resin/rubber/detergent   합성수지/합성고무/합성세제
a synthetic smile 어색한 웃음   a synthetic sentence 종합 문장

systems analysis/conversion 시스템 분석/변환

T/T(Telegraphic Transfer) 전신환

☞ 전신환송금으로 수입대금의 지급을 은행을 통해 전신 또는 텔렉스를 이용하여 송금하는 방식을 말한다. 계좌로 송금을 받을 수 있기 때문에 매우 편리하고 간편한 방법이다. 최근에는 업체 간 믿음과 신뢰가 높아지고 장기공급의 수출 비중이 높아지면서 신용장(L/C) 방식이 줄고 송금방식(T/T)이 확대되고 있는 추세다.

table of contents 목차
Check the (table of) contents before you buy a book.　　　　책을 사기 전에 목차를 봐라.

tablecloth 식탁보

tablet 정제
take two tablets after each meal　　　　식후마다 약을 두 알씩 먹다

taboo 금기/터부　　형 금제의/금기의　　동 금제/금기하다
Incest is generally taboo among humans. It's not human at all to taboo a person socially.
근친상간은 인간 사회에서는 일반적으로 금지되어 있다. 사회적으로 남을 따돌리는 것은 전혀 인간적이 아니다.

taciturn 말없는/과묵한/말수가 적은　　유 tacit/reticent
a taciturn consent/understanding/ approval　　무언의 동의/묵계/묵인

tackle 태클/낚시 도구　　동 (일 · 문제 따위에) 달려들다/달라붙다
The government is tackling the environmental problems seriously. Be sure to tackle them on the subject next time.
정부는 환경문제에 진지하게 몰두해 있다. 다음에는 꼭 그 문제에 대해서 그들과 철저히 맞붙어 봐.

tag 꼬리표/딱지/터치아웃 시키기　　동 표를 붙이다/따라 다니다
a price tag 정가표/가격표　　　　　　　　a baggage claim tag/check 수화물 보관표
She was tagged for driving without a licence.
무면허 운전으로 딱지를 교부받음.

My suitcase is tagged with my flight number.
서류 가방에는 비행기의 번호표가 붙어 있다.

tailor A to B A를 B에 맞추다, 적응시키다
The new member in general tailors his working style to that of his manager.
신입 사원은 일하는 스타일을 과장이 일하는 스타일을 따라간다.

take A for B A를 B로 착각하다　　유 mistake A for B
I took the manager for the president of the company.　　과장을 회사 사장으로 착각했다.

take a break/leave 잠시 쉬다/휴가가다
My manager took a leave suddenly from yesterday with several matters pending, and I am so busy as acting manager.

과장이 여러 현안을 두고 갑자기 휴가를 가게 되어 과장을 대신하게 되어 매우 바쁘다.
cf) sick/maternity leave 병가/출산휴가

take after 닮다, 재빨리 좇아오다/가다
Your daughter doesn't take after you at all. I was afraid that, if I started running, the man would take after me.
딸은 당신을 전혀 안 닮았어요. 나는 내가 달리기 시작하면 그 남자가 재빨리 쫓아올까 봐 두려웠다.

take A to B A를 B로 데려가다
Please take her to the airport.　　　　　　　　　　　　　　　그녀를 비행장에 데려주세요.

take by surprise 깜짝 놀라게 하다, 충격적으로 다가오다
His frankness took her by surprise.　　　　　　　　　　　그의 솔직함은 그녀에게 약간 충격적이었다.

take it for granted that ~를 당연한 것으로 여기다
I take it for granted that he will come.　　　　　　　　　나는 그가 당연히 올 것이라 생각한다.

take legal procedures 법적 조치를 취하다

take one's time 시간을 보내다
Thanks for taking your time to meet us.　　　　　　　　　　시간을 내주어서 감사.

take the initiative 솔선하다/선수 치다
It was up to the US to take the initiative in repairing relations.
관계 개선의 주도권은 미국이 쥐고 있었다.

take the liberty of ~ing 실례를 무릅쓰고 ~하다
I've taken the liberty of enclosing more detailed information about that seminar.
귀하의 허락도 없이 그 세미나에 관한 상세 자료를 동봉한 점 양해해 주십시오.

tame 길들이다　　　　　　　　　형 유순한/길들여진
a tame cat/speech 집고양이/지루한 이야기
He is too tame for his wife. A wild bird can never really be tamed.
그는 아내에게 꼼짝 못 한다. 들새를 길들인다는 것은 실제로는 불가능하다.

tangible 유형의/만져서 알 수 있는/명백한 ↔ intangible
tangible assets 유형 자산(현금 · 상품 등)　　　　intangible assets 무형 자산(특허권 · 영업권 등)
an intangible cultural treasure 무형 문화재
The discussions of the 6th Joint Meeting in Seoul are beginning to produce tangible results.
금번 6차 회의의 논의로 구체적인 결실을 맺으려 하고 있음.

tangle 얽히게 하다/엉키다   명 혼란/엉킴

We tangled with our boss over the new contract. His financial affairs are in a tangle.
새 계약건으로 상사와 다툼. 그의 경제 상태는 몹시 궁색하다.

tariff 관세/관세표/운임표

eliminate import tariffs   수입 관세를 철폐하다
raise/lower the tariff on cars   차의 관세를 올리다/내리다

tarnish 흐리게 하다/변색시키다/더럽히다

He hopes to improve his company's somewhat tarnished image.
그는 자기 회사의 어느 정도 손상된 이미지를 개선하기를 희망한다.

Reflecting upon our discussion, I feel more strongly than ever before that our company name
must not be tarnished by your competition with our other agent.
지난번 상담 내용을 회상해보니, 그 어느 때 보다도 귀사가 당사의 타 대리점과의 경쟁으로 인해 당사의 명성이
훼손되어서는 안 된다는 생각이 강하게 왔음.

tax break 세액공제

tax return (납세를 위한) 소득 신고

tear 찢다/째지다

tear the envelope open 봉투를 찢어 열다   tear the page out 페이지를 뜯어내다
tear apart ~을 산산이 흩뜨리다, 부수다, 분열시키다, 비방하다
The power game among top management has torn apart the whole company.
최고 경영진의 권력 다툼으로 회사 전체가 분열되었다.

technique 기법/기술/기교   technology 기술/과학 기술/공학

modern management techniques   the techniques of film-making
현대 경영 기법   영화제작 기술

☞ 사전에서 Technique, technology의 의미를 찾으면 모두 기술이다. 하지만, 이 단어들은 약간 차이가 있다.
　 Technique는 손재주 같은 직접적인 의미로 사용되며, technology는 무형의 의미, 개념적인 뜻으로 사용된다.

He is a kind of expert who has good technique for fixing cars.   자동차 수리 기술이 좋다.
He is a kind of expert who has inspiration for biotechnology.   생명공학에 영감이 있다.

technology transfer 기술이전

The business of technology transfer is very lucrative/profitable.
기술 이전 사업은 수익성이 매우 좋다.

technology collaboration/cooperation 기술협력

technology-oriented 기술 지향적인 ☞ **past-oriented**

The government's economic team should go all out to enhance technology-oriented industry to keep abreast with the worldwide trend. Nonetheless, we should not ignore labor-oriented industry for the creation of jobs.

정부의 경제팀은 세계적인 추세에 뒤떨어지지 않기 위해 기술적인 산업 고양에 전력을 다 하여야 한다. 그럼에도 불구하고 고용창출을 위해서는 노동집약적인 산업을 무시해서는 안 된다.

tedious 지루한

teenage 13세부터 19세까지의

Many teenage girls admire them and try to look like them.

많은 십대 소녀들은 그들을 동경하기 때문에 그들처럼 보이려고 한다.

temp 임시 직원

temperament 기질/성질/체질

a nervous/a volatile temperament 신경질적인/변덕스러운 성질

temperance 절제/자제/금주

temperance in all things 모든 일에 대한 자제, 만사 중용

a temperance hotel 주류를 내놓지 않는 호텔

temperature 온도/기온/체온

body/high/low/room temperature 체온/고온/저온/실온

tempo 템포/속도/박자

pick up the tempo 활기를 띠다/기운이 나다

temporary 임시의/일시적인/한때의

temporary pleasures/hospital 순간의 즐거움/가설 병원

tempt 유혹하다/부추기다/끌다 圐 **temptation** 유혹/충동

He tempted her out for the afternoon. Nothing would tempt him to leave her.

그는 그날 오후에 그녀를 꾀어냈다. 무슨 일이 있어도 헤어질 생각은 없다.

tend to (~ 하는) 경향이 있다

On the other hand, women tend to be more peaceful and considerate than men.

반면에 여성들은 남성들보다 온화하고 배려심이 깊은 경향이 있다.

tendency 경향/추세/성향

He has a tendency to belittle others' problems whether small or big.

문제가 작든 크든 남의 문제를 경시하는 버릇이 있다.

tender 부드러운/연한
tender meat/skin/stomach 부드러운 고기/약한 피부/위

tense 긴장한/팽팽한 **명** 시제
a tense wire/situation 팽팽하게 친 철사/긴박한 상황
I was so tense the night before my exams that I couldn't sleep.
나는 시험 전날 밤 몹시 긴장하여 한숨도 못 잤다.

tension 긴장/긴박/팽팽함
lessen/reduce international tension 국제간의 긴장을 완화하다 surface tension 표면 장력
In addition, our sizing machines offered are equipped with high quality automatic tension control device.
게다가 당사의 기계는 자동장력기가 설치되어 있어 실의 장력도 자동 제어 가능하다.

tentative 임시의/시험적인 **명** 가설
tentative agreement/plan 일시적 합의/잠정 계획
If you are interested in our proposal, we have reached tentative agreement on shared objectives. And then I would like your engineers to visit our plants.
귀사가 우리의 제안에 관심이 있다면 양사가 공유한 목표에 잠정적으로 합의한 것인 바, 귀사 엔지니어가 우리 공장을 방문하기를 원함.

tenure 보유/종신 재직권/보유 기간
I would like to express my deep and cordial thanks to you for the support and cooperation that you have extended to me during my tenure at KFS Corp.
사장 재직 시 보여주신 도움 및 협조에 깊은 감사.

terminate 끝나다/끝내다/종결시키다 **명** termination 종료/종결
명/형 terminal 터미널/종점, 말기의
Notice of revision or termination of the agreement should be made at least three months before the end of the relevant one-year period.
계약 개정/해지는 일 년 단위 계약 만료 3개월 전까지 통보하는 것으로 함.

terms 계약의 조건
in terms of ~면에서, ~ 에 관하여
In terms of our available products, I assure you of our full commitment and responsiveness to your needs and your ultimate satisfaction.
당사에서 공급 가능 품목은 귀하의 요구 사항을 신속히 충족시켜 귀사에 만족을 줄 것임을 확언드림.
The job is great in terms of salary, but it has its own disadvantages.
그 직장이 급여 면에서는 아주 좋지만 그 나름의 단점들도 있다.
I had no idea that you and he were on such intimate terms. 당신이 그와 그렇게 친밀한 사이인 줄 몰랐어요.

terribly 무섭게/몹시/무시무시하게   **형 terrible ↔ terrific**
I'm terribly sorry. It's terribly hot, isn't it?   정말 미안 합니다. 정말 덥군요.

terrific 훌륭한/굉장한/무서운   **유 gorgeous, far out**
You did your job very well. It's terrific!   일을 아주 잘했어요. 훌룡해요!

territory 영토/지역/영지
Territory shall mean the Republic of Korea.   영역은 한국을 의미함.

testimonial 추천장/증명서/감사장
I applied for the position by submitting my detailed career and testimonials.
나는 상세한 경력과 추천장을 제출함으로써 그 자리에 지원했다.

Tantandero Business English book is filled with testimonials from all over the country.
탄탄대로 비즈니스 영어책은 전국각지로부터 온 추천사로 가득 찼다.

testimony 증언/증명/증거
She was accused of false testimony.   그녀는 위증으로 기소 당했다.

texture 결/직물/천
rough/close texture 짜임새가 성긴/촘촘한 천   texture of the road surface 노면의 상태

than ever before 그 어느 때 보다도
I am confident that the businessmen of our two countries endeavor in the years ahead to establish more business contacts than ever before.
양국의 사업가들이 과거 어느 때보다 보다 빈번한 접촉을 갖기 위해 노력할 것임.

the apple of one's eye 눈에 넣어도 안 아픈, 가장 마음에 드는
His new car is the apple of his eye.   그의 새 차는 그가 애지중지하는 것이다.

the question is ~ 문제(요점)는 ~ 이다
The question is how to get there, as it is snowing heavily now.
지금 눈이 엄청 내리고 있는데 그곳에 어떻게 가느냐다.

The question is that we can't secure rare-earth metals easily.
문제는 희토(稀土) 금속 확보가 쉽지 않다는 것이다.

the result is that 결과는 ~ 이다
The result is that small shopkeepers are being forced out of business.
그 결과는 소매상들이 폐업을 당하고 있다는 것이다.

theology 신학/신학 이론/종교 심리학

therapy 치료/요법/치료 요법   **형 therapeutic** 치료상의/치료의

there is no question/doubt ~할 가능성은 없다, 의심할 여지가 없다
There is no doubt that he is guilty. 그가 유죄라는 것은 의심의 여지가 없다.
There is no question that our device is more powerful than any of the other devices on the market. 우리 장치가 시장에 나와 있는 어떤 장치보다 더 강력한 장치라는 것에 의심할 여지가 없다.

thoroughly 완전히/철저히/완벽하게
clean a room thoroughly 방을 철저히 청소하다 test thoroughly 철저히 검사하다

thoughtful 사려 깊은/생각이 깊은/생각에 잠긴 [부] **thoughtfully**
He was very thoughtful of/about my safety when I return home in the night. It was thoughtful of him to let the company car take the office lady home after working far into the night.
밤에 귀가할 때 나의 안전에 몹시 신경을 써주었다. 밤늦게까지 일한 후 회사 차로 집에 데려다 주게 한 것은
그가 아주 사려 깊은 것이다.

threat 위협/협박/조짐 [동] **threaten** [형] **threatening**
a threat to freedom/management 자유를 위협하는 것/경영을 위태롭게 하는 것

I was threatened into doing something I knew was wrong.
나는 나쁜 일인 줄 알면서도 협박에 못 이겨 해 버렸다.

Bankruptcy threatens the company. The company is threatened with bankruptcy.
회사는 파산의 위기에 직면하고 있다.

The sky is threatening to snow. The weather looks threatening. There is a threat of rain.
하늘은 곧 눈이 올 조짐을 보인다. 날씨가 사나워질 모양이다. 한바탕 비가 쏟아질 것 같다.

thrift 절약/검소/검약
exercise/practice thrift 절약하다

thrill 전율/스릴 [동] 오싹하게 하다 [형] **thrilling** 소름끼치는
Watching professional basketball games thrills the audience. His voice thrilled with emotion.
프로 농구 경기 관람은 관중들을 열광시킨다. 그의 목소리는 감동으로 떨렸다.

thrive 번성/번영/성공하다
The town thrives primarily on tourism. 도시는 주로 관광으로 번창하고 있다.

throb 고동치다/두근거리다 [명] 맥박

throne 왕좌/왕위/왕권
mount/come to/ascend/take the throne 즉위하다

throng 군중/다수 [동] 떼 지어 모이다
a throng of people/questions 사람들의 무리/많은 질문
The streets were thronged with traffic and crowds. 거리는 사람과 차의 왕래로 북적거렸다.

through thick and thin   고난을 무릅쓰고/물불 가리지 않고/시종일관하게
We will back you up through thick and thin.
무슨 일이 있더라도 너를 도울 것이다.

They were very loyal to their company through thick and thin. They rejected other company's
job offer with much higher salary.
회사에 매우 충성스러웠다. 타 업체가 높은 급여를 제시해도 이직을 거절했다.

through fare   (건축) 복도
a through fare/ticket   직행 운임/표

thrust   추력/추진력   동 밀어 넣다/뻗다

thunder   천둥/우레   동 우레가 울리다   유 **thunderstorm**   심한 뇌우
thunder and lightning   천둥과 번개
It is thundering. I am so scared.   천둥이 친다. 아주 무섭다.

tide   조수/조류/풍조   동 조류를 타고 흐르다
The tide is in.   지금 만조 이다.   The tide is out.   지금 간조 이다.

tide over   극복하다, 이겨내게 하다   유 **overcome**
This money will allow him to tide over the emergency. This money will tide him over the emergency.
이 돈으로 그는 위급 사태를 극복할 수 있을 것이다.

tie-up   제휴/협력/일시적 정지
The manager of the Development Section of the company is planning a business trip to USA in
early October, for the purpose of studying the potential for a technical assistance tie-up with your
company.
그 회사의 개발 과장이 귀사와의 기술적인 협력 가능성을 위해 10월초 미국 출장 예정임.

timber   재목/목재/ 소질   유 **lumber**

time-consuming   시간이 많이 소요되는
a difficult and time-consuming work   힘들고 시간이 걸리는 작업

time-off   휴식시간

timid   겁 많은/암띤

tiny   조그마한/아주 작은/작은
Cells are too tiny to see with the naked eye. We need a microscope to see them.
세포는 너무 미세해서 육안으로 볼 수 없고 그것을 보려면 현미경이 필요.

tireless 지칠 줄 모르는/불요불굴의   유 **indefatigable**

I would like to extend our unbounded appreciation to them their tireless efforts in making this project a reality.
본 프로젝트 성사를 위해 끊임없는 노력을 해주신데 대해 무한한 감사를 드림.

title 표제/제목/직함/권리

He has no title to anticipate our support any more, as he quit the company last month, thereby having lost the title of executive director.
지난 달 회사를 퇴직하고 이사 직함을 상실한 바, 우리의 지지를 기대할 자격이 더 이상 없다.

The title of the English book is so fascinating and so it can become the attention-getter of the public.   그 영어 책 제목은 너무나 매력적이라 일반인들의 주목을 끌만하다.

to be honest/frank with you 솔직히 말해서

to be sure 틀림없이/분명히

to date 지금까지   유 **until now**

to-do list 해야 할 일 목록

to make matters worse 설상가상으로, 엎친 데 덮친 격으로
          유 **add fuel to the fire/flame, add insult to injury, make things worse, worsen the situation**

To make matters worse, he was fired.   설상가상으로 그는 해고당했다.

to one's taste 마음에 들어/들게

The new chairman started to make regulations to his taste as soon as he was inaugurated as the head of the committee.   그 위원회의 대장으로 취임하자마자 자기 입맛에 맞게 규칙을 만들기 시작했다.

toast 건배/축배   동 경의를 표하여 건배하다

As soon as the chairman proposed a toast, all the participants had a champagne toast.
회장이 건배 제의하자마자, 참석자 모두는 샴페인으로 건배했다.

Let me toast a Merry Christmas to everyone.   모두 즐거운 성탄을 위해 건배합시다.

today's special course 오늘의 특별 요리 코스

toiletries 화장품, 세면도구

She travels in toiletries.   그녀는 화장품을 외판하고 있다.

tolerant 관대한, 내성이 있는, 저항력이 있는   동 **tolerate**

be tolerant of ~에 관대하다, ~을 용인하다

He is tolerant of the small mistakes of his staff, but not of blunders.
직원들의 작은 실수에 대해서는 관대하나, 큰 실수에 대해서는 그렇지 않다.

toll 치다/울리다   **명** 통행료/희생/희생자
The priest tolled in the people to church, after he heard about the death toll from the earthquake.
목사는 지진으로 인한 사망자 수를 듣고, 종을 울려서 사람들을 교회에 모았다.

tomb 묘/무덤   **유 grave**

tone 어조/음색/색조   **동** 가락을 붙이다/맞게 하다/조화되다
a dial/busy tone (전화의) 발신음/통화 중 신호음   a tone of command 명령조
She speak in a friendly tone, but her husband take a high tone. He toned his speech to a younger audience.
그녀는 다정하게 말하나, 남편은 무례한 말투를 쓴다. 젊은 청중에 맞는 내용의 말을 했다.

top-of-the-line 최고급품의/최신식의/최신예의

top-notch 최고의, 고급의, 아주 뛰어난
top-notch names in the business world 비즈니스계의 최고의 인물

torment 고통/고뇌/고문   **동** 괴롭히다
Her constant complaints are a torment to her husband.   그녀의 끊이지 않는 불평이 남편에게는 고민거리다.

torture 고문/고통   **동** 고문하다
He put/subjected her to water torture, but she endured/underwent horrible tortures.
그가 그녀를 물고문 했으나, 그녀는 잔인한 고문을 견디어 냈다.

toss 던지다/흔들리다/펄럭이다

touch on ~에 대해 간단히 언급하다, ~에 관계하다
At the meeting, General Manager Kim touched upon the year-end holidays and bonus.
회의 때 김 부장님이 연말 연휴와 보너스에 대해 간단히 언급했다.

touch-and-go 아슬아슬한, 위태로운
The soccer game was touch-and-go in the 1st half, but our team won in the 2nd half.
축국 경기는 전반전에 아슬아슬했지만 후반전에 우리 팀이 이겼다.

tow 끌기/견인   **towing car** 견인차
The car parked at Gangnam district was towed away by the police.
강남에 주차한 차는 경찰에 의해 견인되었다.

toxic 유독한/중독성의/중독의 ↔ **non-toxic** 무독성의
a toxic state/drug/smoke 중독 증상/독약/독가스

The factory has been sending out toxic waste, which was the root cause for environment pollution.
그 공장은 독성 있는 폐기물을 배출해 오고 있었으며, 이것이 환경오염의 근본 원인이었다.

trade balance 무역수지

trademark 상표 　图 상표를 등록하다
register a trademark 상표를 등록하다 　　　　a registered trademark 등록 상표
infringe upon/pirate a trademark 　　　　　　　상표를 도용/침해하다

tragedy 비극/비극적 사건/참사

tragic 비참한/비극적인/비극의 ↔ **comic**

trait 특징/특성/특색
It is very reassuring to know that you were impressed by the traits among Korean business leaders, and that your outlook towards closer cooperation is favorable.
당신이 한국 사업가들의 특성에 감명을 받았다는 것과 당신이 보다 더 긴밀한 협력을 원한다는 것을 알게 되어 안심이 됨.

traitor 반역자/배신자/배반자
He was hanged as a traitor. 　　　　　　　　　　　그는 반역자로 교수형에 처해졌다.

tramp 짓밟다/쿵쿵거리며 걷다/터벅터벅 걷다

tranquil 고요한/평온한/조용한

transact 처리하다/행하다/거래하다 　　图 **transaction** 거래/업무/처리
He tried in vain to have business transactions with her.
그녀와 상거래를 추진하였으나 무위로 끝났다.

The bank charges a fixed rate for each transaction as its commission.
은행은 매 거래마다 고정된 비율의 수수료를 챙긴다.

Since this is our first business transaction together, we wish to receive a favorable reply from your esteemed company. 　　　　이번이 첫 거래인 바, 귀사의 우호적인 회신 기대합니다.

transcript 필기록/성명증명서/복사
We will retain your transcript and personal resume on file for future consideration.
귀하의 성적증명서와 이력서는 보관, 추후 필요 시 고려할 것임.

transfer 갈아타다/옮기다 　　图 이전/대체/전근
We play an intermediary role of transferring the progressive technology of building materials in other nations to our customers.
당사는 외국의 건축 자재 기술을 당사 고객들에게 이전시키는 중개자 역할을 하고 있음.

transform 변형시키다/변형하다/변화시키다　　**명 transformation**
The dress transformed her.　　드레스를 입은 그녀는 다른 사람처럼 보였다.

transfusion 수혈/(자금의) 투입
The project badly needs a transfusion of cash.　　현금 투입이 절실히 필요하다.

transgress 어기다/위반하다/넘다　　**명 transgression**
transgress against the rules/law　　규칙/법률을 위반하다

transient 일시적인/덧없는/잠깐 머무르는

transit trade 통과무역

transmit 보내다/전하다/부치다/투과하다　　**명 transmission**
The glass transmits solar energy. Metals transmit heat.
우리는 태양 에너지를 투과시킨다. 금속류는 열을 전도한다.
The tennis game will be transmitted live.　　테니스 경기는 실황 중계될 예정이다.

transportation 수송/운송/운수　　**동 transport**
public transportation 공공 교통 기관

trap 덫/함정/올가미
We got trapped in a traffic jam because of a car accident ahead of us.
우리 앞의 차 사고로 인한 교통 정체로 꼼짝 못 하게 되다.

trash 쓰레기/잡동사니

travel 여행/이동/운행/교통　　**동 달리다/여행하다**
travel abroad by air/sea/land 비행기/배/육로로 해외여행을 하다
travel on business 업무로 여행하다　　travel to work 통근하다

traveler's check(T/C) 여행자 수표

tread 밟다/걷다　　**명 밟기**
If you visit Paris, please take one day off and visit any winery nearby. Seeing the people treading grapes will be a good experience.
파리 방문 기회가 있으면 하루 시간 내서 근처의 포도주 양조장을 방문해라. 포도즙을 짜내기 위해 포도를 짓밟는 사람들을 보는 것은 좋은 경험이 될 것이다.

treasure 보물/보배　　**동 소중히 하다**
national/cultural treasures 국보/문화재　　treasure chest 보석 상자
I treasure every moment we had together at the winery in the outskirts of Paris.
파리 근교의 포도주 양조장에서 우리가 함께 한 모든 시간을 소중히 여기고 있다.

I cannot think of a more pleasant place to be than here in the country of France among my friends whom I respect and treasure.
제가 존경하고 아끼는 친구들과 같이 있는 이 자리보다 즐거운 곳은 없을 것임.

treatment　치료/대우/처리　　**동 treat**

He is under medical treatment. He receives/gets/undergoes medical treatment at a good hospital.
그는 요양 중이다. 그는 좋은 병원에서 치료를 받는다.

※ *heat treatment*　열처리
철, 유리등은 강화를 시켜야 강해진다. 이러한 강화의 방법은 제품을 열처리하여 표면과 내부의 분자 구조를
상이하게 만들며, 이를 열처리 한다고 한다.

tremulous　떠는/전율하는/떨리는　　**부 tremulously**　떨리게

trespass　침해/침입하다　　**명 불법 침입**

No Trespassing.　(게시)출입금지.
The president trespassed on his staff's rights of free choice by pushing them to vote for the
candidate.　　　　　사장은 직원들에게 그 후보자에 한 표 던지기를 종용하면서 남의 자유 선택권을 침해했다.

trial　재판/시도/시련

a criminal trial　형사 재판　　　　　　　　　　　　　　a case under trial　심리 중인 사건
trial order　시험생산　　　　　　　　　　　　　　　　　trial and error　시행착오
The new drug is undergoing clinical trials. I succeeded on my third trial. The new plan is on trial.
그 신약은 임상 실험 중이다. 세 번째 시도에서 성공했다. 새 계획은 현재 시행 중이다.

tribe　부족/종족/족

tribute　공물/찬사/감사의 표시

trigger　유발하다/일으키다　　**명 방아쇠**
형 trigger-happy　권총 쏘기 좋아하는, 호전적인, 공격적인
Working over night might trigger off many problems with your health.
밤 새워 일하면 건강에 여러 문제가 유발될 수 있다.

triplicate　3통 작성하다　　**형 3통 작성된, 3중의**
write a will in triplicate　　　　　　　　　　　　　　　　　　　유서를 3통 쓰다

tripod　삼각대

triumph　승리/정복/대성공　　**형 triumphant**　의기양양한/승리를 거둔
the triumphs of science　과학의 공적들　　　　　　　in triumph　의기양양하여/승리감에 도취하여
gain/win/achieve a great triumph　　　　　　　　　　　　　　　큰 승리를 거두다

trivial 하찮은/사소한/시시한
trivial objections/inconveniences/matters   대단치 않은 반대/크지 않은 불편/사소한 일

troop 무리/군대/떼
a troop of hunters/horsemen   한 떼의 사냥꾼/기수   in troops   떼 지어

tropical 열대의/비유의
tropical vegetation/rain forest/fish/weather   열대 식물/열대 우림/열대어/열대 날씨

trouble 문제/곤란/어려움/말썽/분쟁/불화/사건   동 수고하다, 괴롭히다
　　　　　형 **troublesome** 골치 아픈
economic/financial/political/diplomatic trouble   경제 침체/재정난/정치 불화/외교 분쟁
I am sorry to trouble you so often. What troubles me is that ~. Please don't trouble yourself
about me any more.   매번 수고를 끼쳐서 미안해요 내가 걱정하는 것은 ~. 더 이상 내 걱정하지 마라.
Troubles never come singly.   (속담) 화불단행(禍不單行). 재앙은 번번이 겹쳐오게 됨.

troubleshooting 분쟁 해결, 조정, 문제 해결
To make money is a reward for troubleshooting.   돈 버는 것은 문제 해결에 대한 대가이다.

trump 으뜸 패/나팔   동 이기다, 조작하다
play a trump   우위에 서다   turn up trumps (일이) 예상 외로 잘 돼 가다
trump up   꾸며대다, 조작하다
The sales amount of the subsidiary company, which was reported to the chairman, proved to be
trumped up by the president.
회장에게 보고된 그 자회사 매출액은 그 회사 사장에 의해 날조된 것으로 밝혀졌다.

trustee 수탁자/피 신탁인
a trustee in bankruptcy   파산 관재인(管財人)

tug 세게 잡아당기다/예인선으로 끌다/세게 당기다
They tugged me to the party along with them.   그들은 나를 파티로 끌어냈다.

tumor 종양/종기/부음
excise/remove/take out a benign/malignant tumor   양성/악성 종양을 잘라내다

tumult 소란/소동/폭동

tune up 조율하다, 맞추다   **tune-up** 엔진점검/조율
The orchestra was tuning up as we entered the hall.
우리가 홀로 들어갔을 때는 오케스트라가 악기들의 음을 맞추고 있었다.

Please send the draft of your presentation in advance so that you and we can tune up our proposal

to the company which we are to visit next Tuesday.
내주 화요일 방문 예정인 회사에 제안할 내용을 같이 조율할 수 있도록 프레젠테이션 초안을 먼저 보내주세요.

turn out 판명되다(prove)/드러나다/끄다/생산하다

The weather turned out (to be) fine. She was well/badly turned out.
날씨가 좋아졌다. 곱게 차려 입고 있었다. 옷차림이 아주 형편없었다.

His story turned out to be false. It turned out (that) his story was false.
그의 이야기가 거짓말이었음이 드러났다.

turning point 전환점/전기

a turning point in human history 인류 역사에 있어서 하나의 전환점
All the members of the Korea Committee are delighted to host this occasion, the first annual meeting in Seoul. I am sure this meeting will be a turning point in the development of Committee.
한국 지부는 금번 회의를 주최하게 되어 기쁨. 이 모임이 위원회 발전사의 전환점이 될 것임.

turn-off 분기점/ 갈림길

We missed the turn-off because we received an international call on the way to the airport.
공항 가는 도중 국제전화를 받아 갈림길을 놓쳤다.

turnover 매출액/회전률

The company's turnover of last year went down tremendously because of a high turnover of staff.
그 회사의 작년 매출액은 높은 직원 이직률 때문에 크게 떨어졌다.

turnpike 유료 고속도로

twilight 어스름/황혼/여명

the twilight of one's life 인생의 황혼기

twofold 2중의, 2배의

typhoon 태풍/폭풍

Typhoons often never hits our islands, which helps inducing sightseers.
태풍은 우리의 섬을 강타하는 적이 없다. 이것이 관광객 유치에 도움이 된다.

typical 전형적인/대표적인/상징적인

typical businessman/boss 전형적인 실업가/보스
It is typical of the competent sales manager to finish 30-page report for one day.
하루만에 30 쪽의 보고서를 작성하다니 유능한 판매 과장답다.

tyranny 폭정/전제 정치/참주 정치

People got together to overthrow the tyranny. 전제 정치를 타도하기 위하여 사람들은 단결했다.

Ubiquitous 어디에나 있는/아주 흔한

Up to last year, no one realized the value of the grass, as it was ubiquitous nationwide.
작년까지만 해도 전국 어디에나 있는 그 풀의 가치를 인식한 사람은 아무도 없었다.

ultimate 궁극적인/최종의/최고의

In terms of our available products, I assure you of our full commitment and responsiveness to your needs and your ultimate satisfaction.
당사의 공급 가능 품목은 귀하의 요구 사항을 신속히 충족시켜 궁극적인 만족을 줄 것임을 확언드림.

unanimous 만장일치의/이의 없는   명 unanimity   부 unanimously

The board of directors was unanimous in their approval of the investment plan.
이사회는 그 투자 계획을 만장일치로 승인했다.

unattended 내버려둔/방치의

She danced at a night club for hours, unattended by any man. No one accosted her.
그녀는 남자 없이 나이트클럽에서 수 시간 춤을 췄다. 아무도 그녀에게 다가 가지 않았다.

unauthorized 권한이 없는/독단적인

unauthorized photocopying 불법 복사   unauthorized use of trademark 불법적인 상표 사용
unauthorized entrance/reproduction   무단 침입/불법 복제

unavailable 이용할 수 없는/입수할 수 없는/만날 수 없는

The mayor's meeting room is unavailable now, as the mayor is unavailable just now.
지금은 시장이 자리에 없어, 시장의 회의실은 이제 이용할 수 없다.

unavoidable 제어할 수 없는, 불가피한, 어쩔 수 없는 ☞ inevitable
유 inevitable/uncontrollable/unsurmountable/beyond one's control

I deeply regret to inform you that, because of the imminent issues requiring my presence here, I can't attend the global marketing strategy seminar. Your understanding of my inevitable situation would be heartily appreciated.
제가 있어야 하는 화급한 사안들로 인해 세계 마케팅 전략 회의에 참석치 못함을 통보 드리게 되어 큰 유감입니다.
불가피한 제 사정을 이해하여주시면 감사하겠음.

unbearable 견딜 수 없는/참을 수 없는
유 insufferable/insupportable/intolerable/unendurable

Her way of behavior is unbearable at all. How can she make abuses to her manager?
그녀의 행동은 도저히 참을 수가 없다. 어떻게 자기 과장에게 욕을 할 수 있는지?

unbidden 초대받지 않은/자발적인   유 uninvited

He came to the party unbidden/uninvited   청하지도 않았는데 파티에 왔다.

unbounded honor 무한한 영광
유 **boundless/immeasurable/endless/limitless/unlimited honor**

uncertain 불확실한/확신이 없는/변덕스런
uncertain promises/weather 믿을 수 없는 약속/불안정한 날씨
The date of her arrival is uncertain. I'm uncertain of her intentions. I'm uncertain (about) what to do next. 도착 날짜는 미정이다. 그녀의 의향이 확실치 않다. 뭘 해야 될지 모르겠다.

unchanged 불변의/변하지 않은/원래대로의
Population remains stationary/unchanged. My opinion remains unchanged.
인구수가 변치 않고 있다. 내 의견은 여전히 변함없다.

uncommon 드문/진기한
Nowadays it's not uncommon to hear about talk about UFO.
오늘날 UFO에 관한 이야기를 듣는 것은 그다지 드문 일이 아니다.

uncontrolled 억제되지 않은/방치된/자유로운

uncontrollable 억제할 수 없는/감당하기 어려운 ☞ **control**
He's an uncontrollable child. He was raised by his grandmother.
그는 통제가 안 되는 아이이다. 할머니 밑에서 자랐다.

uncover 덮개를 열다/폭로하다/털어놓다
Only 5 hours later, the bribe scandal was completely uncovered.
겨우 5시간 만에 그 뇌물 수수 스캔들은 완전히 폭로됐다.

undaunted 굽히지 않는/두려워하지 않는/용감한
undaunted by repeated failures 거듭되는 실패에도 굴하지 않고
Undaunted by the initial market barriers, our company, through intensive sales and marketing efforts, has persuaded the majority of Korea's general hospitals to seriously consider purchasing the machine.
당사는 그러한 시장 장벽에 굴하지 않고 철저한 판매 노력으로 한국 종합 병원의 대부분이 기계 구매를 긍정적으로 검토하도록 설득하였음.

under separate cover 별도의 봉투에
The informative materials you requested is being forwarded to you under separate cover.
당신이 요청하신 정보 자료들은 별도의 봉투에 넣어 발송될 겁니다.

undercut 저가로 팔다(공급하다)/악화시키다
We were able to undercut our European rivals by 5%, as our labor cost is lower.
우리는 인건비가 낮아 유럽 경쟁사들보다 5% 낮은 가격으로 공급할 수 있었다.

Some members of the board were trying to undercut the chairman's authority.
이사진의 구성원들 중 일부가 의장의 권위를 약화시키려는 시도를 하고 있었다.

undergo 경험하다/겪다/받다

undergo an operation (환자가) 수술 받다   perform an operation (의사가) 수술하다
As soon as he underwent a medical checkup, he underwent an operation. The famous doctor peformed a successful operation on him.
건강 진단을 받자마자, 수술했다. 유명한 의사가 성공적으로 수술했다.

undermine 밑을 파다/몰래 손상시키다/서서히 쇠퇴시키다

Your late shipment of the 1st order undermines your corporate image. First image lasts long.
첫 선적이 지연되면 기업 이미지가 실추됩니다. 첫 인상이 오래 갑니다.

understatement 절제된 표현/ 절제

You don't know the value of this 1st order even though the amount is small. If we say we were happy, it is an understatement.
금액은 작지만 이 첫 오더의 가치를 모르실 것입니다. 우리가 행복했다고 말하는 것은 절제된 표현이 될 것이다
(아주 매우 행복하다는 의미).

undertake 떠맡다/착수하다/맡다

We read your message of business proposition with much interest; however, we regret to inform you that we are not in a position to undertake any such investment at this time.
귀사의 사업 제안을 관심 있게 읽었으나, 당사는 현 시점에는 그러한 어떤 투자도 약속할 입장이 아님을 알려 드리게 되어 유감임.

underwriter 보험업자/증권 인수업자/인수업자

undeservedly 부당하게 ↔ deservedly 당연히/정당히

undeserved praises/honor/victory/position/punishment
과분한 칭찬/분에 넘치는 영광/과분한 승리/분에 넘치는 지위/부당한 벌

undisputed 논쟁의 여지가 없는/명백한/당연한
유 unquestioned/unchallenged/accepted/uncontested

It's undisputed that he is the best writer in Korea.   그가 한국 최고의 작가라는 것은 논쟁의 여지가 없다.

undivided attention 전념

undoubtedly 의심할 여지없이/ 확실히
유 indisputably/unquestionably/absolutely/certainly/doubtless

Finally, I would like to say that I am undoubtedly confident that this special report on Korea in this newspaper will play a valuable role in further deepening the mutual understanding between

our two countries.
마지막으로, 본 신문의 한국에 대한 이번 특별 기사는 양국 간 상호 이해관계를 더욱 더 돈독히 하는데 중요한 역할을 할 것으로 믿어 의심치 않음.

uneasy 불안한/거북한/딱딱한

an uneasy bearing/attitude
부자연스런 태도

uneasy relationship between the two countries
두 나라간의 불편한 관계

unequivocal 모호하지 않은/명백한/분명한
유 definite/absolute/certain/decisive/straightforward

an unequivocal rejection/approval 명백한 거절/확실한 승인
I am sure that future holds many opportunities to strengthen our relationship, and assure you of our unequivocal efforts to further our mutual benefits. 미래에는 우리의 관계를 굳건히 할 많은 기회가 있음을 확신하며, 상호간의 이익 증진을 위해 확실하게 노력할 것임을 확언드림.

unexpected 예기치 않은/불시의/뜻밖의

unexpected victory 뜻밖의 승리
Their divorce was quite unexpected.

unexpected guest/visitor 불시에 찾아온 손님
그들의 이혼은 아주 뜻밖이다.

unfavorable (무역수지가)수입초과인, 형편이 나쁜, 불리한

unfinished 미완성의/ 마무리하지 않은/ 완성되지 않은
I am sorry that I should have come back earlier with my work unfinished.
일을 다 끝내지도 못하고 일찍 돌아오게 되어 죄송합니다.

unfold 펼치다/전개되다/벌어지다
He unfolded his business plan. The secret story will unfold soon.
사업 계획을 공개했다. 그 비밀스런 이야기가 곧 알려질 것이다.

unfortunately 불행하게도/공교롭게도/불행히도
Unfortunately, this is the best I could do. I didn't know my inability before.
불행히도 이것이 내가 할 수 있는 최선입니다. 나의 무능력을 예전에는 몰랐습니다.

unilateral 일방적인/한쪽만의/편무 계약의 ↔ bilateral 쌍무
unilateral disarmament/reply 일방적 군비 축소/일방적인 대답
a unilateral treaty 편무 조약 ↔ bilateral treaty 쌍무 조약

unless otherwise stated 달리 명시하지 않는 한

unlimited 제한 없는/무한한/자유로운
유 endless/unending/boundless/immeasurable/limitless

unlimited liability (상업) 무한 책임 　　　　　　　　　unlimited company 무한 책임 회사

unload 짐을 부리다/처분하다/장전물을 빼내다
The ship is unloading containers at the pier. The bus is unloading.
배가 부두에서 컨테이너를 부리고 있다. 버스가 승객을 내리고 있다.

unmatched 비길 데 없는/상대가 없는 🔵 unmatchable
He had a talent unmatched by any other musician of this century.
그는 금세기 어떤 다른 음악가도 필적할 수 없는 재능을 지니고 있었다.

unmitigated/wholehearted cooperation 전폭적인 협력/협조
We are confident that your full and unmitigated cooperation will help make our business
relationship a mutually beneficial one.
귀사의 깊은 협조로 양사 간의 관계가 상호 호혜적으로 발전될 것을 확신함.

unprecedented 전례 없는/미증유의
unprecedented downturn/case/promotion 　전례 없는 경기침체/사례/승진(파격적인 승진)

unqualified 자격이 없는/무자격의/완전무결한/전폭적인
I gave him my unqualified support. But he was totally unqualified for his job as a manager.
The event was not an unqualified success.
나는 그에게 나의 전폭적인 지지를 보냈다. 그는 과장으로서의 자기 일에 대해 전혀 자격을 갖추고 있지 못했다.
그 행사가 큰 성공작은 아니었음.

unreliable 믿을 수 없는/신뢰할 수 없는 ↔ reliable
He's totally unreliable as a source of information. Don't do anything, counting upon him.
그는 정보원으로서 전혀 신뢰할 수 없다. 그를 믿고 어떤 일을 하지 마라.

unresponsiveness 반응 없음

unrest (사회 · 정치적인) 불안/불만
industrial/civil/social/political/popular unrest
산업 불안/시민들의 불만/사회적 불안/정치적 불안/대중의 불만

There is growing unrest in the northern part of the country.
그 나라의 북부 지역에서 불안(불만)이 커지고 있다.

unsettled 불확실한/불안정한/긴장한
They all felt restless and unsettled, when they heard about the news.
그들은 그 소식을 듣자 모두 가만히 못 있고 불안해했다.

unshakable fact 확고부동한 사실

It's an unshakable fact that the company's success stems from advanced technology.

그 회사의 성공은 기술력 덕택이라는 것은 확고부동한 사실이다.

unsparing support 아낌없는 지원

Although this reply may come a little later than you expected, we are very pleased to inform you that we have recently successfully settled a complete distribution network for your product through our continuous efforts and your unsparing support, and would now like to request your sincere consideration in reviewing our sales plan attached hereto.

당사의 회신이 귀사의 예상보다 늦었을지 모르지만 그간 당사의 지속적인 노력과 귀사의 아낌없는 지원의 결과,

귀사 제품의 판매망을 성공적으로 구축 완료하였음을 통보 드리게 되어 기쁘며, 첨부된 판매 계획을 진지하게 검토하여

주시기 바람.

unsubstantial 실체가 없는/허울뿐인/내용이 빈약한

an unsubstantial dinner of bread and cheese 요기도 안 되는 빵과 치즈로 된 저녁 식사

unusable 사용할 수가 없는

unveil 베일을 벗기다/밝히다/베일을 벗다

unveil oneself 정체를 드러내다

unwavering 변함없는/확고한

unwavering courage/support/confidence 부동의 용기/변함없는 지지/확고한 확신

up in the air 미결정으로, 막연하여, 매우 화가나

The company's decision on the investment in our technology is up in the air.

그 회사의 우리 기술에 대한 투자 여부는 아직 미결이다.

up to par 기대에 부응하는/표준에 달하여/액면가격으로

His behavior is not up to par with his face. 행동 따로 얼굴 따로 얼굴 값 못하다.

As you may know, the company is the manufacturer of an innovative technology machine which helps curing cancer. Unfortunately, however, their business judgement and behavior have not been up to par with their technical excellence.

아마 아시다시피 그 회사는 암 치료에 도움을 주는 혁신적인 기계를 제조하는 업체임. 그 회사의 사업 판단과 행동이

그 회사의 기술력과 동떨어진 것은 불행스러운 일임.

upcoming 다가오는/머지않아 일어나는 유 **forthcoming**

The forthcoming Presidential election will be 3-horse race. We will join one candidate's canvass from next month.

다가오는 대통령 선거는 3인 경합이 될 것이다. 우리는 한 후보자의 선거 유선에 합류할 것이다.

update 최신 정보 동 최신의 것으로 하다/새롭게 하다

This site is updated daily at 6 a.m. 그 사이트는 매일 오전 6시에 갱신됩니다.

upgrade 질을 높이다   **명** 증가/상승 ↔ **degrade**
The company upgraded its computer system by installing new software.
회사에서는 새 소프트웨어를 설치해서 컴퓨터 시스템을 업그레이드했다.

upheaval 격변/대변동
political/social upheaval   정치 파동/(사회의) 대변동

uphold 지지하다/떠받치다/올리다
I uphold her opinion. The supreme Court upheld the lower court's decision.
나는 그녀의 의견을 지지한다. 대법원은 하급심의 판결을 지지했다.

upkeep 유지비/유지/보존

upper class 상류 사회/상류층

uproar 소동/소란/소음

uproot 뿌리째 뽑다/뿌리째 뽑히다/근절되다   **유** **root out, eradicate**
The flood uprooted the trees.
홍수는 나무들을 뿌리째 뽑아 놓았다.

Please find out the way to uproot the cause for defectiveness.
불량 원인을 근절할 방법을 찾으세요.

ups and downs 성쇠/부침/영고성쇠/일진일퇴
Life is full of ups and downs. I already experienced life's ups and downs two times.
인생은 오르막과 내리막으로 가득하다. 인생의 성쇠를 두 번이나 경험했다.

upside down (아래위가) 거꾸로/뒤집혀/엉망이 된
The shipped turned upside down, and many passengers were screaming for help.
배가 뒤집히자 도와 달라고 외치는 승객들이 많았다.

up-to-date 최신식의/첨단을 걷는

urban 도시의/도회지의
urban areas/life/development   도시 지역/도시 생활/도시 개발

urge 몰아대다, 충동/강제/설득하다
The senator urged a tax cut, which means that the election day is coming up.
상원 의원은 감세를 주장했다. 이것은 선거일이 다가 오고 있다는 것을 의미한다.

The possibility of a bonus gave me an urge to work harder.
보너스가 나올 가망이 있어서 더 열심히 일할 의욕이 생겼다.

urge on 열심히 설득하다
Many companies urged on the government to cut corporate tax.
정부에게 법인세를 인하하라고 설득하는 기업들이 많았다.

urgent 긴급한/급박한 유 imminent/exigent/pressing
We would like to pursue a mutually beneficial business with you on following urgent inquiry.
우리가 받은 긴급 문의 사항에 대해 상호 이익이 되도록 사업을 추진하고 싶음.

user manual 사용자 설명서

user-friendly 사용하기 쉬운
a user-friendly computer 사용하기 편한 컴퓨터

utensil 기구/도구/용구
household/cooking/writing utensils 가정용품/요리 도구/필기 용구

utter 말하다/발언하다 형 완전한 부 utterly 완전히/아주/철저히
It's an utter mystery that he's an utter fool. He was utterly depressed by his divorce.
그가 진짜 바보라는 것은 완전한 미스터리다. 그는 이혼으로 완전히 기가 죽었다.

Vacancy 빈방/공석/빈자리　　　　　형 **vacant** 비어 있는/빈/텅 빈
No vacancy. (게시) 빈자리/빈방 없음.
His death caused a vacancy in the senate.　　　　그의 죽음으로 상원에 결원이 생겼다.
a vacant apartment/parking space　입주자가 없는 아파트/비어 있는 주차장

vacate 비우다/퇴거하다/휴가를 얻다
Visitors are required to vacate their rooms before noon. The position has been vacated for lack of funds.　　　方문객들은 정오까지 방을 비워 주어야 한다. 자금 부족 때문에 그 자리는 공석인 채로 있다.

vaccination 예방접종
preventive/polio vaccination　예방 접종(왁찐 주사)/소아마비 예방접종

vaccinate 백신 접종을 하다/천연두의 예방 접종을 맞히다
All children should be vaccinated against measles.　모든 어린이들은 홍역 예방 접종을 받아야 한다.

vague 막연한/모호한/애매한
I haven't the vaguest notion where she is.　The exact location of the crash is vague.
그녀가 지금 어디에 있는지 전혀 짐작도 할 수 없다.　충돌한 정확한 장소는 확인되지 않고 있다.

vain 헛된/허영심이 강한/무익한
vain ambitions/hope　헛된 야망/희망　　　　　as vain as a peacock　몹시 허영심이 강한
in vain 헛되이/헛된/효과 없이
He tried in vain to persuade her to go to party with him.
파티에 가자고 설득 노력하였으나 무위로 끝났다.

valid 유효한/타당한/정당한 ↔ **void**　　명 **validity** 유효기간
I am the head of the Legal Department of Nena Trading Corp. I have held a multiple visa valid for five years since 2006. My visa will expire in May of this year.
저는 네나무역의 법제부장임. 2006년 5년짜리 복수 비자 보유하고 있었으나 금년 5월에 만료됨.

valued customers 귀빈

vapor 증기　　　　　동 증발/무산시키다
The liquid vapors at high temperature.　　　　그 액체는 고열에서 증발한다.

various 다양한/여러 종류의　　　유 **a variety of, kinds/sorts of**
I would like to take the liberty of introducing to your preeminent firm, our company, KFS Corp., which is one of the leading trading companies in Korea, handling a variety of products from textiles to machinery and plant.
당사 KFS Corp.는 한국의 선도적인 무역회사들 중의 하나로 섬유부터 기계류, 플랜트까지 다양한 제품들을 취급하고 있음.

vast 막대한/거대한/광대한

vast sums of money 거액의 돈　　　　vast mineral resources 막대한 광물 자원

I am very confident that his vast experience in chemical business and outstanding performance during his former assignment with KFS Chemical Ltd., will make a good contribution to our joint venture.

그는 KFS 화학에서 화공 사업에 많은 경험을 쌓은 바, 우리의 합작투자 사업에 크게 기여할 것임.

vehement 격렬한/열정적인/맹렬한　　　뷰 **vehemently** 열정적으로

vehicle 탈것/매개물/전달 수단

Internet and Smart phone are vehicles for the rapid circulation of information.
인터넷과 스마트폰은 정보를 신속히 유통시키기 위한 전달 수단이다.

I view this meeting as a vehicle for us to push our way of cooperation to the full potential.
저는 이 회의를 통해 잠재된 협력 방안을 최대한도까지 찾을 수 있을 것으로 생각함.

vein 정맥/혈관/기질

be in the vein for ~ing ~할 마음이 내키다 ↔ *be out of the vein*

He is in the vein for asking her out.　　　　그는 그녀에게 데이트 신청하고 싶어 한다.

velocity 속도/빠르기/속력

high/accelerated velocity　　　　at a velocity of 40 miles an hour
고속/가속도　　　　시속 40마일로

measure the velocity of a bullet/a train/light/wind　　　탄환/열차/빛의 속도/풍속을 측정하다

velvet 벨벳　　　형 벨벳으로 만든/벨벳 같은

(as) smooth/soft as velvet 벨벳처럼 매끄러운/부드러운

vending machine 자동판매기

vendor (거리의) 행상인/노점상, 판매 회사, 협력/납품업체

street/software vendors 거리의 노점상/소프트웨어 판매사

vent 분출구/배출구　　　동 배출하다/토해내다

He finds vent for his frustrations in criticizing others. He vented his anger on his wife.
그는 남을 비판함으로써 자신의 욕구 불만의 배출구를 찾는다. 그는 아내에게 분노를 터뜨렸다.

venue 분야　　　유 **area/field**

venue of business/cooperation 사업/협력 분야

verge 가장자리/경계/변두리　　　동 근접하다

A small lake verges on my house.　　　　작은 호수가 내 집에 접해 있다.

on the verge of   바야흐로 ~의 직전에, ~하기 직전에

The owner of the company sold out all of his shares, when the company was on the verge of bankruptcy.
회사가 파산 직전이었을 때 회사 오너는 자기 주식 모두를 매도했다.

vertical   수직의/정점의, 수직선 ↔ **horizontal**   수평의

That post isn't quite vertical.   저 기둥은 완전한 수직이 아니다.

vessel   그릇/배/용기

a passenger/fishing vessel   여객선/어선

via   ~을 경유하여   ㈜ **by way of**

I fly to Paris via London.   런던 경유로 파리까지 비행기로 가다

viable   생육할 수 있는/실행 가능한/생존 가능한

He found a viable solution to the problem. Siberia is a viable region for economic development.
그 문제에 대한 실현 가능한 해결책을 찾았다. 시베리아는 경제적으로 발전의 여지가 있는 지역이다.

viability   생존 능력/생활력

commercial viability   상업적 실행(성공) 가능성

vibrate   진동하다/흔들어 움직이다/떨게 하다

Her words vibrated with sincerity.   그녀의 말에는 성실한 느낌이 있었다.

vibration   떨림/진동

We could feel the vibrations from the trucks passing outside.
우리는 밖에서 지나가는 트럭 때문에 생기는 흔들림을 느낄 수 있었다.

vice   악덕/결함/결점

vice and virtue   악덕과 미덕   Smoking is my only vice.   흡연이 나의 유일한 악습.

vicinity   근처/부근/가까움

Seoul and vicinity(its vicinities)   서울 및 그 주변
in the vicinity of our home   우리 집 근처에   the vicinity of US$500,000   약 50만 달러

vicissitude   변천/변화/부침

the vicissitudes of life   인생의 부침   the vicissitude of the seasons   4계절의 추이

viewpoint/standpoint   견지/관점

from the author's viewpoint   저자의 입장에서

from the viewpoint of   ~의 관점에서 (보면)

Things might look different from the viewpoint of someone else.
다른 사람의 관점에서는 다르게 보일 수도 있다.

vigor 정력/활력/활기   **형 vigorous** 원기 왕성한/강력한/정력적인
Her voice lost its old vigor.   그녀의 목소리에는 왕년의 활기가 없음.

villain 악당/악한/악역

virtual reality 가상현실
• 컴퓨터로 만든 가상공간에서 마치 현실과 같은 체험을 느끼게 하는 일 또는 그런 상태. 약어 VR

virtually 사실상/거의/실질적으로
It is virtually impossible to finish it by tomorrow. Virtually all of us objected to the proposal.
그것을 내일까지 끝내는 것은 사실상 불가능하다.   우리들 거의 전원이 그 제안에 반대했다.

visualize 시각화하다, 마음에 떠올리다, 마음속에 그리다
I had visualized you as a young man.   당신을 젊은 분으로 상상했었어요.

vivacious 활발한, 쾌활한, 명랑한
She is a vivacious girl, always happy and smiling.
그녀는 언제나 즐겁고 웃는 얼굴을 하고 있는 쾌활한 소녀다.

vivid 생생한/선명한/발랄한
The traffic accident is still vivid in my memory.   그 교통사고는 내 기억에 아직도 생생하게 남아 있다.

vocation 직업/천직/소명
He has made a vocation of giving lectures on popular topics.
그는 대중적인 화제에 관해 강연하는 것을 직업으로 삼았다.

vogue 유행/인기/유행품   **유 fad**
be in vogue 유행하고 있다, 인기가 있다 ↔ be/go out of vogue
He used to have a great vogue as a film actor.   전에 영화배우로서 큰 인기가 있었다.

voice recognition 음성 인식

void 빈/공허한/쓸모없는 ↔ **valid** 유효한/타당한/정당한
This bond is null and void.   His style is void of affectation.
이 증서는 완전히 무효다.   그의 문체에는 허식이 없다.

voluntary 자발적인/자발적으로 하는   **부 voluntarily** 자발적으로
a voluntary helper 자발적인 지원자, 독지가

a voluntary donation   자발적인 기증
voluntary enhanced exit   권고 조기 퇴직

volunteer   자원 봉사자   [형] 자발적인   [동] 자원하다

We volunteered for community service. We volunteered to raise the money.
사회봉사를 자원하여 맡다. 우리는 자금 조달을 자청했다.

vote   투표/투표권   [동] 투표하다

limited/open/secret/popular/single/majority/spoilt vote
제한/기명/무기명/일반/단기(單記)/다수 투표/무효투표

The chairman was chosen by vote. He polled/got/received/scored 3,000 votes.
의장은 투표로 선출되었다. 3,000표를 획득했다.

I vote (that) we (should) have a dinner to celebrate the occasion.
축하 만찬회 개최를 제의합니다.

vouch   보증/단언/인용하다

This letter will vouch for my sincerity. I can't vouch that the house is not yet sold.
이 편지가 나의 성실성을 뒷받침해 줄 것이다. 그 집이 아직 팔리지 않았다고는 단언할 수 없다.

voucher   할인권/상품권/쿠폰

a hotel/sales/luncheon/cash/purchase voucher
숙박권/상품 교환권/점심 식권/금권/상품권

vow   맹세/서약   [동] 맹세하다

matrimonial/marriage vows   결혼의 서약
I make/take a vow to give up smoking/drinking early every month.
매월 초 금연/금주 맹세를 한다.

voyage   항해/여행   [동] 항해하다

go on/make/take a voyage   voyage round the world
항해 길에 오르다   세계 일주 항해를 하다

vs.(versus)   ~대, ~에 대하여, ~에 대한

plaintiff vs. defendant   death versus dishonor
원고 대 피고   죽음이냐 치욕이냐

vulnerable   상처받기 쉬운/공격을 당하기 쉬운

His moral position is vulnerable to criticism. The soldiers were in a position vulnerable to attack by the enemy.
그는 도덕면에서 비난을 받기 쉬운 입장에 있다. 병사들은 적의 공격에 노출되어 있었다.

Wait and see 두고 보다, 추이를 지켜보다, 관망하다
Let's wait and see who will be the winner. 누가 이길 것인지 그냥 두고 봅시다.

waiting in line 줄을 서서 기다리다 ↔ **cut/break into the line** 새치기하다

waive 포기/보류하다, 미루다
waive one's claim 권리 주장을 포기하다 waive a question 문제를 보류하다

waiver 포기, 국적선박 불취항증명서

walk-in 예약이 안 된/예약이 필요 없는
a walk-in interview 즉석 인터뷰 a walk-in clinic 예약이 필요 없는 진료소

wander 어슬렁거리다/돌아다니다/걸어 다니다

war risks 전쟁위험

warm 따뜻한 동 따뜻하게 하다/따뜻해지다 명 **warming** 데우기/가온
bench-warmer 후보 선수 (☞ 항상 벤치에 앉아 있어 벤치를 따뜻하게 한다는 것에서 유래)
His success warms my heart. He warmed to his work. The lecturer warmed up.
그의 성공이 내 마음을 훈훈하게 해 준다. 일에 재미를 붙였다. 그 강연자는 열을 올렸다.

warning 경고/예고 형 경고의
without warning 예고/경고도 없이 a warning buzzer 경보용 버저
His failure should serve as a warning to all of us. The policeman fired a warning shot at the thieves.
그의 실패는 모두를 위한 좋은 교훈이 될 것이다. 경찰관은 강도에게 한 방의 경고탄 발사를 했다.

warrant 영장/보증/권한 동 정당화하다/보증하다
a search warrant 수색 영장 a dividend warrant 배당금 영수증
A warrant was issued for his arrest. I will be your warrant. The crime warrants life imprisonment.
그에게 체포 영장이 발부되었다. 내가 네 보증을 서마. 그 범죄에는 종신형이 당연하다.

warranty 품질보증서
The television comes with a full two-year warranty. 그 텔레비전은 만 2년의 품질 보증서가 따라 나온다.

warrior 전사
an indomitable/brave warrior 불굴의 용사/용감한 군인 the Unknown Warrior 무명용사

wary 조심하는/신중한/조심성 있는
wary answers/look 신중한 대답/경계하는 눈초리

waste disposal 폐기물 처리
waste disposal site/nuclear waste disposal/waste water-disposal plant/facility
쓰레기 처리장/핵폐기물 처리/폐수처리장

waste water 폐수
domestic waste water 생활 폐수   discharge waste water illegally 폐수를 무단 방류하다

water-soluble paint 수성 페인트 ↔ oil-based paint 유성 페인트

waterway 수로/운하

wax 밀랍   형 밀랍의   동 밀랍을 먹이다

wear suits and ties 정장을 입고 있다

weary 지친/싫증이 난/피곤한   유 tired   동 지치게 하다
I'm weary of arguing with my wife all the time. I am weary of her same old excuse.
아내와 항상 다투는 데 진력이 난다. 언제나 같은 핑계에는 이제 지긋지긋하다.
The strenuous exercise wearied me.   심한 운동으로 지쳤다.

weave 짜다/엮다/짜기/엮는 법

weed 잡초   동 잡초를 뽑다

weep 눈물을 흘리다/슬퍼하다
We wept for happiness when we won the soccer game and secured a ticket to the World Cup.
축구 시합에 이겨. 월드컵 진출이 확정되었을 때 우리는 기뻐서 눈물을 흘렸다.

weight cargo 중량 화물 ↔ volume cargo 부피(면적) 화물
☞ 어떤 물품은 무게에 비해 부피가 크고, 어떤 물품은 부피에 비해 무게가 무겁다. 부피에 비해 무게가 무거운 화물을 weight cargo,
무게에 비해 부피가 큰 화물을 volume cargo라고 한다. 항공 회사에는 weight와 volume을 convert 하는 기준이 있다. 항공회사에서
화물을 받아 목적지까지 운송해 줄 때. 이 기준 하에 운임이 높은 쪽으로 charge 한다. 비행기 안에 화물을 실을 수 있는 공간은
한정되어 있고 비행기가 실을 수 있는 무게도 한정되어 있다. 중량/부피중 항공사에 유리한 비용 청구는 당연한 일이다.

weightless 중량이 없는/중요하지 않은
When astronauts are in space, they are weightless and can float around in mid-air.
우주비행사들은 우주에 있을 때 무중력상태가 되고 공중에 떠다닐 수 있다.

welfare 복지/행복/번영
improve the social welfare   사회 복지를 향상시키다

well-being 복지/행복/안녕
social well-being 사회 복지   material well-being 물질적 행복

whatsoever whatever의 강조형
make no response whatsoever　　　　　　　　　　　　　　　가타부타 말이 없다

wheel 바퀴/자동차의 핸들　　　동 바퀴를 달다

while ~하는 한/~하는 동안에　　　명 동안
a little while later 잠시 후에　　　　　　　　　　　　　(for) a while 잠시 동안
Make hay while the sun shines.　　　햇빛이 있는 동안에 건초를 만들어라, 기회를 놓치지 마라.
One sang, another danced, while a third played the piano.
한 사람은 노래를 부르고 한 사람은 춤추고 또 한 사람은 피아노를 쳤다.
While she wanted to get married with him, her parents were against it.
그녀는 그와 결혼하고 싶었지만 부모는 반대했다.

whim 변덕/일시적 기분　　　　형 **whimsical**
He is full of whims (and fancies).　　　　　그는 변덕스럽다, 색다른 것을 좋아한다.

whip 세차게 때리다, 거품이 일게 하다　　　명 채찍
I whipped my money out of my wallet to pay for whipped cream.
나는 생크림 값을 지불하기 위해 지갑에서 급히 돈을 꺼냈다.

whip up 재빨리 만들다, 유발하다
I am whipping up the market report as the foreign supplier comes to Korea tomorrow without
notice.　　　해외 공급업체가 사전 연락도 없이 내일 방한한다고 하여 시장 보고서를 급히 작성중이다.

whirl 회전/소용돌이　　　동 빙빙 돌리다

whisker 구레나룻/수염 한 가닥
by a whisker 아슬아슬하게, 가까스로
be/come within a whisker of 거의~할 뻔하다
She came within a whisker of taking a gold medal.　　　그녀는 거의 금메달을 딸 뻔하였다.

whisper 속삭임/속삭이는 소리　　　동 속삭이다
I whispered to him to come in. He spoke in a whisper.
그에게 들어오라고 살짝 말했다. 그는 작은 목소리로 이야기했다.

whistle 휘파람 불다　　　명 휘파람/호각/경적
He whistled to his dog in the night, which made his neighbors angry.
밤에 휘파람을 불어 개를 부르니 이웃들이 화가 났다.

wholehearted 전폭적인/전적인
The plan was given wholehearted support.　　　그 계획은 전폭적인 지지를 받았다.

wholesaler 도매상인/도매업자 ↔ **retailer** 소매상인/소매업자

We are a large chain of wholesalers and are looking for a manufacturer who can supply us with a wide range of blue jeans for teenage market.
당사는 큰 체인망을 갖고 있는 도매상으로 10대들을 위한 다양한 종류의 청바지를 공급할 수 있는 제조업체를 찾고 있다.

wholesome 건전한/건강에 좋은/유익한

wholesome advice/pastimes/food/girl
유익한 충고/건전한 오락/건강에 좋은 식사/건강해 보이는 소녀

wholly 완전히/전적으로/오로지

I cannot wholly agree with him.　　　　　　　　　　　　　그의 의견에 완전히 동의할 수는 없다.

wicked 나쁜/사악한

wicked people/deeds/laugh 악인/못된 짓/장난스런 웃음
It's wicked of you to do such things.　　　　　　　　　　그런 짓을 하다니 못된 놈이군.

wide 넓은, 다양한, 광범위한, 넓이, 널리 ↔ **narrow** 좁은

This book covers a wide variety of cases in business. I am wide awake reading this book far into the night, as it is very interesting.
이 책은 장사의 여러 가지 경우를 아주 폭 넓게 망라하고 있다. 맘 늦게까지 책을 읽어도 아주 흥미로워 완전히 깨어있다.

wide of the mark 틀린/얼토당토않은/목적을 빗나간/예상이 어긋나서

Our market analysis proved wide of the market, and our investment proved a failure.
우리의 시장 분석은 완전히 잘못되어 우리의 투자는 실패로 판명되었다.

widespread 보급된/광범위한/널리 퍼진

The company boasts over 30 years of manufacturing experience, and has a widespread reputation for quality products in both foreign and domestic markets.
30년 이상의 제조 경험을 자랑하며 국내외 시장에서 양질의 품질로 널리 명성을 얻고 있음.

widely 광범위하게/널리/크게

It is widely believed (by many people) that the government will lose the election.
정부가 그 선거에서 패배할 것이라고 믿고 있는 사람들이 많다.

wilder 길을 잃다/당황하다

willing 기꺼이 하는/자발적인 ↔ **unwilling** 마음이 내키지 않는/본의아닌
명 willingness　　　**부 willingly** ↔ **unwillingness**, **unwillingly**

willing or unwilling 좋든 싫든
You are required to attend the seminar tomorrow, willing or unwilling.
좋든 싫든 내일 세미나 참석해야 된다.

be willing to 동사 원형 ↔ *be unwilling to* 동사 원형
I am willing to follow you. I am unwilling to follow you.
함께 가도 상관없습니다. 　　　　　　　　　　　　　　　　함께 가고 싶지 않습니다.
There were many willing helpers. 　　　　　　　자진해서 도와주겠다는 사람들이 많았다.

wind power generation 　풍력발전

window seat 　창가 좌석 　　　　cf) aisle seat 　복도 좌석
• 일반적으로 First class 승객은 창가 좌석 2A를 가장 선호한다. 상관이 first class를 이용하면 반드시 사전 check
  하고 선호하는 자리를 확보하는 것이 좋다.

windy 　바람이 부는/바람이 센/공허한
a windy speech/old man/person 　알맹이 없는 이야기/말 많은 늙은이/허풍쟁이
It is windy and rainy today. 　　　　　　　　　　오늘은 바람이 세고 비가 온다.

wing 　별관 　　　　유 annex

wire some money 　송금하다

with regard to 　~에 관하여 　　　유 in regard to; concerning; regarding

withdraw 　인출/취소/철회하다 　　　명 withdrawal 　철수/취소/회수/인출
She withdrew savings from a bank account on the way to school in order to protest against the
president of the school who withdrew her son from school.
아들을 퇴학시킨 학교 교장에게 따지기 위해 학교로 가던 도중, 은행에 들려 예금을 인출했다.

wither 　시들다/말라죽다/쇠퇴하다
The flowers withered in the cold, which withered the patient's hopes.
꽃은 추위에 시들었고, 이것이 환자의 희망을 사라지게 했다.

without delay 　지체 없이
Your shipment is already delayed by 15 days. Please ship the goods by air without delay, not by
sea, as soon as you finish production. The airfreight charge should be borne by your prestigious
company.
선적이 이미 15일이 지연됨. 생산이 완료되는 즉시 항공 운송시키세요. 항공료는 귀사 부담입니다.

without fail 　틀림없이/반드시/어김없이/언제나 　　유 certainly
We assert that the claim should be settled by the shipping company without fail, but they have
not given any response to our request.
당사는 해운회사가 본 클레임을 반드시 해결하여야 된다고 주장하나 그 회사는 일언반구도 없음.

witness 목격/서명하다　명 목격자/증인

In witness whereof, duly authorized representatives of the parties sign the Agreement in duplicate and each party retains one signed original.
상기 사항들을 입증하기 위해 각사의 책임자급이 계약서 2부 서명, 각 사가 한 부씩 보관함.

word 말/낱말/이야기, 약속/서언, 언질

a men of few/many words　말이 적은/많은 사람　　　　　　a man of his words　약속을 지키는 사람
at a word　일언지하에, 곧　　　　　　　　　　　　　　give/pass one's word　약속하다, 언질을 주다
break one's words　약속을 깨뜨리다 ↔ keep one's word　약속을 지키다
by word of mouth　구두로 ↔ in writing　　　　　　　upon my word　맹세코/반드시/어이구(놀람)
He is as good as his word always. You may rest assured of doing business with him.
그는 늘 약속을 이행한다. 그와의 거래는 안심해도 된다.

work 일하다/노력하다/작동하다/효과가 있다　　　　명 작업/직장/작품

Thank you for your message dated July 25, 2010. We were honored to have been selected by your Embassy to contribute to the social work of the First Lady of your country.
귀 대사관에 의해 당사가 귀국 영부인의 사회 활동에 기부자로 선정된 것에 대해 영광으로 생각함.

working-level 실무적인/실무차원의

For the future possibility of establishing the Joint venture business, I hope my working-level staff start an extensive feasibility study, and I would like to assure you that I will keep you informed on its progress.
향후 합작 투자 사업 가능성을 위해 당사 실무진들이 타당성 조사를 시작하기를 희망하며, 귀하에게 진전 사항을 지속적으로 알려 드리겠음.

work force 노동 인구/직원/인력

The factory has a 500-person work force. Two thirds of the workforce are women.
그 공장은 노동자가 500명에 달한다. 노동자의 3분의 2가 여성이다.

workout 운동

She does a 20-minute workout every morning.　　　　　　　　　매일 아침 20분씩 운동을 한다.

workplace 일터/ 작업장

World Trade Organization(WTO) 세계무역기구

• 1995년에 GATT(관세 및 무역에 관한 협정)을 대신하여 발족됨.

worldly 세상의/세속적인

worldly affairs/wisdom/success　세상사/처세술/세속적 성공

worn out 닳고 닳은/진부한/지친

As the company is short of cash, only the gradual replacement of worn-out equipment is possible.
회사는 현금이 부족해서 닳아서 못쓰게 된 장비를 점진적으로만 교체 가능하다.

These shoes are worn out. Can we sit down for a moment? I'm worn out.
이 신발은 닳아서 못 신는다. 우리 좀 앉을까? 난 너무 지쳤어.

worsen 악화되다/악화시키다

In order to cope with this worsening market situation, we promise more dynamic sales activities
to increase the usage of your MDF in modern furniture design here.
이러한 악화일로에 있는 시장 상황 대처를 위해 현대적인 가구 디자인 분야에서 MDF 사용을 늘리는 활발한 영업활동
을 할 것을 약속드림.

worthwhile opportunity 호기

wrap 덮개/비닐랩   동 포장하다   cf) gift-wrap 선물용 포장(하다)

The city was wrapped in fog. She wrapped a blanket around her sleeping baby.
도시는 안개 속에 가려졌다. 잠든 갓난아기를 담요로 감쌌다.

wrap up 끝내다/완성하다/따뜻하게 옷을 입다

We have to wrap up our discussions of two days today and find out the right solution.
그간 이틀간의 논의를 오늘 끝내고 해결책을 모색해야한다.

wrap up in ~에 몰두하는, ~에 푹 빠져있는

He has been wrapped up in writing business English book for several months.
그는 비즈니스 영어 책 저술에 수개월간 몰두하고 있다.

wrath 분노/격노/복수

the wrath of God 신의 노여움/천벌

written approval/authorization/consent/confirmation/response

서면   승인/허락/동의/확인/회신

written notice 서면 통지

This agreement shall be effective for a period of 3 years commencing from Sep 1, 2010 and shall be
renewed automatically thereafter for further periods of 3 years, unless either party gives a notice of
termination in written to the other party ninety days prior to the expiry date of the Agreement.
본 계약은 3년간 유효하며 계약 만료일 90일 이전에 계약 해지 서면 통보가 없으면 3년 단위로 자동 갱신된다.

Yawn 실, 모험담　　동 이야기하다

yearn 갈망/동경/동정하다

She yearned to escape from her routine work. She yearned for some active work.
그녀는 매일 똑같이 반복되는 일에서 탈출하기를 갈망했다. 보다 활동적인 일을 원했다.

yield 산출/포기/양도하다　　명 산출/이익

It is only now that the company makes money from its OLED business. The reason is that its yield rate was too low up to last month.
그 회사는 이제야 겨우 OLED 사업에서 돈을 벌고 있다. 그 이유는 지난 달 까지는 생산 수율이 매우 낮았기 때문이다.

• yield rate : 생산수율 (생산수량에서 양품의 비율)

your attention, please 주목해주세요

각종 주류(酒類) – 중국의 8대 명주

중국 술의 기본은 고량주이다. 고량주는 수수를 양조한 뒤 증류한 술로 무색 투명하여 일명 백주(白酒)라고 한다. 고량주는 항아리 속에서 숙성되기 때문에 기간이 길어도 색이 변하지 않는다. 또한 수수는 단백질 함유량이 적어 이를 원료로 만든 술들은 비교적 숙취(hangover)가 적다.

중국에는 증류주 공장만 수천 개에 달한다. 중국 정부는 1949년 이후 해마다 주류 품평회를 열어 우수한 술에 금장을 수여하기 시작했으며, 5년 연속 금장은 받은 중국 8대 명주가 탄생하게 되었다. 8대 명주는 마오타이, 우량예, 죽엽청주, 동주, 분주, 노주특곡, 양하주, 고정공주이나 한국인들이 잘 아는 것은 마오타이와 죽엽 청주이다.

8대 명주중에서도 으뜸으로 꼽히는 마오타이는 전통적인 고량주 제조법으로 빚은 술이다. 수수를 쪄서 밀기울을 만들고, 누룩에 버무려 9개월 발효시킨다. 그런 다음 증류해서 항아리에 담아 2~3년 숙성시킨다. 중국의 국빈주이다. 죽엽청주는 고량주에 여러 가지의 약재를 넣어 우려내고 당분을 첨가한 술이다.

8대 명주에는 포함되지 않지만 한국인에게 잘 알려진 공부가주는 공자마을을 부자가 되게 했다는 술로 중국의 주력 수출 백주(白酒)중의 하나이다. 8대 명주에 수정방과 주귀를 더해 중국 10대 명주라고 하기도 한다.

중국인의 주도는 한국의 주도와는 달리, 첨잔이 기본이다. 중국인에게 초대를 받으면 음식을 남기는 것이 잘 먹었다는 표시이다. 나온 음식을 다 먹으면 부족하다는 표시이다.

 Page 108, 141, 184, 345

Zeal 열의/열중/열망   [형] zealous

burned-out zeal 식어 버린 열의 ↔ fiery zeal 불같은 열의

His business zeal is strong enough to generate a new business.
그의 사업 열의는 신사업을 창출할 만큼 충분히 강하다.

He has been making zealous efforts to make the new business successful.
신사업을 성공시키기 위해 열렬히 노력중이다.

zenith 정점/정상   [유] top/acme ↔ nadir 천저/바닥

zip code 우편번호

zip file 집 파일   [유] zip compressed file
• (컴퓨터) 짚 파일 (보관이나 전송을 위해 압축된 확장 파일)

zoology 동물학

군인 계급 영어 표기

계 급	육군(Army)	해군(Navy)	해병대(Marin Corps)	공군(Air Force)
원 수	general of the army	admiral of the navy	–	general of the air force
대 장	general	admiral	general	general
중 장	lieutenant general	vice admiral	lieutenant general	lieutenant general
소 장	major general	rear admiral	major general	major general
준 장	brigadier general	commodore	brigadier general	brigadier general
대 령	colonel	captain	colonel	colonel
중 령	lieutenant colonel	commander	lieutenant colonel	lieutenant colonel
소 령	major	lieutenant commander	major	major
대 위	captain	lieutenant	captain	captain
중 위	first lieutenant	lieutenant, junior grade	first lieutenant	first lieutenant
소 위	second lieutenant	ensign	second lieutenant	second lieutenant
일등 준위	chief warrant officer	commissioned warrant officer	commissioned warrant officer	chief warrant officer
이등 준위	warrant officer, junior grade	warrant officer	warrant officer	warrant officer, junior grade
상 사	master sergeant	chief petty officer	sergeant major	first sergeant
중 사	sergeant, first class	petty officer, first class	gunnery sergeant	technical sergeant
하 사	staff sergeant	petty officer, second class	staff sergeant	staff sergeant
병 장	sergeant	petty officer, third class	sergeant	sergeant
상 병	corporal	seaman, stewardsman	corporal	corporal
일등병	private, first class	seaman, apprentice	private, first class	private, first class
이등병	private	seaman recruit	private	private
증집병	recruit	–	–	–

제식 훈련 구령 (Commands)

1. 도수(徒手, Without Arms)

차렷 attention
열중 쉬어 parade rest
쉬어 at ease
우향 우 right face
좌향 좌 left face
좁은 간격으로 우로 나란히 at close interval right dress
우로 나란히 right dress
좌로 나란히 left dress
뒤로 돌아 about face
우로 가 right step march
좌로 가 left step march
3보 우로 three steps to the right march
3보 좌로 three steps to the left march
제자리 섯 halt
제걸음으로 갓 quick time march, forward march
제자리 걸어 mark time march
앞으로 갓 forward march
뛰어 갓 double time march
뒤로 돌아 갓 to the rear march
줄줄이 우향 앞으로 갓 left turn march
줄줄이 좌향 앞으로 갓 right turn march
우로 봣 eyes right
좌로 봣 eyes left
보조 바꾸어 갓 change step march, halt step march
번호 부처 갓 count cadence count
거수 경례 hand salute, salute
뒤걸음으로 갓 back step march
해처 fall out
집합 fall in

2. 집총(With Arms)

앞에 총 port arms
검사 총 inspection arms
우로 어깨 걸어 총 order arms
허리에 총 trail arms
세워 총 unsling arms
꽂아 칼 fix bayonet
열중 쉬어 parade rest
받들어 총 rifle salute
검사 총 inspection arms
앞에 총 port arms
받들어 총 present arms
탄알 장전 load
탄알 빼 unload
탄창 빼 withdraw magazine
노리쇠 후퇴 open chamber

부록 — 전투 병과 (Combat Arms)

1. 보병(Infantry)

소총 중대 The rifle company
보병 대대 The infantry battalion
보병 연대 The infantry regiment
보병 사단 The infantry division

2. 야전 포병(Field Artillery)

야전 포병포대 The field artillery battery
야전 포병대대 The field artillery battalion
보병 사단 포병단 Infantry division artillery
군단 포병단 Corps artillery

3. 기갑(Armor)

기갑 부대 Armored unit
전차 대대 The tank battalion
기갑 사단 The armored division

지원 부대 (Support Elements)

공병 Engineer

사단 공병 대대 The division engineer battalion
공병 중대 The engineer company
병참 중대 Quartermaster company
통신 중대 Signal company
병기 중대 Ordnance company

기타 부대 (Miscellaneous Units)

공수 부대 Airborne forces
공수 사단 Airborne division
군단 The corps
군 The army
공군 Air force
방공부대 Air defense forces

실전 비즈니스 영어
이메일 패턴집

비즈니스 영어 이메일 이렇게 쓴다!!

- 100% 실제 상황 영어
- 거래선 발굴에서 클레임 해결까지 이 표현이면 충분
- 글로벌 비즈니스의 다양한 상황 대처 방안

회사 (제조업체/무역회사/Agent)에서 사용하는 영어

☞ 왜 이렇게 써야 하는가?
☞ 비즈니스 Point와 Tip

생산과 품질 관리를 설명 못하면 salesperson이 아니다.

☞ 생산수율/생산성/품질에 따른 가격 협상은?

협력업체 선정은?

☞ 회사내역/가격/납기/공장 실사/품질 관리/불량 이력 관리/
환경 관리/유해물질 관리/연구소/특허/종합 평점

글로벌 비즈니스의 다양한 상황 대처 방안

☞ 상품 거래/기술 이전/합작 투자/Agent 거래

거래선 발굴에서 클레임 해결까지 이 표현이면 충분

☞ 상담/협상/접대/계약/발주/납기/생산/통관/선적/
클레임/물품대금 결제
☞ 지적 재산권/전시회/해외출장/이·취임/회의/세미나/
경조사/초대/거절

한 올